Martin Wellenreuther

Forschungsbasierte Schulpädagogik

Anleitungen zur Nutzung empirischer
Forschung für die Schulpraxis

4. unveränderte Auflage

Schneider Verlag Hohengehren GmbH

Umschlagfoto: © Monkey Business – fotolia.com

Leider ist es uns nicht gelungen, die Rechteinhaber aller Texte und Abbildungen zu er-
mitteln bzw. mit ihnen in Kontakt zu kommen.
Berechtigte Ansprüche werden selbstverständlich im Rahmen der üblichen Vereinbarungen abgegolten.

Gedruckt auf umweltfreundlichem Papier (chlor- und säurefrei hergestellt).

Bibliografische Information der Deutschen Nationalbibliothek

Die Deutsche Nationalbibliothek verzeichnet diese Publikation in der Deutschen
Nationalbibliografie; detaillierte bibliografische Daten sind im Internet über
›http://dnb.d-nb.de‹ abrufbar.

ISBN 978-3-8340-0949-4
Schneider Verlag Hohengehren, Wilhelmstr. 13, 73666 Baltmannsweiler
Homepage: www.paedagogik.de

Inhaltsverzeichnis

Vorwort

Als ich vor sechs Jahren einen Verlag zu meinem Buch „Lehren und Lernen – aber wie?"
suchte, musste ich viele Absagen verkraften. Zu weit war mein Buch von dem entfernt, was
normalerweise unter Schulpädagogik verstanden wurde. Experimentelle Forschung und
Schulpädagogik – das passte einfach nicht zusammen. Strenge experimentelle Prüfungen
waren seit dem Siegeszug der „kritischen Theorie" bzw. der Frankfurter Schule verpönt;
dagegen wurden bestimmte offene Unterrichtsmethoden, die von Pädagogen wie Hilbert
Meyer oder Herbert Gudjons empfohlen wurden und die zum Zeitgeist passten, ohne
strengere empirische Prüfung als „pädagogisch korrekt" über Jahrzehnte hinweg angepriesen. Der Glauben an diese Methoden bröckelte erst, als durch die internationalen Vergleichsstudien TIMSS und Pisa offensichtlich wurde, dass Deutschland im Bildungsbereich
ein Problem hatte. Dies erhöhte die Bereitschaft, nach empirischen Belegen für die Wirksamkeit von Methoden zu fragen. Eine solche Schulpädagogik mit Bodenhaftung musste
dann auch wieder stärker reflektieren, unter welchen Voraussetzungen eine Methode wirksam bzw. unwirksam ist.

Das vorliegende Buch baut auf meinem Buch „Lehren und Lernen – aber wie?" auf, das
mittlerweile in der vierten Auflage erschienen ist. Drei Grundideen sind im alten und
neuen Buch zielführend: Ein Buch zu den Lehr-Lernprozessen in der Schule muss vor
allem neuere Forschungen (1) zum Gedächtnis, (2) zur Wissensstrukturierung sowie (3)
zum Klassenmanagement berücksichtigen. Das neue Buch behandelt auf etwa der Hälfte
der Seiten des „alten" Buchs alle wesentlichen Inhalte zu den Lehr- Lernprozessen in der
Schule. Dabei sollten die wichtigsten Lernprinzipien für die Schule noch stärker herausgearbeitet werden. Der Akzent des neuen Buchs hat sich noch mehr auf die Anwendung
experimenteller Forschung auf schulische Lernprozesse verlagert. Zusätzlich wurden die
Kapitel auf den neuesten Forschungsstand gebracht. Dabei gab es folgende Erweiterun-
gen:

(1) Die Prozesse der Aneignung neuen Wissens über den „Flaschenhals" Arbeitsgedächt-
    nis sowie der Verankerung von Kompetenzen im Langzeitgedächtnis wurden jeweils in
    einem eigenen Kapitel behandelt (Kap. 2; Kap. 3).

(2) Im Kapitel 4 wurde viel ausführlicher auf die relevante Schulbuchforschung eingegan-
    gen und die Ergebnisse erster eigener Experimente dazu vorgestellt. Zur Erläuterung
    der Argumentation wurden ausgewählte Seiten aus Schulbüchern verschiedener
    Länder eingefügt.

(3) Im Kapitel zum Klassenmanagement (Kapitel 5) wurden die Ausführungen zur
    Nutzung von Tests im Sinne eines „Assessment for Learning" erheblich erweitert.

Ferner habe ich mich bemüht, wesentliche Prozesse durch Grafiken bzw. Veranschaulichungen zu verdeutlichen.

Allerdings mussten neben der Streichung von Wiederholungen auch bestimmte Kapitel
herausgenommen werden, z. B. Kapitel 2 (Methodologische Probleme empirischer Unter-
richtsforschung), Kapitel 3 (Pädagogische Leitbilder und schulisches Lernen sowie Kapitel
9 (Handlungsorientierter Unterricht). Außerdem wurde die Darstellung der methodologi-
schen Aspekte der Experimente erheblich gekürzt.

Beim Abfassen des Buchs wurde ich durch viele Personen tatkräftig unterstützt. Dabei möchte ich vor allem Karin Nölle, Daniela Thide sowie Götz Thiele für ihre kritischen Kommentare vor allem zum letzten Kapitel danken; auch Mira S. Lambertz, Linnart Ebel, Jennifer Rydelek, Johanna Klein sowie Nicole Wenzel haben mir viele wichtige Anregungen gegeben, die mich immer zu erneuten Versuchen, Inhalte klarer und verständlicher darzustellen, ermuntert haben.

Lüneburg, im Dezember 2008   Martin Wellenreuther

1. TIMSS, PISA und die deutsche Lernkultur

In einer internationalen Studie zum Kenntnisstand in Mathematik erreichen deutsche Schüler, insbesondere Schüler aus bildungsfernen Schichten, nur mäßige Leistungen. In kaum einem anderen Land ist der Zusammenhang zwischen sozialer Herkunft und Schulabschluss so stark wie in Deutschland. Für ein hoch industrialisiertes Land ist dies nicht befriedigend. In Japan gelingt es hingegen, einen weit größeren Anteil von Schülern mit sehr hohem Kompetenzniveau heranzubilden, während gleichzeitig der Anteil von Schülern mit minimalen Kenntnissen in Mathematik deutlich niedriger ist.

Der Hauptteil des Kapitels widmet sich der Frage, warum diese großen Kompetenzunterschiede zwischen Deutschland und Japan bestehen. Dabei wird gezeigt, dass stereotype Vorstellungen über das Lernen in asiatischen Ländern wie Japan stark ergänzungsbedürftig sind. Vieles spricht dafür, dass die Gründe für die guten Leistungen der japanischen Schüler in optimierten Bildungsprozessen liegen.

1.1 Einführung

In Politik und Pädagogik hielt man sich hierzulande bisher an ein bewährtes Muster: Augen zu und durch. Sollte man sich wegen einer internationalen Vergleichsstudie zum Kenntnisstand in Mathematik und Naturwissenschaften (TIMSS[1]) beunruhigen lassen, und das in Zeiten, in denen wichtigere Probleme auf der Tagesordnung stehen? Vier Millionen Arbeitslose, kaum blühende Landschaften im Osten, Reformstau allenthalben; und außerdem: Haben wir nicht das allerbeste Bildungssystem, in dem nur Leistung das schulische Fortkommen bestimmt? Wo alle Schüler die Schulform besuchen, die sich auf ihre Leistungsmöglichkeiten optimal einstellt? Die mehr theoretisch Begabten kommen aufs Gymnasium, die mehr praktisch Begabten auf die Realschule und die „Leistungsschwachen" auf die Hauptschule. Kinder aus sozial schwachen Familien haben die Chance, einen höheren Bildungsabschluss zu erwerben. Das Bildungssystem ist durchlässig, wenn auch vor allem nach unten. „Unbegabte" haben eben nichts auf dem Gymnasium zu suchen. Schließlich leben wir in einer Leistungsgesellschaft, in der es gilt, die Tüchtigsten auszuwählen und zu fördern.

Als die Ergebnisse der TIMS-Studie längst vergessen waren, kam die Diskussion um die *Green Card.* Plötzlich stellte man fest, dass Deutschland nicht genügend Informatiker ausbildet und deshalb die Einreise ausländischer Computerspezialisten erleichtern muss. Man blickte neidisch nach Indien, wo ein Überschuss an Computerspezialisten produziert wird. Und man erinnerte sich plötzlich, dass schon TIMSS auf Defizite in der mathematisch-naturwissenschaftlichen Ausbildung in Deutschland hingewiesen hatte.

Der dritte Tiefschlag, den das „Land der Dichter und Denker" zu verkraften hatte, war *PISA*. Die ersten Ergebnisse der Studie bezogen sich auf die Lesekompetenz. Hier rutschte Deutschland abgeschlagen auf einen der hinteren Plätze. Nun konnte man die Probleme nicht mehr einfach „aussitzen" und die Augen schließen. Konnte es tatsächlich sein, dass Länder wie Kanada, Finnland, Island, Japan und Korea Schüler aus bildungs-

---

[1] TIMSS bedeutet **T**hird **I**nternational **M**athematics and **S**cience **S**tudy.

fernen Schichten weit besser förderten, ohne dass gleichzeitig die Eliteförderung darunter litt?

In der PISA-Studie steht:

> *„Einige Länder [zeigen], dass eine hohe durchschnittliche Bildungsqualität mit einer ausgewogenen Verteilung der Bildungserträge einhergehen kann: In Kanada, Finnland, Island, Japan, Korea und Schweden liegt das Leistungsniveau der Schülerinnen und Schüler auf der Gesamtskala Lesekompetenz über dem Durchschnitt, während die Effekte des wirtschaftlichen, sozialen und kulturellen Status auf die Schülerleistungen zugleich unterdurchschnittlich stark ausgeprägt sind. Umgekehrt liegen die durchschnittlichen Ergebnisse der Schüler auf der Gesamtskala Lesekompetenz in der Tschechischen Republik, Deutschland, Ungarn und Luxemburg deutlich unter dem OECD-Durchschnitt, während die Leistungsunterschiede zwischen in sozioökonomischer Hinsicht privilegierten und benachteiligten Schülern dort zugleich überdurchschnittlich groß sind." (OECD 2001, S. 251 f.)*

Im Jahr 2007, also zehn Jahre nach Veröffentlichung der TIMS- Studie, beklagt die Industrie erneut einen Fachkräftemangel, den man nur durch Anwerben ausländischer Spezialisten beheben zu können meint. Gesucht werden Ingenieure im Elektronik- und Maschinenbaubereich. Eine neue OECD-Studie belegt, dass Deutschland im Bildungsbereich noch weiter zurück gefallen ist. Aber an Hiobsbotschaften ist man mittlerweile gewöhnt.

TIMSS und PISA haben positive Entwicklungen angestoßen, z. B. im Bereich der Frühförderung und der sprachlichen Förderung von Migranten. Für die Schulen konzentrierten sich die Reformen auf die Festlegung neuer Standards, die externe Evaluation der Schulen, z. B. durch Schulinspektionen, und die Durchführung externer Tests zur Überprüfung des Erreichens der festgelegten Standards. Die Vorstellung scheint zu sein, man müsse nur die richtigen verbindlichen Standards festlegen und zugehörige Tests durchführen, um das Bildungssystem Deutschlands nach vorne zu bringen. Die Frage ist jedoch: *Welche Vorstellungen haben wir in Deutschland vom Lehren und Lernen? Verändern die eingeleiteten Reformen überhaupt den Kern unseres Bildungssystems und die Qualität des Unterrichts?*

Es ist an der Zeit, einmal genauer hinzusehen und die Hintergründe zu analysieren.

Es begann mit TIMSS.

1.2 Die TIMS-Studie

Wichtigstes Ziel der TIMS-Studie, an der 45 Staaten teilnahmen, ist die präzise *Beschreibung* des Kenntnisstandes der Schüler in Mathematik und Naturwissenschaften im internationalen Vergleich, jedoch *nicht die Erklärung* dieser Befunde.

Stichprobe: Die TIMS-Hauptstudie begann in der BRD im Frühjahr 1994 zum Ende der 7. Klasse. Zum ersten Messzeitpunkt 1994 wurden 3.286 Schüler der 7. Jahrgangsstufe, zum zweiten Messzeitpunkt nochmals 3.464 Schüler der 7. Jahrgangsstufe und 3.419 Schüler der 8. Jahrgangsstufe ausgewählt. In Deutschland war die Untersuchung längsschnittlich angelegt, in den anderen Ländern querschnittlich (vgl. Baumert, Lehmann et al. 1997, S. 45/46).

> „Die TIMSS-Leistungstests sind in Deutschland, wie auch in den meisten Teilnehmerstaaten, weitgehend lehrplan- und unterrichtsvalide. Zwischen 90 und 95 Prozent der mathematischen und naturwissenschaftlichen Testaufgaben sind Stoffgebieten entnommen, die nach den Lehrplänen der Länder bis zum Ende des 8. Jahrgangs im Unterricht behandelt werden sollen. Im Durchschnitt wurden etwa 80 Prozent dieser Stoffgebiete nach den Angaben der Fachlehrer auch tatsächlich bis zum Abschluss der 8. Klasse unterrichtet" (Baumert, Lehmann et al. 1997, S. 55).[2]

Methodisch ist TIMSS in mehrfacher Hinsicht interessant:

➢ In der bundesdeutschen Stichprobe wurden die gleichen Schüler zu verschiedenen Zeitpunkten (zum Ende der 7. und der 8. Jahrgangsstufe) untersucht. Dadurch war es möglich zu schätzen, wie viel in einem Schuljahr dazugelernt wurde.

➢ Die Größe der Stichprobe erlaubte ferner Vergleiche zwischen einzelnen großen Ländern bzw. Ländergruppen.

➢ TIMSS wurde durch vertiefende Untersuchungen wie die TIMS-Video-Studie ergänzt, um die zwischen USA, Japan und Deutschland festgestellten Unterschiede erklären zu können.

Ergebnisse von TIMSS im internationalen Vergleich: Die Gesamtheit der deutschen Schüler der 8. Klasse (Alter 14,8 Jahre) erreicht einen durchschnittlichen Punktwert von 509 Punkten. Dieser Wert liegt fast exakt beim internationalen Mittelwert von 513 Punkten. Ähnliche Werte erreichen angelsächsische Länder wie England, Schottland, Irland, Australien, Kanada und die USA. Die deutschen Hauptschüler der 8. Klasse erreichen im Mittel einen Wert von 446, Realschüler von 504, Gymnasiasten von 573. Die Spitzenwerte werden von den asiatischen Ländern erreicht: Singapur: 643 Punkte, Korea: 607 Punkte und Japan: 605 Punkte. Auch in der deutschsprachigen Schweiz wird mit 590 Punkten im Mittel ein Wert erreicht, der noch über dem Durchschnittsniveau der deutschen Gymnasiasten liegt. Die Schüler des gymnasialen Bildungsgangs (8. Klasse) erreichen somit im Mittel nicht das durchschnittliche Leistungsniveau des gesamten unausgelesenen Jahrgangs der deutschsprachigen Schweiz, geschweige denn das Niveau aller Achtklässler in den asiatischen Staaten (vgl. Baumert, Lehmann et al. 1997, S. 90). Die Mathematikleistungen, die in Deutschland eine Leistungsspitze von 5% des Jahrgangs erzielt, erreichen in Japan gut 30% der im Durchschnitt sogar jüngeren Achtklässler (vgl. Baumert, Lehmann et al. 1997, S. 220).

Vergleicht man die Testwerte deutscher und japanischer Schüler anhand der Leistungsfortschritte, die in einem Schuljahr erzielt werden, so beträgt der Leistungsunterschied im Fach Mathematik gut drei Jahre, und zwar gleichmäßig über alle Leistungsgruppen hinweg (vgl. Baumert, Lehmann et al. 1997, S. 220).

Unterschiede zwischen den Bundesländern: Auch die Unterschiede zwischen den Bundesländern sind beträchtlich. Bei einem Vergleich von zwei großen Bundesländern (Bayern und Nordrhein-Westfalen) zeigte sich, dass die Schüler in Bayern den Schülern in Nordrhein-Westfalen um 1 1/2 Jahre voraus sind. Dieser Unterschied ist statistisch abgesichert, also nicht durch den Zufall zu erklären.

---

[2] Zur Testentwicklung und -interpretation von TIMSS gibt es auch kritische Stimmen; einen kurzen Überblick findet man bei Kaiser (1998).

1.3 Erklärungsversuche für das schlechte Abschneiden der deutschen Schüler

Schon am Anfang ihres Kommentars zur Studie gehen Baumert, Lehmann et al. (1997) kritisch auf bestimmte, in der bundesdeutschen Diskussion beliebte, Erklärungsansätze ein. Sie schreiben:

> *„Ob ein Schulsystem zentral oder dezentral verwaltet wird, ob es die Halb- oder die Ganztagsschule präferiert, ob es gegliedert oder integriert organisiert ist, hat – wie die Befunde von TIMSS zeigen werden – offensichtlich für die Ertragslage des mathematisch – naturwissenschaftlichen Unterrichts in der Mittelstufe keine eigenständige Bedeutung. Die Muster der deskriptiven Ergebnisse sprechen dafür, systematische Erklärungen für substantielle Leistungsunterschiede in der die Schule tragenden Kultur – der generellen Wertschätzung schulischem Lernens und der Bereitschaft zu Anstrengung und spezifischen Unterstützungsleistungen – sowie in der Gestaltung des Fachunterrichts selbst zu suchen."* (vgl. Baumert, Lehmann et al. 1997, S. 18/19)

Durch TIMSS kann nicht endgültig geklärt werden, welche Ursachen für die Leistungsunterschiede zwischen den Ländern verantwortlich sind. Für die Erklärung der guten Schulleistungen japanischer (bzw. asiatischer) Schüler kommen folgende Ursachen in Betracht:

➢ *Äußere Unterrichtsbedingungen*
➢ *Unterrichtliche Bedingungen*
➢ *Unterstützung außerhalb der Schule*
➢ *Ein Prüfungssystem mit höheren Leistungsanforderungen*

Im Folgenden soll nun untersucht werden, wie aufgrund der vorliegenden Informationen die Kompetenzunterschiede zwischen Japan und Deutschland zu beurteilen sind. Eine Analyse der Bedingungen führt zu folgenden Ergebnissen:

Unter den **äußeren Unterrichtsbedingungen** kommt die *Klassenfrequenz* als entscheidender Faktor nicht in Betracht, weil

a) in Japan eher höhere Klassenfrequenzen die Regel sind und
b) empirische Forschungen eine deutliche Wirkung der Klassenfrequenz auf die Kompetenzentwicklung nicht bestätigen.

Auch das *Schulsystem* scheidet als wesentlicher Faktor aus, weil sowohl Staaten mit einem noch stärker differenzierenden Schulsystem als auch Staaten mit einem geringer differenzierenden Schulsystem hohe Kompetenzen erreichen (z. B. Singapur und Japan).

Die *Anzahl der Unterrichtsstunden* könnte ein wichtiger Faktor sein. In der Tat gibt es Belege, nach denen die Anzahl der über das ganze Schulleben erteilten Mathematikstunden in Japan erheblich höher liegt. Gestützt auf Analysen von Stevenson, Lee & Stigler, 1986), schreiben Helmke und Hesse (2002):

> *Bezüglich der Ferien und Stundenplangestaltung „ergab ein Vergleich (...), dass die amerikanischen Kinder die Schule im Durchschnitt an 178 Tagen pro Jahr, die chinesischen und japanischen Kinder dagegen an 240 Tagen pro Jahr besuchen. Der durchschnittliche Schultag ist bei japanischen Schülern um eine Stunde ... länger als der Schultag in den USA. Summiert man dies, dann ergibt das enorme Unterschiede in der Jahresunterrichtszeit. So kommen die Kinder in Japan während der ersten neun Schuljahre auf 14.490 Schulstunden, die deutschen dagegen lediglich auf 9.450 (...)*

Außerdem wird der Mathematikunterricht in Japan nur von Fachlehrern durchgeführt, und diese Mathematiklehrer haben ein deutlich *niedrigeres Stundendeputat* als ihre deutschen Kollegen (etwa 20 Stunden pro Woche).[3]

Unterrichtliche Bedingungen: Einiges spricht für *eine andere Art des Unterrichtens* als wichtigste Ursache der höheren Kompetenz japanischer Schüler. Diese Art des Unterrichtens wird durch eine andere Lernphilosophie sowie eine andere Konzeption von Unterrichtsmaterialien unterstützt. Im Kern geht es dabei um einen instruierenden, fragend-entwickelnden Unterricht, in dem Schüler in den Prozess der Entwicklung eines Gegenstandes aktiv einbezogen werden. Über diese andere Art des Unterrichtens schreiben Stigler & Hiebert (1999, S. 49):

„Wir sehen Lehrer, die vor der Klasse über ein Thema dozieren oder den Schülern erzählen, wie sie eine Aufgabe lösen können oder die Schüler auffordern, Eigenschaften oder Fakten durch wiederholtes Rezitieren zu memorieren. Es ist besonders interessant, dass diese Aktivitäten häufig in Verbindung mit Schüleraktivitäten des Problemlösens und des Austauschs von Lösungsmethoden unter Schülern auftreten."

Populär werden solche Methoden „direkten Instruierens" neuerdings durch die offenkundigen Erfolge von Salman Khan, der durch Video-Clips zwei Millionen Schülern per Internet kostenlos Nachhilfe erteilt. Im Fokus vom 8.8.2011, S. 58 schreibt F. Fleschner dazu:

„Frontalunterricht? Seit Jahrzehnten gilt die klassische Lehrmethode bei Reformpädagogen als anrüchig. Dass die ganze Klasse zur Tafel schauen muss, wo der Lehrer quadratische Gleichungen löst oder über den Dreißigjährigen Krieg referiert, schränke das selbständige Denken der Lernenden ein, bemängeln Kritiker.

Frontalunterricht! Salman Khan hat es mit dieser scheinbar antiquierten Methode geschafft, zum populärsten und wahrscheinlich erfolgreichsten Lehrer der Welt zu werden. Zwei Millionen Menschen besuchen jeden Monat die Schule des Amerikaners, die Khan-Akademie (www.khanacademy.org)."

Diese Art des Unterrichtens durch vielfältige massive Hilfen und ausführliche Erklärungen ist nach allem, was wir durch empirische Forschung wissen, sehr lernwirksam (vgl. dazu Kap. 2 und Kap. 6). Allerdings stehen solche Verständnishilfen in offenkundigem Kontrast zu bestimmten konstruktivistischen und reformpädagogischen Vorstellungen zum Lehren und Lernen. Danach sollen Schüler sich neue, komplexe Inhalte möglichst durch entdeckendes Lernen selbst erschließen. Effektives Lernen komplexer Inhalte ist jedoch auf massive Hilfen durch Lösungsbeispiele und vielfältige verständliche Erklärungen angewiesen.

Durch solche Aktivitäten des Lehrers werden den Schülern vielfältige Verständnishilfen angeboten, die auf dem vorhandenen Wissen aufbauen (vgl. dazu auch Aebli 1968; Helmke 1988; 2003).

Neben der äußeren Form des Unterrichts dürfte die Qualität des *Erklärens und Strukturieren* eine wesentliche Rolle für das Erreichen eines hohen Kompetenzniveaus spielen. Auch hier gibt es nur indirekte Belege (vgl. Ma 1999; Seyd 2005). Danach sind nur etwa 20% der Mathematiklehrer an Grundschulen (bzw. elementary schools) in Deutschland und Amerika in der Lage, verständnisorientiert und prozessorientiert korrekte Erklärungen zu Standardproblemen der Grundschulmathematik zu entwickeln. Diese Fähigkeit ist bei chinesischen und damit vermutlich auch bei japanischen Mathematiklehrern in weit höherem Maße gegeben (vgl. Ma 1999).

---

[3] Da japanische Lehrer im Durchschnitt Klassen mit 34 Schülern (im Vergleich zu etwa 24 in Deutschland) unterrichten, sind die Ausgaben für Lehrer nicht höher.

Ein weiterer Grund für die bessere Unterrichtsqualität in Japan und China könnte in der Einrichtung der „*Lesson Study*" liegen. Jeder Lehrer hat im Rahmen dieser *Lesson-Study* etwa ein- bis zweimal im Schuljahr seinen Unterricht anderen Lehrern vorzustellen. Dazu wird in Kooperation mit anderen Lehrern ein schriftlicher Unterrichtsentwurf ausgearbeitet, der dann im Unterricht erprobt und aufgrund der gemachten Erfahrungen und der vorgetragenen Kritik sorgfältig überarbeitet wird. Auf diese Weise ist in China und Japan eine Form lebenslanger unterrichtsnaher Weiterbildung von Lehrern fest im Bildungssystem verankert.

Eine höhere *Qualität der Unterrichtsmaterialien* ist eine wesentliche Voraussetzung für eine höhere Unterrichtsqualität. Unterrichtsmaterialien beeinflussen in doppelter Weise das Lernen der Schüler:

a) Direkt, da die Schüler mit Hilfe von verständlichen Schulbüchern eher in Eigenarbeit lernen können als mit Schulbüchern, die Erklärungen von Lehrern voraussetzen.

b) Indirekt, da verständliche Schulbucherklärungen Lehrern die Durchführung eines lernwirksamen Unterrichts erleichtern.

In der Forschungsliteratur gibt es noch keine direkten Belege, dass Schulbücher für die Erklärung der Kompetenzunterschiede bedeutsam sein könnten. Unbestritten ist, dass Schulbücher eine wesentliche Grundlage für den Unterricht sind. So schreiben Stevenson und Stigler (*1992, 213*)

> „*Übungsbücher und Lehrerhandbücher bilden zusammen mit den Schulbüchern den Kern eines Großteils des Unterrichts (...). Viel zu wenig Aufmerksamkeit ist auf die Entwicklung dieser Werkzeuge des Unterrichts verwandt worden. Genauso wie beim Unterrichten wissen wir genug, um gute Schulbücher und Lehrerhandbücher herstellen zu können; es gelingt uns nur nicht, das, was wir wissen, in die Praxis umzusetzen.*"

Zwar zeigt eine deskriptive Studie, dass Erklärsequenzen japanischer Mathematikschulbücher eher bestimmten Qualitätskriterien genügen als US-amerikanische Schulbücher (vgl. Mayer, Sims & Tajika 1995). Damit ist aber nicht geklärt,

(1) ob deutsche Mathematikschulbücher in ähnlicher Weise wie US-amerikanische Schulbücher strukturiert sind, und

(2) ob die bestehenden Unterschiede zwischen den Schulbüchern Kompetenzunterschiede erklären können.

Vor allem fehlt zurzeit noch ein direkter Nachweis der höheren Lernwirksamkeit japanischer Mathematikschulbücher im Vergleich zu westlichen (vor allem deutschen und US-amerikanischen) Schulbüchern. In den folgenden Kapiteln werden wir Experimente darstellen, die dieser Frage nachgehen (→ Kap. 4).

Es gibt noch einen weiteren Unterschied zwischen japanischen und deutschen Mathematik-Schulbüchern: Japanische Mathematik-Schulbücher werden in jahrelanger Entwicklungsarbeit in Forschungsschulen erprobt. Vor einer Zulassung unterliegen sie danach einer strengen Qualitätskontrolle durch das Bildungs- und Erziehungsministerium. Demgegenüber liegt die Entwicklung neuer Mathematik-Schulbücher in Deutschland weitgehend in der Hand eines Teams von Mathematikdidaktikern und besonders qualifizierten Lehrern. Die Qualitätsprüfung an Schulen nimmt in Deutschland einen weit geringeren

Stellenwert ein. Ferner prüfen die zuständigen Kultusministerien bei der Zulassung nicht die methodische Güte der Schulbücher.

Unterstützungsleistungen außerhalb der Schule: Möglicherweise spielen in Japan auch zusätzliche *Unterstützungsleistungen außerhalb der Schule* z. B. durch Nachhilfeschulen (Juku) eine wichtige Rolle. Hinzu kommt eine größere Bereitschaft der Familien, in die Bildung der Kinder zu investieren.

Prüfungssystem: Ein anderes Prüfungssystem bzw. ein anderes *System der Abschlussprüfungen*, das die Verantwortlichkeit der Schulen erhöht, hohe Kompetenzstandards zu erreichen, kommt ebenfalls als Erklärfaktor in Betracht. Auf diese Abschlussprüfungen werden die Schüler durch den Unterricht, durch ein System von Nachhilfeschulen und durch elterliche Unterstützung vorbereitet. Ito (1997, S. 454 ff.) schreibt darüber:

> *„Das Bildungssystem ... besteht aus zwei Elementen: Während die öffentlichen Schulen die kooperative Harmonie als 'kollektive Erwartung an die egalitäre uniforme Erziehung' verkörpern, vertreten die privatwirtschaftlich geführten Vor- und Nachbereitungsschulen, so genannte 'Juku', die Konkurrenz als 'individuelle Erwartung an die beschäftigungsvermittelnde Erziehung'. Zahlreiche Schüler führen in Japan ein Doppelleben. Tagsüber werden sie in den Schulen in einer harmonischen Atmosphäre unterrichtet; abends werden sie in den Vor- und Nachbereitungsschulen, die sie zum Bestehen der Aufnahmeprüfungen fakultativ besuchen, so unterrichtet, dass sie in den Examen mehr Punkte als ihre Rivalen erzielen können."*

1.4 Zusammenfassung

Da die Entwicklung von Kompetenzen vor allem im Unterricht erfolgt, liegt die Vermutung nahe, in der Art des durchgeführten Unterrichts die entscheidende Ursache für die zwischen Japan und Deutschland bestehenden Unterschiede anzusehen. Auf diese mögliche Erklärung haben schon Stevenson und Stigler (1992) aufmerksam gemacht. Die höhere Unterrichtsqualität in Japan wird durch zwei Faktoren unterstützt:

➢ die Institution der „*Lesson Study*", die für eine lebenslange Lehrerfortbildung sorgt, und

➢ die Verfügbarkeit von *Mathematikschulbüchern*, die aufgrund ihrer Konzeption den Lehrern einen an hohen Standards orientierten Unterricht ermöglicht.

Der entscheidende Punkt, der die Wirksamkeit von „Lesson Study" und Mathematikschulbüchern bestimmt, liegt jedoch nach meiner Überzeugung in einer anderen Auffassung unterrichtsnaher Qualitätssicherung. In Deutschland sowie in den USA gehen wir davon aus, man könne Lehrer in einer relativ kurzen Zeit ausbilden. Doch nach fünf Jahren Ausbildung haben wir noch nicht den fertig ausgebildeten Lehrer. Jeder Lehrer benötigt Unterstützung durch intensive lebenslange Kooperation mit anderen Lehrern sowie durch qualitätsgeprüfte Schulbücher. Aus der Expertenforschung wissen wir, dass in jedem Bereich die Ausbildung zum Experten mindestens zehn Jahre „*deliberate practice*" erfordert. *Deliberate Practice* ist nicht irgend ein unsystematisches Sammeln von Erfahrungen im Rahmen langjähriger Unterrichtspraxis, sondern entspricht genau dem, was im Rahmen der Lesson Study getan wird: Unterricht wird sorgfältig geplant, der Entwurf wird von Expertenlehrern kritisiert und überarbeitet, danach im Unterricht erprobt, und aufgrund der gemeinsamen Erfahrungen weiter verbessert. Die Lesson Study hat eine qualitäts-

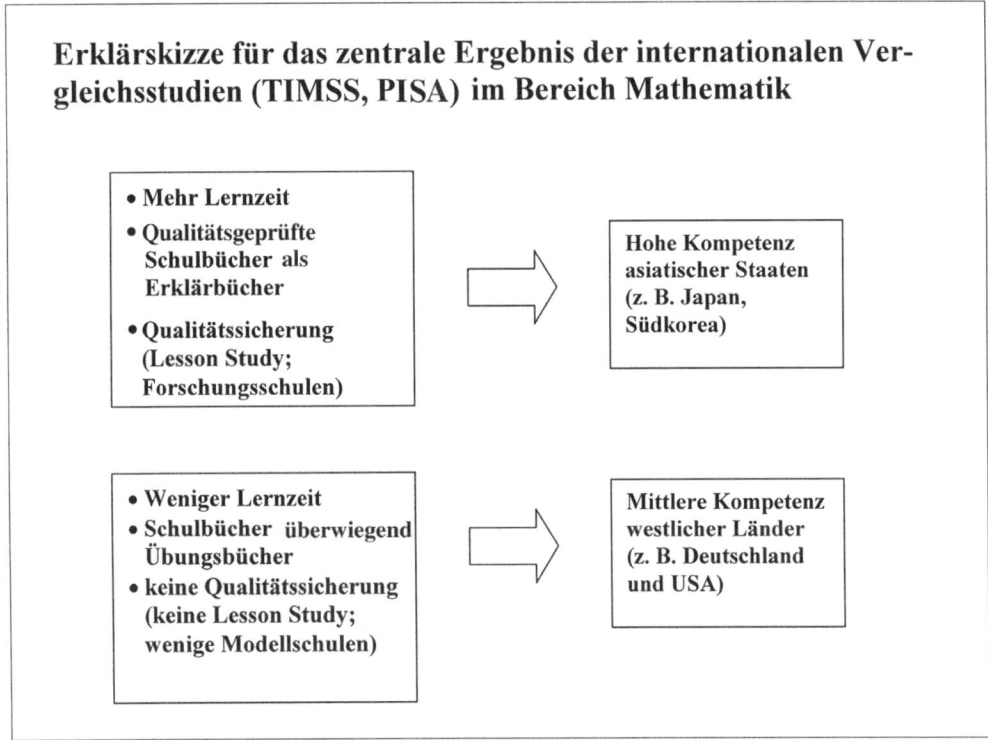

Erklärskizze für das zentrale Ergebnis der internationalen Vergleichsstudien (TIMSS, PISA) im Bereich Mathematik

- Mehr Lernzeit
- Qualitätsgeprüfte Schulbücher als Erklärbücher
- Qualitätssicherung (Lesson Study; Forschungsschulen)

⟹ Hohe Kompetenz asiatischer Staaten (z. B. Japan, Südkorea)

- Weniger Lernzeit
- Schulbücher überwiegend Übungsbücher
- keine Qualitätssicherung (keine Lesson Study; wenige Modellschulen)

⟹ Mittlere Kompetenz westlicher Länder (z. B. Deutschland und USA)

erhöhende Wirkung, weil Lehrer, die nachweislich ihre Schüler zu einer hohen Kompetenz führen, einen entsprechend großen Einfluss auf das Diskussionsergebnis der Lesson Study haben.

Auch in der Entwicklung japanischer Mathematikschulbücher spielen Methoden der unterrichtsnahen Qualitätssicherung die entscheidende Rolle. Neuerungen in Schulbüchern werden hier über mehrere Jahre in Forschungsschulen erprobt und haben danach vor ihrer Zulassung harte Realitätsprüfungen zu bestehen.

Formen der Qualitätssicherung, die in der Industrie längst fest etabliert sind, sind im deutschen Bildungssystem noch immer nicht institutionell verankert. Kulturelle Traditionen führen ein zähes Leben. Bestimmte Formen des Unterrichtens (z. B. bestimmte Formen der Gruppenarbeit und des Werkstattunterrichts) wurden bisher in Deutschland ohne empirische Belege für wirksam gehalten, während andere Methoden (z. B. die direkte Instruktion) pauschal verurteilt wurden. Es wurde für ausreichend gehalten, wenn Methoden von pädagogischen Autoritäten empfohlen wurden. Aber auch Mehrheiten und pädagogische Autoritäten können irren: Was sich in der Praxis anscheinend bewährt hat, kann sich bei strenger experimenteller Prüfung als unwirksam erweisen. *Die Praxis zeigt nämlich nicht, was mit Hilfe einer anderen Methode erreicht worden wäre* (vgl. Wellenreuther 2008, Kap. 2). Deshalb werden in den folgenden Kapiteln dieses Buchs die empirisch-experimentellen Forschungen zum Lehren und Lernen im Unterricht zusammengestellt und daraus Folgerungen für die Entwicklung von Qualitätsstandards gezogen.

2. Lernen und die Begrenztheit des Arbeitsgedächtnisses

Schulisches Lernen bezieht sich immer auf die Frage, wie Informationen aufgenommen, mit vorhandenem Wissen vernetzt, strukturiert und integriert werden, bis sie als Wissensstruktur im Langzeitgedächtnis fest verankert sind.

In diesem Kapitel stehen die Prozesse der Aneignung neuen Wissens im Mittelpunkt. Für diese Aneignung spielen Gesichtspunkte der Begrenztheit des Arbeitsgedächtnisses eine zentrale Rolle. Für Lernen ist der Aufbau eines neuen Schemas unter Bedingungen wichtig, die eine optimale Konzentration auf die zu lernenden Elemente erlauben. Diese Konzentration ist nur möglich, wenn das erforderliche Vorwissen vorhanden ist und die Lernsituation das Arbeitsgedächtnis nicht überfordert. Insbesondere bei komplexen Lernaufgaben und hierarchischer Wissensstrukturierung muss eine Überlastung des Arbeitsgedächtnisses vermieden werden. Neuere Forschung zeigt, dass ein zu frühes Bearbeiten schwieriger Aufgaben das Lernen erschwert. Die Aneignung neuer Schemata wird durch effektive Verwendung von Lösungsbeispielen erleichtert.

2.1 Die Architektur des Gedächtnisses

Eine genaue Kenntnis der in unserem Gehirn ablaufenden Lernprozesse bei der Aufnahme und Verarbeitung von Informationen ist die wichtigste Grundlage didaktischer Überlegungen. Beim Lernen können grob zwei Phasen unterschieden werden:

– die Phase der ersten Aneignung von Wissen und
– die Phase der Verfestigung und Konsolidierung bis hin zur Phase der Verflüssigung und Automatisierung von Wissen.

Diese Einteilung ist wichtig, weil in beiden Phasen unterschiedliche Gesichtspunkte zu berücksichtigen sind:

Phase der ersten Aneignung von neuem Wissen im Arbeitsgedächtnis: Das Arbeitsgedächtnis ist wie ein Flaschenhals, weil seine Kapazität auf maximal sieben Einheiten begrenzt ist. Wird das Arbeitsgedächtnis durch zu viele Informationen überlastet, so wird das Lernen blockiert. Lernen bedeutet, dass eine erste Gedächtnisspur im Langzeitgedächtnis angelegt wird. Informationen, die in das Arbeitsgedächtnis gelangen, gehen gleich wieder verloren, wenn sie nicht in bestimmter Weise aufbereitet, wiederholt und erinnert werden.

Phase der Verfestigung und Automatisierung von Wissen: Wenn das einmal Gelernte wiederholt geübt und mit dem übrigen Wissen vernetzt wird, erhöht sich die Chance, dass dieses Wissen längerfristig verfügbar ist. Im Langzeitgedächtnis verankertes Wissen belastet das Arbeitsgedächtnis nicht mehr. Erst wenn Wissen durch Bildung neuer Synapsen im Langzeitgedächtnis verankert wurde, kann man von nachhaltigem Lernen sprechen.

Bei der folgenden Darstellung orientiere ich mich an dieser Unterscheidung zwischen der Phase der ersten Aneignung von Wissen und der Phase der Verfestigung, Konsolidierung und Automatisierung von Wissen. Entsprechend werde ich zuerst auf die mit dem Arbeitsgedächtnis zusammenhängenden Prozesse genauer eingehen.

2.1.1 Das Arbeitsgedächtnis

Nichts geht mehr!

Jeder hat es schon erlebt: Wir sind in einer großen, unbekannten Stadt und fragen nach dem Weg. „... *die Straße runter, an der ersten Ampel links, an der nächsten rechts ist die U-Bahn-Station X-Platz, dann in die Linie 4 Richtung ... bis ...*" Spätestens an dieser Stelle merken Sie, dass Sie vollkommen überfordert sind. An einem gewissen Punkt gibt man auf und schaltet ab. Wenn zu viele neue Informationen auf die Sinne einströmen, kommt es zu einer Überlastung. Es geht gar nichts mehr. Wenn wir uns mit diesen Informationen aktiv auseinandersetzen, also zum Beispiel der Beschreibung in Gedanken folgen, sinkt die Kapazität noch einmal deutlich. Dann bitten wir vielleicht: „Langsam, also ich steig am X-Platz in die U-Bahn. Wie geht es jetzt weiter?" So verschaffen wir uns Freiraum und reduzieren die Überlastung. Die gleichen Überlastungsprobleme haben Schülerinnen und Schüler, wenn etwas Neues durchgenommen wird. (vgl. Born 2008)

Eine zentrale Rolle bei der ersten Aneignung von Kenntnissen hat das Arbeitsgedächtnis (vgl. Baddeley 1986, 1990). Es nimmt über die Sinne Informationen auf und verarbeitet diese kontinuierlich, indem es zu dem bereits vorhandenen Wissen Bezüge herstellt. Während die Kapazität des Langzeitgedächtnisses als quasi unbegrenzt gilt, ist die Speicherkapazität des Arbeitsgedächtnisses auf höchstens *sieben Chunks* begrenzt (Miller 1956). Wenn diese Chunks *verarbeitet* werden sollen, also Gegenstand intensiver Reflexion sind, dann reduziert sich die Verarbeitungskapazität des Arbeitsgedächtnisses sogar auf zwei bis drei Chunks (vgl. Sweller, Merrienboer & Paas 1998).

Chunks sind Informationseinheiten, die durch Formen der Gliederung und Bündelung unterschiedlich groß sein können. Wer in einem Bereich noch über sehr wenige Kenntnisse verfügt, dessen Chunks (Informationseinheiten) sind entsprechend klein.

Beispiel: Ein ausgewiesener Feinschmecker hat ein differenziertes Schema von Restaurants im Langzeitgedächtnis gespeichert. *Entsprechend schnell und flexibel kann er in verschiedenen möglichen Situationen reagieren und neue Informationen über Restaurants verarbeiten.*

Das Abspeichern von Elementen erfolgt durch *Chunking*: Bestimmte zusammengehörige Elemente werden gruppiert und gemeinsam abgespeichert, z. B. speichern wir das Datum 1492 zusammen mit Informationen zu Amerika und seiner Wieder-Entdeckung durch Kolumbus. 1492 ist dann ein zugehöriges Element. Die Zahl 1396 gehört nicht dazu und ist vermutlich für die meisten Leser viel schwerer zu behalten. Zahlen wie 265070193 sind viel schwieriger zu lernen als BAFDILTUN, weil BAFDILTUN in drei Silben zerlegt werden kann, und zwar in BAF, DIL und TUN, und nur diese Silben als Elemente einzuprägen sind.[4] Zufällige Folgen von Konsonanten sind viel schwerer einprägbar, weil sie nicht so leicht in solche Unterelemente gruppiert werden könnten (vgl. Baddeley 1990, S. 31).

---

[4] Die Fähigkeit zum Zergliedern eines Wortes (phonologische Bewusstheit) ist aus Gründen der Begrenztheit des Arbeitsgedächtnisses für das Lesen und Schreiben von Wörtern von zentraler Bedeutung, weil die Aufnahme der einzelnen Buchstaben in ihrem Zusammenhang eine Überlastung darstellt. Die Fähigkeit zum Zergliedern von Wörtern bereitet diese für eine Gedächtnisverarbeitung vor! Das ist der Grund, weshalb bei Schülern mit erheblichen Lücken in dieser Fähigkeit das Lesen- und Schreibenlernen kaum möglich ist.

Das Arbeitsgedächtnis ist durch seine Kapazitätsbegrenzung für das Lernen neuer Inhalte immer ein Engpass. Die wichtigste pädagogische Aufgabe bei der Aneignung neuer Inhalte ist deshalb, die Informationsmenge den biologischen Gegebenheiten des Arbeitsgedächtnisses anzupassen.

Nach dem Modell von Baddely und Hitch (vgl. Baddeley 1986, Baddeley, Gathercole & Papagno 1998, Gathercole 1998) besteht das Arbeitsgedächtnis aus drei Komponenten, und zwar

(1) der zentralen Exekutive und den beiden ihr zugeordneten Hilfssystemen,

(2) dem visuell-räumlichen Skizzenblock und

(3) der phonologischen Schleife (phonological loop).

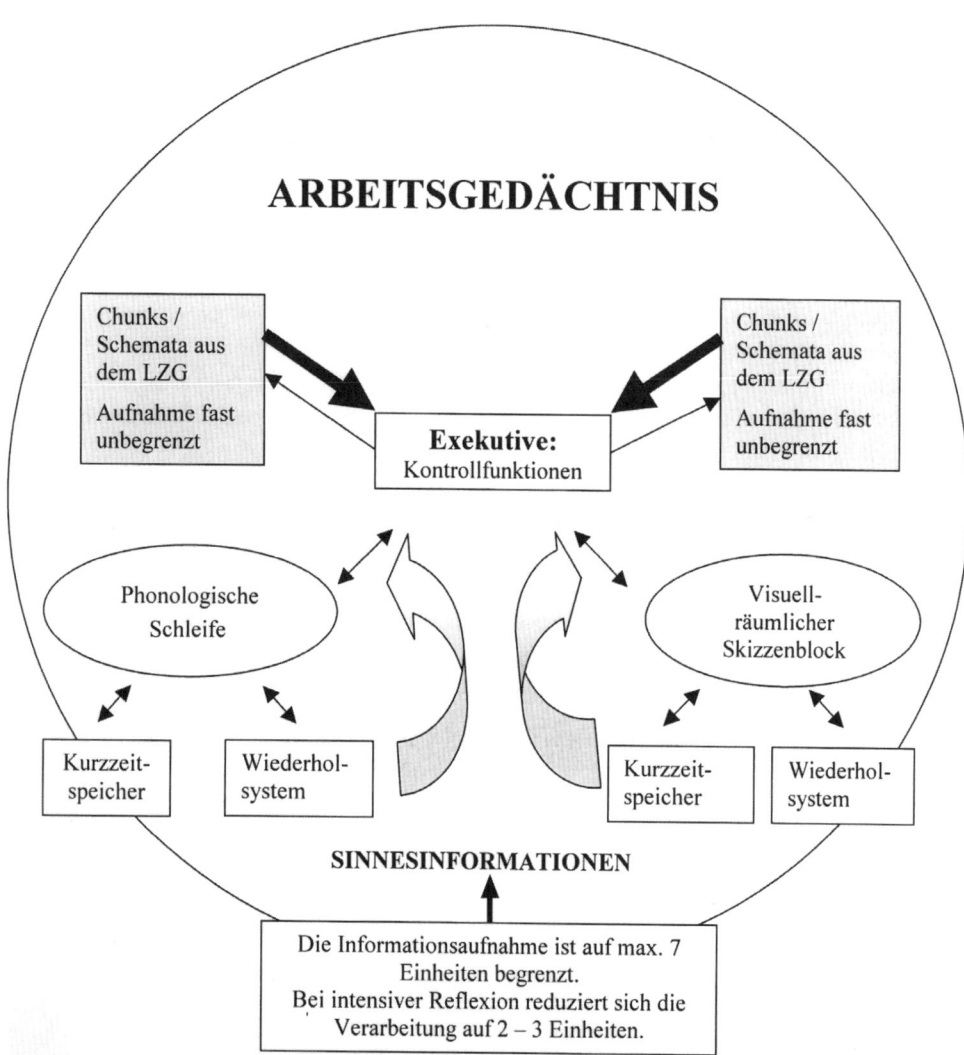

Abb. 1 Die Struktur des Arbeitsgedächtnisses

Die Exekutive: Die Aufgabe der Exekutive besteht darin, die Koordination des Informationsflusses im Arbeitsgedächtnis zu steuern. Sie stellt eine Verbindung zwischen den beiden Hilfssystemen und dem Langzeitgedächtnis her. Außerdem wählt die Exekutive Strategien zur Bearbeitung der Informationen aus; sie ist z. B. für die Steuerung von parallel auszuführenden Handlungen sowie für eine logische Durchkämmung der eingehenden Informationen zuständig.

Hilfssysteme des Arbeitsgedächtnisses sind (1) die phonologische Schleife und (2) der visuell-räumliche Skizzenblock.

Die phonologische Schleife: Die phonologische Schleife ist auf die Aufnahme von verbalen Informationen und Lauten spezialisiert; in ihr findet eine innere, nach außen nicht sichtbare Wiederholung statt. Damit spielt sie für das Sprechen- und Lesenlernen eine zentrale Rolle. Die phonologische Schleife besteht aus zwei Komponenten: dem passiven, phonologischen Kurzzeitspeicher und dem aktiven, mündlichen Wiederholsystem.

Informationen gelangen in dieses System entweder durch die Wahrnehmung von Lauten oder durch die Aufnahme sprachlicher Informationen beim Lesen, die innerlich lautlich umkodiert werden, sowie über die Auslösung sprachlicher Codes beim Sehen von Gegenständen. Die Informationen im phonologischen Kurzzeitspeicher werden nach 2 Sekunden vergessen, – sie zerfallen, wenn sie nicht wiederholt werden. Wenn ausgewählte Informationen innerhalb dieser 2 Sekunden wiederholt werden können, haben diese Informationen eine „Überlebenschance". Um kurze Wörter wie „Hund" zu wiederholen, braucht man weniger Zeit als für längere Wörter wie Giraffe, weshalb man sich solche kurzen Wörter bei einer seriellen Erinnerung von Wortlisten schneller merken kann. Dieser Effekt verschwindet, wenn man Personen bei dieser Aufgabe gleichzeitig irgendwelche irrelevanten Dinge *hersagen* lässt. Hersagen blockiert nämlich das innere lautliche Wiederholen, das für das Behalten erforderlich ist.

Forschungen zum sog. *Modalitätseffekt* zeigen, dass sprachliches Lernen über den phonologischen Kurzzeitspeicher verläuft. Wenn nun sprachliches Lernen neuer Wörter immer über den phonologischen Speicher erfolgt, müsste das Lernen bei visueller Präsentation langsamer verlaufen als bei lautlicher Präsentation. Dies konnte empirisch tatsächlich bestätigt werden. Erklärt wird dieser Effekt damit, dass die visuell präsentierte Information zuerst lautlich umkodiert werden muss, bevor sie dann im phonologischen Wiederholsystem aufgefrischt werden kann, um nicht gleich wieder zu zerfallen.[5]

Nach dem derzeitigen Stand der Forschung entwickelt sich der phonologische Kurzzeitspeicher schon im frühesten Kindesalter, während sich das mündliche Wiederholsystem erst etwa im Alter von sieben Jahren herausbildet. Bei Kindern unter sieben Jahren kann man bei Gedächtnisaufgaben z. B. keine Lippenbewegungen erkennen. Lernen scheint sich bei diesen jüngeren Kindern vor allem auf visuelle Aspekte zu konzentrieren. Wenn fünfjährigen Kindern Bilder von Gegenständen mit unterschiedlich langen Bezeichnungen gezeigt werden, treten keine Behaltensunterschiede im Hinblick auf die Wortlänge auf. Wenn diese Kinder jedoch in Wiederholstrategien der jeweiligen Wörter zu diesen Bildern

---

[5] Ein direkter Beleg für dieses Umkodieren ergibt sich aus Fehlern, die beim Lernen auftreten. Dabei stellte man fest, dass diese Lernfehler eher etwas mit den Lauten als mit der orthographischen bzw. bildhaften Gestalt des Wortes zu tun hatten: Ein D (/DE/) wird als W (/WE/) und nicht als ein O (/O/) fälschlich erinnert, obwohl die Ähnlichkeit der visuellen Gestalt zwischen D und O größer ist.

unterrichtet werden, ergeben sich die bekannten Unterschiede im leichteren Erinnern der kurzen Wörter.

Das Wiederholsystem spielt eine wichtige Rolle beim Erinnern von Textinhalten. Werden Personen während des Lernprozesses aufgefordert, immer die gleiche Folge von Wörtern laut aufzusagen (z. B. das, das, das, …), dann wird der Prozess des Einprägens stark beeinträchtigt. Dies ist damit zu erklären, dass eine Nutzung des phonologischen Wiederholsystems, das sonst beim Textlernen verwendet wird, durch die Artikulation von „das, das, das, …" verhindert wird. Mit diesem Modell sind einige Effekte leicht zu erklären, die für den Sprachunterricht (muttersprachlich und fremdsprachlich) wichtig sind. So kann man einen engen Zusammenhang zwischen Vokabel- bzw. Wortschatzwissen oder syntaktischem Wissen einerseits und Leseverstehensleistungen andererseits feststellen. Wenn Lerner die Bedeutung von Wörtern nicht sicher abgespeichert oder syntaktische Strukturen nicht verstanden haben, steigt die Belastung ihres Arbeitsspeichers stark an und das Verstehen eines Textes fällt ihnen schwer.

> *„Die begrenzte Kapazität des Arbeitsgedächtnisses kann nur dann für den Aufbau der semantischen Repräsentation voll genutzt werden, wenn das Arbeitsgedächtnis durch die Automatisierung der niedrigeren Verarbeitungsstufen – der graphophonischen, der lexikalisch-formalen und der syntaktischen Ebene – entlastet ist, sodass Kapazität für die Strategien- und Aufmerksamkeitssteuerung sowie für die Informationsspeicherung verfügbar bleibt."* (Schmidt 2000, S. 95).

Auf diesem Hintergrund kritisiert Schmidt eine konstruktivistisch orientierte Lesedidaktik, nach der ein Strategietraining zur verbesserten Nutzung von Kontexthinweisen Personen mit Schwierigkeiten beim Leseverstehen helfen soll. Sinnvoller wäre stattdessen ein Arbeiten an den defizitären Grundkenntnissen. „Gute LeserInnen können Kontexthinweise besser nutzen, weil sie aufgrund besserer Dekodierkenntnisse genügend Kapazität für den Einsatz von Strategien zur Verfügung haben." (Schmidt 2000, S. 97)

Der visuell-räumliche Skizzenblock: Der visuell-räumliche Skizzenblock des Arbeitsgedächtnisses ist für die Verarbeitung von visuellen und räumlichen Informationen zuständig. Auch hier wird eine Untergliederung in einen *visuellen Kurzzeitspeicher* und ein *Wiederholsystem* angenommen.

Studien zur Entwicklung des visuell-räumlichen Skizzenblocks zeigen, dass jüngere Kinder stärker als ältere Kinder auf die Nutzung dieses Systems beim Einprägen von Informationen angewiesen sind. Dies zeigt sich z. B. beim Einprägen von ähnlichen visuellen Gegenständen wie Schreibstift, Gabel zu visuell unterschiedlicheren Gegenständen (Puppe, Bad). Fünfjährige haben mit dem Einprägen der visuell ähnlichen Gegenstände größere Mühe als bei den visuell unterschiedlichen Gegenständen, während bei den 10-Jährigen kein Unterschied mehr besteht. Dies wird darauf zurückgeführt, dass ältere Kinder zusätzlich Bildinformationen verbal enkodieren und sich damit die visuelle Ähnlichkeit nicht mehr erschwerend auf das Einprägen auswirkt.

Die Fähigkeit, sich visuelle Informationen einzuprägen, erweitert sich beträchtlich zwischen dem 5. und 11. Lebensjahr. Mit 12 Jahren wird fast die maximale Kapazität eines jungen Erwachsenen erreicht; sie ist dann um das Drei- bis Vierfache größer als im Alter von fünf Jahren. Die enorme Ausweitung der Gedächtniskapazität ist eng mit der Möglichkeit verbunden, komplexe visuelle Muster aus dem Langzeitgedächtnis abzurufen. Geprüft wird diese Annahme, indem verlangt wird, während der Gedächtnisaufgabe z. B. ab einer bestimmten Zahl vorwärts oder rückwärts zu zählen. Durch das Zählen wird das Funktionieren der zentralen Exekutive und damit die Verknüpfung mit dem Langzeitgedächtnis unterbunden. Ferner verhindert das laute Sprechen die Nutzung des phonologischen Wiederholsystems. Unter solchen Voraussetzungen wird der Vorteil der älteren Kinder beim Einprägen visueller Informationen erheblich reduziert. Der Anstieg der Gedächtnisspanne für das Einprägen visueller Informationen wird durch das Zusammenwirken von drei Faktoren erklärt: (1) Eine echte Zunahme der Kapazität des Gedächtnisses, (2) die Umkodierung visueller Information durch Nutzung des phonologischen Wiederholsystems, und (3) die Nutzung schon gespeicherter visueller Muster aus dem Langzeitgedächtnis, wobei die zentrale Exekutive eine Rolle spielt.

2.1.2 Das Langzeitgedächtnis

Eine wichtige Unterscheidung ist die zwischen semantischem und episodischem Gedächtnis. Unter *semantischem Gedächtnis* versteht man das Weltwissen, also alle Kenntnisse, die wir über die Welt haben. Dazu gehört das Wissen über die Bedeutung von Wörtern, über die Namen von Personen, über Tatsachen. Dagegen bezieht sich das *episodische Gedächtnis* auf das Wissen über Umstände und Gelegenheiten, unter denen dieses Wissen erworben wurde. Das Erinnerungsvermögen an weiter zurückreichende Erfahrungen wird als *autobiografisches Gedächtnis* bezeichnet.

Man geht in der Forschung davon aus, dass das autobiografische Gedächtnis meist nur bis in das Alter von etwa $3\frac{1}{2}$ Jahren zurückreicht (vgl. Gathercole 1998). Die Unfähigkeit, sich weiter zurückzuerinnern, wird auch als *kindliche Amnesie* bezeichnet. Für diese kindliche Amnesie gibt es verschiedene Erklärungen. Eine geht davon aus, dass ein Kind noch keine entwickelten Schemata über die immer wiederkehrenden Ereignisse besitzt und dass es ihm deshalb nicht möglich ist, sich das Unübliche oder Besondere zu merken.

Untersuchungen an Kindern zeigen allerdings, dass diese schon sehr früh detailreiche Erinnerungen aufbauen. So können sich zweijährige Kinder durchaus an Ereignisse erinnern, die mehrere Tage und Wochen zurück liegen; bei $2\frac{1}{2}$ Jährigen konnte man Rückerinnerungen von bis zu einem halben Jahr feststellen. Durch mehrere Studien konnte gezeigt werden, dass sich die Kinder sehr viel besser an Ereignisse erinnern konnten, an die sie wiederholt durch anderen Personen erinnert worden waren.

In diesem Zusammenhang sind die Ergebnisse einer Studie von Pillemer (zit. nach Gathercole 1998, S. 17f.) interessant, die dieser mit Kindergartenkindern durchführte. Das zu erinnernde Ereignis war ein Feueralarm, der durch brennendes Popkorn in einem anderen Teil des Kindergartens ausgelöst wurde und bei dem die Kinder aus dem Gebäude evakuiert worden waren. Pillemer testete die Kinder einmal 14 Tage nach dem Vorfall und sieben Jahre später nochmals. Dabei teilte er die Kinder in eine Gruppe auf, die bei diesem Vorfall 3 Jahre und in eine Gruppe, die 4 Jahre alt war. Sieben Jahre später konnten 57 % der älteren Kinder einen vollständigen oder wenigstens einen fragmentarische Bericht über die damals stattfindenden Ereignisse geben, verglichen mit 18 % der jüngeren Kinder. 86 % der älteren Kinder konnten sich bei Vorgabe einer Multiple-Choice-Frage noch an den Raum erinnern, aus dem die Kinder beim Feueralarm evakuiert wurden, während die jüngeren daran keine Erinnerung mehr hatten (reines Rateergebnis).

Pillemer nimmt an, dass für die Fähigkeit zum Erinnern der Grad an kausalem Verständnis für die narrative Struktur des Ereignisses entscheidend ist. Die älteren Kinder können den Zusammenhang zwischen den Elementen des Geschehens besser verstehen. Je höher somit die narrative Kohärenz zur Zeit des Vorfalls ist, desto besser ist die Gedächtnisspur organisiert und desto besser ist die Übereinstimmung mit den narrativen Schemata, mit denen die unvollständigen Erinnerungsspuren Jahre später erinnert werden. Auch wenn diese Erklärung plausibel klingt, können alternative Erklärungen nicht sicher ausgeschlossen werden, z. B. die Erklärung, dass eine bessere Erinnerungsleistung gefunden wird, wenn die Messungen von Vertrauten des Kindes und nicht von Fremden erhoben werden (vgl. Gathercole 1998, S. 18).

2.2 Schulisches Lernen bei der Aneignung neuen Wissens

2.2.1 Die Überlasttheorie des Arbeitsgedächtnisses

Die schulische Praxis orientiert sich häufig an pädagogischen Leitbildern, die mit dem derzeitigen wissenschaftlichen Kenntnisstand über Lernprozesse nicht vereinbar sind. Eine der grundlegenden Fragen, denen sich die Schulpädagogik stellen muss, ist die Frage, wie Wissen zu vermitteln und zu strukturieren ist, um das „Nadelöhr Arbeitsgedächtnis" passieren zu können. Folgende Beispiele mögen dies verdeutlichen:

➤ Ein Lehrer hat ein neues Verfahren eingeführt und an einem Beispiel erläutert. Danach verteilt er ein Arbeitsblatt mit 15 Aufgaben dazu.

➤ Ein anderer Lehrer erläutert das gleiche Verfahren, danach verdeutlicht er dieses Verfahren an mehreren Lösungsbeispielen, die teilweise gemeinsam an der Tafel entwickelt werden, diskutiert verschiedene mögliche Lösungsverfahren und verteilt dann ein Arbeitsblatt an die Schüler. Einige leistungsschwache Schüler fordert er auf, mit ihm noch weitere Aufgaben gemeinsam zu besprechen und zu lösen.

Was spricht für die erste und was für die zweite Vorgehensweise?

Für die erste Vorgehensweise spricht, dass den Schülern damit eine Chance zum entdeckenden Lernen gegeben wird. Nach dem derzeitigen Kenntnisstand ist dieses entdeckende Lernen aber nur für Schüler lernwirksam, die das Verfahren schon weitgehend beherrschen. Es ist nicht für die Schüler geeignet, die einige Punkte noch nicht hinreichend verstanden haben, also für die Mehrheit der Klasse.

Für die zweite Vorgehensweise spricht, dass sie die Lernmöglichkeiten aller Schüler, also auch die der schwächeren, berücksichtigt. Ein Vorgehen nach dem Muster des zweiten Lehrers führt zu einer besseren Förderung der schwächeren Schüler, weil die wesentlichen Punkte an mehreren Beispielen an der Tafel verdeutlicht werden. Dadurch haben alle Schüler die Möglichkeit, sich auf die Punkte zu konzentrieren, die sie beim ersten Erklärversuch noch nicht verstanden haben. Das Angebot an die schwächeren Schüler, noch weitere Aufgaben gemeinsam mit dem Lehrer zu lösen, signalisiert diesen Schülern, dass auch von ihnen erwartet wird, dass sie das neue Verfahren lernen. Gleichzeitig wird von den stärkeren Schülern ein früheres selbstständiges Lösen von Aufgaben erwartet.

Beim schulischen Lernen müssen die eingehenden Informationen zuerst aufgenommen und verarbeitet werden können. Dazu müssen sie in das zur Verfügung stehende Arbeitsgedächtnis passen, dessen Kapazität auf höchstens sieben Elemente begrenzt ist. Da jedoch das Arbeitsgedächtnis beim Lernen dazu verwendet wird, Informationen zu *verarbeiten*, d. h. sie zu organisieren, zu kontrastieren oder zu vergleichen, können Lernende vermutlich meist nur *zwei bis drei Informationselemente* gleichzeitig während der Verarbeitung berücksichtigen.

Nach der Cognitive-Load-Theorie[6] (vgl. Sweller, Merrienboer & Paas 1998; Clark, Nguyen & Sweller 2006) findet Lernen nur statt, *wenn genügend freie Kapazität für ein aktives Operieren der Inhalte vorhanden ist und diese freie Kapazität auch aktiv genutzt wird.* Diese lernförderliche aktive Belastung wird als „germane cognitive load" bezeichnet. Entsprechend wenig kapazitätsbelastend muss das Lernarrangement gestaltet werden, d. h. die „extrinsische kognitive Belastung" muss möglichst gering sein. Dies geschieht z. B. durch Verwendung von Lösungsbeispielen.

Zusätzlich kann die intrinsische Belastung, also die Schwierigkeit der Aufgabe für den Lerner, vermindert werden, indem in einem ersten Schritt zu wichtigen Teilaspekten im Langzeitgedächtnis Schemata gebildet werden. In einem zweiten Schritt können diese Teilaspekte dann zusammen behandelt werden, weil ein Prozessieren dieser Informationen aus dem Langzeitgedächtnis das Arbeitsgedächtnis nicht mehr belastet.

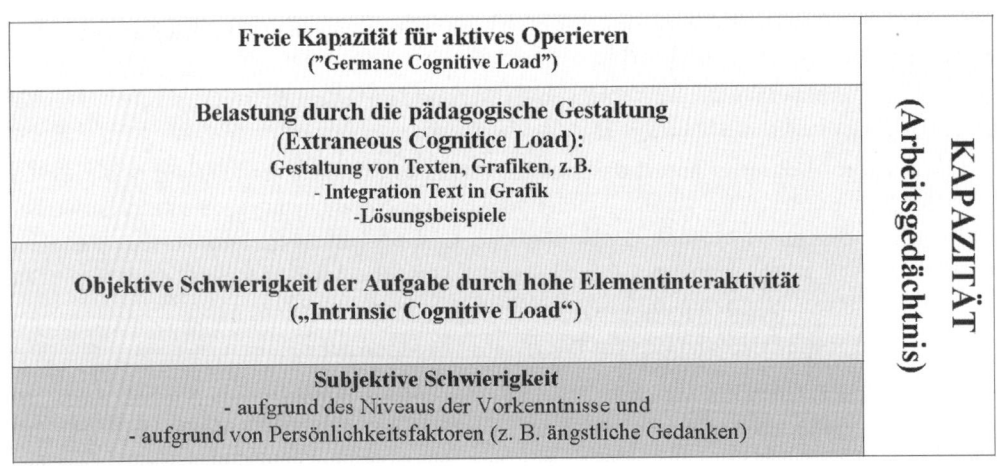

Abb. 2 Die Überlasttheorie von Sweller

Die Cognitive-Load-Theorie (vgl. Sweller, Merrienboer & Paas 1998) betont die Grenzen der Belastbarkeit des Arbeitsgedächtnisses. Bei einer Überlastung des Arbeitsgedächtnisses wird das Lernen stark verlangsamt. Nur wenn die im Arbeitsgedächtnis freie Kapazitäten für das Operieren und Vergleichen von Elementen genutzt werden, kann man effektiv lernen. Jede unterrichtliche Maßnahme, die dieser Tatsache Rechnung trägt, ist effizient, weil weniger Zeit zum Lernen benötigt wird. Das ist die grundlegende Annahme dieses Ansatzes.

---

[6] Die folgende Darstellung orientiert sich an diesem Aufsatz (vgl. auch Sweller 1999 sowie Clark, Nguyen & Sweller 2006 sowie Kirschner, Sweller & Clark 2006).

Die Kapazität des Arbeitsgedächtnisses wird auch durch *emotionale Erfahrungen* beeinträchtigt, die mit bestimmten Situationen verknüpft sind. Wenn einem Schüler während der Aufgabenbearbeitung ängstliche Gedanken durch den Kopf gehen, fällt es ihm schwer, die präsentierten Informationen aufzunehmen und zu verarbeiten (vgl. Tobias 1985).

Die Schwierigkeit der Aufgaben spielt für die Belastung des Arbeitsgedächtnisses eine zentrale Rolle. Diese Schwierigkeit wird in der Cognitive Load Theorie durch die *Interaktivität der einzelnen Elemente einer Aufgabe beschrieben.* Wenn die einzelnen Elemente weitgehend isoliert voneinander gelernt werden können, dann besteht eine niedrige Interaktivität unter ihnen (Beispiel Vokabellernen), die intrinsische kognitive Belastung ist gering. Bauen die Elemente hingegen aufeinander auf, dann besteht eine hohe Interaktivität; die intrinsische kognitive Belastung ist hoch.

Die Cognitive Load Theorie von John Sweller bezieht sich auf schwierige Probleme mit hoher Elementinteraktivität. Hohe Elementinteraktivität besteht z.B. bei Problemen der Grammatik oder bei vielen mathematischen und naturwissenschaftlichen Aufgaben. Bei hoher Interaktivität ist die Belastung des Arbeitsgedächtnisses hoch. So müssen wir *alle* Wörter eines Satzes gleichzeitig betrachten, um die erforderliche Reihenfolge der Wörter in einem englischen Satz zu verstehen (Grammatikproblem mit hoher Elementinteraktivität).

Ein Schüler, der lernen soll, in der Gleichung $a/b = c$ den Nenner auszumultiplizieren, muss gleichzeitig bedenken:

➢ beide Seiten der Gleichung müssen mit b multipliziert werden, damit die Gleichheit beider Seiten nicht verändert wird,

➢ der Ausdruck $a \times b/b$ auf der linken Seite ist das Ergebnis dieser Multiplikation mit b,

➢ der Ausdruck b/b kann zu 1 gekürzt werden, und

➢ da $a \times 1 = a$, führt dies zur Gleichung $a = cb$.

Es würde zu einem Lernen ohne Verständnis führen, dem Schüler nur beizubringen, er könne b auf die rechte Seite bringen. Dies vermindert die Belastung des Arbeitsgedächtnisses; das grundlegende Schema, das später auch wieder angewendet werden kann, wird dabei aber nicht gelernt.

Wissenserwerb bedeutet im Wesentlichen die Abspeicherung von Schemata im Langzeitgedächtnis. Schachmeister haben z.B. Schemata, mit denen sie Figuren in Muster kategorisieren, die ihnen angeben, welche Züge angemessen sind (z.B. in geschlossenen Bauernstellungen). Schemata sagen uns, dass manche Gegenstände Bäume sind, auf die wir in gleicher Weise reagieren können, obwohl es keine zwei Bäume gibt, die identische Elemente aufweisen. Sie ähneln unscharfen, aber bezüglich prototypischer Merkmale sicher identifizierbaren Gestalten. Beim Lesen können wir aus einer unendlichen Vielzahl von Mustern einer Seite Bedeutung ableiten, weil unsere Schemata die Buchstaben, Worte und Kombinationen von Wörtern kategorisieren können. Nach der Schema-Theorie entwickelt sich die Fähigkeit zur Bewältigung komplexer Aufgaben, indem Elemente niedrigerer Schemata zu höheren, komplexeren Schemata kombiniert werden.

Der Aufbau von Schemata ist ein aktiver, konstruktiver Prozess, was man am Lesen verdeutlichen kann. Am Schulanfang konstruieren Kinder Schemata für Buchstabenfiguren, die ihnen erlauben, eine unendliche Anzahl von (handgeschriebenen) Gestalten einer kleinen Anzahl von Kategorien zuzuordnen. Diese Schemata sind die Grundlage für Schemata höherer Ordnung, wenn sie zu Wörtern kombiniert werden. Sie können danach durch Schemata noch höherer Ordnung zu Satzteilen verbunden werden. Letztlich erlauben solche Schemata den Lesern, eine Seite schnell zu überfliegen und dabei die Bedeutung herauszufiltern.

Wie lässt sich nun diese Theorie auf die Planung pädagogischer Maßnahmen anwenden? In der Forschung werden verschiedene Effekte dargestellt, zu denen experimentelle Forschungen vorgenommen wurden. Diese Effekte sind auch deshalb interessant, weil sie in vielen Fällen den gängigen schulischen Praktiken widersprechen. Es handelt sich dabei um folgende Effekte:

(1) *Der Effekt von ausgearbeiteten Lösungsbeispielen* (oder warum es in vielen Fällen wichtig ist, nach dem Erklären eines komplexen Gegenstands den Sachverhalt nochmals an verschiedenen Lösungsbeispielen zu verdeutlichen, statt gleich Aufgaben dazu aufzugeben).

(2) *Der Variabilitätseffekt* (oder warum eine breite Streuung unwesentlicher Merkmale einen Transfer erleichtert).

(3) Der *Aufgabenergänzungseffekt* (oder warum zunächst ein Ergänzen mehr zum Lernen beiträgt, als das Lösen vollständiger Aufgaben).

(4) Der *Aufmerksamkeitsteilungseffekt* (oder warum Schüler leichter lernen können, wenn Textinformationen in eine Grafik integriert werden).

(5) Der mit *Zielfreiheit* verbundene Effekt (oder warum es manchmal sinnvoll ist, eine mathematische Aufgabe offen ohne genaue Zielvorgabe zu formulieren).

(6) *Modalitätseffekte* (oder warum es günstiger ist, eine visuelle Skizze sprachlich zu kommentieren, als eine textliche Erklärung[7] zusätzlich mündlich zu erklären).

(7) *Redundanzeffekte* (oder warum überflüssige Erläuterungen das Lernen behindern können).

Im Folgenden werde ich vor allem auf die Bedeutung von Lösungsbeispielen sowie auf den Aufmerksamkeitsteilungseffekt eingehen, da diese meiner Ansicht nach für schulisches Lernen von herausragender Bedeutung sind. Der Leser sei bezüglich der anderen Effekte auf die einschlägige Grundlagenliteratur verwiesen (vgl. Sweller 1999; Clark, Nguyen & Sweller 2006; eine zusammenfassende Darstellung findet man auch in Wellenreuther 2008).

2.3 Der Effekt von ausgearbeiteten Lösungsbeispielen

Für schulisches Lernen ist das Arbeiten mit Lösungsbeispielen von herausragender Bedeutung. Gehen wir einmal davon aus, dass im Rahmen direkter Instruktion die theoretischen Grundlagen für die Lösung bestimmter Aufgaben gelegt wurden. Die konventionelle Vorgehensweise besteht nun darin, im Anschluss an die Einführung in der Klasse einige Aufgaben gemeinsam zu lösen, um danach für die Phase der Stillarbeit mehrere Aufgaben zur selbstständigen Bearbeitung zu stellen. Die interessante Frage ist dann, in welchem

---

[7] Bei der Verwendung von Folien oder von Power-Point-Präsentationen tritt häufig solch eine doppelte sprachliche Darbietung auf, wenn der projizierte Text mündlich erläutert wird, während die Zuhörer den Text lesen.

Umfang es sinnvoll ist, statt der gemeinsamen Lösung in der Klasse oder statt der eigenständigen Lösung in der Stillarbeit die Schüler gelöste Aufgaben analysieren zu lassen, bevor sie selbst solche Aufgaben lösen sollen.

Im Vergleich zur sofortigen selbstständigen Lösung von Aufgaben vermindert das Studium von Lösungsbeispielen die Belastung des Arbeitsgedächtnisses. Ein genaues Studium solcher Beispiele ist deshalb für ein müheloses Lernen hilfreicher als die Bearbeitung ungelöster Aufgaben. Dies ist deshalb zu vermuten, weil der Lerner sich bei der Analyse der Aufgabenlösungen auf *die* Aspekte des Lösungsvorgangs konzentrieren kann, die er noch nicht richtig verstanden hat.

„Im Gegensatz zu konventionellen Aufgaben lenken die Lösungsbeispiele die Konzentration auf Problemzustände und die damit verbundenen Operatoren (z. B. Lösungsschritte) und ermöglichen damit den Lernern, verallgemeinerte Lösungen und Schemata zu entwickeln. Da sie sich auf nichts anderes zu konzentrieren brauchen, müsste sich die Belastung des Arbeitsgedächtnisses verringern. Diese Überlegung führt zu der dem Alltagsverstand widersprechenden These, dass das Studium von Lösungsbeispielen den Aufbau verallgemeinerter Schemata und den Lerntransfer mehr fördert als die Lösung vergleichbarer normaler Aufgaben." (Sweller, Merrienboer & Paas 1998, 273)

---

(1) Lernen mit Serien von Lösungsaufgaben und zugeordneten Übungsaufgaben (Zhu & Simon 1987)

In ihren Untersuchungen ging es z. B. um die Faktorisierung quadratischer Gleichungen der Form $x^2 + ax + b$. Eine verständliche Erklärung der Faktorisierung quadratischer Gleichungen vor der Klasse ist vermutlich sehr schwierig. Ein zentrales Problem längerer Erklärungen besteht gerade darin, dass durch sie das Arbeitsgedächtnis schnell überlastet wird und dann nur noch bruchstückhaft bestimmte Informationen aufgenommen werden können. *Dieses Problem der optimalen Passung einer mündlichen Erklärung an die kognitiven Voraussetzungen der Schüler ist bei komplexen Erklärproblemen für eine Schulklasse kaum lösbar.* Deshalb haben Zhu & Simon (1987) statt mündlicher Erklärungen gelöste Aufgabenserien eingesetzt. Danach erhielten die Schüler jeweils ähnliche Übungsaufgaben. Um diese lösen zu können, mussten sich die Schüler *eigene Gedanken* über die Lösungsmethode machen und diese Methode versuchsweise erproben. Durch Proberechnungen konnten sie dann jeweils selbst überprüfen, ob die verwendete Lösungsmethode zu einer richtigen Lösung geführt hat. Zur Verdeutlichung werden auf Seite 20 verschiedene gelöste Aufgabenserien zusammen mit den zugehörigen Übungsaufgaben aufgelistet (nach Zhu & Simon 1987, 165).

Entscheidend ist dabei natürlich die Entwicklung der aufeinander aufbauenden Komponenten, zu denen dann jeweils gelöste Aufgaben vorgelegt werden. Diese gelösten Serien repräsentieren die einzelnen Komponenten der Fähigkeit, die entwickelt werden soll. Zunächst werden die einfachsten Aufgaben genommen, dann eine Schwierigkeit hinzugefügt, usw. Nur wenn solche Serien die Teilkomponenten der komplexeren Fähigkeit umfassen, sorgfältig aufeinander aufbauen und hinreichende Übungen zum Verankern im LZG enthalten, werden Schüler damit schnell lernen können.

Gelöste Aufgabenserie I:	Übungsaufgaben dazu:
$x^2 + 5x + 6 = (x + 2)(x + 3)$	$x^2 + 11x + 18 =$ ( )( )
$x^2 + 7x + 6 = (x + 1)(x + 6)$	$x^2 + 9x + 18 =$ ( )( )
$x^2 + 8x + 12 = (x + 2)(x + 6)$	$x^2 + 19x + 18 =$ ( )( )
$x^2 + 7x + 12 = (x + 3)(x + 4)$	...
$x^2 + 13x + 12 = (x + 1)(x + 12)$	
Gelöste Aufgabenserie II:	**Übungsaufgaben dazu:**
$x^2 + 5x + 6 = (x + 2)(x + 3)$	$x^2 + 9x + 18 =$ ( )( )
$x^2 - 5x + 6 = (x - 2)(x - 3)$	$x^2 - 9x + 18 =$ ( )( )
$x^2 + 7x + 6 = (x + 1)(x + 6)$	$x^2 - 11x + 18 =$ ( )( )
$x^2 - 7x + 6 = (x - 1)(x - 6)$	...
Gelöste Aufgabenserie III:	**Übungsaufgaben dazu:**
$x^2 + 5x - 6 = (x - 1)(x + 6)$	$x^2 + 4x - 12 =$ ( )( )
$x^2 - 5x - 6 = (x + 1)(x - 6)$	$x^2 - 4x - 12 =$ ( )( )
$x^2 + x - 6 = (x - 2)(x + 3)$	$x^2 + x - 12 =$ ( )( )
$x^2 - x - 6 = (x + 2)(x - 3)$	...

Zhu & Simon (1987) konnten durch ihre Untersuchungen, die sie in Peking durchführten, zeigen, dass durch solche gelösten Aufgabenreihen die Schüler *schneller* und mit mehr Verständnis lernten als durch traditionellen erklärenden Unterricht. Die Zeitersparnis betrug dabei etwa ein Drittel der im traditionellen Unterricht benötigten Zeit. Allerdings schließen die Autoren nicht aus, dass dabei auch so etwas wie ein Neuigkeitseffekt eine Rolle gespielt haben könnte: Die Schüler arbeiteten vielleicht konzentrierter, weil die Methode neu war. Dagegen spricht allerdings, dass ähnlich positive Ergebnisse erzielt wurden, wenn die Methode drei Jahre lang in Mittelschulen in Algebra und Geometrie eingesetzt wurde.

Praktisch bedeutsam wird diese Methode auch dadurch, dass Lehrer von der anstrengenden Arbeit des mündlichen Erklärens vor der Klasse weitgehend entbunden werden. Sie können sich dadurch intensiver um einzelne Gruppen von Schülern mit besonderen Verständnisschwierigkeiten kümmern. Statt sich auf lange, mündliche Erklärungen konzentrieren zu müssen, können Schüler bei der Vorgabe von Lösungsserien kritische, unverstandene Aspekte bearbeiten.

Bei mündlichen Erklärungen müsste der Lehrer die möglichen Schwierigkeiten der Schüler erahnen und daraufhin seine Erklärungen in möglichst schülergemäßer Form formulieren. Wenn ein Schüler dann an einer Stelle einen Aufgabenschritt nicht versteht, der Verständnisfaden also abreißt, dann ergibt sich für den Schüler nicht die Möglichkeit, die Erklärung zurückzuspulen. Es wäre dann erforderlich, die Erklärung durch Visualisierungen im Sinne konzeptueller Modelle zu ergänzen (Mayer 1989). Doch auch in diesem Fall, wie auch bei einer Ergänzung durch schriftliche Erklärungen, ergibt sich noch eine vergleichsweise hohe Belastung des Arbeitsgedächtnisses, weil der Schüler immer wieder auch die Aspekte durcharbeiten müsste, die er schon verstanden hat.

(2) Lernen mit Lösungsbeispielen (Paas & Merrienboer 1994)

In ganz anderer Weise wurden Lösungsbeispiele in einem Experiment verwendet, das von Paas & Merrienboer (1994) mit Studenten von Technischen Fachschulen durchgeführt wurde. Inhaltlich wurden Beispiele aus der Dreieckslehre (Satz des Pythagoras) und der Trigonometrie verwendet.

Einführung: Alle Studenten erhielten zunächst eine allgemeine Einführung in die geometrische Theorie, die für die nachfolgenden Aufgaben benötigt wurde. Die geometrische Theorie wurde anhand von vier gelösten Aufgaben erläutert.

Bedingungsvariation: Alle Studenten hatten sechs Aufgaben zu bearbeiten. In der *Kontrollgruppe* sollten die Studenten die gestellten Aufgaben ohne Lösungen oder Lösungshinweise bearbeiten. In der *Versuchsgruppe* wurden dagegen alle sechs Probleme vollständig gelöst vorgestellt, und diese Lösungsbeispiele sollten sorgfältig analysiert werden.

Zusätzlich wurden beide Gruppen nochmals in zwei Hälften aufgeteilt. Die eine Hälfte erhielt sehr ähnliche Aufgaben, die andere Hälfte erhielt sehr unterschiedliche Aufgaben. Dadurch sollte geprüft werden, unter welchen Voraussetzungen sehr unterschiedliche Aufgaben den Transfer auf die Lösung neuer Aufgaben unterstützen.

Testphase: In der dritten Phase wurden allen Studenten zur Messung der Effekte die gleichen Testaufgaben vorgelegt.

Die Ergebnisse des Experiments stimmen sehr gut mit den Vorhersagen überein: Wenn die Studenten sich nach der Instruktionsphase um die Lösung von „echten" Aufgaben bemühten, konnten sie einen deutlich geringeren Prozentsatz richtig lösen als unter der leichteren Bedingung, unter der sie nur die gelösten Aufgaben zu studieren hatten. Ferner zeigte es sich, dass unter der Bedingung „Vorgabe gelöster Aufgaben" bei hoher Variabilität der Aufgaben der Transfererfolg noch einmal deutlich gesteigert werden konnte (der Lösungsprozentsatz stieg von 49% auf 62%). Die Deutlichkeit der Ergebnisse (vgl. die Tabelle unten) spricht für sich:

Tab. 1: Lösungsprozentsatz unter den verschiedenen Bedingungen (in Klammern steht jeweils die Standardabweichung)

	Niedrige Variabilität	Hohe Variabilität
Konventionelle Aufgaben	29 (12)	28 (17)
Gelöste Aufgaben	49 (14)	62 (16)

Dieses Ergebnis ist aus folgendem Grund bemerkenswert: Einmal ist der festgestellte Effekt sehr stark und damit pädagogisch interessant und bedeutsam. Ferner ist dieser Effekt wichtig, weil er gängigen pädagogischen Überzeugungen gänzlich widerspricht.

Danach soll nur ein Üben anhand *echter* Übungsaufgaben die Fähigkeit zum nachfolgenden Lösen von Mathematikaufgaben verbessern. Diese Überzeugung kommt auch in dem Spruch zum Ausdruck „Übung macht den Meister", denn das Analysieren von gelösten Aufgaben wird eben nicht als echtes Üben aufgefasst.[8]

Das Arbeiten an gelösten Aufgaben ist nicht nur erheblich effektiver, es kostet auch weniger Mühe. Die Studierenden benötigten für das Bearbeiten der gelösten Aufgaben nur 10 Minuten im Vergleich zu etwa 22 Minuten in der Kontrollgruppe. Obwohl die Lernphase, die für den Aufbau der Schemata aufgewendet wurde, nicht einmal halb so lang war wie unter „normalen" Übungsbedingungen, so ergab sich dennoch ein mindestens doppelt so hoher Lernerfolg. *Diese Befunde beziehen sich allerdings auf relativ komplexe mathematische Probleme, die eine hohe Belastung des Arbeitsgedächtnisses erfordern.* Nur in solchen Fällen sind derartig starke Effekte zu erwarten, also z. B. bei entsprechenden Aufgaben in der Mathematik, bei Grammatikproblemen, bei der Computerprogrammierung oder in der Physik.

Übrigens benötigten die Studierenden zum „Lösen" der Testaufgaben (Transferaufgaben) unter den verschiedenen Bedingungen die gleiche Zeit, und zwar für die sechs Aufgaben etwa 26 Minuten. Bezüglich des wahrgenommenen Arbeitsaufwands ergab sich, dass die Studierenden, die mit den Lösungsbeispielen gelernt hatten, bei den Testaufgaben – die ja konventionell zu lösen waren – subjektiv eine niedrigere Anstrengung empfanden.

Der Effekt von Lösungsbeispielen (Musterlösungen) auf die erste Aneignung neuer Lösungsschemata wurde auch in anderen Untersuchungen belegt (vgl. Cooper & Sweller 1987). *Die Verwendung von Lösungsbeispielen zu Instruktionszwecken kann aufgrund der durchgeführten Experimente als eine der erfolgversprechendsten Methoden für den Unterricht angesehen werden. Die Verwendung von ausgearbeiteten Lösungsbeispielen kommt einer strukturierten Instruktionsmethode gleich, bei der die Aufmerksamkeit des Lernenden sich nur auf die Elemente zu konzentrieren braucht, die für die Entwicklung eines Schemas wichtig sind, bevor von ihm verlangt wird, in analoger Weise selbst Aufgaben zu lösen.*

(3) Lösungsbeispiele, direkte Instruktion und entdeckendes Lernen (Tuovinen & Sweller 1999)

Man kann diese Form direkter, strukturierter Instruktion auch offenen unstrukturierten Lernformen des entdeckenden Lernens gegenüberstellen. So wurden in einem Experiment von Tuovinen und Sweller (1999) Studenten in den Gebrauch eines Datenbankprogramms (FileMaker Pro) eingeführt. Bei der Analyse der Ergebnisse schien es sinnvoll, zwischen Studierenden, die noch keinerlei Erfahrungen mit Datenbankprogrammen hatten, und denen mit Erfahrung zu differenzieren. Die Ergebnisse sind in der folgenden Tabelle aufgeführt:

---

[8] Nach der Theorie der kognitiven Dissonanz von L. Festinger (1957) lernen wir nur das wirklich zu schätzen und zu lieben, für das wir freiwillig gelitten haben. Wer sich anstrengt, bildet fast automatisch die Kognition, etwas Wichtiges gelernt zu haben; sonst müsste er sich ja fragen, warum er sich freiwillig so sehr angestrengt hat.

Tab. 2: Strukturierte Instruktion mit Hilfe von ausgearbeiteten Lösungsbeispielen vs. freie, durch offene Fragen angeregte Exploration

	Strukturierte Instruktion mit Lösungsbeispielen	Durch offene Fragen angeregte Exploration
Keine vorherigen Erfahrungen mit einem Datenbankprogramm	30^9 Punkte (16) (n = 8)	15 Punkte (10) (n = 9)
Vorherige Erfahrung mit einem Datenbankprogramm	31 Punkte (13) (n = 8)	36 Punkte (15) (n = 7)

Das deutlichste Ergebnis ist der Unterschied von über 15 Punkten innerhalb der Gruppe ohne vorherige Erfahrungen mit Datenbankprogrammen. Hier ist das Ergebnis der Studierenden, die mit den Lösungsbeispielen gearbeitet hatten, statistisch deutlich besser als in der Explorationsgruppe. Solche Lerner müssen sich viele neue Schemata erst aneignen, und eine Suche nach geeigneten Problemlösungsschritten ohne strukturierte Hilfen erweist sich für diese Studierenden als sinnloses Herumprobieren. Entsprechend war die Belastung des Arbeitsgedächtnisses bei Studenten der Explorationsgruppe ohne Vorkenntnisse bei weitem am höchsten. Somit deutet sich hier an, dass Methoden entdeckenden Lernens, die für viele „progressive Unterrichtsmethoden" eine Grundlage bilden, für die erste Aneignung neuer Schemata als ungeeignet betrachtet werden müssen. Dieses Ergebnis kehrte sich um, wenn Studierende schon Erfahrungen mit Datenbankprogrammen hatten. Allerdings ist der Unterschied mit 5 Punkten deutlich geringer.[10] Bei guten Vorkenntnissen scheint ein offenes Vorgehen zu etwas besseren Ergebnissen zu führen (vgl. auch Kalyuga, Chandler & Sweller 2001).

(4) Faktoren, die bei der Arbeit mit Lösungsbeispielen zu beachten sind

Bei der Verwendung von Lösungsbeispielen stellt sich auch die Frage, welche Schritte zur Verdeutlichung der wesentlichen Teilfertigkeiten in den Lösungsbeispielen berücksichtigt werden sollen. Ein Gesichtspunkt dabei ist die Herauslösung und konkrete Bezeichnung der relevanten Teilschritte. So hat Catrambone (1996, 1998) in verschiedenen Versuchen zeigen können, dass durch explizite Nennung eines zusätzlichen Schrittes bei der Berechnung von Wahrscheinlichkeiten die Fähigkeit zum Lösen von Transferaufgaben erheblich gesteigert werden konnte. Die explizite Nennung der relevanten Teilschritte erlaubt dem Lerner bei neuartigen Aufgaben besser, die wesentlichen Schritte zu erinnern bzw. zu rekonstruieren.[11]

---

[9] Arithmetischer Mittelwert; in Klammern dahinter steht jeweils die zugehörige Standardabweichung.

[10] Dieses Ergebnis ist statistisch nicht signifikant, was u. U. auf die kleine Stichprobengröße zurückzuführen ist. Weitere Forschungen müssten zeigen, ob dieser Effekt bei Personen mit Vorkenntnissen stabil ist.

[11] Zusätzlich scheint wichtig zu sein, dass die Teilschritte hinreichend abstrakt, ohne möglicherweise irreführende Hinweise, formuliert werden. In einem Beispiel, in dem es um die Berechnung von Wahrscheinlichkeiten geht, dass Anwälte keine, eine, zwei … Aktentaschen besitzen, macht es z. B. für die Berechnung von neuen Aufgaben („Transferaufgaben") einen Unterschied, ob als Zwischenschritt die „Gesamthäufigkeit aller Aktentaschen" zu bestimmen ist oder die „Gesamthäufigkeit des Ereignisses". Die abstraktere, zweite Formulierung scheint für einen Transfer geeigneter zu sein (vgl. Catrambone 1998, S. 375).

Die positiven Wirkungen von Lösungsbeispielen hängen in starkem Maße davon ab, dass sich die Schüler intensiv mit ihnen auseinandersetzen. Schüler entwickeln bei Verwendung von Lösungsbeispielen leicht *Verständnisillusionen*. Wenn Lösungsbeispiele dem Lerner nahe legen, die Aufgabe sei doch recht leicht, und ihn nicht veranlasst, schrittweise die Tiefenstruktur des Gegenstands zu rekonstruieren, werden solche Verfahren keine positiven und nachhaltigen Effekte haben. Deshalb kann es sinnvoll sein, das Analysieren von Lösungsaufgaben den kognitiven Möglichkeiten des Lerners anzupassen. Diese kognitiven Möglichkeiten verändern sich im Verlauf eines durch Lösungsbeispiele strukturierten Lernprozesses. Ein Experiment von Stark (1999) belegt z. B., dass sich unvollständig gelöste Lösungsbeispiele unter bestimmten Voraussetzungen noch stärker auf den Transfer auswirken als vollständig gelöste Aufgaben. Eine aktive Generierung von Teilantworten scheint für das Lernen wichtig zu sein. Dabei sollte das Lösungsbeispiel im Sinne Wigotsky's eine optimale Herausforderung im Sinne der *Zone nächster Entwicklung*[12] darstellen (→ Kap. 4).

Um eine optimale Passung zwischen den kognitiven Möglichkeiten der Lerner und der Strukturierung von Lösungsbeispielen zu erreichen, sollten die gelösten Aufgaben innerhalb einer Unterrichtssequenz variieren. Am Anfang dieser Sequenz könnten eher vollständig gelöste Lösungsbeispiele verwendet werden, während am Ende des Lernprozesses, in der Phase der Sicherung und Konsolidierung, konventionelle oder nur sehr unvollständig gelöste Aufgaben verwendet werden könnten. Bei einer Untergliederung in Komponenten könnte in dieser Weise sowohl für die einzelne Komponente wie auch bei einer zusammenfassenden Behandlung aller Komponenten verfahren werden. In analoger Weise wurde z. B. häufig in den Stützpfeilern Mathematik verfahren (vgl. Wellenreuther 1994, 1995, 1996). Zu vermeiden ist, dass starre Lösungsschemata entwickelt und damit Barrieren für die Entwicklung neuer adaptiver Lösungsschemata aufgebaut werden. Eine Abfolge „gelöste Aufgabe, dann ungelöste Aufgabe, danach wieder gelöste Aufgabe usw." könnte einer solchen Tendenz entgegenwirken. Zusätzlich sollte auf eine starke Variabilität von Oberflächenmerkmalen geachtet werden.

Renkl, Schworm & Hilbert (2004) stellen dar, dass sowohl Lehrer als auch Schulbücher in wenig professioneller Weise mit Lösungsbeispielen umgehen. Ein grundlegendes Problem scheint zu sein, dass Lehrer die Arbeit mit Lösungsbeispielen gar nicht als einen wesentlichen Aspekt der Einführung in einen Gegenstand begreifen[13], sondern Lösungsbeispiele meist erst bei der Diskussion von Aufgabenbearbeitungen einsetzen. Auf diese Weise riskieren sie, dass sich wegen der kurzen Erklärphase falsche Schemata entwickeln, die dann mühsam wieder verlernt werden müssen. In 83 % der analysierten Schulbücher wird ferner (in der Regel) nur ein Beispiel in gelöster Form vorgegeben, obwohl die Forschung eindeutig belegt, dass zur Ergänzung der abstrakten Einführung und Erklärung eines Gegenstands die Darbietung mehrerer Lösungsbeispiele notwendig ist.

---

[12] Die „Zone nächster Entwicklung" bezieht sich auf den Bereich kognitiver Anforderungen, der für den Lerner optimal ist, also weder eine Unterforderung noch eine Überforderung darstellt und die er durch Hilfen bewältigen kann. Erklärungen, Hilfestellungen und auch Lösungsbeispiele sollten möglichst diesen kognitiven Möglichkeiten angepasst sein. Dazu gehört auch, dass sie nicht die Kapazität des Arbeitsgedächtnisses übermäßig belasten, also möglichst gut auf das Vorwissen und auf die Kapazität des Lerners hin „titriert" sind.

[13] In nur 15 % der analysierten Videosequenzen kamen Lösungsbeispiele direkt nach der Einführung von Prinzipien, in nur 7 % bei der Einführung in ein neues Thema vor (vgl. Renkl et al. 2004, S. 82).

> „Lehrer haben eine andere Auffassung zum Ziel des beispielbasierten Lernens als die Protagonisten dieser Lernart (Förderung primär der Rechenfertigkeit, nicht primär des Verständnisses). Entsprechend verwenden sie auch nicht mehrere Lösungsbeispiele und Maßnahmen zur Selbsterklärungsförderung, um durch Beispiele Verständnis sicherzustellen, bevor Aufgaben zum Lösen vorgegeben werden. Wissen um wichtige Beispielmerkmale ist nur in Ansätzen vorhanden. Ebenso haben Lehrer gegenüber dem beispielbasierten Lernen nachvollziehbare Einwände (z. B. Eindimensionalität der Lösungen), die zum Großteil aber durch einen Einsatz von Lösungsbeispielen, der dem „State of the Art" entspricht, entkräftet werden können." (Renkl et al. 2004, S. 89)

2.4 Der Aufmerksamkeitsteilungseffekt

Unter bestimmten Voraussetzungen führen auch Lösungsbeispiele nicht zu der notwendigen Reduktion der Belastung des Arbeitsgedächtnisses. Nehmen wir den Fall, in dem ein Sachverhalt durch ein Diagramm erklärt wird und der erläuternde Text (die Legende) unter dem Diagramm platziert ist. Das Diagramm allein verrät nichts über die Lösung des Problems. Die Textaussagen können wiederum nicht verstanden werden, wenn sie nicht mit dem im Diagramm dargestellten Sachverhalt verbunden werden. Der Lerner muss also beide Informationsquellen, Diagramm und darunter stehenden Text, integrieren. Während er das Diagramm betrachtet, muss er Teile des darunter stehenden Textes im Gedächtnis vorhalten, bei Analyse des Textes die zugeordneten Teile des Diagramms. Diese Integration ist mit einer starken Gedächtnisbelastung verbunden.

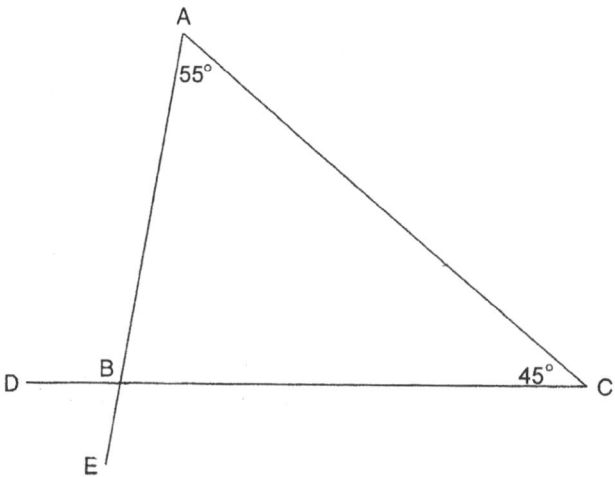

Abb. 3 Beispiel für Aufmerksamkeitsteilung

Bestimme in der obigen Figur den Winkel für DBE.

Lösung:
Winkel ABC = 180° – Winkel BAC – Winkel BCA = 180° – 55° – 45°
(die Innenwinkel eines Dreiecks haben die Winkelsumme von 180 Grad).
= 180° – 55° – 45°
= 80°
Winkel DBE = Winkel ABC (vertikal gegenüberliegende Winkel sind gleich) = 80°

Eine Alternative zur Anforderung, beide Gegenstände (Diagramm und Text) durch abwechselnde Konzentration auf Diagramm und Text zu integrieren, stellt die Herstellung integrierter Beispiele dar (vgl. Abbildung 4). In dieser integrierten Darstellung stecken alle Informationen wie in Abbildung 3, der Lerner muss aber hier nicht mehr zwischen beiden Informationsquellen hin und herspringen, um sie zu integrieren. Untersuchungen mit solchen integrierten Darstellungen im Vergleich zu konventionellen Darstellungen (Diagramm und darunter erklärender Text) belegen, dass integrierte Darstellungen wirksamer sind. Allerdings stellt sich dieser Effekt nur bei ausreichend schwierigem Lehrmaterial ein, also bei Material mit einer hohen Interaktivität seiner Inhaltselemente. Es macht übrigens keinen Unterschied, ob das Material in textlicher Form oder über Bildschirm am Computer präsentiert wird; entscheidend ist, ob es in integrierter Form oder nicht integrierter Form dargeboten wird.

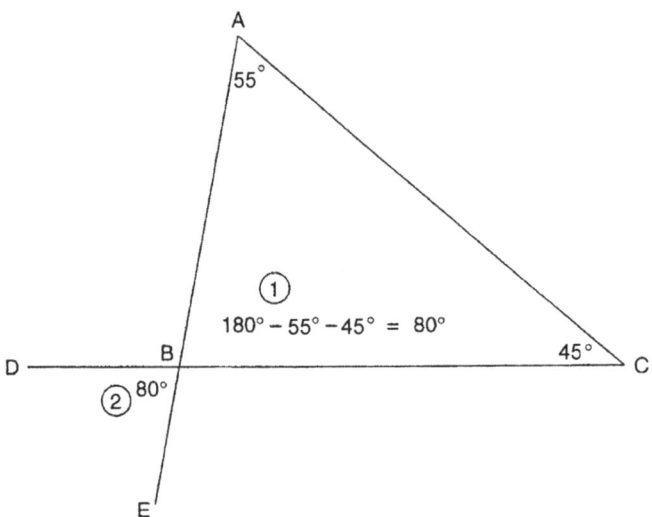

Abb. 4 Integriertes Beispiel ohne Aufmerksamkeitsteilung

Bestimme in der obigen Figur den Winkel für DBE.

2.5 Schlussbemerkungen: Schulisches Lernen und das Nadelöhr Arbeitsgedächtnis

Die Überlasttheorie des Arbeitsgedächtnisses von John Sweller ist auf das Lernen komplexer Inhalte anwendbar. Sie ist ein positives Beispiel für die Aussage, es gäbe nichts Praktischeres als eine gute Theorie. Das zeigt sich vor allem darin, dass mit dieser Theorie Vorhersagen gemacht werden können, die eingefahrenen Vorgehensweisen widersprechen. Wissen kann nur dann über die Sinne aufgenommen und verarbeitet werden, wenn freie Arbeitsgedächtniskapazität, also ein reflexiver Freiraum, verfügbar ist. Deshalb kommt dem Lernen mit Lösungsbeispielen oder mit Grafiken, in die der Text integriert ist, besonderes Gewicht zu, während das traditionelle Üben mit „echten" ungelösten Aufgaben einen gänzlich anderen Stellenwert erhält. Auch die Aussage „Übung macht den Meister" bekommt durch die Theorie einen anderen Sinn.

Folgende Ideen sind grundlegend für die dargestellte Theorie:

(1) Vorausgesetzte Kenntnisse aus dem Langzeitgedächtnis müssen flüssig verfügbar sein, damit bei komplexen Problemen neue Wissenselemente ohne eine Überlastung des Arbeitsgedächtnisses eingeführt werden können. Wenn Elemente aus dem Langzeitgedächtnis abgerufen werden können, dann belasten sie das Arbeitsgedächtnis nicht.

(2) Die Lernsituation muss eine Konzentration auf die für das Lernen wichtigen Elemente erlauben. Dies ist z. B. durch eine stärkere Berücksichtigung von gelösten Aufgaben, durch parallele Nutzung von visuellem und phonologischem Eingangskanal (Modalitätseffekt) und durch Integration von Texten in Veranschaulichungen möglich.

(3) In diesem Sinne „verständliche" Lehrsequenzen führen leicht zu *Verständnisillusionen*. Um diesen vorzubeugen, müssen Lerner in zunehmendem Maße zur selbstständigen Generierung von Antworten veranlasst werden.

Das Arbeitsgedächtnis kann durch den Aufbau von zunehmend komplexeren Schemata im LZG entlastet werden. Zuerst sollte der Lehrer an einen Aufbau der erforderlichen Schemata denken, erst danach an ihre Anwendung in konventionellen Aufgaben.

3. Die Verankerung von Wissen im Langzeitgedächtnis

Nach der ersten, fragilen Bildung eines neuen Schemas kommt die Erprobung des Neu-gelernten, die Wiederholung und Anwendung in neuen Kontexten sowie die Verknüpfung des Gelernten mit Emotionalem und mit der persönlichen Lebenswelt. Welche Rolle spielt dabei die Verdeutlichung der hierarchischen Strukturierung sowie die mehrfache Behand-lung eines Gegenstands? Wie bedeutsam ist eine längere Einübung von Prozeduren und Operationen in Bereichen mit hierarchischer Wissensstruktur für die Anwendung von Wis-sen sowie für die Lösung neuer, komplexerer Aufgaben? Und wie wichtig ist die Art des Einübens? Was bringt bei gleicher Übungszeit langfristig mehr: Massiertes Lernen vor einer Klassenarbeit oder verteiltes Üben, das sich über die gesamte Lerneinheit erstreckt? Und welche Rolle spielen Zusammenfassungen oder Wiederholungen, die ein Schüler selbst erstellt, für ein effektives Abspeichern von Informationen, verglichen mit Zusam-menfassungen, die der Lehrer gibt? Dies sind einige der Fragen, auf die nun genauer einge-gangen werden soll.

3.1 Komplexe Probleme lösen

Wenn der Mensch nur auf sein Arbeitsgedächtnis angewiesen wäre, wäre er zu größeren geistigen Leistungen nicht in der Lage. Seine Leistungsfähigkeit ist durch die Verfügbar-keit vieler kognitiver Schemata im Langzeitgedächtnis erklärbar. Die Aufnahmefähigkeit des Langzeitgedächtnisses ist, im Gegensatz zu der des Arbeitsgedächtnisses, praktisch unbegrenzt. Seine Rolle kann am besten am Beispiel des Schachspiels erläutert werden. De Groot hat 1946 Untersuchungen veröffentlicht, in denen die „Gedächtnisleistungen" von Schachmeistern mit denen von Novizen verglichen wurden. Er stellte fest, dass Schachmeister Novizen im Rekonstruieren von Stellungen aus dem Gedächtnis weit über-legen waren, nachdem sie jeweils 5 Sekunden die Stellung betrachten konnten. Spätere Versuche von Chase und Simon (1973) zeigten allerdings, dass diese herausragenden Gedächtnisleistungen der Schachgroßmeister verschwanden, wenn sie unnatürliche, in der Turnierpraxis nicht vorkommende Schachstellungen rekonstruieren sollten. Offensichtlich waren die Schachgroßmeister nicht aufgrund einer größeren Gedächtnisspanne im Arbeitsgedächtnis den Novizen überlegen.

Doch wie sind die enormen Rekonstruktionsleistungen der Schachmeister zu erklären? In der Forschung werden diese Leistungen durch die Verfügbarkeit hochkomplexer Schemata erklärt, die durch theoretisch reflektierte Praxis im Langzeitgedächtnis verankert wurden. Im Verlauf ihrer Entwicklung vom Novizen zum Schachgroßmeister wurden mindestens 100 000 Stellungen zusammen mit den zugehörigen besten Zügen im Langzeitgedächtnis gespeichert. Aufgrund dieses Wissens sind sie den Novizen überlegen. Konkret wird der Schachmeister durch das Sehen der Schachstellung an Schemata erinnert, z. B. Turnierpar-tie „Capablanca – Aljechin 1942 in Havanna, 32. Zug in der sizilianischen Verteidigung, Aljechin hätte besser den f-Bauern gezogen …". Diese Schachpartie hat der Großmeister natürlich schon häufig theoretisch analysiert; er kennt dazu viele andere ähnliche Partien, bei denen verschiedene Varianten erprobt wurden.[14]

---

[14] Expertenwissen entwickelt sich im Verlauf von etwa *zehn Jahren* intensiver „deliberate practice". Der entschei-dende Faktor, der Experten von Novizen unterscheidet, ist nicht die Kenntnis allgemeiner Problemlösungsstra-tegien, sondern eine breite Wissensbasis (Kenntnis vieler Schachstellungen zusammen mit den damit verbun-denen besten Zügen (vgl. Ericsson 1996)).

Das menschliche kognitive System gewinnt seine Leistungsfähigkeit aus einer breiten, in vielfältiger Weise miteinander vernetzten Wissensbasis im Langzeitgedächtnis. Das Langzeitgedächtnis kann fast unbegrenzt Informationen speichern. Diese Informationen setzen sich nicht nur aus isolierten Fakten zusammen, sondern umfassen auch komplexe Interaktionen und Prozeduren. Die Begrenztheit des Arbeitgedächtnisses zeigt sich daran, dass Menschen beim Bearbeiten komplexer Informationsmengen versagen, solange diese nicht im Langzeitgedächtnis in Schemata verankert sind. Unterricht muss sich deshalb vorrangig um die Vermittlung eines Systems aufeinander aufbauender Wissenselemente kümmern. Eine Vermittlung allgemeiner Denkstrategien ist weniger sinnvoll.[15]

3.2 Von der Informationsaufnahme zum nachhaltigen Lernen

Schulischer Unterricht sollte sich um nachhaltiges Lernen bemühen, das schnell und flexibel in verschiedenen Situationen verwendet werden kann. Dem entspricht der klassische lateinische Spruch „non scholae, sed vitae discimus" (Nicht für die Schule, sondern für das Leben lernen wir). Wenn Schüler jeweils nur für die nächste Klassenarbeit etwas lernen, um danach das Gelernte möglichst schnell wieder zu vergessen, war der vorherige Unterricht sinnlos. Genau dieses Vergessen wird durch den heimlichen Lehrplan der Schule unterstützt: Es wird eine Lektion durchgenommen, dazu eine Klassenarbeit geschrieben, danach eine neue Lektion behandelt, und dazu wieder ein Test geschrieben. Dieser Turnus wiederholt sich, und man scheint von der grundlegenden Annahme auszugehen, dass bei allen Schülern das in der Lektion Gelernte auch in Zukunft verfügbar bleibt. Im folgenden Kapitel wird untersucht, ob diese grundlegende Annahme zum schulischen Lernen durch empirische Forschung belegt ist. Vor allem stellt sich diese Frage bezüglich der Schüler, bei denen erhebliche Wissenslücken festgestellt wurden.

Schulisches Lernen muss der Tatsache Rechnung tragen, dass ohne ein Wiederholen und ein vertieftes erneutes Aufbereiten von Wissen das Gelernte nach kurzer Zeit wieder vergessen wird. Nach Heymann (1998, S. 7f.) ist es falsch,

> „«Informationsaufnahme» bereits mit «Lernen» gleichzusetzen ... Lernen ist ein Prozess, in dem der Informationsaufnahme ein wiederholtes Bewusstmachen (Erinnern), ein Herstellen von Verbindungen zu anderen Informationen und ein Anwenden des «neuen» Wissens folgen muss. Gelernt haben wir etwas Neues – ganz gleich, ob es sich dabei um Informationen, Prozeduren, Kompetenzen, oder Einstellungen handelt – erst dann, wenn es uns auch später noch zur Verfügung steht: wenn es uns entweder automatisch präsent ist oder wenn wir darauf, sobald wir es brauchen, bewusst zurückgreifen können."

Für unser Langzeitgedächtnis verwenden Gedächtnispsychologen häufig das Bild einer Bibliothek. Für eine effektive Nutzung dieser Bibliothek ist ein gut strukturiertes System von Schlagwörtern und Querverweisen wichtig, um schnell an die gewünschte Information zu gelangen. Bei schlechter Gliederung ist folglich nur eine eingeschränkte Nutzung dieser Bibliothek möglich. Deshalb ist eine ständige Aktualisierung, Vertiefung und Verbreiterung dieses Katalogisierungssystems der beste Weg, um Lernprozesse zu verbessern. Es

---

[15] „... it follows that instruction should facilitate domain specific knowledge acquisition, not very general reasoning strategies that cannot possibly be supported by human cognitive architecture." (Sweller et al. 1998, S. 255)

macht keinen Sinn, möglichst viel neues Wissen aneinanderzureihen, bevor dieses Wissen fest im Langzeitgedächtnis verankert und integriert ist. Neue Inhalte müssen mit dem vorhandenen Wissen vielfältig verknüpft sein, und auch diese Verknüpfungen müssen wiederholt werden, bis sie so fest im Langzeitgedächtnis verankert sind, dass Wissen schnell auf verschiedenen Wegen abgerufen werden kann.

Damit erweist sich eine weitere Alltagsweisheit über das Lernen als falsch: *Nach dieser Irrlehre haben wir schon ausgelernt, wenn wir etwas „verstanden" haben.*[16] Aufgrund dieses Irrglaubens vernachlässigen wir das systematische Wiederholen: Wir bemühen uns dann nicht mehr, das vermeintlich Verstandene aktiv zu erinnern und erneut frei zu rekonstruieren. Später stellen wir dann fest, dass wir das Gelernte höchstens noch bruchstückhaft erinnern können (Heymann 1998, S. 8):

„Wiederholen durch aktives Erinnern ist effektiver für ein dauerhaftes Verfügbarhalten als (passives) Wiederlesen und Wiederhören."

„Erkennen von Sinn (Verständnis) und Verbinden mit positiven Gefühlen erleichtern das 'Merken' eminent."

Expertenwissen zeichnet sich gerade durch eine breite Wissensbasis aus, die besonders gut durchstrukturiert ist, und die deshalb in effizienter Weise genutzt werden kann. Diese Wissensbasis wird nicht nebenbei erworben. Ihr Erwerb setzt viel Übung, also eine intensive Beschäftigung, Durchgliederung und Strukturierung von Wissensgebieten mit Hilfe zahlreicher Wiederholungen voraus. Um ein Schema jedoch *einüben* zu können, muss es in der Phase der Aneignung in seinen Grundzügen schon erworben worden sein. Diese Phase des Erwerbs eines neuen kognitiven Schemas folgt dabei anderen Gesetzmäßigkeiten als die Phase der Übung und der Konsolidierung. Bestimmte Verfahrensweisen und Operationen müssen bis hin zur Automatisierung eingeübt werden. Und eine solche Automatisierung (wie z. B. das Erlernen eines Musikinstruments, des Schreibmaschinenschreibens oder des Inline-Skatens) ist nur durch kognitiv kontrolliertes systematisches und häufiges Üben zu erreichen[17].

3.3 Informationsarten und Vergessen

Nach Weltner (1970) ist das Vergessen das „Dilemma aller Unterrichtspädagogik". Nur ein Bruchteil der Informationen, denen wir uns bewusst oder unbewusst aussetzen, wird vom Arbeitsgedächtnis in das Langzeitgedächtnis überführt. Nur 3–5 % der bewusst wahrgenommenen Informationen ist nach Stunden oder Tagen noch erinnerbar. Genaue Zahlen dazu kann es nicht geben, denn das Behalten von Informationen hängt auch mit dem *Inhaltstyp* (sinnloses vs. sinnvolles Material), mit dem *Ausmaß des Lernens* (schlecht bzw.

---

[16] Heymann (1998) formuliert diesen Irrtum so: „Wenn ich etwas verstanden habe, verfüge ich darüber."

[17] Bei dieser Automatisierung scheint eine enge kognitive Kontrolle für eine Optimierung des Lernprozesses unbedingt erforderlich. Heymann (1998, S. 9) schreibt dazu: „*In den fortgeschrittenen Stadien des Instrumental- und Sportunterrichts bevorzugt man deshalb bis heute den Einzelunterricht: der professionelle 'Trainer' gibt Rückmeldungen für das immer wieder erneute Bewusstmachen der entscheidenden Kriterien und damit zugleich – ob ausgesprochen oder nicht – für eine Perfektionierung der mentalen Kontrolle und der inneren Vorstellungsbilder.*" Durch dieses Coachen wird der Schüler für die Beurteilungskriterien und ihre Anwendung sensibilisiert, er internalisiert sie zunehmend, bis er sie selbst – als Meister seines Fachs — auf die Kontrolle des eigenen Verhaltens anwenden kann.

oberflächlich gelernt, gut gelernt, überlernt) und der *Abruftechnik* (Erinnern bei Vorgabe von Alternativen vs. aktives Rekonstruieren bei offenen Fragen), mit der die Informationen abgerufen werden etc., zusammen. So werden bedeutungshaltige Informationen schneller gelernt und besser behalten als abstrakte, von Kontexten befreite Informationen (z. B. sinnlose Silben[18], aber auch das Einmaleins). Auch die Tiefe der Verarbeitung spielt eine Rolle. Bei bedeutungshaltigem Material wird durch aktive Verarbeitung und Vernetzung mit dem schon Gelernten eine feste Einbindung in die kognitive Struktur des Schülers erreicht, und diese feste Einbindung verhindert ein schnelles Vergessen bzw. fehlerhaftes Lernen. Halbgelerntes wird im Gedächtnis nicht richtig verankert und kann deshalb später nicht erinnert werden. Durch die ungenügende Vernetzung ist der Zugang zum Abrufen bzw. zum Erinnern der Information nicht möglich.

Der Zusammenhang zwischen der Art der zu lernenden Informationen und dem Vergessen wird durch folgendes Zitat verdeutlicht:

> „... So sind nach sechs Monaten die Hauptgedanken des Stoffs zu 60% erhalten, Einzelheiten des Sinns zu 35,9%, während von den Einzelheiten des Textes nur noch 21,5% reproduziert wurden. Bei der Analyse der verschiedenen qualitativen Veränderungen am Stoff, die während des Behaltens und Vergessens vor sich gehen, gelangte der Autor zur Schlussfolgerung, dass sich das rapide Vergessen in der ersten Zeit nach dem Lernen mehr auf das wörtlich eingeprägte Material bezieht als auf dessen Inhalt. Die logische Verarbeitung des Stoffs nimmt nicht nur nicht ab, sondern zu und vervollkommnet sich." (Sintschenko 1969, S. 222, zit. nach Thurner 1981, S. 72f.)

Offensichtlich neigen wir dazu, uns wichtige Dinge und Bedeutungen oder den Sinn einer Geschichte dauerhafter einzuprägen als einzelne Details. Wichtig dabei ist, dass bedeutungshaltige Informationen viel mehr Verbindungen zu gespeicherten Informationen haben. Sie werden damit auf verschiedenen Wegen abrufbar. Vielleicht kann man sich beim Lernen auch an allgemeine Dinge besser erinnern als an einzelne Details. Erziehung und Unterricht fokussieren auf der Erarbeitung des Allgemeinen, und wir sind besonders erfolgreich, wenn wir das Allgemeine schnell erfassen können.

3.4 Übungsmethoden

3.4.1 Die Automatisierung von Schemata als wesentliche Voraussetzung für Transfer

In einigen Bereichen sind Schemata erst dann für künftige Problemlösungen verfügbar, wenn sie bis zu einer gewissen Flüssigkeit hin *überlernt* wurden. Es muss nicht nur für genügend Praxis gesorgt werden, sondern es sollte durch die Arbeit am begrifflichen Gerüst eine Differenzierung der zentralen Begriffe und Verfahrensweisen erfolgen. Erst eine solche tiefer gehende Behandlung einer Thematik, die möglichst alle Schüler zu einer gewissen Meisterschaft in diesem Bereich führen sollte, garantiert, dass auf dem erarbeiteten Wissen aufgebaut werden kann: Der Lehrer braucht dann diese Inhalte im neuen Schuljahr nicht – wie beim Spiralcurriculum erforderlich – *ausführlich* zu wiederholen, sondern kann sich auf eine vergleichsweise *kurze* Auffrischung beschränken, um dann im Stoff vorankommen zu können.

---

[18] Viele Gedächtnispsychologen wählten sinnlose Silben als Untersuchungsgegenstand, weil hier frühere Lernerfahrungen am ehesten ausgeschlossen werden können.

Cooper & Sweller (1987) haben eine Reihe von Studien zum Mathematikunterricht durchgeführt, in denen gezeigt werden konnte, dass eine ausreichende Praxis erforderlich ist, um Schüler zu einem eigenständigen Transfer zu befähigen. Sie kritisieren an bisherigen Untersuchungen zur Transferforschung, dass die Übungspraxis für einen Transfer zu kurz war. In einem ihrer Experimente (Experiment 4) gingen sie dem Zusammenhang zwischen mehr oder weniger ausführlicher Übungspraxis und der Fähigkeit zum Transfer auf komplexere Anwendungsaufgaben direkt nach. Die eine Versuchsgruppe sollte nur dazu geführt werden, eine konventionelle Aufgabe richtig zu lösen, während die andere Versuchsgruppe nacheinander fünf von sechs konventionellen Aufgaben richtig lösen musste, bevor die Lernphase abgeschlossen wurde. Die *flüssige Beherrschung* des neuen Problemlösungsschemas zeigte sich darin, dass die Schüler mit mehr Übungspraxis für das Lösen konventioneller Aufgaben nur noch ein Viertel der Zeit beim erstmaligen Bearbeiten benötigten. Bei der viel komplexeren Transferaufgabe zeigte sich in der Gruppe mit längerer Übungspraxis eine Tendenz, weniger grundlegende Fehler zu machen. Der zeitliche Unterschied beim Lösen der Transferaufgabe war beträchtlich: Die Gruppe mit umfangreicherer Übungspraxis benötigte etwa 400 Sekunden, verglichen mit 620 Sekunden bei kurzer Übungspraxis.

Zur Rolle der Automatisierung von Regeln bzw. von Schemaanwendungen auf die Fähigkeit zum Problemlösen und Transfer bemerken die Autoren:

> „… Wir vermuten, dass Schemaerwerb und Automatisierung von Problemoperatoren die wichtigsten Einflussfaktoren für die Fähigkeit zum Lösen von Problemen sind …
>
> … Zwei Punkte sollte man beachten: Erstens entwickelt sich eine Automatisierung langsam. Deshalb sollte man bei komplexen Problemlösungsoperatoren nicht erwarten, dass Transfer schon nach dem Lösen von einer oder zwei Aufgaben auftritt …
>
> Der zweite Punkt bezieht sich auf die Bedingungen, unter denen die Praxiserfahrungen am bedeutsamsten sind. Suchstrategien beim Problemlösen wie z. B. Ziel-Mittel Analysen, die in hohem Maße das Arbeitsgedächtnis beanspruchen und welche die Aufmerksamkeit von kritischen Aspekten eines Problems weglenken, sind vermutlich schlechte Techniken für Situationen, in denen Lernen das wichtigste Ziel darstellt. Automatisierung kann schneller eintreten, wenn alternative Techniken wie gelöste Aufgaben ein stärkeres Gewicht erhalten." (Cooper & Sweller 1987, S. 358 f.)

3.4.2 Art und Häufigkeit des Übens

Die wichtigste Übungsmethode ist die *Wiederholung*. Art und Häufigkeit des Übens sind für das Behalten von entscheidender Bedeutung. Dabei muss allerdings zwischen der Art der Inhalte differenziert werden. So ist die Häufigkeit des Übens für das Erlernen einzelner isolierter Fakten oder von sinnlosen Silben wichtiger als bei sinnvollem Unterrichtsstoff.

Es gibt kaum ein Gebiet, auf dem zwischen verschiedenen Meinungen eine größere Diskrepanz besteht als bei der Frage der Art und Häufigkeit des Übens. Ausubel, Novak & Hanesian (1980, 369 f.) schreiben dazu:

„*Wir sind … oft geneigt, die Bedeutung des Trainings in der pädagogischen Theorie als gering einzuschätzen und es als passiv, altmodisch und für den Lernprozess psychologisch unnötig und als ausgesprochen schädlich für aktives sinnvolles Lernen zu betrachten.*

Die Reformpädagogen leugneten nicht jeden Wert des Übens. Sowohl ihr Eintreten für „natürliches", zufälliges Lernen und für Projekt- und Arbeitsprogramme als auch ihr Schlachtruf „Lernen durch Tun" waren implizit mit dem Bekenntnis zur Wichtigkeit eines angemessenen Übens verbunden. Aber unter angemessenem Üben verstanden sie direkte (konkrete, handgreifliche), ungeplante, autonome (nicht gelenkte) Lernbegegnungen mit verschiedenen (unterschiedlichen) Beispielen des gleichen Begriffs oder Prinzips in nicht künstlich gestellten, „echten" Lebenssituationen. Der Irrtum dieser Pädagogen war, dass sie jedes strukturierte Üben (Trainieren) als mechanisch betrachteten, und dass unstrukturiertes, ungelenktes, unbeabsichtigtes (zufälliges) Üben für Schul-Lernaufgaben maximal effektiv sei, und dass „Tun" notwendig zum Lernen führt, einfach weil es mit direkter Erfahrung verbunden ist und immer wieder in natürlichen Lernsituationen vorkommt."

Häufiges und regelmäßiges Wiederholen und Testen ist besonders beim Einprägen einzelner Fakten wichtig. Hier ist ein *Überlernen*[19] sinnvoll, z. B. beim Lernen des Einmaleins, bei den schriftlichen Rechenverfahren, beim Vokabellernen, beim Lesen und beim Schreiben. Bei solchen Inhalten geht es ja um die Automatisierung einer Tätigkeit. Lösungen sollen schnell und ohne langes Nachdenken aus dem Langzeitgedächtnis abrufbar sein. Ein Überlernen um 50 % bringt den größten Gewinn; weiteres Überlernen steigert die Behaltensleistung nicht mehr wesentlich. Man muss diese Fakten bzw. Verfahren so „automatisch" abrufen können bzw. beherrschen, dass man sich auf die jeweils gestellte Aufgabe hinreichend konzentrieren kann. Wer bei der schriftlichen Subtraktion Fakten wie „3 + __ = 8" oder „5 + __ = 12" nicht sicher aus dem Gedächtnis abrufen kann, hat nicht genügend Kapazitäten frei, um sich z. B. auf das Verfahren der schriftlichen Subtraktion zu konzentrieren.

Neuere Forschungen deuten allerdings darauf hin, dass die *Effekte des Überlernens* in bestimmten Bereichen nicht als gesichert gelten können (vgl. Pashler, Rohrer, Cepeda & Carpenter 2007), wobei nicht hinreichend geklärt scheint, ob für abstrakte Daten (z. B. Einmaleins; Einspluseins) andere Gesetzmäßigkeiten gelten als für das Einüben von Prozeduren (z. B. Erweitern und Kürzen). Alle neueren Experimente sprechen dafür, dass einerseits die Effekte des Überlernens über längere Fristen nicht deutlich sind, während allerdings Effekte *verteilten Lernens* und der *Vermischung von Aufgaben* sich sehr deutlich nachweisen lassen. Auf diese Effekte des verteilten und vermischten Übens gehe ich auf Seite 36 und 37 ausführlich ein.

Für das Training komplexer Fertigkeiten, wie z. B. das Spielen von Musikinstrumenten, komplexen motorischen Abläufen (Korbwürfe beim Basketball, Hochsprung) oder das Schreiben eines Aufsatzes benötigt man Experten, die sich genauere Gedanken über den Aufbau dieser komplexen Fertigkeit gemacht haben. Solche Experten haben eine klare Vorstellung über den Aufbau dieser Fertigkeit und können entsprechende gezielte Hin-

---

[19] *Überlernen* beginnt bei den Übungen, die ein Schüler zu einem Inhalt zusätzlich absolviert, nachdem er die Aufgaben zum Inhalt fehlerfrei beantworten kann. Die Anzahl der Übungen, die bis zum sicheren Reproduzieren eines Inhalts benötigt werden, wird dabei als 0 % Überlernen definiert. Ein Überlernen um 50 % bedeutet, dass die Person nochmals zusätzlich die Hälfte der Übungen absolviert, die es zum sicheren Reproduzieren benötigte.

weise zum weiteren Üben geben. Je besser diese Trainingstheorie und deren Umsetzung ist, umso kürzer dauert das benötigte Training. Entsprechend vertreten Forscher, die sich mit der Entwicklung von *Expertenwissen* befassen, die These, dass es im Kern auf theoretisch angeleitete und reflektierte Praxis[20] und nicht nur auf den Umfang der Praxiserfahrungen ankommt. So führt die Analyse von guten Beispielen (z. B. guten Aufsätzen) und konkreten Hilfen zur Verbesserung von ersten Entwürfen vermutlich schneller zu höheren Kompetenzen als sture, kaum diskutierte Wiederholungen von schlechter Praxis. Deshalb ist die Aussage falsch, man bräuchte in der Ausbildung vor allem mehr Praxis (z. B. im Lehrerstudium mehr Praktika). Nur durch reflektierte, mit theoretischem Wissen verknüpfte Praxis kann man etwas dazulernen. In Bereichen wie Schach oder Sport hat man dies längst erkannt und stellt deshalb gute Trainer an, um junge Talente zu fördern.

3.4.3 Verteilte oder massierte Übungen?

Neben Häufigkeit und Art der Übungen im Sinne theoretisch reflektierter Praxis ist auch eine *Verteilung der Wiederholungen über einen bestimmten Zeitraum wichtig*. Man kann z. B. einen Gegenstand über mehrere Stunden hinweg *massiert* üben oder diese Übungen über eine Woche gleichmäßig *verteilen*. Viele Lehrer beginnen die Mathematikstunde in der Grundschule, indem zunächst für fünf Minuten Kopfrechenaufgaben gestellt werden. In diesem Fall können wir von *verteilter Übung* sprechen. Andere Lehrer vertreten die Auffassung, eigene Übungsstunden seien sinnvoller, in denen dann länger (z. B. eine halbe Stunde) solche Übungen durchgeführt werden. In solch einem Fall sprechen wir von *massierten Übungen*. Massierte Übungen werden häufig vor dem Schreiben einer Klassenarbeit durchgeführt.

Empirische Forschungen haben immer wieder die höhere Wirksamkeit verteilter Übungen festgestellt. Es muss bei gleichem Lernerfolg weniger Übungszeit investiert werden, wenn die Übungen über einen längeren Zeitraum verteilt werden. In einer Untersuchung zum Erlernen des Morsealphabets lernten die Studenten, die vier Stunden am Tag übten, genau soviel wie die Studenten, die sieben Stunden am Tag übten (nach Anderson 1988, 224 f.). Pirolli & Anderson (1985) konnten experimentell nachweisen, dass viel mehr gelernt werden kann, wenn die gleiche Anzahl von Übungen auf zwei Tage statt auf einen Tag verteilt wird (weitere Beispiele vgl. Dempster 1996). Voraussetzung für die hohe Effizienz verteilter Übung scheint zu sein, dass die zu vermittelnden Inhalte wenigstens bis zu einem gewissen Grad verstanden worden sind. Wenn Schüler einen Text nur durchlesen und ihn ohne weiteres aktives Bearbeiten beiseite legen, dann haben sie am nächsten Tag fast alles wieder vergessen. Wenn man jedoch durch einen kurzen Test am Ende der Stunde die Schüler nochmals zu einer aktiven Erarbeitung und Wiederholung des Textes anregt, dann ist die Behaltensleistung am nächsten Tag erheblich[21] besser. Offensichtlich muss zunächst wenigstens die ungefähre Gestalt eines zu lernenden Inhalts (Schemas), also ein „Umriss" gelernt werden, um darauf dann bei späteren verteilten Übungen aufbauen zu können.

---

[20] Diese Art des Übens wird im angelsächsischen Sprachgebrauch als „deliberate practice" bezeichnet (vgl. Ericsson, 1996, S. 23 f.). Ein wichtiger Faktor dieser Praxis ist ein hohes Maß an Konzentration, die nur über eine gewisse Zeitspanne (etwa eine Stunde) aufrechterhalten werden kann. Danach ist eine Pause erforderlich.

[21] In einem Experiment von Spitzer (1939) war die Behaltensleistung in einer Gruppe, die am gleichen Tag am Ende der Stunde einen vierminütigen Test bearbeitete, am nachfolgenden Tag fast doppelt so gut wie in einer Gruppe, bei der kein solcher Test am gleichen Tag durchgeführt worden war.

Eine weitere Frage bei der Diskussion der Effekte der Übungsverteilung ist die, wie Häufigkeit und Dauer von Trainingssitzungen sich auf die sichere Beherrschung einer Handlungskompetenz auswirken. Zu dieser Frage haben Baddeley & Longman (1978) eine Untersuchung mit Postangestellten durchgeführt, die bestimmte Schreibfertigkeiten einüben sollten. Auch in dieser Untersuchung zeigt sich ein deutlicher Effekt zugunsten des verteilten Lernens. Dennoch stellt sich in praktischer Hinsicht die Frage, ob es nicht bei vielen Aufgaben sinnvoller ist, etwas ineffizienter zu arbeiten, aber dafür das Training in einer überschaubaren Zeit abzuschließen. Schließlich dauerte das Training der ersten Gruppe *sieben* Wochen (35 Stunden bei fünf Stunden pro Woche), bei der doppelten Stundenzahl pro Tag arbeitete man zwar weniger effizient, dennoch war das Training nach *vier* Wochen beendet (vgl. Wellenreuther 2008, S. 118).

Neuere Forschungen konnten die Bedeutsamkeit *verteilter* und *vermischter* Übungen für schulisches Lernen eindrucksvoll bestätigen. Diese Forschungen sind aus zwei Gründen interessant: (1) Sie widersprechen schulischer Alltagspraxis in hohem Maße; (2) sie zeigen, wie im Unterricht kostenneutral (Anzahl der Übungen und Lernzeit sind konstant) ein höheres Lernergebnis erreichbar ist. Folgende Fragen werden untersucht:

➤ Erzielt man durch ein *Verteilen von Übungen* auf verschiedene Stunden eine höhere Behaltensleistung?

➤ Sollte man die Aufgaben zum gerade behandelten Inhalt mit Aufgaben zu anderen Inhalten *mischen*, die sich auf vorher behandelte Inhalte beziehen?

Wer von der Überlegenheit verteilten Lernens spricht, denkt vorrangig an die langfristig größeren Behaltensleistungen, während Schüler vorrangig an einer guten Note in der Klassenarbeit interessiert sind. Sie nehmen billigend in Kauf, kurze Zeit nach der Klassenarbeit wieder alles vergessen zu haben. In diesem Fall kann die Strategie des massierten Lernens die effektivste Strategie sein. Rohrer und Taylor (2006) haben dazu ein interessantes Experiment durchgeführt, dessen Anordnung in der folgenden Übersicht verdeutlicht wird.

Übersicht 1: Lösungsprozentsätze bei verteilter Übung eine oder vier Wochen nach dem letzten Üben (Rohrer & Taylor 2006)

	Woche 1	Woche 2	**Eine Woche** nach dem letzten Lernen	**Vier Wochen** nach dem letzten Lernen
verteiltes Üben	5 Aufgaben	5 Aufgaben	Test 1 (70 %)	Test 2 (**64 %**)
massiertes Üben	/	10 Aufgaben	Test 1 (**75 %**)	Test 2 (32 %)

Bei diesem Versuch wurden die Gruppen nach der 2. Woche nochmals per Zufall in zwei Gruppen aufgeteilt. Für die eine Gruppe wurde *eine Woche später* der Nachtest durchgeführt, für die andere Gruppe *nach vier Wochen*.

Beim ersten Test zeigte sich eine leichte Überlegenheit der Gruppe mit massiertem Üben, die einen Lösungsprozentsatz von 75 % (verteiltes Üben 70 %) erzielte. *Beim zweiten Test* vier Wochen nach dem letztmaligen Üben kehrte sich dieser Effekt aber sehr deutlich um: Die Gruppe mit verteiltem Üben erzielte nun einen Lösungsprozentsatz von 64 %, verglichen mit 32 % in der Gruppe mit massiertem Üben. Kurzfristig mag es sich also auszahlen, kurz vor der Klassenarbeit massiert zu üben; langfristig führt diese Strategie jedoch zu sehr schlechten Ergebnissen.

Eine völlig befriedigende Erklärung der Effekte verteilten Übens steht noch aus (vgl. Dempster 1996). Möglicherweise spielen hirnphysiologische Faktoren eine Rolle, die eine Ruhepause nach einer bestimmten Übungszeit verlangen. Auch motivationale Faktoren könnten eine Rolle spielen. Wenn man sich nach einer längeren Zeit mit einem bestimmten Sachverhalt erneut befasst, muss man sich intensiver mit der Materie auseinandersetzen als man dies bei sofortigem Wiederholen tun müsste. Nach der Theorie von Craik & Lockhart werden aber Inhalte umso besser behalten, je tiefer sie verarbeitet wurden (vgl. Craik & Lockhart 1972). Bei sofortigem Wiederholen kann man sich ja noch an viele Dinge erinnern, und der geistige Aufwand kann entsprechend mehr oberflächlich sein. Außerdem macht es nach längerer Zeit einfach mehr Spaß, sich erneut mit einer Sache zu befassen; man erschrickt vielleicht, wie viel man schon wieder vergessen hat und ist entsprechend stärker motiviert, sich erneut und intensiver mit dem Inhalt auseinanderzusetzen.

3.4.4 Vermischen von Aufgaben

In einem weiteren Experiment (vgl. Rohrer & Taylor 2007) ging es um die in Schulbüchern häufig geübte Praxis, jeweils einen Inhalt (z. B. Prozentwertberechnung) zu bearbeiten, zu dem dann „geblockt" mehrere Übungsaufgaben gestellt werden; danach wird ein anderer Inhalt (z. B. Grundwertberechnung) eingeführt, zu diesem Übungsaufgaben bearbeitet usw. Im Rahmen dieses Experimentes wurde die Volumenberechnung von vier verschiedenen Körpern mit jeweils vier dazugehörigen Aufgaben behandelt. Der traditionellen Vorgehensweise (Inhalt 1 und vier zugehörige Aufgaben, Inhalt 2 und vier zugehörige Aufgaben usw.) wurde eine *Mischung von Aufgaben* gegenübergestellt. Bei dieser Mischung mussten zunächst alle relevanten Inhalte studiert werden. Danach wurden in vermischter Form 2mal 8 Aufgaben bearbeitet (vgl. Übersicht 2).

Übersicht 2: Lösungsprozentsätze beim Blocken und beim Vermischen von Aufgaben

Bedingungen	**Übungsphase** jeweils in Woche 1 und in Woche 2	**Testphase** in Woche 3
Vermischte Aufgaben	Lesen der vier Erklärungen, dazu 4 × 4 gemischte Aufgaben zu den vier Inhalten (jede Aufgabengruppe enthielt in unterschiedlicher Reihenfolge jeweils eine Aufgaben zu den vier Inhalten). Lösungsprozentsatz: 60 %	63 %
Geblockte Aufgaben	Lesen Erklärung 1, dazu 4 Aufgaben/Lesen Erklärung 2, dazu 4 Aufgaben/ Lesen Erklärung 3, dazu 4 Aufgaben/Lesen Erklärung 4, dazu 4 Aufgaben. Lösungsprozentsatz 89 %	20 %

Die Ergebnisse waren überraschend deutlich. Zunächst zeigte sich in der Übungsphase selbst, dass bei geblockten Übungen (Übungen immer zu einem Thema passend) der Lösungsprozentsatz mit 89 % deutlich höher war als bei der Bearbeitung der gemischten Aufgaben (60 %). Dieses Ergebnis würde Lehrer in der Überzeugung stärken, dass ein Blocken der Aufgaben sinnvoll ist. Dieses Bild kehrte sich jedoch bei den Testergebnissen sehr deutlich um, die eine Woche nach dem letzten Üben erhoben wurden: In der Gruppe mit gemischten Übungen lag der Lösungsprozentsatz bei 63 %, verglichen mit 20 % bei geblockten Übungen! Dieses Befundmuster konnte in einer neueren Untersuchung wiederholt werden (vgl. Taylor & Rohrer 2010).

Schüler wissen bei geblockter Aufgabenstellung immer, was von ihnen verlangt wird. Die Anforderung, der die Schüler später genügen sollen, ist aber eine andere: Sie müssen nicht nur eine vorher behandelte Methode sicher anwenden können, sondern zusätzlich entscheiden, welche Methode bzw. welches Verfahren überhaupt anzuwenden ist. Bei der gemischten Vorgehensweise müssen sich die Schüler von Anfang an mit dieser schwierigeren Anforderung auseinandersetzen, was zunächst den Erwerbsprozess zu verlangsamen scheint, sich aber beim wichtigeren Behaltenstest auszahlt.

Vermutlich treten diese Ergebnisse vermischten Übens nur ein, wenn die Inhalte hinreichend verständlich eingeführt und an Lösungsbeispielen verdeutlicht wurden. Erinnert sei an die Ergebnisse des Experiments von Paas und Merrienboer (1994), nach dem das Ergebnis dann besonders gut war, wenn die Schüler vorher mehrere stark variierende Lösungsbeispiele zu analysieren hatten. Wenn die Schüler zu früh diese Aufgaben selbständig lösen mussten, war im Endtest kein Effekt der Variabilität der Aufgaben festzustellen.

3.4.5 Tests zur aktiven Erinnerung – der Testeffekt

Verteiltes und vermischtes Üben verlangen vom Schüler, sich aktiv mit erinnerten und nicht erinnerten Inhalten auseinanderzusetzen. Dieses aktive Rekonstruieren scheint von ausschlaggebender Bedeutung für das Lernen zu sein. Neuere Gedächtnisexperimente belegen dies (vgl. Roediger & Karpicke 2006; Karpicke & Roediger 2007). In den von Karpicke und Roedinger durchgeführten Experimenten zeigten sich deutliche Lerneffekte von Tests, die vom Schüler ein aktives Rekonstruieren aller gelernten Inhalte verlangten, verglichen mit einem bloßen Studieren der Inhalte.

In einem ersten Experiment (vgl. Roedinger & Karpicke 2007, S. 250) sollten Studenten die Inhalte zweier Geschichten aus dem bekannten TOEFL-Test lernen („Die Sonne" und „Der Seeotter"). In der Bedingung „Nur Lesen" wurde einer dieser Texte in zwei Lesephasen durchgelesen (Lesezeit jeweils 7 Minuten); in der anderen Bedingung wurde der Text zuerst durchgelesen (Lesezeit 7 Minuten), und danach wurde die Person aufgefordert, möglichst alle gelesenen Inhalte zu erinnern und auf einem Blatt aufzuschreiben (7 Minuten). Die Lernergebnisse wurden zu drei verschiedenen Zeitpunkten erhoben: 5 Minuten nach dem Studieren bzw. Testen, 2 Tage später oder eine Woche später (vgl. Tab. 3).

Tab. 3: Mittlerer Prozentsatz korrekter Ideen erinnert

	2 mal Lesen	1 mal Lesen, 1 mal Testen	Effektstärken
Test 5 Minuten später	81	75	0,52
Test 2 Tage später	54	68	0,95
Test 1 Woche später	42	56	0,83

Wie beim verteilten Lernen und Üben zeigt sich eine leichte Überlegenheit des zweimaligen Studierens, wenn der Endtest fast direkt nach der Behandlung durchgeführt wurde (81 % zu 75 %; 6 % Differenz). Aber schon nach zwei Tagen ist die Konstellation „zuerst studieren, dann sich testen" deutlich effizienter (14 % Differenz), und auch nach einer Woche haben die Studenten, die nur eine Lesephase hatten und sich in der zweiten Lernphase nur getestet hatten, deutlich mehr von der Geschichte behalten.

Diese Ergebnisse wurden in einem zweiten Experiment in eindruckvoller Weise bestätigt (vgl. Roediger & Karpicke 2006, S. 251 f.). Hierbei wurden die gleichen Geschichten verwendet, der Testeffekt wurde jedoch über die drei folgenden Bedingungen geprüft:

– Gruppe 1: Vier Lesephasen von jeweils 5 Minuten (Studieren, Studieren, Studieren, Studieren)
– Gruppe 2: Drei Lesephasen zu 5 Min., eine Testphase zu 10 Minuten (Studieren, Studieren, Studieren, Testen)
– Gruppe 3: Eine Lesephase (5 Min.), drei Testphasen (jeweils 10 Min.)

Die Geschichten wurden durchschnittlich in der ersten Bedingung 14,2 mal durchgelesen, in der zweiten Bedingung 10,3 mal und in der dritten Bedingung 3,4 mal. Man prüfte zunächst, von welcher Bedingung die Studenten die beste Behaltensleistung erwarteten. Dabei zeigte es sich, dass die Studenten die Bedingung 1 mit vier Lesephasen dafür als am günstigsten beurteilten. Wie die tatsächlichen Lernergebnisse zeigen, zeigt sich auch in diesem Fall eine Art „Verständnisillusion", eine deutlich falsche Einschätzung des persönlichen Lernprozesses.

Die Lernergebnisse wurden durch einen an den Versuch sofort anschließenden Endtest (5 Minuten später) sowie nach einer Woche erhoben. Hier zeigte sich, dass direkt im Anschluss an die Lernphase unter Bedingung 1 die Inhalte am besten erinnert wurden (83 %; 78 %; 70 %). Für nachhaltiges Lernen ist aber das Ergebnis im Endtest eine Woche nach der Lernphase entscheidend. Hierbei konnte die Gruppe mit vier Lesephasen etwa 40 % der Ideen erinnern, verglichen mit 54 % der zweiten Gruppe (drei Lesephasen, eine Testphase) und 58 % der dritten Gruppe (eine Lesephase, danach drei Testphasen).

Wir wollen uns nun der Frage zuwenden, in welcher Weise diese Ergebnisse der Grundlagenforschung auf die Strukturierung von Übungen und Tests übertragbar sind. Dabei werden zwei Vorgehensweisen in idealisierter Form einander gegenübergestellt:

➢ Die in Deutschland übliche Strukturierung

➢ Die aufgrund der Forschung sinnvolle Gliederung

Das traditionelle Vorgehen in deutschen Schulen kann auf folgende Weise in idealisierter Form dargestellt werden:

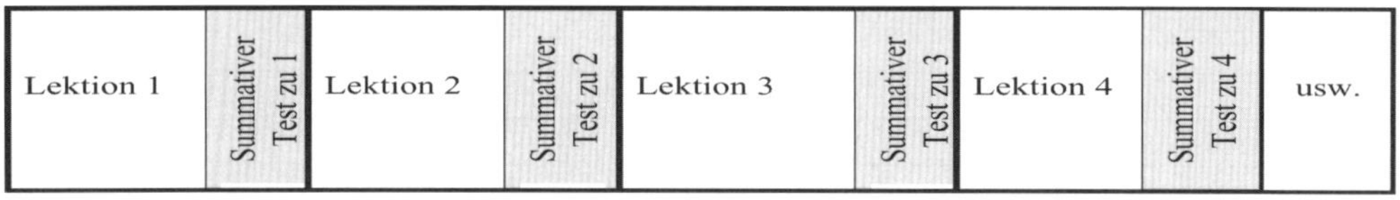

| Lektion 1 | Summativer Test zu 1 | Lektion 2 | Summativer Test zu 2 | Lektion 3 | Summativer Test zu 3 | Lektion 4 | Summativer Test zu 4 | usw. |

Abb. 5 Traditionelles Lernen in der Schule (idealisiert)

Bei diesem Verständnis werden die Lektionen als weitgehend voneinander unabhängige Lerneinheiten aufgefasst, die jeweils durch einen summativen Test abgeschlossen werden. In der nachfolgenden Lektion werden diese zuvor behandelten Inhalte nicht mehr in systematischer verteilter Form weitergeübt. Dies hat vor allem für schwächere Schüler gravierende Folgen, weil diese in den relevanten Inhaltsbereichen erhebliche Kompetenzlücken aufweisen, die das nachfolgende Lernen in Bereichen, die diese Kompetenzen voraussetzen, erheblich erschweren.

Wenn man auf nachhaltiges, aufeinander aufbauendes Lernen abzielt, erhalten Tests eine gänzlich andere pädagogische Bedeutung als die zur summativen Leistungsfeststellung üblichen Klassenarbeiten. Entsprechend hat sich im angelsächsischen Bereich für diese Anwendung von Tests der Begriff „assessment for learning" eingebürgert. Tests gehören hier zum Lernprozess, indem sie vom Schüler verlangen, seine Erinnerungsfähigkeit bezüglich der behandelten relevanten Inhalte zu prüfen. Dempster (1996, S. 335) schreibt dazu:

> *„Tests werden hauptsächlich als Instrumente angesehen, um Entscheidungen über die Benotung oder über das Arbeitstempo zu treffen, nicht als ein Mittel zur Verbesserung des Lernens… Die Effekte verteilten Lernens haben bisher die Aufmerksamkeit von Lehrern, Lehrerausbildern oder von Lehrplanspezialisten nicht erregt, und sie werden nicht breit im Klassenraum angewendet. Zum Beispiel ist eine Zusammenfassung – eine Voraussetzung für eine Verteilung von Präsentationen – im normalen Klassenunterricht nicht üblich. In einer Untersuchung über die Wirksamkeit eines experimentellen Lehrprogramms in Mathematik wiederholten die Lehrer die am Tage zuvor behandelten Inhalte nur in 25% der Fälle, und die Hausaufgaben wurden nur in 50% der Fälle kontrolliert … Viele Inhalte werden anscheinend nur einmal präsentiert."*

Wenn man Klassenarbeiten in den Dienst nachhaltigen Lernens stellen will, kommt man zu einer grundlegend anderen Testpraxis während und am Ende einer jeden Klassenstufe. Während bei der traditionellen Vorstellung immer nach der jeweils durchgenommenen Lektion die behandelten Inhalte abschließend abgeprüft werden, werden bei einer an nachhaltigem Lernen orientierten Vorstellung nach den Lektionen formative Tests geschrieben, die von den Schülern mit mangelhaften Leistungen wiederholt werden können. Im Vordergrund steht nun, Schüler bis zum Ende des jeweiligen Schuljahrs möglichst weit zu bringen. Dazu gehört auch, dass die behandelten Inhalte in verschiedenen Tests behandelt werden. Die wesentlichen Gedanken werden in der folgenden Grafik zusammengefasst:

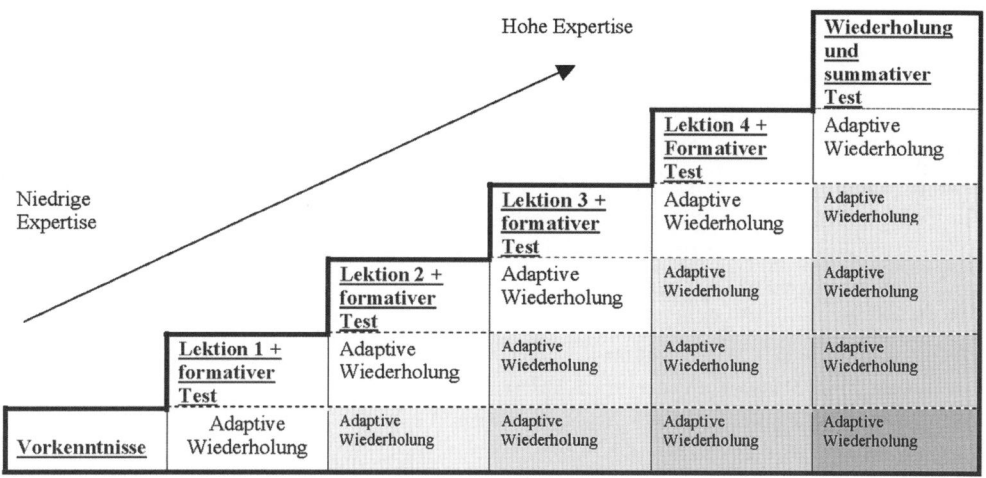

Abb. 6 Nachhaltiges Lernen in der Schule

Formativer Test mit folgenden Merkmalen: (1) Feststellen von Lücken, die im Unterricht zu beheben sind. (2) Schüler mit Schwierigkeiten können den Test wiederholen. (3) Rückmeldungen zum Test sind zeitnah und überwiegend inhaltlich (was gekonnt und noch nicht gekonnt wird), und (4) umfassen zu etwa 30 Prozent Aufgaben zu früheren Lektionen bzw. zu Vorkenntnissen.
Adaptive Wiederholungen werden durch Zusammenfassungen und Vertiefungen von Punkten, die nicht hinreichend verstanden wurden, unter Berücksichtigung der Ergebnisse der formativen Tests durchgeführt.

Summative Tests können hier z. B. am Ende des Schuljahres als externe Tests durchgeführt werden.

Im Gegensatz zum traditionellen Modell steht beim nachhaltigen Lernen das *Fördern* und nicht die *Selektion* im Vordergrund. Nach diesen Überlegungen werden in Deutschland gerade die leistungsschwächeren Schüler deshalb vergleichsweise wenig gefördert, weil Wissenslücken nicht systematisch ausgeräumt werden, und damit die darauf aufbauenden höheren Kompetenzen nicht erworben werden können.

3.4.6 Schlüsselwortmethode und weitere Techniken

Nicht immer ist das bloße Wiederholen von Inhalten im Sinne verteilter Übung die beste Methode. Gerade beim Einprägen von sinnlosen Assoziationen, abstrakten Dingen oder auch von Einzelfakten hat sich die *Verwendung der Schlüsselwortmethode, d. h. von Mediatoren (sinnstiftenden Sätzen) bewährt:* Besonders abstrakte Dinge oder scheinbar sinnlose Assoziationen lassen sich schwer lernen und müssen deshalb häufiger wiederholt werden. Kinder haben z. B. große Schwierigkeiten, Wortassoziationen wie *Kamm-Becher, Fuß-Stuhl, Hammer-Glocke* als Assoziation zu lernen.[22] Das Einprägen solcher Assoziationen kann erleichtert werden, indem zusätzlich ein bedeutungshaltiger Satz gebildet wird, der die relevanten Begriffe enthält. Der Satz ist dann leichter zu merken als das Begriffspaar. Wenn z. B. das Begriffspaar „Kamm – Becher" eingeprägt werden soll, dann lernt man dieses Begriffspaar durch Bildung eines sinnvollen Satz wie „Der Kamm steht im Becher" besser. Entsprechend leichter prägt man sich „sein Fuß ist auf dem Stuhl" ein als das Begriffspaar „Fuß-Stuhl" usw.

Als Gedächtnisstützen sind vor allem *Eselsbrücken* bekannt, für die häufig Reime verwendet werden: „Iller, Lech, Isar, Inn, fließen zu der Donau hin, Altmühl, Naab und Regen, fließen ihr entgegen." Der Lehrer kann für seinen Unterricht auch eigene Gedächtnisstützen entwickeln. So haben Schüler in der Regel einige Schwierigkeiten, sich z. B. Hauptstädte einzuprägen. Hier besteht die Möglichkeit, zwischen Land und Stadt eine bildhafte Gedächtnisstütze zu entwickeln. Angenommen, die Schüler sollen lernen, dass Schwerin die Hauptstadt von Mecklenburg-Vorpommern ist. Es wird somit eine Ge-

Abb. 7 Mediator Ziege

dächtnisstütze gesucht, die zwischen dem Bundesland (Mecklenburg-Vorpommern) und der Hauptstadt dieses Bundeslandes eine Verknüpfung herstellt. Eine Möglichkeit wäre ein Bild mit einer **meck**ernden Ziege (**Meck**lenburg-Vorpommern), die um den Hals eine **schwere** Glocke (**Schwer**in) hängen hat.

---

[22] Anderson (1988, S. 111) berichtet über seine traumatischen Erfahrungen bei seinem ersten Experiment zum Paarassoziationslernen. Um möglichst gut im Vergleich zu seinen Kommilitonen abzuschneiden, sagte er sich die assoziierten Paare wie DAX-GIB oder VAT-GES immer wieder vor. Er hoffte dadurch, sich durch häufiges lautes Wiederholen die Silbenpaare für alle Zeiten in sein Gedächtnis einbrennen zu können. Dennoch erzielte er das schlechteste Ergebnis seiner Klasse! Wenn er z. B. das Paar VAT-GES in einen bedeutungshaltigen Satz umgewandelt hätte (Vater erzählt mir Geschichten), hätte er erheblich besser abgeschnitten. Von Gedächtniskünstlern ist bekannt, dass sie lange Zahlenketten in kleine Geschichten umwandeln, und dadurch diese Merkleistungen erbringen.

Ein kleiner Versuch zu allen Hauptstädten der Bundesländer mit meiner damals siebenjährigen Tochter hat mir eindrücklich demonstriert, dass diese Technik sehr wirksam ist. Schüler können auf diese Weise durch weniger Wiederholungen viele Fakten sicher lernen, auch wenn ihnen eine breite Wissensbasis noch fehlt (vgl. dazu Mastropieri & Scruggs 1998). Das Schlüsselwort (der Mediator, das Bild, die Eselsbrücke) ersetzt sozusagen ein noch nicht vorhandenes begriffliches Gerüst, das später entwickelt werden kann, wenn man sich mit einem Gegenstand (z. B. einem Bundesland wie Mecklenburg-Vorpommern) genauer auseinandersetzt.[23]

Wichtig ist auch das Vormachen und Erklären effizienter *Lernstrategien*. Bei der *Addition von Zahlen* (z. B. von „2 + 6") kann man Folgendes tun:

(1) Bei 0 anfangen, zählt dann eins und eins, und danach noch sechs dazu.

(2) Man beginnt bei 2 und zählt dann noch 6 dazu.

(3) Man beginnt bei 6 und zählt dann noch 2 dazu.

Die dritte Strategie ist am effizientesten. Gage & Berliner (1996) schreiben dazu:

> *„In diesem Fall wäre es also weniger sinnvoll, dem Schüler noch mehr Übungsaufgaben zu geben. Sinnvoller wäre es herauszufinden, welche kognitiven Strategien der Schüler benutzt, um Additions aufgaben zu lösen, und ihm dann zu helfen, diese Strategien effizienter zu machen … [Z]um Erfolg kommt man eher, wenn man die kognitiven Strukturen modifiziert, die der Schüler einsetzt, um bestimmte Dinge zu tun." (S. 308)*[24]

Die Veränderung eingeschliffener Strategien von Kindern kann sehr schwierig sein. Dies hängt damit zusammen, dass Kinder mit ihren Vorgehensweisen in der Regel positive Erfahrungen gemacht haben und somit der festen Überzeugung sind, ihre Strategien seien die besten. So halten beim Lesenlernen einige Kinder an der *logographischen Strategie* fest, bei der die Buchstaben eines Wortes auswendig gelernt werden. Diese Kinder sind dann nicht offen für die *phonemorientierte (oder alphabetische)* Strategie, die sich über einen längeren Zeitraum entwickelt und auf der Korrespondenz zwischen den Graphemen der geschriebenen und den Phonemen der gesprochenen Sprache beruht. Da Kinder nur durch die Verwendung der alphabetischen Strategie befähigt werden, unbekannte Wörter zu „erlesen", besteht die Aufgabe des Lehrers im Wesentlichen darin, den Kindern diese Strategie zu vermitteln.

---

[23] Auch für das Vokabellernen ist diese Technik anwendbar. Bellezza (1996) gibt dafür folgendes Beispiel: Um das Wort „carta" (Brief) im Spanischen zu lernen, kann man es mit einem phonetisch ähnlichen Wort verknüpfen und daraus ein Bild konstruieren. Als phonetisch ähnliches Wort im Englischen wäre „cart" (Einkaufswagen) geeignet. Man könnte dann ein Bild formen, in dem ein großer Brief (carta) in den Einkaufswagen (cart) eines Supermarkts geworfen wird.

[24] Nach Stern (1992) funktioniert diese Arbeit an der kognitiven Struktur im Grundschulalter noch nicht bzw. nur sehr begrenzt. Differenziertere Methoden der Vermittlung von Lösungsstrategien werden von Fennema et al. (1989) untersucht. Der Ansatz dieser Autoren („cognitively guided instruction") hat viele Berührungspunkte mit dem Ansatz des metakognitiven Unterrichts von Cardelle-Elawar (1995).

Scheerer-Neumann (2002, S. 38 f.) schildert den Fall eines Kindes, das offensichtlich gerne liest, dabei aber auf der Stufe des logographischen Lesens stehen geblieben ist.

> *„Isabell las mir die ersten Seiten ihrer bisherigen Fibel fließend und mit Begeisterung vor, stockte bei späteren Seiten ab und zu und ersetzte gelegentlich Wörter. Als sie anstelle von ‹du› „da“ las, regte ich einen Korrekturversuch an und stellte dabei fest, dass Isabell /d/ und /u/ nicht synthetisieren konnte! Ihre Strategie war offensichtlich das logographische Worterkennen, wobei sich bei weiterer Beobachtungen zeigte, dass sie sich an einzelnen Buchstaben, zusätzlich jedoch auch an den Bildern der jeweiligen Fibelseite orientierte … Isabell war bisher mit ihrer Strategie des merkmalsorientierten Auswendiglernens (das offensichtlich von ihrer Mutter unterstützt wurde, die darauf achtete, dass Isabell „schön“ vorlas), subjektiv und objektiv sehr erfolgreich gewesen.“*

Die Verwendung solcher problematischer Lesestrategien wird – leider – durch populäre ganzheitliche oder „natürliche" Methoden wie z. B. die *Reichen-Methode* („Lesen durch Schreiben") unterstützt. Scheerer-Neumann betont hingegen die Verwendung einer Vielzahl *ungeübter Lesetexte*, um ein Auswendiglernen zu erschweren. Ein mehrmaliges Lesen eines Textes ist unter diesem Gesichtspunkt problematisch. Außerdem ist eine begleitende Förderdiagnostik wichtig:

> *„Um ähnliche Entwicklungen zu verhindern, bedarf es vor allem einer ständigen unterrichtsbegleitenden Förderdiagnostik, die der Lehrerin signalisiert, an welcher Stelle des Leselernprozesses ein Kind steht. Hierfür müssen Einzelsituationen realisiert werden, in der die Lesekompetenz u. a. mit folgenden Materialien überprüft wird:*
> *– Isolierte Fibelwörter auf Wortkarten*
> *– Leicht veränderte Fibelwörter (z. B. aus ‹Moni› ‹Mona›, aus ‹Lisa› ‹Lina›)*
> *– Pseudowörter („Zauberwörter") aus schon bekannten Buchstaben, z. B. aus ‹Mona› ‹Namo›)*
> *Darüber hinaus ist es wichtig, sich mehrmals im ersten Schuljahr über die individuellen Buchstabenkenntnisse zu informieren.“ (39)*

3.5   Horizontale und vertikale Verarbeitung von Informationen

3.5.1 Die horizontale Verarbeitung

Schulischer Unterricht sollte sich sowohl um eine horizontale, wie auch um eine vertikale Verankerung von Informationen im Langzeitgedächtnis bemühen. Die *horizontale* Verarbeitung ist wichtig, um Informationen möglichst vielfältig und breit zu verankern. Je vielfältiger die Informationsaufnahme angelegt ist, desto mehr Spuren werden im Gedächtnis verankert. Dadurch ist das Gelernte auch auf vielen Wegen wieder abrufbar.

Es ist wichtig, das in der Schule zu vermittelnde Wissen vielfältig darzubieten und mit dem vorhandenen Wissen zu verknüpfen. Das belegen Experimente, die von Moreno & Mayer (2000) durchgeführt wurden. Den Autoren ging es bei ihren Experimenten um die Frage, wie sich ein persönlicher im Vergleich zu einem rein sachlichen Erzählstil auf das Lernen auswirkt[25]. Nüchtern orientierte Menschen werden auf dem Standpunkt stehen, es sei vor allem wichtig, dem Schüler Informationen klar, verständlich und prägnant zu übermitteln. Vielleicht werden Informationen aber noch schneller aufgenommen, wenn sie den Schülern persönlich nahe gehen. Im folgenden Text über die Entstehung von Gewittern und Blitzen erfolgt eine Gegenüberstellung dieser Formen der Informationsdarbietung (nach Moreno & Mayer 2000, S. 732):

Sachliche, unpersönliche Version	Personalisierte Version
Kalte, feuchte Luft zieht über eine erwärmte Oberfläche und wird erwärmt. Die nahe am Boden befindliche, erwärmte, feuchte Luft steigt schnell in die Höhe. Weil die Luft beim Aufsteigen kühler wird, kondensiert der Wasserdampf zu Wassertropfen und bildet eine Wolke.	Ich will Dir mal erzählen, was passiert, wenn sich Blitze bilden. Nimm an, Du stehst draußen und du fühlst, wie die warmen Sonnenstrahlen die Erde erwärmen. Kalte, feuchte Luft zieht über eine erwärmte Oberfläche und wird erwärmt. Die erwärmte feuchte Luft steigt schnell in die Höhe. Weil die Luft beim Aufsteigen kühler wird, kondensiert der Wasserdampf zu Wassertropfen und bildet eine Wolke. Glückwunsch: Du hast soeben die Geburt deiner eigenen Wolke erlebt.
Die oberen Teile der Wolke erstrecken sich über den Gefrierpunkt, so dass sich im oberen Teil der Wolke Eiskristalle bilden. Manchmal sind die Wassertröpfchen und die Eiskristalle zu schwer, um durch den Aufwind gehalten zu werden. Wenn die Wassertröpfchen und die Eiskristalle durch die Wolke fallen, schleppen sie etwas von der Luft in der Wolke nach unten mit und produzieren dabei Fallwinde (downdrafts). Wenn diese Fallwinde den Boden erreichen, verteilen sie sich in alle Richtungen und produzieren kalte Windstöße, die man kurz vor dem Beginn des Regens erlebt. *Innerhalb der Wolke* verursachen die steigenden und fallenden Winde das Entstehen von elektrischen Ladungen. Die negativ geladenen Teilchen fallen in den unteren Teil der Wolke, während die meisten positiv geladenen Teilchen in den oberen Teil der Wolke aufsteigen. usw.	Während du sie beobachtest, bewegst du deinen Kopf zum Himmel. Die oberen Teile deiner Wolke erstrecken sich über den Gefrierpunkt (nach oben wird die Luft immer kälter), so dass sich im oberen Teil deiner Wolke Eiskristalle bilden. Brr! Wenn ich nur daran denke, wird mir kalt. Manchmal sind die Wassertröpfchen und die Eiskristalle zu schwer, um durch den Aufwind gehalten zu werden. Wenn die Wassertröpfchen und die Eiskristalle durch deine Wolke fallen, schleppen sie etwas von der Luft in deiner Wolke nach unten mit und produzieren dabei Fallwinde. usw.

Was würden Sie sagen, welche Art der Information besser bei den Schülern ankommt? Und wie stark ist dieser Effekt ihrer Meinung nach?

Die Grundidee der Autoren ist, dass eine personalisierte Information leichter und tiefer verarbeitet wird als eine unpersönliche Information (vgl. dazu auch Anand & Ross 1987), weil sie enger mit den eigenen persönlichen Erfahrungen verbunden werden kann.

---

[25] In Schulbüchern wird in der Regel der sachlich-nüchterne Stil der Darbietung von Informationen bevorzugt. Eine Ausnahme dazu bildet das Physikbuch von Peter Häußler (2001) mit dem Titel „Donnerwetter – Physik!" Dieses Buch kann Lehrern zahlreiche Anregungen geben, wie Inhalte im Fach Physik fachlich genau in einer für Schüler interessanten Form dargeboten werden können.

Die Autoren gehen von zwei Annahmen aus:

(1) Die Verwendung personalisierter Sprache fördert eine Elaboration des Studieninhalts.

(2) Teilnehmer benötigen weniger kognitive Anstrengung bei verbaler Information, wenn diese in einem vertrauten Stil (normale Konversation) präsentiert wird (und nicht in Form eines wissenschaftlichen Vortrags).

Insgesamt führt danach die personalisierte Form zu einer besseren Elaboration bei gleichzeitiger geringerer kognitiver Anstrengung. Diese Hypothese wird von den Autoren als *Interaktionshypothese* bezeichnet, weil die Personalisierung zu einer Integration und Interaktion zwischen persönlichen Erlebnissen und präsentierten Informationen führt. Dem steht die *Transmissions-Hypothese* entgegen, nach der menschliche Kommunikation drei Prozesse beinhaltet:

– die Enkodierung eines Gedankens in ein Signal durch den Sender,
– die Übertragung des Signals zum Empfänger, und
– die Dekodierung des Signals durch den Empfänger.

Nach der Transmissionshypothese besteht also zwischen personalisiertem und unpersönlichem Kommunikationsstil kein Unterschied.

Es wurden zunächst zwei Experimente durchgeführt: (I) Ein Experiment, in dem die Texte zu einer schrittweisen Animation über die Entstehung von Blitzen **gesprochen** wurden (Animation am Computer), und (II) in dem die Inhalte als Text in die Animation eingebaut wurden. Im Nachtest wurde erfasst, wie viel vom Text behalten wurde und wie viele kreative Lösungen auf Transferaufgaben gefunden wurden. Im *Behaltenstest* wurde folgende Aufgabe gestellt: „Bitte schreibt eine Erklärung auf, wie die Blitzentstehung funktioniert". Die Bewertung prüfte, wie viele der 8 Kerngedanken in der Darstellung vorkamen. Im *Problemlösungstransfertest* wurden verschiedene Fragen gestellt: „(1) Was kann getan werden, um die Intensität eines Gewitters zu vermindern? (2) Was hat die Lufttemperatur mit dem Blitzen zu tun? (3) Nimm an, du siehst Wolken am Himmel, aber keine Blitze: Warum keine Blitze? (4) Was verursacht die Blitzentstehung?" Dazu wurde folgende Anweisung zum Beantworten gegeben: „Bitte gib so lange Antworten, bis wir Stopp sagen." Die Bewertung prüfte, wie viele kreative Lösungen auf die vier Fragen vorgeschlagen wurden.

Ergebnisse

Tab. 4: Mittlere Transfer- und Behaltenswerte, entsprechende Standardabweichungen und Effektstärken (ES) für die personalisierten (P) und die neutralen (N) Gruppen.

	Bedingung									
	Experiment I: Text mündlich zur Animation					Experiment II: Text schriftlich in die Animation integriert				
	Personalisierter Text		unpersönlicher Text			Personalisierter Text		unpersönlicher Text		
Werte	M	SD	M	SD	ES	M	SD	M	SD	ES
Transfer	5,9	1,4	4,3	1,6	1,00	5,1	1,7	2,4	1,7	1,6
Behalten	5,6	1,0	5,4	1,3	0,15	5,7	1,5	5,4	1,6	0,2

Beachte: *M* steht für arithmetisches Mittel, *SD* für Standardabweichung, *ES* für Effektstärke. Die Werte streuen zwischen 0 und 8 beim Behaltenstest und von 0 bis 10 beim Transfertest. In Experiment I waren in beiden Bedingungen jeweils 17 Personen (Studenten mit geringem meteorologischem Vorwissen), in Experiment II waren jeweils 22 Studenten in jeder Versuchsgruppe.

In beiden Experimenten zeigten sich deutliche *Transfereffekte*, wobei die im zweiten Experiment erzielte Wirkung etwas stärker war. Die *Behaltenseffekte* waren entgegen den Erwartungen der Autoren jeweils nicht signifikant. Grund dafür könnte sein, dass die jeweils zusätzlich gegebene visuelle Information über die Animation die möglichen Effekte zunichte machte.

Deshalb wurden weitere Experimente III bis IV durchgeführt, in denen das Computerspiel „Design-A-Plant" ohne Animationen verwendet wurde. Dieses Programm bezog sich auf Probleme der Umweltbiologie. Schüler besuchten einen fremden Planeten, der bestimmte Merkmale aufwies (geringen Niederschlag, schwaches Sonnenlicht). Aufgabe war, eine Pflanze zu entwickeln, die unter solchen Bedingungen gut überleben könnte. (Die Schüler mussten sich überlegen, welche Wurzeln, welchen Stamm und welche Blätter sie haben müsste.)

Auch hier werden die unterschiedlichen Bedingungen anhand von Auszügen aus den Versuchsbedingungen erläutert.

Neutrale Version	Personalisierte Version
Einführung in das Programm	
Dieses Programm behandelt, welche Arten von Pflanzen auf verschiedenen Planeten überleben. Für jeden Planet wird eine Pflanze entwickelt. Ziel dabei ist, zu lernen, welche Art von Wurzeln, Stamm und Blättern den Pflanzen in der jeweiligen Umwelt erlauben zu überleben. Dazu werden während des Programms Hinweise gegeben.	Du wirst nun eine Reise zu verschiedenen Planeten machen. Für jeden Planeten wirst du eine Pflanze entwickeln. Deine Aufgabe besteht darin, zu lernen, welche Art von Wurzeln, Stamm und Blättern deiner Pflanze gestattet, in der gegebenen Umwelt zu überleben. Ich werde dich auf dieser Reise begleiten und dir einige Hinweise geben.
Einführung in die Umwelt	
Das Ziel ist, eine Pflanze zu entwickeln, die in dieser Umwelt mit starken Regenfällen überleben und sogar gedeihen wird. Sie ist in Bezug auf Wurzeln und Stamm variabel zu gestalten, aber die Blätter sollten so flexibel sein, dass sie nicht durch die starken Regengüsse beschädigt werden.	Dein einziges Ziel hier besteht darin, eine Pflanze zu entwickeln, die in dieser Umwelt mit starken Regenfällen überleben, sich vielleicht sogar gut entwickeln wird. Es ist egal, was für Wurzeln und was für einen Stamm sie hat, aber deine Blätter sollten so flexibel sein, dass sie nicht durch die schweren Regengüsse beschädigt werden.
Blatterklärung	
In sehr regenreichen Umwelten müssen Pflanzen flexibel sein, so dass sie durch den Regen nicht beschädigt werden. Was bei Regen wirklich zählt, ist die Wahl zwischen dicken und dünnen Blättern.	Dies ist eine sehr regenreiche Umwelt, und die Blätter deiner Pflanze müssen flexibel sein, so dass sie nicht durch den Regen beschädigt werden. Was wirklich zählt in dieser regenreichen Umwelt, ist deine Wahl zwischen dicken Blättern und dünnen Blättern.

Rückmeldung	
Richtige Wurzel-Wahl: Zu einer Umwelt mit viel Regen passt jede Wurzel.	*Richtige Wurzelwahl:* Ja! Zu dieser Umwelt passt jede Wurzel, die du auswählst.
Richtige Stamm-Wahl: Zu einer Umwelt mit viel Regen passt jeder Stamm.	*Richtige Stamm-Wahl:* Ja! Zu dieser Umwelt passt jeder Stamm, den du auswählst.
Richtige Blatt-Wahl: Die richtige Wahl ist dünne Blätter, die sehr flexibel sind und nicht im Regen brechen.	*Richtige Blatt-Wahl:* Ja! Du hast dünne Blätter ausgewählt, die sehr flexibel sind und durch den Regen nicht brechen.
Falsche Blatt-Wahl: Die richtige Wahl sind dünne Blätter.	*Falsche Blatt-Wahl:* Wähle dünne Blätter!

Im Verlauf des Programms besuchten die Schüler 8 Planeten. Nach der Einführung in die jeweiligen Bedingungen wurden Fragen zu den benötigten Wurzeln, zum Stamm und zu den Blättern gestellt. Der Schüler soll z. B. aus einer vorgegebenen Auswahl von Wurzeln eine passende auswählen. Wenn er eine falsche Auswahl traf, dann erklärte der pädagogische Führer (dieser war Teil des Computerprogramms), wie eine passende Wurzel aussehen sollte. Der Schüler konnte dann eine zweite Wahl treffen. Bei richtiger Antwort ging es weiter mit dem nächsten Schritt. Bei falscher Antwort zeigte der Führer die richtige Wurzel und machte mit dem nächsten Schritt weiter. Diese Verfahrensweise wurde auch beim Stamm und bei den Blättern verwendet.

In den verschiedenen Experimenten konnten sowohl bei den Transfer- wie bei den Behaltensaufgaben deutliche Wirkungen zu Gunsten der personalisierten Version des Computerprogramms festgestellt werden. Die Wirkungen sind besonders beim Transfer mit Effektstärken von etwa 1,5 Standardabweichungen bei den Experimenten III und IV sehr groß. Wenn die eingestreuten Fragen herausgenommen werden, sinkt die Effektstärke auf 0,86; dies entspricht einem deutlichen Effekt. Dies macht aber auch deutlich, wie wichtig es für das Lernen ist, in einem längeren Lernprozess *eingestreute Fragen* an den Lerner zu richten, um ihn zu einer aktiven Auseinandersetzung mit dem Inhalt zu veranlassen.

Die deutlichsten Befunde bezogen sich auf die Lösung von Transferaufgaben. Die Lösung solcher Aufgaben halten die Autoren auch für besonders wichtig, weil sie sich eher auf eine tiefere Verarbeitung der Inhalte bezieht. Die Transmissionshypothese findet in den Daten keine Unterstützung.

Relevant erscheint die genaue Erklärung für die Interaktionshypothese:

> *„Zunächst einmal führt die namentliche Anrede der Schüler dazu, dass sie die eingehenden Informationen als persönliche Information enkodieren und dabei ihre persönliche Erfahrungsbasis aktivieren. Diese persönliche Erfahrungsbasis liefert interne Reize in der Form von Erfahrungen, durch die eine Verarbeitung des Inhalts erleichtert wird, weil eigene Erfahrungen im Gedächtnis zugänglich gemacht werden, auf die die Inhalte der Lektion bezogen werden können. (Burnkrant & Unnava, 1989). Zweitens scheint eine Erklärung in einem vertrauten und authentischen Lernstil weniger Verarbeitungskapazität zu erfordern, um die Informationen zu übertragen und mit Sinn zu verknüpfen."* (Moreno & Mayer 2000, S. 731)

Was kann man tun, um eine größere Breite der Verarbeitung zu gewährleisten? Vor allem ist hier an eine Ausschöpfung von Erlebnismodalitäten wie Tasten, Riechen, Schmecken sowie präzises inneres Wahrnehmen – angefangen von Bewegungsempfindungen an den Gelenken, Erleben von Freude, Ärger, Furcht – zu denken. Der Bezug zum Arbeits- und Erlebnisunterricht ist hier offensichtlich. Erleben heißt hier nicht nur Sehen und Hören; auch Bewegungssinn, Temperatursinn und Gleichgewichtssinn werden angesprochen; Organgefühle (Herzrasen, Angst, oder Beklemmung) werden ausgelöst.

Nehmen wir als ein Beispiel die Behandlung des Hopfens im Unterricht. Ein Lehrer bringt zum Unterricht Hopfendolden mit und überlässt diese den Kindern. Diese zerreiben die Pflanzen (Tasteindruck), riechen daran, stellen einen bitteren Geschmack fest, und sehen sich die Gestalt der Pflanzen an. Diese Eindrücke werden angereichert durch das Schmecken von Bier oder den Austausch von persönlichen Erfahrungen über ersten Biergenuss. Durch eine lockere und assoziationsreiche Unterrichtsstunde gelingt die breite Verankerung des Hopfens im Gedächtnis der Schüler. Ein reiner Vortrag über Hopfen würde wohl kaum zu einer derartigen Verankerung im Gedächtnis führen.

Besonders Fächer wie Biologie, Sachunterricht, Geographie oder Physik eignen sich für derartige Sinnesanreicherungen von Informationen. Ein Lehrer kann z. B. beim Thema „Spinnen" von den Schülern Spinnen suchen lassen, ein Terrarium im Klassenzimmer aufstellen, einen Spinnenprofessor mit einer leibhaftigen Vogelspinne einladen, am Schluss der Unterrichtseinheit einen Film über Spinnen vorführen und danach die wesentlichen Informationen nochmals zusammenfassen. Dieser Lehrer hat dann nicht nur in vielfältiger Weise verschiedene Sinne angesprochen, sondern auch einiges dafür getan, dass den Schülern der Unterricht Spaß macht. Man kann aber auch beim Thema Rauchen verschiedene Sinne ansprechen, indem z. B. der Lehrer als passionierter Nichtraucher einen Selbstversuch durchführt, bei dem die Schüler die Reaktionen der Versuchsperson genau in einem vorbereiteten Arbeitsblatt protokollieren sollen: Erhebung des Pulsschlags, des Blutdrucks, der Gesichtsfarbe vor, während und nach dem Rauchen usw.

Solche angereicherten Eindrücke über einen Gegenstand erleichtern das spätere Abrufen von Informationen aus dem Langzeitgedächtnis. Wenn man später Erinnerungen abrufen will, ist es wichtig, spezifische Fragen zu stellen. Die Abrufreize sollten dem abzurufenden Inhalt ähnlich sein. Es ist also besser zu fragen „**Welche Dreiecke** haben wir in der letzten Stunde durchgenommen?" als „**Was** haben wir in der letzten Stunde durchgenommen?".

Ein anderes Beispiel wäre eine Unterrichtsstunde über die Kreuzotter, an die erinnert werden soll. Welche Aufgabenformulierung würde den Schülern eine Erinnerung wohl am ehesten erleichtern? Folgende Alternativen erscheinen zunächst sinnvoll:

1. Erinnere Dich: Wir hatten vor 14 Tagen da vorne rechts eine Wandtafel hängen, auf der Schlangen abgebildet waren. Eine davon war eine Kreuzotter. Was weißt Du noch über sie?

2. Der Lehrer hängt nochmals das Wandbild an die Tafel, erinnert daran, dass es vor 14 Tagen dort hing, als dieser besonders schwüle Tag war, und stellt dann seine konkrete Frage über die Kreuzotter.

3. Der Lehrer fragt: „Was weißt Du noch über die Kreuzotter?"

Nach dem Prinzip des spezifischen Abrufreizes ist klar, dass die größte Erinnerungschance bei der zweiten Frageversion besteht.

Die Frage a)„Wer hat Amerika entdeckt" ist leichter zu beantworten als die Frage b)„Wer hat 1492 etwas entdeckt?", weil „Amerika" eine bedeutungsreichere Information ist als 1492, die Verknüpfung „Amerika – Kolumbus" ist wahrscheinlich leichter zu bilden als die Verknüpfung „1492 – Kolumbus" (vgl. Thurner 1981, S. 88f.).

Die Art des Einstiegs in die Thematik und die Auswahl der Beispiele bieten für den Lehrer wichtige Möglichkeiten, schulisches Lernen mit den vielfältigen Alltagserfahrungen der Schüler zu verknüpfen. Diese Anreicherungen gewährleisten, dass die Schüler sich längere Zeit intensiv mit den Inhalten auseinandersetzen und auch Interesse für den Stoff aufbringen. Wenn der Adressat einer Information als Teilnehmer in einem Dialog behandelt wird, kann er die Information leichter aufnehmen und verarbeiten (vgl. Moreno & Mayer 2000). Dies könnte daran liegen, dass Informationen in personalisierter Form die interne Erfahrungs- und Erlebnisbasis ansprechen, mit der dann neue Informationen verknüpft werden können. Das neue Wissen wird bereitwilliger in die vorhandene Wissensstruktur integriert. Dadurch wird es leichter aufgenommen und vielfältiger vernetzt. Außerdem kann es über diese angelegten Pfade auch wieder abgerufen werden. Bei der unpersönlichen Darstellungsweise bleiben hingegen persönliche Erfahrungswelt und schulisches Wissen voneinander getrennt.

3.5.2 Die vertikale Verarbeitung

Die *vertikale* Verarbeitung von Informationen ist in der Schule häufig sogar noch wichtiger als die horizontale Verarbeitung. Durch die vertikale Verarbeitung wird an der Ausdifferenzierung des allgemeinen kognitiven Gerüsts gearbeitet. Die Gelenkstücke dieses Gerüsts entsprechen den Schlagwörtern eines systematischen Katalogs; die Verbindungsstücke stellen die Zusammenhänge und Verknüpfungen zwischen den Schlagwörtern dar.

Gut strukturierte, hierarchisch gegliederte Inhalte werden besser aufgenommen und erinnert als unstrukturierte Texte und Darstellungen. Dies scheint darauf zu beruhen, dass in unserem Gedächtnis die Inhalte in einer gewissen Weise hierarchisch geordnet bzw. vernetzt sind. Die Kenntnis des Gliederungsprinzips einer Information erleichtert die Rekonstruktion der Inhalte. Welchen Einfluss die vertikale Organisation des Gehirns auf die Informationsaufnahme hat, kann anhand verschiedener Experimente verdeutlicht werden.

Collins & Quillian (1969) ließen Versuchspersonen beurteilen, ob Aussagen wie die folgenden wahr oder falsch sind:

➢ Rotkehlchen fressen Würmer.
➢ Rotkehlchen haben Federn.
➢ Rotkehlchen haben Haut.

Die Reaktionszeiten auf diese Feststellungen wurden gemessen.[26] Die erste Aussage „Rotkehlchen fressen Würmer" wurde am schnellsten verifiziert (1310 Millisekunden [ms]), die zweite Reaktionszeit war schon etwas länger (1380 ms), am längsten aber dauerte die Verifikation der abstraktesten Aussage („Rotkehlchen haben Haut", 1470 ms).

---

[26] Man nennt dies „das Feststellen der Verifikationszeiten".

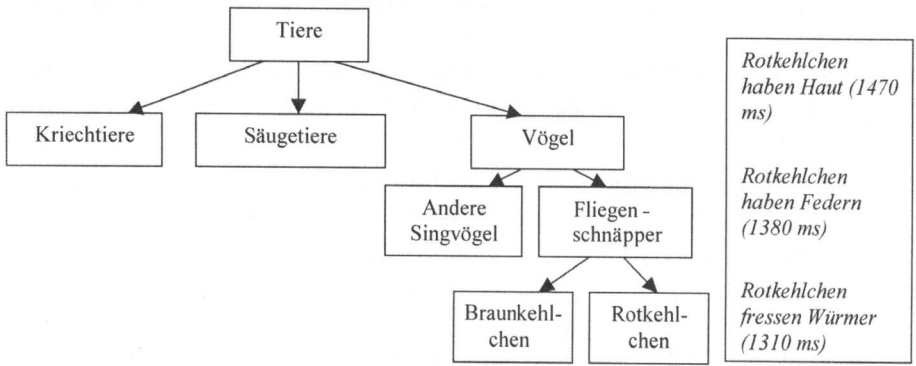

Je weiter die Suchwege im Gedächtnis sind, desto länger sind die Verifikationszeiten. Entsprechend fielen die Verifikationszeiten der Versuchspersonen aus. Die konkrete Aussage, die am nächsten an der alltäglichen Erfahrungswelt war, wurde am schnellsten verifiziert. Daraus aber zu folgern, dass die theoretischen, abstrakten Begriffe für Erinnerungsleistungen unwichtig sind, wäre völlig falsch.

Bower (1970) konnte in einem klassischen Experiment zeigen, wie sehr eine hierarchische Vorgliederung von Informationen das Behalten erleichtert. Dazu legten die Autoren den Versuchspersonen jeweils hierarchisch geordnete oder ungeordnete Listen von Wörtern vor, die diese nach mehrmaligem Lesen möglichst vollständig rekonstruieren sollten. Bei der geordneten Liste ging man z. B. vom Oberbegriff „Mineralien" aus, von dem aus dann weiter aufgegliedert wurde. Wenn die Mineralien in diese Liste einzuordnen waren, dann konnten sie viel schneller behalten und wieder abgerufen werden.

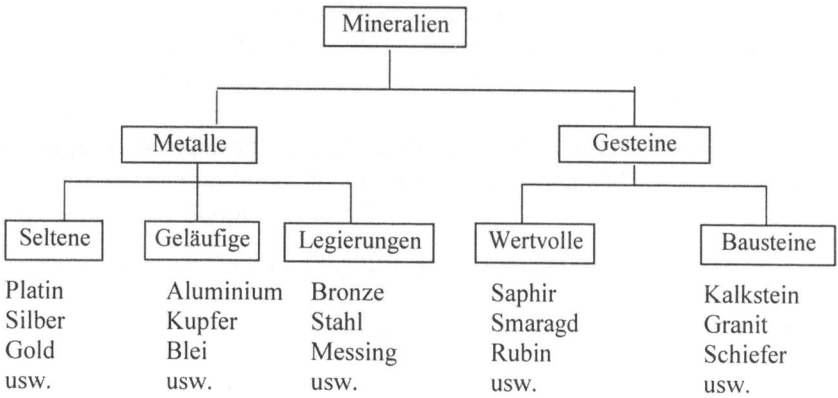

Die hierarchische Strukturierung von Mineralien (nach Gage & Berliner 1996, S. 292).

Bower bemerkt dazu (1970, zit. nach Gage & Berliner 1996, S. 293):

„Es ist offensichtlich, dass die Versuchspersonen, denen die geordneten Listen vorlagen, ungefähr dreimal so viele Wörter erinnern konnten wie diejenigen, denen die wahllos zusammengestellten Listen vorlagen. Vom dritten Versuch an konnten die Versuchspersonen der Gruppe 1 sich an alle 112 Wörter erinnern, während das Erinnerungsvermögen der Gruppe 2 im vierten Versuch noch nicht an das Ergebnis des ersten Versuchs der Gruppe 1 herangekommen war."

Strukturierungen sind gelernte Schemata, die Einzelfakten gruppieren und die dadurch ein systematisches Erinnern ermöglichen. Zu lernen sind nicht diese Einzelfakten, sondern ihre Gliederung. *Wenn wir wissen, dass man Gesteine in wertvolle Gesteine und Bausteine untergliedern kann, dann fallen einem zu beiden Kategorien leichter einzelne Beispiele ein, für wertvolle Gesteine z. B. Diamant, Smaragd, Rubin.* Die Informationsmenge für das Lernen einer Systematik ist erheblich kleiner als das Erinnern aller ungeordneten Gesteine. *Systematiken sind also Abrufhilfen für das Gedächtnis.*

Gegen das Experiment von Bower könnte man einwenden, die Ergebnisse seien auf die Schule nicht anwendbar: In der Schule ginge es nicht um das Lernen von strukturierten Wortlisten. Außerdem seien solche Effekte nur bei Studenten und nicht bei Schülern überprüft worden. Dem widerspricht ein Unterrichtsexperiment von D. Dumke (1984) zu den Themen „Das Eichhörnchen" und „Die Eskimos". Dieses Experiment überprüfte, in welchem Umfang sowohl gute wie auch schwächere Schüler durch hierarchische Strukturierungen profitieren. Insbesondere bei schwächeren Schülern wird von Lehrern häufig vermutet, dass diese mit solchen hierarchischen Gliederungen überfordert wären. Deshalb würde das Arbeiten mit Lückentexten, die keine solche hierarchische Einordnung erfordern, zu besseren Ergebnissen führen. Dumke schreibt dazu:

„Die meisten spontanen Lehreräußerungen betrafen diesen Punkt. Es wurde nahezu einheitlich vermutet, dass die schwächeren Schüler hier [bei Verwendung hierarchischer Strukturierung] schlechter abschneiden würden als beim Lückentext." (1984, S. 48)

Die Untersuchung wurde mit zwölf dritten Klassen aus fünf Grundschulen durchgeführt. In sechs Klassen wurde das Thema „Das Eichhörnchen", in den anderen sechs Klassen das Thema „Die Eskimos" behandelt. Nach einer Einführung in das Thema (ca. 20 Minuten) erfolgte in jeder Klasse eine Zufallsaufteilung der Schüler in Versuchs- und Kontrollgruppen. Die Arbeit in diesen Gruppen verlief in folgenden Schritten (nach Dumke 1984, S. 45):

Versuchsgruppe	Kontrollgruppe
Arbeitsbogen verteilen	Arbeitsbogen und Wörterliste verteilen
Hierarchie (höhere Ebenen) erarbeiten und lernen lassen	Arbeitsbogen erklären, Beispiele vorlesen lassen
Wörterliste verteilen	Lückentext ausfüllen lassen
Arbeitsbogen ausfüllen lassen (untere Ebene, stilles Lesen)	stilles Lesen
Wörter nach Oberbegriffen geordnet vorlesen lassen	Text vorlesen lassen

Der Strukturbaum wurde im Unterricht erarbeitet und die relevanten Begriffe dabei erläutert. Der hierarchische Strukturbaum sah für das Thema „Die Eskimos" wie folgt aus (Dumke 1984, S. 45):

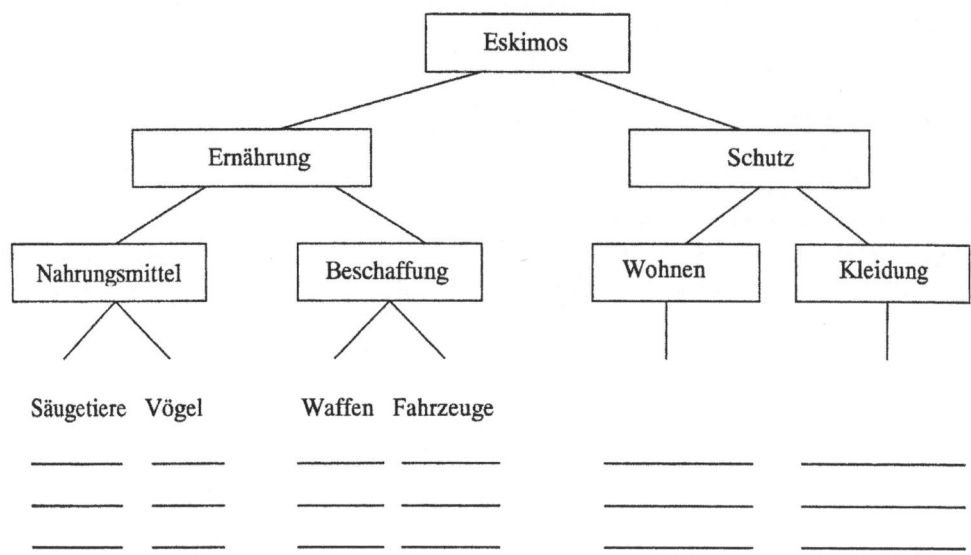

Der hierarchische Strukturbaum zum Thema Eskimos (nach Dumke 1984, S. 45)

Nach dieser Arbeit in getrennten Gruppen gingen alle Schüler in ihre Klassen zurück und wurden durch ein kurzes Gespräch (5 Min.) vom zuvor behandelten Inhalt abgelenkt, worauf dann ein Behaltenstest durchgeführt wurde (15 Min.). Der Test enthielt Fragen der folgenden Art:

„Was weißt Du über die Wohnung des Eichhörnchens? _____

Womit fuhren die Eskimos zur Jagd? _____ "

Ergebnisse: Sowohl die stärkeren als auch die schwächeren Schüler lernten durch die hierarchische Strukturierung deutlich mehr. Die prozentuale Punktzunahme der Versuchsgruppe im Vergleich zur Kontrollgruppe betrug beim Thema Eichhörnchen bei den guten Schülern 24% und bei den schwächeren Schülern 15%; beim Thema Eskimos waren es bei den guten Schülern 19% mehr, bei den schwächeren Schülern 29%. Beim Thema Eskimos haben die lernschwächeren Schüler der Versuchsgruppe das gleiche Leistungsniveau wie die leistungsstarken Schüler der Kontrollgruppe erreicht (vgl. Dumke 1984, S. 46f.). Offensichtlich waren die Annahmen der Lehrer bezüglich der Verständnismöglichkeiten der schwächeren Schüler falsch. Diese Schüler lernten mit Hilfe solcher Strukturierungen nicht schlechter, sondern deutlich besser! Voraussetzung ist allerdings, dass die zum Abrufen der Inhalte gebildeten Oberbegriffe konkret und anschaulich erarbeitet werden.

Neben der Erarbeitung der vertikalen Struktur eines Gegenstands durch Erstellung eines Strukturbaums spielen folgende Methoden für das Verankern und tiefere Verarbeitung von Informationen eine wichtige Rolle:

➢ Formulieren mehr oder weniger komplexer Fragen zum Text
➢ Rückschau halten, dabei Vergewisserung, dass man das Wichtigste auch verstanden hat
➢ Anfertigen von Exzerpten und von schriftlichen Zusammenfassungen
➢ Unterstreichen wichtiger Textstellen oder Textzeilen
➢ bewusstes inneres Wiederholen der Kerngedanken

➤ aktives Suchen nach zusätzlichen Beispielen und Gegenbeispielen oder nach passenden Bildern
➤ Überprüfung des Gelesenen anhand anderer Literaturstellen

Gemeinsam ist diesen Techniken, dass sie Schüler zunächst zu einer inneren aktiven Rekonstruktion der gelernten Inhalte zwingen. Dazu stellen sie dann Thesen auf, die sie auf ihren Wahrheitsgehalt z. B. durch nochmaliges Nachlesen im Text prüfen können. Solche inneren Wiederholungen in der Vorstellung sind für ein Verfügbarmachen der gelernten Inhalte von entscheidender Bedeutung. Für die *Phase der Festigung und Automatisierung von Prozeduren* legen neuere Experimente (vgl. Cooper, Tindall-Ford, Chandler & Sweller 2001) nahe, dass die Technik des inneren Nachvollzugs von Lösungsschritten („Imagining" bei geschlossenen Augen bzw. ohne Text") bei der Lösung von Aufgaben von zentraler Bedeutung für effektives Lernen ist[27].

Durch eine tiefe Verarbeitung werden Begriffe mit übergeordneten Begriffen und Prinzipien verbunden und dadurch strukturiert. Für das Lernen schulischer Inhalte ist das Arbeiten an einem tragfähigen Gerüst bzw. Ordnungssystem, in dem alle Informationen eingeordnet und in ihrer Verbundenheit abgespeichert werden können, wichtig. Dieses Gerüst muss nicht nur durch die Entwicklung, Erklärung und Vertiefung der jeweiligen Inhalte, sondern auch durch Wiederholungen, Zusammenfassungen, Rückschauen sowie mit Hilfe der Durchführung häufigerer informeller Lernkontrollen aufgebaut werden.

Die Herausarbeitung der Struktur eines Gegenstands erfolgt am besten in einem wohlstrukturierten Unterricht. Darunter versteht man Folgendes:

(1) *Transparente Untergliederung der Stunde:* Sie sollte für den Schüler in verschiedene klar voneinander getrennte Unterrichtsschritte gegliedert sein (z. B. zuerst Hausaufgabenkontrolle, dann Einstieg, Übersicht über Gliederung, Erklärung- und Entwicklung neuer Inhalte, Stillarbeit etc.).

(2) *Explizite, gut strukturierte Erklärung der neuen Inhalte selbst* (z. B. kohärente Abfolge von Sätzen), wobei diese Erklärungen mit den wichtigsten Punkten an der Tafel bzw. auf dem Overheadprojektor festgehalten werden sollten und für die Schüler im Schulbuch oder Schulheft in einer verständlichen Sprache nachlesbar sein sollten (vgl. Kap. 4).

(3) *Aktive Strukturierung durch die Schüler selbst*: Die Schüler sollten zu solchen strukturierenden Zusammenfassungen und Übersichten angehalten werden.

Wenn Schüler zu einer tieferen Verarbeitung von Inhalten bewegt werden können und sich dann eine passende Struktur selbst erarbeiten, kann dies der Vorgabe einer Strukturierung durch den Lehrer sogar überlegen sein. Allerdings ist die Erarbeitung einer Struktur durch die Schüler sehr zeitaufwendig und kann deshalb nur selten, und dann vor allem in höheren Klassen, praktiziert werden (vgl. Stull & Mayer 2007).

Strukturierung bezieht sich nicht nur auf die gegliederte Vermittlung von Inhalten *innerhalb* eines Themenbereichs, sondern auch auf die *Verdeutlichung von Zusammenhängen zwischen verschiedenen Themenbereichen*. Zur Festigung und Differenzierung verschiedener Inhalte ist es wichtig, alte Ideen, die mit einer neuen Idee in Konflikt geraten

---

[27] Solche Methoden des inneren Nachvollzugs sind erst in den späteren Lernphasen wichtig, nicht in der Phase der Aneignung neuer Schemata. In der Phase der Aneignung ist eine konzentriertes Studium von Lösungsbeispielen wichtiger.

könnten, explizit zu wiederholen und von der neuen Idee abzugrenzen. Von Schülern diese selbst-reflexive Leistung zu erwarten, ist illusorisch: Nicht einmal Studenten bilden beim Bearbeiten verschiedener Abschnitte aktive Querverbindungen (vgl. Glowalla et al. 1993). Eine explizite Behandlung solcher Verknüpfungen ist nicht nur für gute Schüler, sondern auch für Schüler mit Lernschwierigkeiten wichtig.

Um einem trägen und fehlerhaften Schlussfolgeverhalten von Schülern entgegenzuwirken, wird ein Lehrer zunächst die relevanten und irrelevanten Merkmale von Begriffen erarbeiten und danach an verschiedenen Beispielen und Gegenbeispielen die Anwendung dieser Merkmale einüben. Entsprechend wird man bei der Behandlung von Spinnen im Unterricht die gemeinsamen Merkmale aller Spinnen herausarbeiten und sie von Käfern oder anderen Insekten abgrenzen. Wichtig erscheint dabei, dass man Gegenbeispiele auswählt, die auf den ersten Blick zur fraglichen Kategorie passen, aber bei denen dennoch wichtige Merkmale nicht gegeben sind.

Beispiele	Gegenbeispiele, Ausnahmen (ist abzugrenzen von …)
Fische	Wale und Delphine
Spinnen	Insekten (z. B. Fliegen, Käfer)
Frost („alles zieht sich zusammen")	Wasser („Wasser, das gefriert, dehnt sich aus")
Vögel (alles, was fliegt)	Strauss, Kiwi, Fledermaus
Kürzen von Brüchen	Teilen, Aufteilen, Verkleinern von Brüchen

Im Unterschied zur horizontalen, breiten, erlebnisunterstützten Aufnahme von Informationen, die fast automatisch erfolgt, wenn entsprechende Lerngelegenheiten für die Sinne gegeben werden, muss die vertikale Verarbeitung stärker vorbereitet und gelenkt werden. Ohne diese vertikale Verarbeitung bleibt Erlebnis- oder alltagsnaher Unterricht an der Oberfläche. Auch wenn z. B. abstrakte Begriffe oder Zusammenhänge graphisch und bildhaft verdeutlicht werden, bleiben die Zusammenhänge und Begriffe gleichwohl abstrakt und müssen demzufolge in verschiedenen Hinsichten mehrfach tiefer verarbeitet werden.

3.6 Schulisches Aneignen, Üben und Anwenden von Inhalten

Schulisches Lernen in Deutschland gleicht einem schlecht gemixten Cocktail aus Tradition und zum Zeitgeist passender Innovation. Die Berücksichtigung von Forschungsergebnissen spielt dabei eine untergeordnete Rolle. Man kann dies an folgenden Beispielen verdeutlichen:

1. Das Leitbild vieler Grundschullehrer ist das *natürliche Lernen*. Lesen soll sich natürlich durch Schreiben entwickeln (Reichen 1994 „Lesen durch Schreiben"). Demgegenüber belegt die Forschung, dass ein systematisches Operieren mit Buchstaben und Silben gerade für schwächere Schüler wichtig ist (vgl. Adams 1990; Geary 2002; Stanovich 1986).

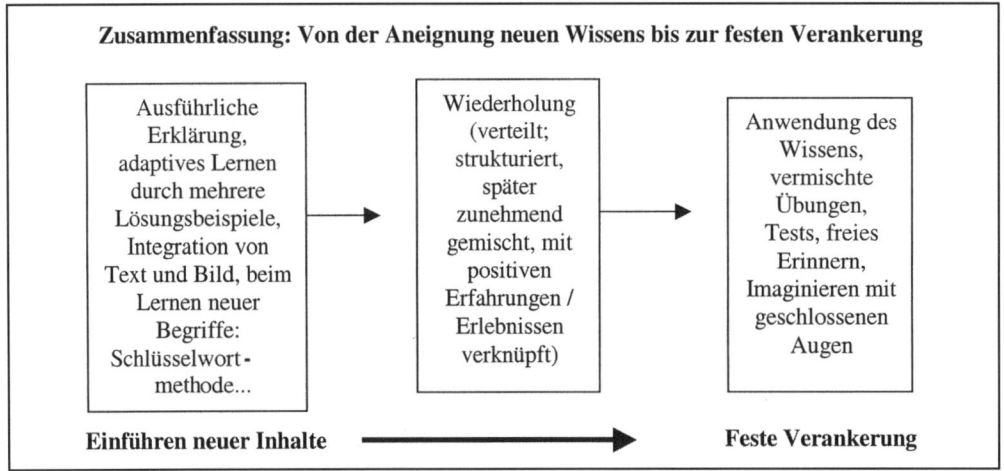

2. Natürliches Lernen stützt sich auf *offene Unterrichtsmethoden* wie *Werkstattunterricht bzw. Stationenarbeit.* Solche Methoden sind jedoch häufig ineffektiv, wie in den folgenden Abschnitten genauer belegt werden soll.

3. Ganz tief verwurzelt sind in uns Vorstellungen über die Rolle von *Leistungsmessungen im Lernprozess.* Danach wird eine Unterrichtseinheit mit einer Klassenarbeit abgeschlossen, auch wenn viele Schüler wesentliche Inhalte nicht gelernt haben. Wissenslücken werden nach der abschließenden Klassenarbeit nicht gefüllt.

Damit bleibt der Wissensaufbau bei den schwächeren Schülern bruchstückhaft. Gerade die Schüler, die in ihrer häuslichen Umwelt nicht die erforderlichen kognitiven Anregungen erhalten, bleiben bei diesen Vorstellungen vom schulischen Lernen auf der Strecke. In dem folgenden Abschnitt werde ich versuchen, die bisher erarbeiteten Grundlagen auf schulische Methoden des Aneignens, Übens und Anwendens von Wissen zu beziehen.

3.6.1 Gesichtspunkte einer effektiven Übungspraxis in der Schule

Nach der Einführung von Inhalten und ihrer Erläuterung an Lösungsbeispielen folgt das Einüben dieser Inhalte. In dieser Phase sollen so lange Übungen durchgeführt werden, bis die zu lernenden Inhalte fest im Langzeitgedächtnis verankert sind. Es stellt sich hierbei die Frage, wie solche Übungen in einer *Übungs- oder Freiarbeitsstunde* in lernwirksamer Weise zu gestalten sind. Dies wird zunächst am Beispiel einer Übungsdoppelstunde diskutiert.

Eine effektive Übungsdoppelstunde?

In einer Doppelstunde sollen Inhalte aus dem Deutsch- und Mathematikunterricht wiederholt werden. Dazu erinnert der Lehrer kurz an wichtige Punkte, ohne dabei vollständige und korrekte Erklärungen der relevanten Sachverhalte zu geben. Den Schülern werden drei Übungsbögen ausgehändigt: Einen zur wörtlichen Rede; einen zur Längenmaß- und einen zur Flächenmaßumwandlung. Jedes Übungsblatt enthält etwa 50 Teilaufgaben. Außerdem werden Chefs bestellt, die für die Kontrolle der ausgefüllten Bögen zuständig sind und die gegebenenfalls Hilfen geben sollen.

Auf den ersten Blick scheint diese Übungsdoppelstunde wohl strukturiert. Doch was passiert hier mit Schülern, die wesentliche Punkte noch nicht können und deshalb viele Fehler machen? Werden hier unnötig Fehler eingeschliffen? Und was lernen die Schüler dazu, die das Geforderte schon weitgehend beherrschen? Offensichtlich treten hier zwei grundlegende Probleme auf:

1. Die *Passung von Aufgaben und Kompetenzniveau („adaptive Wissensstrukturierung")*, und

2. eine sinnvolle *Balance zwischen Übung und Rückmeldung*.

Eine alternative Übungsdoppelstunde könnte z. B. folgende Punkte berücksichtigen:

Am Anfang wird ein diagnostischer bzw. ein informeller Kurztest[28] bezüglich der drei Inhalte geschrieben und aufgrund von Lösungsblättern ausgewertet. Jeder Kurztest enthält zwölf Aufgaben (vier einfache, vier mittelschwere und vier schwere). Die richtigen Lösungen werden kurz besprochen und aufgrund der erzielten Ergebnisse werden die nachfolgenden Übungsbögen verteilt, um eine Passung zwischen Schwierigkeitsgrad der Aufgaben und Kompetenzniveau der Schüler zu erreichen:

- Wer mindestens 10 Aufgaben korrekt gelöst hat, braucht die Übungsblätter zu diesem Inhalt nicht bearbeiten. Diese Schüler bearbeiten die anderen Übungsbögen oder erhalten zusätzliche Aufgaben (als Chefs, Lehrerhelfer).

- Schüler mit höchstens sechs richtigen Antworten bearbeiten Übungsblatt 1 zu dem entsprechenden Inhalt.

- Schüler mit sieben bis neun richtigen Antworten bearbeiten gleich Übungsblatt 2.

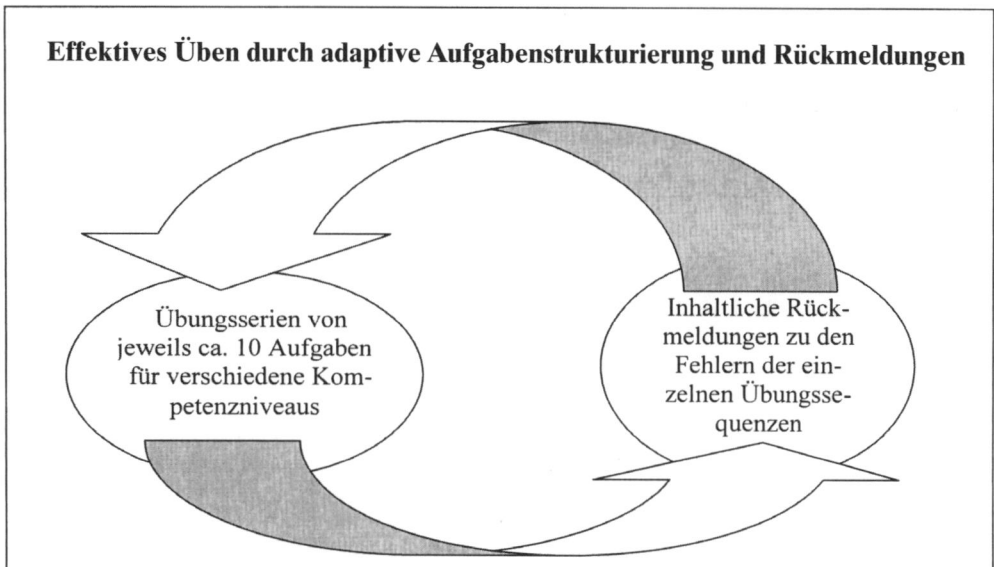

Effektives Üben durch adaptive Aufgabenstrukturierung und Rückmeldungen

Übungsserien von jeweils ca. 10 Aufgaben für verschiedene Kompetenzniveaus

Inhaltliche Rückmeldungen zu den Fehlern der einzelnen Übungssequenzen

Das Übungsblatt 1 enthält neben einfachen Aufgaben auch Lösungsbeispiele und Tipps zur Aufgabenbearbeitung, während Übungsblatt 2 auf solche zusätzliche Hilfen verzichtet und außerdem schwierigere Aufgaben enthält.

---

[28] Unter einem informellen Kurztest verstehe ich hier einen schulintern entwickelten Tests zu den jeweiligen Inhalten, der bewusst nach verschiedenen Kompetenzniveaus differenziert.

Wesentlich ist, dass die Übungssequenzen höchstens 15 Minuten dauern; danach sollten die Lösungen kontrolliert und Fehler sorgfältig besprochen werden. Schüler mit großen Wissenslücken können an einem Tisch zusammengefasst werden. Mit ihnen werden die Aufgaben der Übungsblätter besprochen und zusätzliche Hilfen zum Lösen gegeben. Schüler mit guten Kenntnissen könnten bei der Lösungskontrolle als Helfer bzw. als Tutoren eingesetzt werden. Dies setzt allerdings voraus, dass sie für diese Aufgabe geschult wurden. Auch zusätzliche knifflige Aufgaben könnten dieser Gruppe von Schülern gestellt werden, um sie in ihren Möglichkeiten zu fordern.

Ferner könnte der Lehrer 10 Minuten vor Beendigung der Übungsstunde mit den Schülern gemeinsam die wichtigsten Punkte wiederholen, damit das Wesentliche im Langzeitgedächtnis fest verankert wird.

Einer der wichtigsten Punkte ist, dass „massiertes Üben" meist ineffizient ist. Für das Lernen sind Rückmeldungen nach kleinen Übungsphasen von etwa 10 Minuten viel wirksamer. Kurz: Es kommt hier nicht auf stumpfsinniges Üben, sondern auf reflektiertes Üben an („deliberate practice"). Reflektiertes Üben ist auf Rückmeldungen angewiesen.

Schülern ist mehr durch vermischte Übungen und wenig durch das isolierte Einschleifen von Prozeduren gedient. Wenn später verlangt wird, verschiedene Aufgabentypen sicher zu identifizieren, scheitern sie. *Wer im Unterricht nur auf isoliert gelernte Rezepte und Prozeduren setzt, verweigert den Schülern theoretische Anker, mit denen erst die Abspeicherung der Inhalte in effektiver Weise möglich wird.* Dieses Arbeiten mit unverstandenen Rezepten erzeugt somit gerade bei schwächeren Schülern die Defizite, die man eigentlich heilen will. Deshalb sollte z. B. eine Grundlage für die Prozentrechnung schon beim Behandeln der Bruchrechnung gelegt werden (vgl. Wellenreuther 1994, S. 55–57). Beim Unterrichten der Prozentrechnung kann dann das vorhandene Wissen aufgegriffen und vertieft werden (vgl. Zech 1996). Auch eine Angabe, was warum im Unterricht behandelt werden soll, ist für ein effektives Lernen wichtig. Solche Angaben erleichtern eine Konzentration auf das Wesentliche.

Der Umfang der notwendigen Übungen sollte für jeden Schüler danach bemessen werden, wie bedeutsam der zu lernende Inhalt für das *weitere Lernen* des Schülers ist. Wenn ein Schüler beim *Lesenlernen* am Ende des ersten Schuljahrs beträchtliche Defizite aufweist, muss der Lehrer zusätzliche Maßnahmen zur effektiven Förderung dieses Schülers einleiten. Ähnlich verhält es sich mit einfachen *Einspluseinsfakten*[29] oder dem Beherrschen des *Einmaleins*, weil auf deren Kenntnis andere Operationen aufbauen. Die Entwicklung effektiver Übungsserien setzt vertiefte Kenntnisse im entsprechenden fachdidaktischen Bereich voraus. Der einzelne Lehrer ist damit überfordert, solche Übungsreihen zu entwerfen. Deshalb sollten hier unabhängige wissenschaftliche Institute die Lehrer mit kompetenzbezogenen Unterrichtsmaterialien versorgen, die den jeweiligen Wissensstand berücksichtigen. So gibt es im Bereich des Lesenlernens eine umfangreiche Forschungsliteratur, in der Übungen für die verschiedenen Stadien des Leselernprozesses entwickelt wurden (vgl. Küspert 2001). Ähnliches gilt für die Mathematik (vgl. Radatz & Schipper 1983). Übungen ohne Berücksichtigung des wissenschaftlichen Kenntnisstandes nützen wenig und können sogar Schaden anrichten. Die Übungspraxis würde zudem für den

---

[29] Einspluseinsfakten: Alle Aufgaben, in denen Zahlen zwischen 1 und 9 addiert oder subtrahiert werden und das Ergebnis ≥ 0 ist.

Lehrer erheblich erleichtert, wenn die schon durchgeführten empirischen Forschungen in systematischer Weise in den Schulbüchern berücksichtigt werden würden.[30]

Die Strukturierung nach Schwierigkeit

Die den Unterricht ergänzenden Übungen sollen die *Verankerung der neuen Inhalte* unterstützen. Dazu sind einzelne Schwierigkeiten isoliert zu thematisieren. Fürntratt konnte zeigen, dass bei konsequenter Anordnung der Übungen von leicht nach schwer der Lernerfolg am höchsten war (vgl. Fürntratt 1978). Die Ergebnisse von Fürntratt machen deutlich, dass für die Mehrzahl der Lernenden eine konsequente Schwierigkeitsreihenfolge am sinnvollsten und effektivsten ist. Dabei sollten die leichtesten Aufgaben möglichst von allen Schülern fehlerfrei zu lösen sein. Dies steigert nicht nur den Lernerfolg, sondern auch den Lernspaß. Fürntratt bemerkt dazu (1978, S. 229):

> „[D]ie am Anfang eines Trainingsprozesses einzusetzenden Aufgaben müssen konsequenterweise so leicht gewählt werden, dass der Lerner bzw. jedes Mitglied einer lernenden Gruppe sie mit einer Wahrscheinlichkeit von nicht viel weniger als 100 % lösen kann (ein Prinzip übrigens, das im programmierten Unterricht selbstverständlich und vermutlich für dessen Effizienz verantwortlich ist). Diese Konsequenz würde jeder Lehrer oder Trainer ziehen müssen, es sei denn, er strebe statt nach einer gleichmäßig voran gleitenden Entwicklung der Leistungsmöglichkeiten aller einen (für ihn) zwar spannenden, aber pädagogisch gesehen völlig unsinnigen Wandel von Fortschritten und Rückschlägen und am Ende eine Auseinanderzüchtung einer kleinen, überlegenen Elite einerseits und einer Masse von Versagern andererseits."

Dies würde z. B. für Aufgaben zum Erweitern bedeuten, dass zunächst nur „abstrakte" Aufgaben mit steigendem Schwierigkeitsgrad gestellt werden (1/2 erweitert mit 2; 1/3 erweitert mit 2..., 3/4 erweitert mit 2; 1 1/2 erweitert mit 2 usw.). Sinnvolle Sachaufgaben zum Addieren von Brüchen, in denen das Erweitern angewendet werden muss, werden zuerst im Unterricht diskutiert und gelöst. Erst am Ende des Lernprozesses erhalten die Schüler dann Sachaufgaben zum eigenständigen Lösen.

Eine solche Übungsstrategie ist allerdings nicht mit dem vereinbar, was wir über die Wirkung einer Vermischung von Übungen wissen. Wer Aufgaben zur Flächen- und Umfangsberechung lösen soll, muss differenzieren können, wann es sich um Flächen- und wann es sich um Umfangsaufgaben handelt. Ähnlich muss er in der Prozentrechnung erkennen, wann es sich um Prozentwert-, um Grundwert- oder um Prozentsatzaufgaben handelt. Hier sollten somit in möglichst einfacher Weise die einzelnen Aufgabentypen eingeführt und an verschiedenen Lösungsbeispielen verdeutlicht werden und zunächst viele einfache, aber vermischte Sachaufgaben zu den Inhalten gestellt werden. In ähnlicher Weise wäre auch in anderen Bereichen zu verfahren (z. B. bei der Groß-Kleinschreibung).

Sofortige und erklärende Rückmeldungen

Ein weiterer Gesichtspunkt bei der Gestaltung von Übungen ist die Art der Rückmeldung. Diese sind vor allem zu Beginn eines Lernprozesses wichtig. Dabei ist es nicht nur wichtig,

---

[30] Verlage sind vorrangig am Profit und nicht an der Güte der Produkte für schulisches Lernen interessiert. Deshalb müssten solche Handreichungen von unabhängigen Instituten geprüft werden. Das ist bisher in Deutschland nicht üblich.

zu erfahren, ob man eine Aufgabe richtig gelöst hat. *Wichtiger ist eine Rückmeldung über mögliche Lösungswege und häufige Fehler bei der Aufgabenbearbeitung.* Das ist auch deshalb wichtig, weil man in der Mathematik zu einer richtigen Lösung kommen kann, obwohl man systematische Fehler gemacht hat, da sich Fehler im Effekt ausgleichen können. Außerdem gibt es Schüler, die eine falsche Lösung vorweisen, obwohl sie den richtigen Lösungsweg gewählt haben. Ihnen sind dann manchmal nur kleine Rechen- oder Flüchtigkeitsfehler unterlaufen.

Wie merkwürdig in deutschen Schulbüchern mit Lösungskontrollen umgegangen wird, kann am Beispiel des Mathematikschulbuchs „Elemente der Mathematik 6" (vgl. Griesel, Postel & Suhr 2005) verdeutlicht werden. Hier werden erst am Ende des Lernprozesses Lösungskontrollen angeboten, z. B. im Teil vermischte Aufgaben oder in Form kleiner Tests zur Selbstüberprüfung. Erst zum Abschluss eines jeden Kapitels gibt es einen Abschnitt „Bist du fit", zu dem Lösungen zu finden sind. Auf diese Lösungen wird aber gar nicht verwiesen. Außerdem findet man ganz am Ende des Buches einen Teil „Teste dich – Vermischte Aufgaben" (vgl. S. 278 ff.), zu dem jeweils ebenfalls Lösungen aufgeführt werden. Der Sinn von Lösungen und Lösungsrückmeldungen wird durch diese Praxis auf den Kopf gestellt. Die Möglichkeit zum Vergleich der Lösungen mit den richtigen Lösungen und Lösungshinweisen soll es Schülern beim Aneignen von neuen Inhalten ermöglichen, frühzeitig Fehlstrategien zu entdecken. Der jetzige Aufbau deutscher Schulbücher führt hingegen dazu, dass sich zuerst falsche Vorgehensweisen einschleifen und viele Schüler erst am Ende des Lernprozesses (vor oder nach der Klassenarbeit) feststellen, wie die Aufgaben gelöst werden müssen (Wellenreuther 1986, 2010b).

3.6.2 Werkstattunterricht als Stationenlernen – eine „innovative" Methode?

Nur selten klaffen Anspruch und Wirklichkeit so weit auseinander wie beim Stationenlernen. Diese Methode erfreut sich in Grundschulen und in Hochschulen einer großen Beliebtheit, weil sie als schülerzentriert, offen, natürlich entdeckend und vor allem die Selbständigkeit der Schüler fördernd angesehen wird. Schüler sollen in diesem Erlebnisunterricht fast nebenbei auch eine ganze Menge lernen können. Trotz dieser hohen Ansprüche gibt es zu dieser Unterrichtsmethode praktisch keine strenge empirische Forschung. Im Folgenden soll genauer untersucht werden, unter welchen Voraussetzungen diese Methode am ehesten ihre Versprechen einlösen kann.

In zunehmendem Maße wird diese Methode auch zum Aneignen neuer Inhalte angewendet: Schüler sollen sich hier fast spielerisch entdeckend neue Inhalte aneignen. Der Lehrer kann seine Rolle als Wissensvermittler aufgeben und diese Aufgabe den Stationen, also quasi der Sache selbst, überlassen. Der Schüler kann *die Reihenfolge der Bearbeitung* der Stationen selbst bestimmen, weshalb diese Methode als ein Beispiel für den sog. offenen Unterricht gilt. Der Lehrer entwickelt z. B. zum Thema Frühling eine Reihe von Stationen, an denen der Schüler bestimmte Aufgaben erledigen soll. Aufgaben einer Frühlingswerkstatt könnten z. B. sein:

➢ Ein Frühlingsgedicht auswendig zu lernen,

➢ typische Frühblüher aus einer Reihe verschiedener Blumen herauszusuchen,

Alle Schüler sollen in der Regel alle Stationen in der selbst gewählten Reihenfolge durchlaufen, wobei für die besseren Schüler zusätzliche Schwierigkeiten in die Aufgaben eingebaut werden können.

Unterschieden werden im Wesentlichen zwei Arten des Werkstattunterrichts (vgl. Niggli 2000, S. 59f.):

1. *Übungswerkstätten*, in denen es um die Einübung und Vertiefung von Inhalten geht, die zuvor im Unterricht schon behandelt wurden.

2. *Erfahrungs- und Informationswerkstätten*, in denen Schüler zu einem Thema vielfältigen Informationen und Erfahrungen ausgesetzt werden sollen. Nach der Aufnahme dieser Informationen soll dann zu der jeweiligen Lernstation eine Aufgabe erledigt werden.

Jeder Lernstation kann ein *Chef* zugeteilt werden. Dieser Chef hat aufgrund genauer Kenntnis der Aufgabe und ihrer richtigen Erledigung die Leistungen der anderen Schüler dieser Station zu bewerten und auf einem Laufzettel abzuzeichnen. Chefs sind in der Regel Schüler, bei besonders anspruchsvollen Aufgaben übernimmt der Lehrer diese Aufgabe. Zum Abschluss einer Werkstatt präsentieren Schüler sich häufig gegenseitig das, was sie in Eigenregie an Kenntnissen und Fertigkeiten erworben haben. Bei solchen Präsentationen scheint im Vordergrund zu stehen, das Selbstbewusstsein der Schüler für die erreichten Ziele zu stärken.

Empirische Forschungen zur Wirksamkeit dieser besonderen Form der Erfahrungs- und Informationsdarbietung sowie dieser Art der Übung gibt es m. W. nicht. Dies überrascht, wenn man sich die zunehmende Beliebtheit dieser Methode in der Grundschule vor Augen führt. Die einzige mir bekannte Untersuchung zur Lernwirksamkeit[31] der Stationenarbeit wurde von Hinrichs (2003) in Lüneburg durchgeführt. In vier vierten Klassen wurde im Rahmen von Stationenarbeit das Thema „Spinnen" behandelt; zum Vergleich wurde dieses Thema auch in drei ansonsten vergleichbaren Klassen im Rahmen direkter Instruktion (→ Kap. 6) erarbeitet. Natürlich haben die Schüler im Rahmen der Stationenarbeit gelernt: Sie erzielten im abschließenden Test im Durchschnitt 21 Punkte; bei direkter Instruktion erreichten die Schüler 32 Punkte. Dieser Unterschied war über eine längere Zeitphase stabil. Bezüglich der Motivation ergaben sich keine Unterschiede.

Wie ist dieses Ergebnis der Stationenarbeit zu erklären? M. E. spielen folgende Gründe eine Rolle:

1. Die eigentliche Sachstruktur geht durch die Möglichkeit der freien Auswahl der Reihenfolge der Stationen verloren.

2. Bei dieser Art des Arbeitens wird weitgehend auf eine vertiefte Herausarbeitung des wesentlichen Kerns verzichtet. Wenn der Lehrer sich für das Lernergebnis verantwortlich fühlt, wird er verschiedentlich die wesentlichen Inhalte zusammen mit den Schülern herausarbeiten, an der Tafel festhalten und in nachfolgenden Stunden wiederholen.

3. Die Möglichkeit, Schülern mit Verständnisschwierigkeiten zu einer Gruppe zusammenzufassen und ihnen dann etwas nochmals zu erklären, besteht bei Stationenarbeit nicht.

---

[31] Studien zur Lernwirksamkeit fokussieren einen Vergleich, wobei die zu vergleichenden Gruppen in Bezug auf Vorkenntnisse oder Motivation vergleichbar sein sollten. Um dies sicherzustellen, werden in experimentellen Studien Versuchseinheiten (Schüler oder auch Klassen) per Zufall auf Versuchs- und Kontrollgruppen aufgeteilt. Wenn – wie in der Studie von Hinrichs – eine solche Zufallsaufteilung nicht möglich ist, muss wenigstens nachgewiesen werden, dass sich Versuchs- und Kontrollklassen bzw. die Versuchspersonen in den verschiedenen Bedingungen vor der Behandlung (hier „Stationenarbeit vs. direkte Instruktion) nicht unterscheiden. Studien ohne Zufallsaufteilung nennt man auch quasi-experimentelle Studien (vgl. Wellenreuther 2009a).

Die hilfedürftigen Schüler verteilen sich über die verschiedenen Stationen und haben damit jeweils unterschiedliche Erklärbedürfnisse. Bei klar strukturierter direkter Instruktion ist ein solches adaptives Geben von Hilfen eher möglich; hier kann man Schüler, die den behandelten Inhalt noch nicht verstanden haben, zu einer Gruppe zusammenfassen und die Verständnisschwierigkeiten ausräumen (vgl. Aebli 1968, S. 144f.).

4. Die schwächeren Schüler benötigen für die Stationen mehr Zeit als die leistungsstärkeren Schüler. Deshalb ergibt sich zusätzlich das Problem einer sinnvollen Beschäftigung dieser leistungsstarken Schüler.

Diese geringe Lernwirksamkeit der Stationenarbeit bezieht sich auf eine länger andauernde Stationenarbeit mit vielen Stationen. *Wenn der Lehrer die Möglichkeit erhält, den Kern der Sache mit den Schülern herauszuarbeiten und mehrfach zu wiederholen, dann kann Stationenarbeit wirksam werden. Dies ist am ehesten in einer Doppelstunde mit höchstens drei bis vier kleinen Stationen möglich.* Bei wenigen Stationen kann der innere Zusammenhang der Inhalte vom Lehrer am Anfang oder am Ende der Stationenarbeit zusätzlich herausgearbeitet werden.

Die freie Wahl der Reihenfolge durch die Schüler bedeutet, dass Werkstattunterricht nur für horizontale Aneinanderreihungen von Wissens- und Erfahrungselementen geeignet ist. Eine tiefere Wissensstrukturierung im Sinne eines gegliederten Aufbaus ist in ihrem Rahmen kaum möglich. Die Folgen dieser freien Wahl der Reihenfolge für die Aneignung von Wissen sind m. E. schwerwiegend. Doch hängt an dieser freien Entscheidung nicht nur die organisatorische Durchführbarkeit dieser Methode, sondern auch ihr Markenzeichen, die Mitbestimmung der Schüler über die Reihenfolge ihrer Arbeit. Gliederungen und Strukturierungen haben, wie z. B. die Forschungen von Bower (1970) und Dumke (1984) gezeigt haben, einen lernerleichternden Effekt. Strukturierungen ermöglichen dem Schüler, die Vielfalt der Informationen zu reduzieren und das Wesentliche zu lernen. Der Verzicht auf Wissensstrukturierung dürfte insbesondere die Lernchancen der leistungsschwächeren Schüler vermindern.

In welchem Umfang ist ein solches Stationenlernen geeignet, intensive Übungen zu ersetzen? Nach meinem Eindruck spielen Übungen zum sicheren Beherrschen einer Fertigkeit im Rahmen solcher Stationen keine Rolle. Wichtig sind gerade der Variationsreichtum der Aufgaben und das Ansprechen möglichst vieler Sinne. Die Verknüpfung starker Sinneseindrücke mit Informationen erleichtert horizontales Lernen. *Werkstattunterricht ist somit am ehesten für ein erstes flüchtiges Kennenlernen eines Gegenstandes geeignet. Die vermittelten Informationen müssen jedoch im Rahmen des normalen lehrerzentrierten Unterrichts sorgfältig nachbereitet, strukturiert und vertieft werden.* Auch eine umgekehrte Reihenfolge scheint möglich: Der Lehrer entwickelt mit seinen Schülern zuerst ein Gerüst bzw. eine Struktur, um danach die Schüler verschiedene Stationen bearbeiten zu lassen. Zur weiteren Vertiefung könnte der Lehrer nach Bearbeitung der Stationen nochmals das Wesentliche zusammenfassen, kleine Tests dazu schreiben, Hausaufgaben dazu aufgeben usw.

Häufig wird nach meinen Erfahrungen auf diese Argumente erwidert, soziales Lernen, und nicht kognitives Lernen, stehe im Vordergrund der Stationenarbeit. Dieses Argument ist aus verschiedenen Gründen problematisch: (1) Empirische Belege, dass Kinder tatsächlich aufgrund von Stationenarbeit selbstständiger Probleme lösen lernen, gibt es derzeit nicht. (2) Somit wird eine Methode, die nach allem, was wir wissen, in bestimmten Situationen zu problematischen kognitiven Ergebnissen führt, durch einen Hinweis am Leben gehalten, der nicht belegt werden kann. Mit dieser Argumentationsweise, die Methode habe aber eigentlich sonstige positive Wirkungen, lässt sich jegliche empirische Kritik aushebeln. Deshalb bezeichnet man diese Art des Argumentierens auch als Immunisierungsstrategie (vgl. Albert 1968).

Durch die Arbeit mit dem Chefsystem glaubt man die Selbstständigkeit der Schüler zu fördern. Vermutet wird, dass durch Übertragen von Verantwortung sowie durch die freie Entscheidung über die Wahl der Reihenfolge der Bearbeitung der Stationen eine höhere Lernmotivation resultiert.[32] Sicherlich ist ein solches Übertragen von Verantwortung wichtig. Schüler können allerdings auf vielfältige Weise im Rahmen des normalen Unterrichts in ihrer Selbstständigkeit gefördert werden; auch gibt es viele Möglichkeiten, ihnen Verantwortung zu übertragen. Für die Förderung der Selbstständigkeit muss der Lehrer selbstkritisches Verhalten modellieren und die Schüler auffordern, dieses selbstkritische Verhalten bei der Analyse von Arbeitsergebnissen (Selbst- und Partnerkontrolle) anzuwenden. Eine Förderung solcher Selbständigkeit ist allerdings nicht das zwangsläufige Nebenprodukt einer Methode wie der Stationenarbeit, sondern bedarf systematischer Anleitung und Modellierung an überzeugenden und nachvollziehbaren Beispielen.

Die begrenzten Möglichkeiten einer systematischen Förderung leistungsschwacher Schüler sind der *wichtigste Kritikpunkt an traditioneller Stationenarbeit.* Durch die offene Struktur und die „Selbstständigkeit" der Schüler fühlt sich der Lehrer für den Lernerfolg dieser Schüler nicht mehr verantwortlich; die Schüler sollen für ihr Lernen selbst verantwortlich sein. Schülern mit Schwierigkeiten braucht dann auch nicht geholfen werden. *Leistungsschwächere Schüler können nicht in einer Gruppe zusammengefasst und gezielt gefördert werden, weil diese Schüler an verschiedenen Stationen beschäftigt sind und ohnehin mehr Zeit benötigen.* Deshalb haben vor allem schwächere Schüler bei direkter Instruktion bessere Lernchancen, weshalb Weinert die direkte Instruktion, und nicht die Stationenarbeit, als die schülerzentrierte Methode bezeichnet (Weinert 1999, S. 33/34).

M. E. kann Stationenarbeit Schüler mit vielfältigen Informationen und Erfahrungen vertraut machen, eine Vor- und Nachbereitung im Klassenunterricht scheint jedoch unbedingt zusätzlich erforderlich zu sein. Eine kleine Stationenarbeit mit z. B. 4 Stationen im Rahmen einer Doppelstunde scheint mir erheblich sinnvoller als eine sich über 20 Stationen hinziehende „Frühlingswerkstatt." In der Doppelstunde könnten z. B. die Informationen in den Stationen arbeitsteilig aufgenommen werden, um damit bestimmte Thesen über die Beschaffenheit der Spinne zu überprüfen, wobei diese Thesen vorher im Unterricht erarbeitet wurden. Hierbei würde Stationenarbeit als eine Form des offenen Unterrichts in den „normalen" lehrerzentrierten Unterricht integriert, in dem dann wesentliche Punkte erneut aufgegriffen, wiederholt und vertieft werden.

---

[32] Befunde im Zusammenhang mit der Auswertung von TIMSS in der Schweiz zeigen allerdings, dass Beteiligung, Interesse und das Gefühl der Selbstwirksamkeit in Klassen mit überwiegend „fremdgesteuertem" Unterricht (direkte Instruktion, lehrgangsbezogen) höher ist als in den Klassen mit stärker betontem selbstgesteuertem Lernen. Moser (1997, S. 192) erklärt die Ergebnisse damit, „dass in Klassen, in denen mehrheitlich fremdgesteuertes Lernen stattfindet, vermutlich mehr Klarheit und Strukturiertheit des Unterrichts vorherrschen, sowie die Effektivität der Klassenführung sich positiv auszuwirken vermag."

3.6.3 Hausaufgaben

Nur selten besteht eine so große Diskrepanz zwischen Schein und Wirklichkeit wie in der empirisch-pädagogischen Hausaufgabenforschung: Obwohl es eine Vielzahl von empirischen Studien über Hausaufgaben gibt, wissen wir aber immer noch sehr wenig darüber, unter welchen Bedingungen Hausaufgaben in den verschiedenen Schulstufen wirksam sind. Diese große Diskrepanz zwischen Schein und Wirklichkeit wird deutlich, wenn man die bislang durchgeführten empirischen Arbeiten zu Hausaufgaben genauer unter die Lupe nimmt. Forschungen zu Hausaufgaben wurden mit Hilfe folgender Forschungstypen durchgeführt:

- *Deskriptive Studien:* Meistens handelt es sich dabei um Befragungen von Schülern, Eltern oder von Lehrern. Wirkungsfragen können dadurch nicht geklärt werden.

- *Naturalistische Längsschnittuntersuchungen ohne gezielte Bedingungsvariation:* Diese Studien nutzen die Unterschiede, die zwischen Lehrern in der Hausaufgabenpraxis bestehen, um Aussagen zu prüfen, wie sich bestimmte Faktoren auswirken, und werten diese Unterschiede mit Hilfe komplexer Mehrebenenanalysen aus (vgl. Trautwein 2007). Solche Studien erlauben bestenfalls Aussagen über die Wirkung der tatsächlich durchgeführten Hausaufgabenpraxis, nicht aber über Fragen, *wie sich eine nach theoretischen Überlegungen optimierte Hausaufgabenpraxis auf das schulische Lernen auswirkt.*

- *(Pseudo-)Experimentelle Studien ohne Lehrertraining in guter Hausaufgabenpraxis:* Lehrer bzw. Schulen werden per Zufall in zwei Gruppen eingeteilt: In der Einen sollen Hausaufgaben aufgegeben werden, in der Anderen nicht. In diese Rubrik fallen die meisten empirischen Arbeiten, die vor allem in den USA durchgeführt und von Cooper (1989) in einer Metaanalyse ausgewertet wurden. Auch diese „experimentellen" Studien lassen nur Aussagen über die Wirkung einer vermutlich „suboptimalen" Hausaufgabenpraxis von Lehrern zu.

- *Echte experimentelle Studien mit Lehrertraining in guter Hausaufgabenpraxis:* Nur diese „Trainingsexperimente" widmen sich der Frage, unter welchen Bedingungen Hausaufgaben lernwirksam sind (Cardelle & Corno 1985; Harris & Sherman 1974; → 64 f.).

Nur Forschungen zum letzten Forschungstyp, also experimentelle Lehrertrainingsstudien, beziehen sich auf die Frage, unter welchen Voraussetzungen Hausaufgaben eine hohe Wirksamkeit entfalten; das sind höchstens 1 % der durchgeführten empirischen Forschungsarbeiten zu Hausaufgaben. 99 % der empirischen Hausaufgabenforschung ist für Fragen einer effektiven Hausaufgabenpraxis schlicht irrelevant.

Möglicherweise wurde das bestehende Forschungsdefizit nicht wahrgenommen, weil viele pseudo-experimentelle Studien (s. oben Typ III) zur Wirkung von Hausaufgaben durchgeführt wurden. Solche Forschungen geben aber höchstens Hinweise, wie sich unter Stress und ohne genauere Reflexion aufgegebene Hausaufgaben auswirken. Bei diesen „Forschungen" konnte für die Primarstufe kein Zusammenhang zwischen dem Stellen von Hausaufgaben und der Leistungsentwicklung festgestellt werden, während für die Sekundarstufe 1 ein geringer und für die Sekundarstufe 2 ein deutlicher Zusammenhang zwischen dem Umfang der Hausaufgaben und der Leistungsentwicklung festgestellt werden konnte.

Neben der experimentellen Grundlagenforschung zum effektiven Üben gibt es weitere sehr deutliche indirekte Hinweise für Bedingungen der Wirksamkeit von Hausaufgaben sowie zur Wirkung häuslicher Aktivitäten, die schulisches Lernen unterstützen.

- In einer experimentellen Trainingsstudie[33] (vgl. Good, Grouws & Ebmeier 1983; → Kap. 6) über aktiven Mathematikunterricht wurden Lehrer in einer spezifischen Hausaufgabenbetreuung trainiert: Hausaufgaben sollten immer in bestimmter Weise aufgegeben und kontrolliert werden, am Donnerstag wurden die Hausaufgabenhefte eingesammelt und nachgesehen, wobei die Schüler eine Note für die Güte der Hausaufgaben erhielten. Die Autoren vermuten, dass die Wirksamkeit des aktiven Mathematikunterrichts auch aufgrund dieser Hausaufgabenpraxis eingetreten ist.

- In einer Längsschnittuntersuchung (vgl. Huntsinger, Jose, Larson, Krieg & Shaligram 2000) konnte nicht nur ein starker Einfluss der häuslichen Förderpraxis in amerikanischen Familien mit chinesischer Herkunft nachgewiesen werden: Die fortdauernde häusliche Förderung vergrößerte diesen Vorsprung noch.

Wenn man die in diesem Kapitel diskutierte Grundlagenforschung zum effektiven Üben berücksichtigt, ist zu vermuten, dass eine „gute" Hausaufgabenpraxis folgende Eckpfeiler berücksichtigen sollte:

1. *Die Hausaufgabenstellung durch den Lehrer.* Dazu zählt die Auswahl geeigneter Aufgaben, die Art, wie die Aufgaben den Schülern mitgeteilt werden (Verständnissicherung durch Tafelanschrieb, Eintrag in das Hausaufgabenheft, Kontrolle durch den Lehrer, dass Schüler die Aufgabenstellung verstanden haben, Wiederholung der Aufgabenstellung durch Schüler), der Umfang der Aufgaben und der Zusammenhang zu den im Unterricht behandelten Aufgaben. Die bisherige Forschung legt nahe, dass insbesondere mechanische und wiederholende Hausaufgaben einen geringen Lerneffekt haben, obwohl sie etwa 80 % der Hausaufgaben ausmachen (vgl. Hascher & Bischof 2000). Wenn Konzentration im Unterricht Voraussetzung dafür ist, etwas anspruchsvollere Hausaufgaben (z. B. Bearbeiten eines Arbeitsbogens) erledigen zu können, dann ist auch eher ein Zusammenhang zwischen Hausaufgabenerledigung und schulischem Lernen zu erwarten.

2. *Die Hausaufgabenbetreuung durch die Eltern* (vgl. Helmke, Schrader, & Lehneis-Klepper 1991). Je nach Güte der Hausaufgabenbetreuung durch die Eltern sind positive, keine oder sogar negative Wirkungen der Hausaufgaben auf die Leistungsentwicklung der Schüler zu erwarten. Positive Wirkungen sind vor allem zu erwarten, wenn Eltern regelmäßig prüfen, ob die Kinder die Hausaufgaben erledigen und Hilfen im Sinne eines Scaffolding[34] geben. Viele Eltern helfen ihren Kindern bei den Hausaufgaben, und es macht wenig Sinn, dies zu ignorieren. Häufig ist eine solche Hilfe ja auch erwünscht. Es geht eher darum, die Hausaufgabenbetreuung durch die Eltern in die richtigen Bahnen zu lenken.

3. *Die Art der Hausaufgabenkontrolle durch den Lehrer.* Hausaufgaben, die nicht regelmäßig in bestimmter Weise kontrolliert werden, dürften auch keine Effekte auf die Leistungsentwicklung der Schüler haben. Schüler können durch Hausaufgaben nur dann etwas lernen, wenn sie diese erledigen und zur Richtigkeit der Lösung detailliert Rückmeldungen erhalten. Wichtig dabei ist, dass eine gute Hausaufgabenerledigung – bezogen auf die

---

[33] In dieser Studie wurde ein ganzes Bündel von Faktoren trainiert. Deshalb kann man nicht sagen, wie sich die Hausaufgabenpraxis allein ausgewirkt hat.

[34] → Kap. 4, Abschnitt 4.2.2. Hilfe im Sinne von Scaffolding heißt, entsprechend dem Vorwissen des Kindes genau dosierte Hilfen geben und möglichst zu viele spezifische Hilfen vermeiden.

individuellen Möglichkeiten des Schülers – auch positive Konsequenzen für den Schüler hat (Stempel, Eintrag einer mündlichen Note usw.). Wenn Hausaufgaben regelmäßig kontrolliert und auftretende Schwierigkeiten im Unterricht auch behandelt werden, dann können Hausaufgaben positive Wirkungen auf die Leistungsentwicklung der Schüler haben.

Experimentelle Forschungen zur Wirksamkeit von Hausaufgaben: Das Experiment von Cardelle & Corno (1985)

Eine pädagogisch durchdachte Hausaufgabenpraxis kann deutliche Wirkungen erzielen, wie das folgende Experiment belegt (vgl. Cardelle & Corno 1985). In diesem Experiment sollte ein spezifisches Feedback die Aufmerksamkeit des Schülers auf die Punkte lenken, die noch nicht richtig gelernt wurden.

Stichprobe: 504 Schüler der **sechsten** Klassenstufe aus drei Schulen, Unterrichtsfach Mathematik.

In jeder der drei Schulen sah der Lehrer in der Versuchsgruppe **dreimal in der Woche** die Hausaufgaben nach und kommentierte sie.

In der Kontrollbedingung wurden Rückmeldungen gegeben über die Anzahl korrekter Antworten. Insgesamt wurden in dieser Weise dreißig mal die Hausaufgaben kontrolliert.

Ob die Lehrer die Methode des spezifischen Feedbacks beherrschten und tatsächlich anwandten, wurde durch Zufallsstichproben der Hausaufgabenhefte in jeder Klasse geprüft. Dazu wurden in jeder Klasse 3 Hefte von Jungen und 3 Hefte von Mädchen ausgewählt.

Fragen für das Geben von Rückmeldungen: Richtschnur für die Rückmeldungen sollten folgende Fragen sein, die auch beim Training verwendet wurden.

➢ Wo liegt der zentrale Fehler?
➢ Was ist der mögliche Grund für diesen Fehler?
➢ Wie kann ich den Schüler anleiten, diesen Fehler zu vermeiden?
➢ Was kann als positive Leistung des Schülers positiv hervorgehoben werden?

Beispiele für die Art der gewünschten Rückmeldungen: „Juan, du weißt, wie man auf Prozente kommt, aber die Rechnung ist in diesem Fall falsch … Kannst Du sehen, wo der Fehler liegt? (Der Lehrer hat die fehlerhaften Stellen markiert)" „Du verstehst das Wesen und die Bedeutung der Brüche, aber du hast Schwierigkeiten, die Aufgaben zu lösen, wie z. B. …" „Du weißt, wie man das Problem löst – die Formel ist korrekt – aber du hast nicht gezeigt, dass du verstehst, wie ein Bruch multipliziert mit einem anderen Bruch eine Lösung ergibt, die kleiner ist als jeder der beiden Brüche ($1/2 \times 1/2 = 1/4$)."

Das Training: Die Ausbildung der Lehrer dauerte zwei Tage (insgesamt 7 Stunden). Das Training kombinierte Vortrag, Demonstration, offene Diskussion, und Simulationsübungen.

Die erzielte Wirkung: Der Einfluss dieser Behandlung war sehr stark: Durch die Feedback-Behandlung konnten 24% der Nachtestleistungen erklärt werden. Einen vergleichbaren Einfluss hatten auch die Vortestunterschiede (Konglomerat aus unterschiedlichem Vorwissen und unterschiedlichen Fähigkeiten). Schwache und starke Schüler profitierten gleichviel. Während sich in den Vortestmaßen Unterschiede in der Mathematikleistung und in der Einstellung zur Mathematik zwischen Jungen und Mädchen zugunsten der Jungen ergaben, verschwanden diese Effekte nach der Behandlung.

Wichtig ist die Studie vor allem, weil sie zeigt, dass ein *wenig aufwändiges Training* das Verhalten der Lehrer stark beeinflussen kann und sich diese Verhaltensänderung sehr positiv auf Leistung und Einstellung der Schüler auswirkte.

Die Experimente von Harris & Sherman

Harris & Sherman (1974) führten zwei Experimente zu den Wirkungen einer streng kontrollierten Hausaufgabenpraxis durch: Ein Experiment in Klassenstufe 6, Sozialkunde („social studies") und ein Experiment in Klassenstufe 6, Mathematik.[35] Zunächst wird gezeigt, dass durch das Stellen der Hausaufgaben Schüler im Unterricht besser in der Lage sind, vergleichbare Aufgaben zu lösen, als wenn sie keine Hausaufgaben bekommen hätten. Beide Experimente belegen zudem, wie wichtig es ist, eine gute Hausaufgabenerledigung mit positiven Konsequenzen zu verknüpfen. Dabei wird unter einer guten Hausaufgabenerledigung nicht nur verstanden, dass der Schüler die Hausaufgaben gemacht hat, sondern auch, wie viel Prozent der Aufgaben richtig gelöst wurden. Dies wurde jeweils im Verlauf des schulischen Vormittags vom Lehrer überprüft.

In dieser Untersuchung wurden verschiedene Ansprüche an die Hausaufgabenerledigung mit verschiedenen positiven Konsequenzen gekoppelt. Positive Konsequenzen waren dabei z. B. eine Verlängerung der Schulpause um 10 Minuten, ein um 10 Minuten früherer Schulschluss. Eine negative Konsequenz war, dass Schüler in der Pause falsch gelöste oder ungelöste Aufgaben nacharbeiten mussten.

Der Lehrer sammelte morgens am Anfang des Unterrichts die Hausaufgabenhefte ein, und sah diese im Verlauf des Tages nach. Die Schüler, die alle Aufgaben bearbeitet hatten, durften dann z. B. 10 Minuten früher zum Mittagessen gehen.

Zur Verdeutlichung einige Ergebnisse des Experiments im Mathematikunterricht:

– Wenn die Schüler bei Erledigung der Hausaufgaben 10 Minuten früher zum Mittagessen gingen und 10 Minuten früher Schulschluss hatten, betrug der Prozentsatz der Schüler, welche die Hausaufgaben machten, 85 %; wenn die Schüler nur 10 Minuten früher zum Mittagessen gehen konnten, sank der Prozentsatz auf 62 %; ohne Konsequenzen betrug er 16 %.

– Allerdings war der Prozentsatz der in der Schule richtig gelösten Aufgaben sehr niedrig. Die Anforderung „60 % der Hausaufgaben richtig" zusammen mit der Anforderung „90 % der in der Schule bearbeiteten Aufgaben korrekt" bewirkte, dass nun 72 % der Schüler die Aufgaben in der Schule korrekt lösten.

Nach diesen Ergebnissen ist von entscheidender Bedeutung, mit welchen Konsequenzen das Leistungsverhalten der Schüler verbunden wurde. Das Leistungsverhalten der Schüler bezog sich dabei nicht nur auf eine gute Hausaufgabe, sondern auch auf das Lösen von parallelen Aufgaben in der Schule. Wichtiger als die bloße Hausaufgabenerledigung scheint für den Lernerfolg zu sein, sowohl an die in der Schule als auch an die als Hausaufgabe gestellten Aufgaben einen Qualitätsanspruch zu stellen und das Erreichen der definierten Zielmarke mit positiven Konsequenzen zu verknüpfen.

---

[35] Beide Experimente sind der Skinner'schen Methodologie verpflichtet, entsprechend klein sind die Stichproben: An jedem Experiment nehmen nur jeweils zwei Klassen teil, allerdings sind die festgestellten Effekte der variierten Bedingungen so deutlich, dass relevante alternative Erklärungen weitgehend ausgeschlossen werden können.

Abschließende Bemerkungen zur Wirkung von Hausaufgaben

Schüler sind aufgrund häuslicher Verhältnisse oder kognitiver Rückstände in unterschiedlicher Weise in der Lage, ihre Hausaufgaben zu erledigen. Entsprechend sollte der Lehrer vor allem in der Grundschule bei den Hausaufgaben zwischen den Aufgaben, die für alle Pflicht sind, und den Aufgaben, die freiwillig von den stärkeren Schülern erledigt werden können, differenzieren.

Sorgfältige Hausaufgabenkontrollen sind nicht nur wichtig, um auf das Erreichen bestimmter Ziele durch Belohnungen reagieren zu können. Hausaufgaben sollten dem Lehrer auch Hinweise darauf geben, ob und an welchen Stellen Schüler mit den behandelten Inhalten Schwierigkeiten haben. Diese Schwierigkeiten sollte der Lehrer dann im Unterricht aufgreifen. Auch solche Rückkoppelungen dürften den Zusammenhang zwischen Hausaufgabenerledigung und schulischem Leistungsniveau verstärken.

Von der ersten bis zur sechsten Klasse werden anstelle von „materiellen" Belohnungen (z. B. 10 Minuten früher Schulende) häufig symbolische Anerkennungen in Form verschiedener Stempel vergeben. Solche Stempel für gute Hausaufgabenerledigung sind bis in das sechste Schuljahr sehr beliebt. Eine andere Möglichkeit besteht auch darin, bei Nichterledigung der Hausaufgaben von den Schülern eine Erledigung in der Schule zu verlangen, während die anderen Schüler in dieser Zeit miteinander spielen können.

Die bisher in Deutschland durchgeführten Untersuchungen prüfen nicht in einem strengeren Sinne die Wirkung einer „guten" Hausaufgabenpraxis. Der Aussagewert dieser Forschung ist deshalb sehr begrenzt. Deshalb sollte man sich im Zweifel vor allem an der hier vorgestellten Grundlagenforschung zu einer optimierten Hausaufgaben- und Übungspraxis orientieren.[36]

3.6.4 Anwendung und Transfer: Exkursionen

Schulisches Lernen und Üben sollte immer drei Lernphasen im Blick haben:

(1) Die Phase des Erwerbs und der Aneignung von Wissen. Hier sind vor allem die Grenzen des Arbeitsgedächtnisses zu berücksichtigen.

(2) Die Phase des Einübens und des Verankerns von Wissen im Langzeitgedächtnis. Hier sind Gesichtspunkte der systematischen Wiederholung, des verteilten Übens, der aktiven Erinnerung bzw. freien Rekonstruktion sowie der Strukturierung wichtig.

(3) Die Phase der Übertragung und Anwendung des Wissens auf Prozesse in der Wirklichkeit.

In dieser dritten Phase geht es vor allem um eine selbstständige und aktive Anwendung zuvor gelernter Inhalte. Zu dieser Lernphase soll zum Abschluss eine Untersuchung über „Feldarbeit in der Geographie und Strukturen des Langzeitgedächtnisses" von MacKenzie & White (1982) dargestellt werden. Diese Untersuchung ist aus verschiedenen Gründen interessant:

– Sie verdeutlicht, in welcher Weise guter vorbereitender Unterricht durch anschließenden „*handlungsorientierten*" Unterricht ergänzt werden kann,

---

[36] Auch diese Argumentation berücksichtigt noch nicht adäquat die tatsächliche Komplexität der Fragestellung: So spielt die Art der Hausaufgabe dabei eine wichtige Rolle. Wenn z. B. Grundschüler für den Sachunterricht im Herbst Blätter oder Spinnen sammeln sollen, dann kann dies viel Zeit kosten. Dennoch ist es sinnvoll und macht Spaß!

– vor allem zeigt sie, dass ein solcher Unterricht nicht allein aufgrund des Handlungsaspekts wirksam wird, sondern aufgrund spezifischer Bedingungen des Arbeitens im Feld.

Vor der Durchführung der Exkursion mussten alle Schüler ein längeres Lernprogramm durcharbeiten, um über die geografischen Merkmale von Küstenformationen eine breite Informationsbasis zu gewinnen. Das Lernprogramm umfasste 35 Seiten und enthielt eine Reihe von Bildern und Grafiken sowie viele Aufgaben, deren korrekte Beantwortung jeweils auf der nachfolgenden Seite zu finden war.

Über die Wirkungen von Exkursionen, die mit Schülern veranstaltet werden, gibt es bislang nur wenige empirische Untersuchungen. Und die wenigen bisher durchgeführten Untersuchungen lassen eine ausgearbeitete theoretische Grundlage für eine pädagogisch begründete Feldarbeit vermissen. Die Autoren versuchen, diesen Mangel zu beseitigen, indem sie sich auf theoretische Ansätze von Gagné und White sowie von Wittrock stützen.

Nach der Theorie von Gagné und White werden im Langzeitgedächtnis vier Arten von Informationen gespeichert: Verbales Wissen, intellektuelle Fertigkeiten, Bilder und Episoden.

– *Verbales Wissen* umfasst Tatsachen und Glaubenshaltungen und kann auch als Aussagenwissen (propositional knowledge) bezeichnet werden.

– *Intellektuelles Wissen* besteht aus Erinnerungen, wie bestimmte Aufgabenklassen zu bearbeiten sind.

– *Bilder* beziehen sich auf bildhafte oder graphische Darstellungen oder Repräsentationen im Gedächtnis,

– *Episoden* dagegen auf persönliche Erlebnisse.

Die zentrale Hypothese von Gagné & White ist nun, dass das Erinnern irgendeines Elements eine Funktion der Verbundenheit dieses Elements mit anderen Elementen ist und dass insbesondere neu gelerntes verbales Wissen und intellektuelle Fertigkeiten besser behalten werden, wenn sie mit leicht erinnerbaren Episoden verknüpft sind.

Der zweite theoretische Ansatz stützt sich auf Wittrock's *Theorie vom aktiven Lernen*. Dabei wird die aktive Verknüpfung des Vorwissens mit den neuen Informationen betont. Nach Wittrock findet effektives Lernen nur statt, wenn der Schüler die neuen Informationen und Erfahrungen mit seinen Vorkenntnissen verbindet. Dazu soll der Schüler das neue Informationsmaterial *aktiv* bearbeiten, um *dadurch selbst Bedeutung zu stiften und Zusammenhänge herzustellen*. Deshalb versuchten die Autoren, zwei verschiedene Formen der Exkursion zu entwickeln, eine, in der im Sinne von Wittrock aktiv gelernt wurde, und eine andere, in welcher durch Erläuterungen des Lehrers bzw. durch schriftliche Erklärungen und Erläuterungen Verknüpfungen gebildet werden. Neben diesen zwei Formen der Exkursion wurde noch eine Vergleichsgruppe untersucht, die das gleiche Lernprogramm wie die beiden Exkursionsgruppen bearbeitete, aber selbst keine Exkursion durchführte.

Um den Versuch zu verstehen, sollten vor allem die Unterschiede zwischen den beiden Exkursionsformen deutlich sein:

Die traditionelle Exkursion: In einer traditionellen Exkursion wurde jedem Schüler für jeden einzelnen der fünf zu besichtigenden Plätze ein Hefter mit einem Feldführer mitgegeben. Die Erläuterungen im Feldführer sollten die im Lernprogramm gegebenen Erklärungen ergänzen. Der Lehrer kontrollierte und überwachte die Aktivitäten der Schüler. *Er lenkte die Aufmerksamkeit der Schüler auf alle Aspekte, welche die Schüler beobachten sollten,* wozu der Feldführer als Checkliste diente. Die Schüler verifizierten Daten, die auf der Checkliste genannt wurden, suchten jedoch keine eigenen Informationen. Die Vegetationsabschnitte wurden vollständig im Führer beschrieben, und die Schüler hatten nur anzugeben, dass sie da waren. Es waren keine ungewöhnlichen „besonderen" Ereignisse („Erlebnisse") eingeplant. Nach Abschluss der Hälfte der Exkursion hatten die Schüler eine Reihe von Fragen zu beantworten und kleine Aufgaben zu erledigen, aber *im Allgemeinen waren sie Empfänger von Informationen, keine Entdecker.*

Die prozessorientierte Exkursion: In der prozessorientierten Exkursion erhielten die Schüler auf jedem der fünf Plätze einen Antwortbogen, einen Hefter, eine Karte der Gegend, wo sie sich gerade befanden und eine Tabelle über die Gezeiten. Der Lehrer hatte die Aufsicht, *während die Schüler allein oder in Gruppen die Aufgaben im Antwortbogen eintrugen.* Alle Fragen, die im Zusammenhang mit den gestellten Aufgaben auftraten, beantwortete der Lehrer, er schlug Handlungen vor, um zu einer Lösung zu kommen, und prüfte die Genauigkeit der Daten und der Beschreibungen. Gruppendiskussionen wurden häufig durchgeführt. *Ständig wurde von den Schülern verlangt, bestimmte Dinge zu tun: beobachten, prüfen, aufschreiben, Fragen beantworten.* Einige ungewöhnliche Ereignisse wurden arrangiert, z. B. das Durchqueren eines Mangrovensumpfs, den Salzgehalt des Laubwerks schmecken, über Klippen klettern, im Meer waten.

In der traditionellen Exkursion sahen die Schüler die gleichen Dinge wie in der prozessorientierten Exkursion, sie verweilten auch an jedem Platz die gleiche Zeit. Sie wiederholten Informationen häufiger, taten selbst aber viel weniger.

Eingesetzte Tests: Es wurden zwei verschiedene Tests eingesetzt. Ein Leistungstest, der sich auf die behandelte Geographie der Küste bezog, und ein zweiter Test, der prüfte, ob bestimmte Episoden mit bestimmten Inhalten verknüpft wurden. Zur Erläuterung des zweiten Tests („Verknüpfungstest") zitiere ich eine Aufgabe aus dem Aufsatz (MacKenzie & White 1982, S. 627):

„It is low tide and you are standing at the LWM on a mangrove coast. You begin walking back towards HWM.

IT IS DIFFCULT TO WALK – YOU SOMETIMES SINK UP TO YOUR KNEES IN MUD.

Which one of the following facts does this make you think of?

❏ Mangrove coasts are spreading seawards.

❏ Plants form in zones on a mangrove coast.

❏ Soil drainage gets progressively worse across a mangrove coast towards the sea.

❏ Tidal range, the difference between HWM and LWM, is large on a mangrove coast.

❏ None of these facts.

What else did you think of as you read the situation? (Write on answer sheet please.)"

Die Erfahrungen mit dem Mangrovensumpf machten die Schüler der prozessorientierten Exkursion selbst, während die Schüler der traditionellen Exkursion diese Erfahrungen nur bei ihrem Lehrer beobachten konnten, der im Sumpf einsank, während sie selbst einen festen Weg benutzten. Alle vier erstgenannten Alternativen sind korrekt, aber die dritte Antwort entsprach den persönlich gemachten Erfahrungen (das Verknüpfungsstatement).

Am Versuch nahmen insgesamt sechs Klassen teil, 3 Klassen der 8. Klassenstufe und 3 Klassen der 9. Klassenstufe. Diese Klassen wurden innerhalb der beiden Klassenstufen per Zufall den drei Versuchsgruppen zugeordnet: (1) prozessorientierte Exkursion, (2) traditionelle Exkursion und (3) Kontrollgruppe (zweistündiges Lernen in der Klasse aufgrund des für alle verbindlichen Lernprogramms). Die Exkursion dauerte in beiden Versuchsbedingungen 4 1/2 Stunden, von diesen 4 1/2 Stunden entfielen 80 Minuten auf die Busfahrt.

Direkt nach Beendigung der Lernphase wurde der Leistungstest und der Verknüpfungstest durchgeführt. Der Leistungstest wurde ein zweites Mal zwölf Wochen später eingesetzt, um die Behaltensleistung zu prüfen.

Ergebnisse: In dem Versuch zeigten sich sehr deutliche Effekte zugunsten der prozessorientierten Exkursion. Obwohl die Autoren vermuteten, dass direkt nach Beendigung der Lernphase noch keine nennenswerten Unterschiede zwischen den beiden Exkursionen auftreten würden, bestätigte sich diese Vermutung nicht: Die Schüler in der prozessorientierten Exkursion erzielten auch bei diesem Leistungstest bessere Ergebnisse als die Gruppe, die eine traditionell organisierte Exkursion erlebt hatten. Die Ergebnisse im Behaltenstest waren noch viel deutlicher: Bei der prozessorientierten Exkursion behielten die Schüler 90 % des im Nachtest Gelernten, verglichen mit 58 % bei der traditionellen Exkursion und 51 % in der Kontrollgruppe.[37]Deutlich geringer waren die geschlechtsspezifischen Unterschiede – die Jungen erzielten etwas bessere Lernergebnisse – und die Auswirkung der Klassenstufe auf das Lernergebnis.

Bewertung des Versuchs: Insgesamt kann die Untersuchung als eine deutliche Bestätigung der theoretischen Überlegungen von Gagné & White über das Behalten von Informationen angesehen werden. Offensichtlich spielt beim längerfristigen Behalten die Verknüpfung von Episoden mit anderem Wissen eine ganz entscheidende Rolle. Außerdem scheint sehr wichtig zu sein, dass die *Schüler nicht nur Dinge gezeigt und erklärt bekommen, sondern das in der Schule Gelernte selbst aktiv anwenden, also z. B. selbst Dinge erkunden, Hypothesen aufstellen, diese prüfen, Beobachtungsaufgaben erledigen usw.*[38] Nicht das Durchführen einer Exkursion als solcher ist somit entscheidend, sondern die Qualität dieser Exkursion. Handeln allein im Sinne von „eine Exkursion mitmachen" genügt somit nicht.

3.7 Zusammenfassung

Die Bedeutung von Wiederholungen und Zusammenfassungen

Welche Konsequenzen ergeben sich aus den Befunden zum verteilten Üben sowie zu den für die Schulpraxis dargestellten Lernstrategien für den Schulunterricht? Verteilte Übungen sind hier umso wichtiger, je bedeutungsärmer und abstrakter die zu lernenden

---

[37] Zusätzlich wurde geprüft, in welchem Maße die Werte im Verknüpfungstest mit den Leistungen korrelieren. Dabei zeigen sich vor allem beim Behaltenstest hohe Korrelationen von etwa $r = 0,7$.

[38] Aufgrund des Experiments kann nicht geklärt werden, welchen relativen Beitrag die beiden Faktoren (1) aktives Suchen von Informationen, um gestellte Aufgaben beantworten zu können und (2) persönliche Erlebnisse, auf das Lernergebnis haben.

Informationen sind. Den Sinn einer Geschichte kann man sich u. U. durch ein einmaliges Lesen einprägen. Um sich Vokabeln oder einzelne Fakten (Hauptstädte, Geschichtszahlen, Einmaleinsfakten) einzuprägen, bedarf es vieler Übungen und Wiederholungen. Dies ist der tiefere Grund, weshalb Good, Grouws & Ebmeier (1983) in ihrer Konzeption des aktiven Mathematikunterrichts vorschlugen, immer zu Beginn des Unterrichts Kopfrechenübungen zu machen (vgl. Kap. 6). Solche Übungen können in vielfältiger Weise abwechslungsreich gestaltet werden. Wichtig sind dabei die Variation des Kontextes und der Art der Aufgaben, sowie die Einbettung der Aufgaben in für Schüler sinnvolle Zusammenhänge. *Schulunlust entsteht m. E. nicht dadurch, dass schwierige Dinge häufig geübt werden, sondern eher dadurch, dass die entsprechenden Fertigkeiten und Kenntnisse plötzlich ganz selbstverständlich erwartet werden, obwohl viele Kinder sie nicht ausreichend geübt haben.*

Der tiefere Zusammenhang zwischen Inhalten kann sich erst erschließen, wenn in systematischer Weise Inhalte wiederholt und zusammengefasst werden. Entsprechend werden von Good, Grouws & Ebmeier (1983) zusätzlich zwei spezielle Wiederholungen empfohlen:

- Am Anfang der Woche werden die in der vergangenen Woche behandelten Inhalte wiederholt (ungefähr 20 Minuten lang).

- Einmal im Monat wird zusätzlich ein 45 Minuten langer Rückblick über die behandelten Inhalte durchgeführt.

Zur Begründung der wöchentlichen Wiederholungen schreiben die Autoren (S. 43 f.):

„Kinder vergessen. Entscheidend ist deshalb, dass Ideen wiederholt und Fertigkeiten in der Grundschulmathematik auf einer systematischen Basis aufrechterhalten werden. Ideen wiederholen verlangt vom Lehrer, Merkmale, Definitionen und Verallgemeinerungen zu erinnern und zu erklären und die Schüler aufzufordern, die richtigen Bezeichnungen oder Namen zu diesen ins Gedächtnis zurückzurufen. Die Rollen können gelegentlich vertauscht werden (wenn der Lehrer einen Begriff anbietet und die Schüler diesen illustrieren und erklären), aber der Schwerpunkt sollte auf der Entwicklung der Ideen liegen. D. h. es sollte eine starke Betonung auf Bedeutung und Verständnis liegen. In ähnlicher Weise müssen Fertigkeiten regelmäßig praktiziert werden, um ein hohes Maß an Tüchtigkeit aufrecht zu erhalten." (Übersetzung M. W.)

Wiederholtes Durcharbeiten von Texten bewirkt vor allem dann eine tiefere Verarbeitung und ein nachhaltiges Lernen, wenn Schüler zu einer aktiven Rekonstruktion der gelernten Inhalte veranlasst werden. Dies geschieht, indem Schüler sich testen und sie dabei merken, wie viele Inhalte sie noch können bzw. noch aktiv rekonstruieren können. Wir haben bei der Diskussion des Testeffekts festgestellt, dass Studieren allein dabei deutlich weniger produktiv ist als ein eigenes Rekonstruieren, vorausgesetzt, man prüft alle Inhalte und man hat bei einer begrenzten Zahl der Versuche auch die Möglichkeit, die gefundenen Lösungen auf ihre Richtigkeit zu prüfen.

Man mag gegen die hier vorgetragene Argumentation einwenden, man stütze sich auf die Ergebnisse experimenteller Forschung, und die Ergebnisse experimenteller Forschung ließen sich nicht direkt auf die Schulpraxis übertragen. Zunächst einmal stimmt dies deshalb nicht, weil mittlerweile eine Vielzahl von echten Experimenten mit Schülern in normalen

Klassenzimmern mit schulischen Inhalten durchgeführt wurde, wobei sich in der Regel die gleichen Effekte wie in den Laborexperimenten nachweisen ließen (vgl. Pashler, Bain, Bottge, Graesser, Koedinger, McDamiel & Metcalfe 2007). Z. B. wurden in einem neueren Experiment (vgl. Metcalfe, Kornell & Son 2007) verschiedene in Experimenten bestätigte kognitive Prinzipien in einem Computerprogramm miteinander kombiniert. Dieses Computerprogramm wurde dann bei leistungsschwachen Schülern und bei Studenten eingesetzt. Es handelte sich dabei um grundlegende Prinzipien der kognitiven Psychologie wie z. B.

– *Effekt multimodaler Darbietung:* Erläuterung von Inhalten an verschiedenen Beispielen in verschiedenen Kontexten ist wirksamer als an einem Beispiel.
– *Testeffekt:* Häufiges Testen des gesamten gelernten Inhaltes ist effektiver als bloßes nochmaliges Studieren der Inhalte.
– *Generierungseffekt:* Aktives Generieren ist effizienter als passives Erarbeiten.
– *Effekt verteilten Lernens* bzw. Übens: Verteiltes Lernen ist effektiver als massiertes.

Daneben wurden noch andere Techniken eingesetzt, z. B. wurden richtige Lösungen durch vorgespielten Applaus belohnt. Wichtig war: Man verglich die erzielten Ergebnisse bei den gleichen Schülern immer mit dem Lernerfolg, der durch *Selbststeuerung des Lernens* erzielt wurde. Auch wenn man einschränkend betonen muss, dass in diesem Experiment nur ausgewählte Inhalte verwendet wurden, spricht Vieles dafür, dass diese Ergebnisse für die Schulpraxis von großer Bedeutung sind. Das wichtigste Ergebnis dieses Experiments war, dass bei den leistungsschwachen Schülern die deutlichsten Effekte zu Gunsten der Computersteuerung auftraten (Lösungsprozentsatz bei Computersteuerung des Lernens 71 %, bei Selbststeuerung 10 %). Wenn man das Computerprogramm auf das Lernen von Studenten anwendete, waren die Unterschiede zwar deutlich geringer als bei den leistungsschwachen Schülern, aber immer noch sehr deutlich zugunsten des Computerprogramms. Offensichtlich sind hauptsächlich leistungsschwache Schüler mit der Aufgabe einer Selbststeuerung des Lernens überfordert; aber auch bei Studenten spielt das Problem der *Verständnisillusion*, das ein aktives Erarbeiten von Inhalten verhindert, immer noch eine wichtige Rolle.

Für nachhaltiges Lernen ist eine mehrfache aktive Rekonstruktion der zu lernenden Inhalte wichtig. Diese aktive Erarbeitung kann in folgenden Schritten erfolgen:

➢ Schüler übertragen den Tafelanschrieb in ihr Schulheft.
➢ Am Anfang der nächsten Stunde werden Fragen gestellt, die eine Rekonstruktion der wichtigsten Ideen verlangen; ggf. korrektives Feedback dazu.
➢ Später sollen die Schüler aus der Erinnerung eine möglichst genaue Zusammenfassung erstellen, die danach diskutiert wird.

Für das Behalten ist es wichtig, Informationen aktiv zu erinnern. Die Suche nach Sinnzusammenhängen, sowie das Verknüpfen der Inhalte mit positiven Gefühlen erleichtern das Einprägen des Gelernten. *Überlernen* ist vor allem bei abstrakten Fakten und Prozeduren sinnvoll, die nur schwer durch sinnvolle Vernetzungen verankert werden können. Als besonders wirksam für das Behalten haben sich Methoden des Testens sowie des verteilten und des vermischten Übens erwiesen. Massiertes Üben scheint nur für die Vorbereitung auf konkrete Ereignisse (Test, Klausur) sinnvoll, nicht aber für nachhaltiges Lernen.

Lehrer können durch kurzfristige Effekte über die tatsächliche Wirkung von verteiltem und vermischtem Lernen getäuscht werden: *Geblocktes und massiertes Üben führt kurzzeitig zu guten Lernergebnissen; langfristig sind diese Methoden aber unwirksam.* Eine aktive Rekonstruktion des Gelernten in bestimmten zeitlichen Abständen scheint eine gute Methode des Lernens darzustellen; ein passives Durcharbeiten des Inhaltes ist wenig effektiv. Deshalb sind Tests zum Erinnern sowie die gemeinsame Erstellung von Zusammenfassungen in bestimmten Zeitabständen sehr lernwirksam. *Klassenarbeiten* sagen nur wenig über den langfristigen Kompetenzaufbau aus, da sie in der Regel nur das erfassen, was am Ende einer Unterrichtseinheit gekonnt wird. Sie müssten durch *externe summative* Tests am Ende einer längeren Lernperiode (z. B. am Ende des Schuljahres) ergänzt werden. Damit soll die Kompetenzentwicklung der Schüler stärker betont werden.

Eine zentrale Bedeutung für schulisches Lernen hat die Einübung grundlegender Fertigkeiten bis hin zu einer sicheren, flüssigen Beherrschung. Diese Beherrschung muss sorgfältig kontrolliert werden, auch nachdem der entsprechende Stoff behandelt wurde. Eine Investition in längere vermischte Übungsphasen hat später den Vorteil, dass man auf diesen Fertigkeiten auch aufbauen kann. Dies ist bei Fertigkeiten wie dem flüssigen Lesen oder dem Beherrschen von Einmaleinsfakten unbedingt erforderlich, um höhere Leistungen (Lernen und Verstehen von Texten, Anwendung schriftlicher Rechenverfahren) entwickeln zu können. Letztlich wird durch ein Überlernen bis hin zum sicheren Beherrschen Übungs- und Lernzeit eingespart.

Konsequenzen für die Schulpraxis

(1) Effektives Üben ist auf eine Balance zwischen Übung und Rückmeldung angewiesen. Gelernt wird nur durch das Zusammenwirken von Übung und Rückmeldung, durch „Trial und Error". Dabei sollten die Aufgaben gemischt, und nicht isoliert zu spezifischen prozeduralen Fertigkeiten gestellt werden. Demnach sind kurze Übungssequenzen (in Mathematik z. B. 5–10 Aufgaben) mit anschließenden inhaltlichen Rückmeldungen erheblich günstiger als lange Übungsphasen. Viele Lerninhalte haben sowohl deklarative als auch prozedurale Aspekte; ein isoliertes Üben von Prozeduren führt zunächst zu schnellen Erfolgen, behindert aber später eine Differenzierung verschiedener Schemata. Daraus ergibt sich für Übungen und Wiederholungen die Forderung, diese auf die ganze zu erlernende Kompetenz zu beziehen, also auch auf Aspekte des Verstehens, des Anwendens und des Abgrenzens von ähnlichen Schemata.

Mit der Anforderung, zu den Übungen ausreichende inhaltliche Rückmeldungen zu geben, sind Lehrer leicht überfordert. Eine Hilfe könnte sein, Schülern die Aufgabe zu stellen, sich gegenseitig in Partnerarbeit bestimmte Dinge zu erklären, wobei es auch um die Rekonstruktion von Erklärungen an neuen Beispielen gehen kann, die im Unterricht schon entwickelt wurden. Über die Güte dieser Erklärungen sollte dann im Unterricht diskutiert werden. Dadurch wird nicht nur eine Grundlage für Kontrollprozesse geschaffen, sondern auch integrierende theoretische Begriffe und Verknüpfungen betont, die eine ökonomische Zusammenfassung von Wissenselementen erlauben.

(2) Systematischer Kompetenzaufbau für alle und das Problem der Heterogenität: Ein Lernen mit dem Ziel der flüssigen Beherrschung ist für Fertigkeiten wichtig, die grundlegend sind, um höhere, darauf aufbauende Fertigkeiten (einschließlich des Transfers des Gelernten in konkreten Anwendungssituationen z. B. in einer Exkursion) ausführen zu

können. Beispiele dafür sind flüssiges Lesen als Voraussetzung für verstehensorientiertes Lesen oder die flüssige Beherrschung arithmetischer Fakten (3 + 8; Einspluseinsfakten) als Voraussetzung für schriftliches Rechnen.

Diese Argumentation klingt vielleicht überzeugend, wenn man den einzelnen Schüler vor Augen hat. Der Lehrer hat aber nicht einen, sondern meist 20–30 Schüler zu unterrichten. Diese Schüler unterscheiden sich in ihrem Vorwissen und ihren Fähigkeiten. Wenn der Lehrer sich beim Unterrichten an den besseren oder mittleren Schülern orientiert, werden die schwächeren Schüler auch die Grundfertigkeiten nicht erwerben. Hier scheint eine grundlegende Veränderung der deutschen Lernkultur erforderlich zu sein. Ein wichtiges Merkmal einer veränderten Lernkultur ist eine veränderte Praxis von Tests und Klassenarbeiten im Sinne eines „assessment for learning".

Die derzeitige Praxis bemüht sich vor allem um eine relative Einordnung der Schüler in Bezug auf die vorgegebene Klasse. Danach gibt es sehr gute Schüler, mittlere Schüler und leistungsschwache Schüler. Da Klassen ganz unterschiedliche Leistungsniveaus aufweisen, kann die Note vier in der einen Klasse der Note zwei in einer anderen Klasse entsprechen. Solange man nicht präzise Vergleichsarbeiten und konkrete Lernziele mit Aufgabenbeispielen zur Orientierung vorgibt, ist das Problem der „Fragwürdigkeit der Zensurengebung" nicht lösbar (vgl. Ingenkamp 1971). *Nicht die jeweilige Klasse ist die relevante Norm, sondern die Kompetenz in einem Gebiet. Wichtig ist, ob ein Schüler fit in den zentralen, aufeinander aufbauenden Kompetenzen ist.* Hier muss der Lehrer mehrfach prüfen, wie weit jeder Schüler von den angestrebten Zielen entfernt ist. Es macht keinen Sinn, mit der ganzen Klasse weiter zu ziehen, und Kenntnisse dann vorauszusetzen, die von einigen Schülern nicht in ausreichendem Maße erfüllt werden.[39]

Die vorherrschende Unterrichtskultur nach dem Prinzip „im Gleichschritt marsch" hat zur Folge, dass schwächere Schüler bei Kompetenzen, die bestimmte, bei ihnen nicht vorhandene Kenntnisse voraussetzen, mit Sicherheit versagen. In Ländern wie Neuseeland mit weit besseren Ergebnissen beim verständnisorientierten Lesen reagiert man in vielfältiger Weise auf diese Heterogenität der Schüler (vgl. Wilkinson & Townsend 2000):

- Es werden in den unteren Klassen mehr Erwachsene für das Unterrichten und Erklären (in der Regel mindestens zwei) eingesetzt.

- Es werden mehrere leistungshomogene Gruppen gebildet, die zum Kompetenzniveau der Gruppe passende Aufgaben erhalten.

- Es werden Unterrichtsmaterialien nach einem Farbenrad nach Leseschwierigkeiten sortiert, so dass es Lehrern erleichtert wird, für das erreichte Kompetenzniveau angemessene Aufgaben zu stellen.

- Spätestens am Ende des ersten Schuljahres wird bei jedem Schüler geprüft, ob er den Anforderungen des Leseunterrichts insgesamt genügt. Falls die Leistungsrückstände zu groß sind, um dem Klassenunterricht zu folgen, bekommt der Schüler eine zusätzliche individuelle Förderung durch einen speziell ausgebildeten Förderlehrer. Diese individuelle Förderung durch das Programm „Reading Recovery" (vgl. Clay 1993) erstreckt sich in der Regel auf 60 halbstündige Sitzungen.

---

[39] Auf dieses Problem wird später nochmals genauer im Kapitel 5 im Abschnitt *Leistungsmessung* eingegangen.

Diese *hohe Adaptivität* des neuseeländischen Schulsystems hat kurzfristig einen hohen Preis. Auf längere Sicht dürfte sich dieses System dennoch bezahlt machen. In Deutschland gaukelt man sich vor, nach dem zweiten Schuljahr den Leselehrgang abgeschlossen zu haben, auch wenn – je nach Einzugsbereich der Schule – ein mehr oder weniger größerer Anteil der Schüler ein zusätzliches intensives Lesetraining benötigen würde. Diese Schüler haben in den folgenden Schuljahren kaum Chancen, vom Unterricht in gleicher Weise zu profitieren wie die anderen Schüler. Der daraus resultierende *Schereneffekt* wird aus reiner Hilflosigkeit billigend in Kauf genommen. Um dies zu verhindern, müssten diese Schüler frühzeitig einen qualitativ guten Förderunterricht erhalten. Dieser Förderunterricht müsste sich auf eine genaue Diagnostik der Fertigkeitsdefizite stützen.

(3) Die Spezifität der Förderungen: Ein professionell gestalteter Förderunterricht setzt vertiefte fachliche Kenntnisse in dem entsprechenden Bereich[40], eine präzise Diagnostik der zu fördernden Bereiche und eine komplexe Binnendifferenzierung mit sorgfältig entwickelten Lernmaterialien wie in Neuseeland voraus. Vermutlich genügt der normale Förderunterricht diesen Ansprüchen nicht. Küspert (2001, S. 158)[41] stellt den gängigen Förderunterricht in folgender Weise dar:

„Schaut man sich die Förderstunden genauer an, … müssen [wir] immer wieder eine Reihe von Mankos feststellen:

– *Vielfach werden Kinder mit unterschiedlichen Problembereichen (Lesen, Schreiben, Rechnen, Sprachverständnis) in den Fördergruppen zusammengewürfelt.*

– *Oftmals sind die Gruppen (mit acht oder mehr Kindern) für eine effiziente Förderung der einzelnen Kinder zu groß.*

– *Vielfach kommen Kinder erst dann in eine Fördergruppe, wenn sie bereits große Schwierigkeiten mit dem schulischen Lernen haben. Gerade Lese- und Rechtschreibprobleme werden in vielen Fällen nicht schon im Ansatz erkannt, sondern erst, nachdem bereits ernstes Versagen eingesetzt hat.*

– *Häufig besitzen die Lehrkräfte, die die Förderstunden halten, keine spezielle Ausbildung oder können nur auf wenige Kenntnisse aus wenigen Fortbildungsveranstaltungen zurückgreifen.*

– *Die inhaltliche Arbeit in den Fördergruppen bezieht sich vielfach auf reines Wiederholen des durchgenommenen Stoffs (= Lernzeitverlängerung). Auf die individuellen Ursachen für die Lernschwierigkeiten kann in diesem Rahmen nicht eingegangen werden.*

– *Unsere Erfahrung zeigt, dass die Kinder die Teilnahme an diesen Gruppen häufig sogar als 'Strafe' erleben. Sie fühlen sich nicht individuell betreut und sehen auch keinen Erfolg für sich selbst."*

Wirksame Förderstunden sollten folgende Kriterien erfüllen:

a) Die Aufgaben sollten spezifisch die Bereiche betreffen, in der die Schüler zentrale Defizite haben; dazu müssen bestimmte diagnostische Tests durchgeführt werden.

b) Die Förderung sollte möglichst früh, am besten im Kindergarten und in der ersten

---

[40] Für das Lesenlernen sind z.B. vertiefte Kenntnisse über die Lernwirksamkeit operativer Übungen zur Förderung der phonologischen Bewusstheit im Kindergarten sowie in den ersten Grundschulklassen erforderlich (vgl. Küspert 2001).

[41] Petra Küspert ist eine der führenden Forscherinnen auf dem Gebiet des Lesen- und Schreibenlernens. Das zitierte Buch (Küspert, 2001) kann als Einführung in den neueren Forschungsstand jedem Lehrer empfohlen werden. Sie hat in der Würzburger Forschungsgruppe mit W. Schneider an der Entwicklung von Förderprogrammen für die Entwicklung phonologischer Bewusstheit mitgearbeitet (vgl. Schneider, Küspert, Roth, Visé & Marx 1997; Forster & Martschinke 2001).

Klasse, beginnen, nicht erst, wenn das Kind schon in den Brunnen gefallen ist und die Förderung nur noch als Strafe empfunden werden kann.

c) Die Fördergruppen sollten etwa vier Schüler umfassen.

d) Es sollten Unterrichtsmaterialien bzw. Spiele eingesetzt werden, die wissenschaftlich erprobt sind und die den Kindern Spaß bereiten.

e) Die Bearbeitung sollte von Personen angeleitet und kontrolliert werden, die das nötige Fachwissen aufweisen.

Viele Lehrer erwarten vermutlich gar nicht von allen Schülern, dass sie eine Grundfertigkeit flüssig beherrschen, bevor die nächste komplexere Fähigkeit behandelt und eingeübt wird. Falls aber die hier vorgelegte Argumentation zutreffend ist, dann hätten die Schüler, deren Lehrer auf eine flüssige Beherrschung von Grundfertigkeiten zu spät und zu wenig intensiv Wert legen, auf Dauer erheblich schlechtere Lernergebnisse in ihrer Klasse. Möglicherweise ist diese unterschiedliche Gewichtung solcher Fertigkeiten der tiefere Grund für die erheblichen Leistungsunterschiede zwischen Klassen, die von verschiedenen Lehrern unterrichtet werden.

Die Berücksichtigung aller Faktoren, die für die Aneignung und Festigung von Kompetenzen in einer Schulklasse erforderlich sind, führt leicht zu einer Überforderungssituation des Lehrers, vor allem, wenn er alle Schüler, auch die leistungsschwächeren im Blick hat. Nachhaltiges Lernen ist nicht mit dem in Klassenarbeiten gezeigten Lernen gleichzusetzen. Schüler und Lehrer neigen zu *Verständnisillusionen*. Diese Illusionen können nur durch Tests aufgedeckt werden. Man sollte deshalb die zentralen Inhalte aktiv auch nach der Klassenarbeit wiederholen, und zwar durch *aktives Erinnern* und *Zusammenfassen*. Lehrer sollten für das ganze Jahr Wiederholungen nach den genannten Prinzipien (verteiltes, vermischtes Lernen, Testeffekt) einplanen. Verantwortungslos erscheint, diese Lernsteuerung z. B. unter dem Deckmantel entdeckenden oder natürlichen Lernens den Schülern selbst zu überlassen, weil nicht einmal viele Studenten, geschweige denn leistungsschwache Schüler, über die dazu erforderlichen metakognitiven Fähigkeiten verfügen (vgl. Metcalfe, Kornell & Son 2007). Solche Kompetenzen zur Steuerung des eigenen Lernprozesses werden nur erworben, wenn Verständnisillusionen durch Tests in systematischer Weise über viele Schuljahre hinweg aufgedeckt werden.

Insgesamt gilt: Bei der Einführung von Inhalten und der ersten Aneignung neuer Schemata muss der Begrenztheit des Arbeitsgedächtnisses Rechnung getragen werden. In dieser ersten Phase geht es vorrangig um eine systematische **Instruktion**, die der Begrenztheit des Arbeitsgedächtnisses Rechnung trägt. Hier sollte der Lehrer massive Hilfen geben durch verständliche Erklärungen, die das schon vorhandene Wissen berücksichtigen, sowie durch Lösungsbeispiele und Visualisierungen. In der anschließenden Phase der **Konstruktion** soll das Gelernte fest im Langzeitgedächtnis verankert werden. In dieser zweiten Phase sind Methoden gefragt, die zunehmend Hilfen ausblenden und dafür vom Lerner selbständige Problemlösungen einfordern. Der Lehrer unterstützt in dieser Phase die Bemühungen des Schülers zur aktiven Konstruktion durch inhaltliches Feedback, durch Geben unspezifischer Hinweise (Scaffolding) und durch Begründungsdiskussionen. Schüler sollen durch herausfordernde offene Fragen zu einer Rekonstruktion der gelernten Inhalte und zu einer flexiblen Anwendung angeregt werden (verteiltes, vermischtes Lernen; Testeffekt). Ferner spielen in der Phase der Konstruktion die aktive Erarbeitung von Zusammenfassungen, die vielseitige Vernetzung und Anwendung des neu erworbenen Wissens in verschiedenen Kontexten, die Durchführung von Projekten und Exkursionen und die damit verbundenen Möglichkeiten des entdeckenden Lernens von Inhalten eine wichtige Rolle.

Kompetenzbildung hat beide Phasen des Lernens angemessen zu berücksichtigen.

4. Verständlich erklären

Komplexe Inhalte können nur gelernt werden, wenn bestimmte Vorkenntnisse vorhanden sind. Die Verfügbarkeit dieses Vorwissens bestimmt die intrinsische Belastung bei der Verarbeitung der Inhalte für den einzelnen Schüler. Wenn notwendige Vorkenntnisse fehlen, müssen zuerst diese Kenntnislücken geschlossen werden, um den Schüler wirksam fördern zu können. Danach hat der Lehrer die Möglichkeit, durch bestimmte Techniken der Gestaltung von mündlichen und schriftlichen Erklärungen und Erläuterungen die extrinsische Belastung des Arbeitsgedächtnisses zu vermindern.

Doch in welchem Umfang lässt sich die extrinsische Belastung des Arbeitsgedächtnisses durch Techniken der Textoptimierung (z. B. „gute" Gliederung, einfache Sprache, Herstellung kohärenter Argumentationen, Verdeutlichung impliziter Annahmen usw.) vermindern? Und wie lassen sich solche Gesichtspunkte auf die Gestaltung von Schulbüchern übertragen?

4.1 Mündliches Erklären

Schüler sind in der Regel überfordert, alle Ideen, Beweise und Erklärungen selbst zu entwickeln und zu konstruieren. Sie sind deshalb auf zusammenfassende Darstellungen in Schulbüchern sowie auf spezifische Erklärungen und Darlegungen des Lehrers angewiesen. Damit Erklärungen und Erläuterungen durch den Schüler aufgenommen und verarbeitet werden können, müssen sie insbesondere zwei Kriterien Rechnung tragen:

Adaptive Wissensstrukturierung: Sie sollten das Neue mit dem Vorwissen des Schülers, also mit der schon vorhandenen Wissensstruktur, verknüpfen. Dies ist leichter möglich, wenn die Erklärung verständlich in der Sprache des Schülers formuliert ist. Zu diesem Kriterium gehören auch angepasste, minimale Hilfen, die mit zunehmendem Wissen vermindert werden.

Begrenzung der Informationsmenge pro mündliche Erklärsequenz: Insbesondere bei mündlichen Erläuterungen sollte beachtet werden, dass der Schüler je nach kognitivem Entwicklungsstand nur eine bestimmte Informationsmenge pro Zeiteinheit verarbeiten kann. Bei schriftlichen Erklärungen kann man „zurückblättern", auf Unverstandenem verweilen, bis Inhalte vom Schüler zusammengefügt werden können. Bei mündlichen Erklärungen muss man sofort alles Wesentliche erfassen.

Man kann zwei zentrale Merkmale dieses Lehr-Lernprozesses durch die beiden Begriffe *„Zone der nächsten Entwicklung"* (Wygotski) und *„Scaffolding"*[42] beschreiben. Die „Zone der nächsten Entwicklung" bezeichnet Anforderungen, die für den Schüler *herausfordernd* sind und die er *unter Anleitung eines Experten* (Lehrers, Tutors) bewältigen kann. Aufgaben in dieser Zone der nächsten Entwicklung sind weder zu einfach – einfache Aufgaben bieten ja keine geistige Herausforderung – noch zu schwer. Zu schwere Aufgaben lassen den Schüler oft scheitern, sodass er kein Gefühl eigener Kompetenz entwickeln kann. Um die Zone der nächsten Entwicklung zu bestimmen, kann man sich nach M. Dehn (1994, S. 57) folgende Fragen vorlegen:

> ➢ „Was kann das Kind schon?
> ➢ Was muss es noch lernen?

---

[42] Scaffolding heißt wörtlich „ein Gerüst bereitstellen".

➤ Was kann es als Nächstes lernen?"[43]

Scaffolding ist eine Erklärmethode, die sich auf diese Zone der nächsten Entwicklung bezieht. Im Rahmen eines Scaffolding wird dem Schüler *ein Gerüst in Form genau dosierter Hilfen* gegeben. Diese Erklärhilfen sollen ihn in die Lage versetzen, das gestellte Problem zu lösen. Vor allem bei hierarchisch aufeinander bezogenen Lehrinhalten muss man feststellen, auf welchem Kenntnisniveau ein Schüler steht, um ihn daraufhin mit den nächsthöheren Anforderungen zu konfrontieren. Nehmen wir einmal an, man könnte für die Grundschule neun verschiedene Leseniveaus unterscheiden, angefangen vom Erlesen einfachster Sätze (Stufe 1) bis hin zum verständnisorientierten Lesen komplexer Geschichten (Stufe 9). Ein Schüler, der die erste Stufe sicher beherrscht, würde durch Aufgaben der 2. Stufe am besten gefördert, ein Schüler, der schon Aufgaben der 5. Stufe sicher bewältigt, würde am besten durch Aufgaben der 6. Stufe gefördert (vgl. Wilkinson & Townsend, 2000)[44].

Scaffolding in der Zone der nächsten Entwicklung

Expertenniveau
in einem Bereich (z. B. Schach, Mathematik oder Literatur)   „Was muss das Kind noch lernen?"
Zone der nächsten Entwicklung   „Was kann es als Nächstes lernen?"   Scaffolding in der Zone der nächsten Entwicklung: Ausführliche Erklärung, Vormachen, zunehmend weniger Hilfen,   herausfordernde Aufgaben
Wissensbasis   „Was kann das Kind schon?"   Aufgaben werden zu 90 % gelöst.

Ein solches *adaptives Arbeiten* in der Klasse stellt Lehrer vor Herausforderungen, die nur im Rahmen funktionierender Teamarbeit im Lehrerkollegium zu bewältigen sind[45].

Adaptives Arbeiten erfordert

➤ *Tests*, um die Kompetenzstufe der einzelnen Schüler zu bestimmen,

➤ Verfügbarkeit von *Unterrichtsmaterialien* für diese unterschiedlichen Kompetenzstufen.

---

[43] Bei der Frage, was kann es als Nächstes lernen, könnte man differenzieren zwischen dem, was ein Kind selbstständig als nächstes lernen, unter Mithilfe gleichaltriger Schüler oder unter Anleitung von Erwachsenen lernen kann.

[44] Wilkinson & Townsend (2000) berichten über Leseunterricht in Neuseeland, in dem innerhalb einer Schulklasse homogene Leistungsgruppen gebildet werden, denen dann entsprechend ihres Leistungsniveaus Texte und Aufgaben gegeben werden. Allerdings verlässt man sich dabei nicht ausschließlich auf eine solche Binnendifferenzierung in der Klasse, sondern ergänzt die Förderung durch Klassenunterricht, individuelle Fördermaßnahmen und Partnerarbeit.

[45] Diese Lehrerkooperation kann sich an der „Lesson Study" orientieren, einer Form kooperativer Unterrichtsvorbereitung mit anschließender Erprobung, wie sie in japanischen Schulen gepflegt wird.

➤ Einsatz von *Lehrerassistenten* (z. B. von Eltern, die für diese Arbeit eine Zusatzausbildung erhalten), da ein Lehrer mit der alleinigen Betreuung der einzelnen lernhomogenen ("leistungsgleichen") Gruppen überfordert ist.

Der Lehrer stellt seine Anforderungen also möglichst in der Zone der nächsten Entwicklung und vermeidet damit sowohl eine Unterforderung als auch eine Überforderung des Schülers.

Wie sollten konkrete Hilfestellungen aussehen, um die gewünschten Lernprozesse beim Schüler auszulösen und zu unterstützen? Nach meiner Überzeugung sind hierbei folgende Faktoren wichtig:

Didaktische Modellierung: Dazu dienen das modellhafte Betonen und Vorführen einzelner Elemente des Lerngegenstands durch den Lehrenden. Wichtig im Sinne der Zone der nächsten Entwicklung ist es, dem Kind *kognitiv anspruchsvolle Aufgaben* zu stellen, um es zu einer aktiven Auseinandersetzung mit der Sache anzuregen.

Vermindern der Hilfen, wobei sich dies sowohl in der Menge als auch in der Spezifität ausdrücken kann: Im Verlauf des Scaffolding werden mit zunehmender Kompetenz Hilfen zurückgenommen und weniger spezifische Hilfen gegeben, sodass das Kind die Aufgaben selbstständiger bewältigen muss.[46]

Ein konkretes Beispiel aus der Arbeit von M. Dehn mag verdeutlichen, was unter Scaffolding zu verstehen ist (vgl. Dehn 1994, S. 136):

„Ich weiß: die Katze	
Vier Kinder kommen – verabredungsgemäß – schon eine halbe Stunde vor den anderen Kindern … Die Klassenlehrerin sitzt in einem großen Korbstuhl … Christina sitzt allein und versucht das Rätsel zu lösen, das sie sich ausgesucht hat. Auf der Karte steht nur das Rätsel, nicht die Lösung:	
Wer schleicht so leise durch das Haus, schleckt Milch und fängt sich Mäuse?	
Christina	Frau Schuster, wie heißt das hier? Schlei?
L.	Ja. (nach einem kurzen Blick auf Christina, während des Arbeitens mit Bill.)
Christina	Wer schleicht? (An die Lehrerin gerichtet)
L.	Ja.
Christina	(nur für sich allein) d – u – (guckt hoch) – r, dru Ich glaub', ich weiß schon, dru.
L.	dur.
Christina	dur – ch.
L.	Wer schleicht so leise durch das Haus.
Christina	durch, sch – l, schleicht.
L.	Nein.
Christina	schleckt Milch und f:ä:n:g:t s:i:ch eine Mause.
L.	Wer schleicht so leise durch das Haus, schleckt Milch und fängt sich Mäuse?
Christina	Ah, ich weiß: die Katze!
L.	Ja, genau.
Christina schreibt jetzt den Text in ihr Heft. Während des Schreibens buchstabiert sie laut die Wörter. Die Lehrerin sitzt nicht mehr am Tisch."	

---

[46] Zu den Hilfen gehören übrigens nicht nur sachbezogene Hinweise im engeren Sinne, sondern auch das Vormachen von Lösungsstrategien.

Die Lehrerin hilft hier auf verschiedene Weise:

➤ Sie bekräftigt die richtige Antwort („JA"),

➤ sie gibt eine spezifische Hilfe, die beim Erlesen des ganzen Wortes hilft (Statt dru dur –), und ferner

➤ sie wiederholt das schon Gelesene, um sowohl zu bekräftigen, dass Christina schon Einiges gelesen hat, sowie um ihr Arbeitsgedächtnis zu entlasten. Bei der zweiten Wiederholung liest die Lehrerin auch gleich den Rest vor.

Das Vorsagen am Schluss wäre im Rahmen des Lesenlernens nicht sinnvoll. Hier hätte man weitere Hilfen geben können, welche die Schülerin zu einem eigenständigen Erlesen des Satzes geführt hätten. Da Christina hier jedoch ein Rätsel lösen sollte und schon einen größeren Teil des Satzes erlesen hat, ist dieses Vorlesen des ganzen Satzes sinnvoll. Die nachfolgende Übung (Abschreiben und dabei Buchstabieren der Wörter) hilft, das Gelernte zu festigen.

Nach Stone (1998, S. 350) ist der genaue Mechanismus, der einem effektiven Scaffolding zugrunde liegt, noch nicht geklärt. Mariage (1995) [47] verglich den Unterrichtsstil von drei Lehrern, deren Schüler die größten Unterrichtsfortschritte machten, mit dem von den drei Lehrern, deren Schüler die geringsten Unterrichtsfortschritte zeigten. Aufgrund ihrer Analyse folgerte Mariage, dass *die effektiven Lehrer ihren Schülern mehr Verständnisstrategien vormachten (modellierten), eher graduierte Hilfestellungen einsetzten und eine breitere Beteiligung der Schüler am Unterricht sicherstellten* (vgl. auch Juel 1996).

4.2 Schriftliches Erklären

Das Verstehen eines Textes hängt sowohl von der Gestalt des Textes als auch von den Vorkenntnissen, Fähigkeiten und Interessen des Empfängers ab. Textverstehensforschung hat somit zwei Ansatzpunkte:

➤ Die Optimierung der Textverständlichkeit für eine bestimmte Adressatengruppe, oder

➤ die Optimierung der Textbearbeitungsstrategien der Textempfänger

Im Folgenden steht die Optimierung von schriftlichen Texten im Mittelpunkt.

Die Verständlichkeit eines Textes hängt von der Passung des Textes an die kognitive Struktur des Empfängers ab, gleichgültig, ob dieser Text mündlich oder schriftlich vermittelt wird: Kennt der Empfänger die verwendeten Begriffe und hat er die vorausgesetzten Kenntnisse? In welchem Umfang sollte an diese Vorkenntnisse zunächst einmal erinnert werden? Verbessern zusätzliche Veranschaulichungen und Bilder das Verstehen? Sicherlich kann für eine Person ein Text klar und verständlich sein, der für eine andere unverständlich ist. So mag für einen Experten die Bedienungsanleitung eines Videorekorders verständlich sein, ein Laie kann sie dennoch als völlig unverständlich einstufen. Eine Aussage über die Verständlichkeit eines Textes lässt sich somit immer nur in Bezug auf eine bestimmte Adressatengruppe machen.

Manch einer wird sich sagen, er wisse doch schon genau, was eine verständliche oder eine unverständliche Darstellung sei: Man verwende eine schülergemäße Sprache, möglichst wenige Fremdwörter, kurze Sätze. Sicherlich sind auch solche Punkte wichtig. Dennoch

---

[47] Zit. nach Stone (1998, S. 358)

betreffen sie nur die Oberfläche eines Textes. Wichtiger ist die *Tiefenstruktur eines Textes*, insbesondere seine innere Gliederung. Dabei wird zwischen *Makrostruktur* und *Mikrostruktur* eines Textes unterschieden:

➢ Die *Makrostruktur* bezieht sich auf die Gliederung eines Textes in sinnvoll aufeinander bezogene Teile, Kapitel und Abschnitte. Eine übersichtliche Makrostruktur erleichtert die vertikale Verankerung der Inhalte im Langzeitgedächtnis.

➢ Die *Mikrostruktur* meint dagegen die flüssige Abfolge von Sätzen und Satzteilen, die möglichst ohne Brüche aufeinander folgen sollen. Eine kohärente Mikrostruktur erleichtert die Aufnahme der einzelnen Wissenselemente über das Arbeitsgedächtnis.

Zur Verständlichkeit eines Texts können neben dem eigentlichen Textkörper verschiedene Zutaten beitragen, wie Überleitungen zwischen Kapiteln und Abschnitten, Übersichten über die darzustellende Thematik, um einen Orientierungsrahmen zu geben, sowie Zusammenfassungen der wesentlichen Ideen am Ende. Solche auf den ersten Blick „überflüssigen" Textelemente wirken sich meist günstig auf das Behalten der wesentlichen Ideen aus, weil diese „Redundanzen" wesentliche Punkte wiederholen und damit eine Verankerung der wichtigsten Ideen im Gedächtnis begünstigen.[48]

Man kann drei Ansätze der Erforschung der Verständlichkeit von Texten unterscheiden, auf die ich im Folgenden eingehe:

(1) *Lesbarkeitsforschung:* Suchen nach Lesbarkeitsformeln zur Kennzeichnung der Verständlichkeit eines Textes

(2) *Entwicklung pragmatischer Verständlichkeitskonzepte*, z. B. das „Hamburger Verständlichkeitskonzept"

(3) *Entwicklung von Theorien* über Zusammenhänge zwischen *Verstehen und Gedächtnisprozessen* (z. B. die Theorie von Kintsch & van Dijk).

4.2.1 Die Lesbarkeitsforschung

Die Lesbarkeitsforschung bezieht sich auf die Textoberfläche, d. h. auf die äußerlich messbaren Merkmale eines Textes. Man versuchte, für verschiedene Texte Formeln zu entwickeln, in denen die Ausprägung von formalen, lexikalischen und syntaktischen Merkmalen zusammengefasst wurde. Kritisiert wird an diesem Ansatz, dass nur *Textoberflächenmerkmale* und keine Merkmale der inhaltlichen Organisation des Textes (also z. B. der Strukturierung und Organisation von Textinhalten) berücksichtigt wurden. Ferner wurden die Verarbeitungsprozesse des Rezipienten ausgeblendet. Die Indikatoren für Lesbarkeit haben mit den eigentlichen Verstehensprozessen wenig zu tun. Die Formeln haben nur einen recht begrenzten prognostischen und praktischen Wert. Kintsch, W., Britton, Fletcher, Kintsch, E. & Mannes (1993, S. 177) schreiben dazu:

> „[T]he outcome of this research was ultimately disappointing. Controlled studies of the effects of readability ... have yielded very small effects or none at all."

---

[48] Der Nutzen beschränkt sich allerdings weitgehend auf solche Zutaten, die den sachlichen Zusammenhang zusätzlich klären. Dagegen lenken so genannte „motivierende" Zusätze häufig vom Wesentlichen ab und behindern das Lernen. Eine weitere Einschränkung ist in Bezug auf die Adressatengruppe erforderlich: Gewisse Redundanzen sind beim Erwerb neuer Schemata sinnvoll. In Texten für Experten wirken sie ermüdend und erschweren ein schnelles Verstehen.

4.2.2 Das Hamburger Verständlichkeitskonzept

Der zweite Ansatz, der sich auf die Einschätzung von Textmerkmalen bezieht, ist das sog. „Hamburger Verständlichkeitskonzept" (vgl. Langer, Schulz von Thun & Tausch 1974). Danach sollte ein Text im Hinblick auf vier Dimensionen optimiert werden:

1. *Einfachheit:* Einfache Sprache, geläufige Wörter, einfache Satzstrukturen, kurze Sätze (Optimum: hohe Ausprägung)

2. *Gliederung-Ordnung:* Übersichtlichkeit und Ordnung der Textinhalte (Optimum: hohe Ausprägung)

3. *Kürze-Prägnanz:* Sprachaufwand im Verhältnis zum Lehrziel (Optimum: mittlere Ausprägung, weder zu kurz, noch zu weitschweifend)

4. *Zusätzliche Stimulanz:* Anregende, stimulierende Zutaten wie wörtliche Rede, lebensnahe Beispiele (Berücksichtigung ist nur wirksam bei hoher Ausprägung des Faktors Gliederung-Ordnung)

Vor allem die ersten beiden Dimensionen erscheinen bedeutsam. Ähnlich wie bei der Lesbarkeitsforschung wurde auch hier auf eine genauere theoretische Begründung durch Bezugnahme auf eine Theorie des Textverstehens verzichtet. Die Theorie wurde induktiv gewonnen.[49] Auch wenn die theoretische Fundierung damit etwas fragwürdig erscheint, hat dieser Ansatz für die Praxis gute Ergebnisse erzielt.

Das Experiment von Schulz von Thun, Göbel, Tausch (1973)

Zum Hamburger Verständlichkeitskonzept wurde eine größere Anzahl von Unterrichtsexperimenten durchgeführt (vgl. die Übersicht im Lehrbuch von Tausch & Tausch, 1977). Im Folgenden soll ein Experiment dargestellt werden, das mit Gymnasiasten, Realschülern und Hauptschülern der siebten und achten Klassenstufen durchgeführt wurde. Es wurden zunächst folgende Schulbuchtexte für das Gymnasium aus Schulbüchern mit hoher Auflage von drei Experten im Hinblick auf ihre Textverständlichkeit nach dem Hamburger Verständlichkeitskonzept optimiert:

➤ Klima im ozeanischen Europa (Seydlitz, Bd. 4, S. 3; 321 Wörter)

➤ Ursache und Wirkung im geographischen Geschehen (Seydlitz, Bd. 4, S. 13; 353 Wörter)

➤ Was ist Physik? (Dorn, 284 Wörter)

➤ Die Muskeln und die Körperbewegungen (Schmeil, 249 Wörter)

Zur Verdeutlichung werde ich zuerst einen Text in seiner ursprünglichen und in seiner optimierten Form vorstellen:

---

[49] Verschiedene mehr oder weniger verständliche Texte wurden aufgrund von Eigenschaftspaaren beurteilt, die Ergebnisse wurden dann faktorenanalysiert. Ergebnis der Faktorenanalysen waren dann diese Dimensionen.

Klima im ozeanischen Europa	
Original-Schulbuchtext	Optimierter Text
„Ganz besonders das Klima gibt dem westlichen, halbinselreichen ozeanischen Europa eine Sonderstellung. Es liegt in der gemäßigten Zone. Vorherrschend sind Westwinde, die vom Atlantik kommen und reichlich Niederschläge bringen, sodass überall Pflanzenwuchs möglich ist. Von Natur ist es überwiegend Waldland. Im Süden reicht Europa bis zum 35. Breitengrad; die Mittelmeerländer sind daher im Sommer den trockenheißen Passatwinden ausgesetzt, im Winter erhalten sie dann mit den wehenden Westwinden genügend Feuchtigkeit. Nach Norden reicht Europa noch fast 5° über den Polarkreis hinaus. In anderen Kontinenten herrscht in solcher Breitenlage arktisches Klima. Doch rechnen wir das südliche Skandinavien noch zum gemäßigten Klimabereich, weil der Golfstrom Wärme aus äquatorialen Breiten weit nach Norden bringt. Nach Osten zu können wir noch das Baltikum und Polen zum ozeanischen Europa zählen, wobei wir uns darüber klar sein müssen, dass in dem weiten Tieflandskeil sich der Übergang vom ozeanischen zum kontinentalen Klima ganz allmählich vollzieht.\n\nDas Witterungsgeschehen in Europa wird bestimmt durch Luftmassen, die vom atlantischen Ozean, aus polaren Breiten, vom kontinentalen Osten und vom subtropischen Süden her vordringen und miteinander im Kampfe liegen. Besonders charakteristisch sind die Regen bringenden wandernden Tiefdruckgebiete.\n\nDas ozeanische Europa, das wir also bis zur Westgrenze der Sowjetunion rechnen, umfasst die Hälfte des gesamten Erdteils, nämlich 5 Mill. km²; aber es leben hier etwa drei Viertel der Bevölkerung Gesamteuropas, rund 450 Millionen Menschen. Dicht beieinander wohnen sie in Deutschland, Frankreich, Großbritannien, Italien und den kleinen Nachbarstaaten Niederlande und Belgien. Sie allein zählen zusammen 250 Millionen.\n\nIm ozeanischen Europa entstand die Technik des Industriezeitalters. Günstige Voraussetzungen waren dafür die reichen Kohle- und Erzlager. Auf Grund der natürlichen Lebensbedingungen erwuchs im ozeanischen Europa innerhalb einer arbeitsamen, erfinderischen Bevölkerung, deren Kultur von Antike und Christentum geprägt wurde, eine einheitliche Lebensform. Sie hebt sich deutlich ab von der ihrer Nachbarn im russischen Osteuropa, im Orient und in Afrika. Trotz der Vielfalt der Landschaften, Völker und Staaten ist diese ozeanische Europa eine kulturelle Einheit im Weltganzen."	„Das folgende Kapitel enthält Informationen über das ozeanische Europa: Grenzen – Klima – Bevölkerung – Kultur.\n**Was ist das ozeanische Europa?**\nDas ist der westliche Teil von Europa. Er heißt so, weil das Klima vom Ozean beeinflusst wird. Das ozeanische Europa ist 5 Mill. km² groß, also etwa die Hälfte von ganz Europa. Im Osten reicht es bis zur sowjetischen Grenze (Polen und das Baltikum gehören noch dazu). Im Norden reicht es noch 5° über den Polarkreis hinaus, im Süden bis zum 35. Breitengrad.\n**Das Klima**\nEs ist nie sehr kalt (*gemäßigte Zone*). Meist weht der Wind vom Westen, vom Atlantischen Ozean. Westwinde bringen viel Regen, sodass überall viele Pflanzen wachsen. Vor allem Wald gibt es hier.\nIm Süden allerdings, in den Mittelmeerländern, ist es im Sommer sehr trocken und heiß, weil dann die Passatwinde dort wehen. Aber im Winter kommt auch hierhin der Westwind und bringt genügend Feuchtigkeit.\nAuch das nördliche Skandinavien gehört zur gemäßigten Zone. Wieso das? In anderen Erdteilen zittern die Menschen, die so nördlich wohnen, bereits vor Kälte. Hier aber fließt der Golfstrom und bringt Wärme vom Äquator mit.\nIm Osten vollzieht sich ein allmählicher Übergang vom ozeanischen zum festländischen (kontinentalen) Klima.\nWonach richtet sich das Wetter? Luftmassen aus Norden, Süden, Osten und Westen suchen Einfluss zu nehmen und kämpfen dauernd um den Sieg. Häufig entstehen wandernde Tiefdruckgebiete. Sie bringen viel Regen.\n**Die Bevölkerung**\nDas ozeanische Europa ist halb so groß wie ganz Europa. Trotzdem leben hier 3/4 aller Europäer. Das sind 450 Millionen Menschen. Besonders dicht besiedelt sind Deutschland, Frankreich, England, Italien, Holland, Belgien. Hier wohnen allein 250 Millionen Menschen.\n**Die Kultur**\nHier entstand die *Technik des Industriezeitalters*. Warum gerade hier? Reiche Kohle- und Erzlager sind wie geschaffen dafür. Die Bevölkerung arbeitet viel und hat viele gute Ideen. Merkwürdig: Obwohl die Leute an ganz verschiedenen Orten wohnen, ist doch ihre Art zu leben sehr einheitlich. Das kommt daher: Die natürlichen Lebensbedingungen (z. B. Klima) sind sehr ähnlich. So konnten Christentum und Antike sich überall gleich auswirken. Diese kulturelle Einheit hebt sich deutlich ab von den Nachbarn der Ozean-Europäer, den Russen, den Orientalen und den Afrikanern."
Verständlichkeitsbeurteilungen (Mittelwerte von 10 Beurteilern: (1) Einfachheit – 1,1; Gliederung-Ordnung – 0,5; Kürze-Prägnanz – 0,5; Zusätzliche Stimulanz – 1,4.	(1) Einfachheit + 1,4, (2) Gliederung-Ordnung + 1,7, (3) Kürze-Prägnanz +0,1, (4) Zusätzliche Stimulanz + 0,3.

* Die Werte der Beurteilungsskalen reichen von +2 bis -2. Der größte Unterschied zwischen beiden Versionen ergibt sich mit 2,1 bei Gliederung – Ordnung. Das verdeutlicht die besondere Bedeutung dieser Dimension für die Verständlichkeit von Texten.

Die Schüler hatten zum Lesen eines Textes jeweils 10 Minuten Zeit.

Ergebnisse: Die deutlichsten Effekte traten beim Thema Klima auf, wobei dieser Text in seiner Originalversion nach Einschätzung von Experten auch am wenigsten verständlich geschrieben war. Die Effektstärke betrug hier $+0{,}64$. Alle Vergleiche waren zugunsten der optimierten Versionen signifikant – bei der Größe der Stichprobe (Originaltext: 137, optimierter Text: 140 Versuchspersonen) ist dies allerdings nicht verwunderlich. Auch Angaben über die emotionale Befindlichkeit (Spaß beim Lesen; Erfolgsgefühl, etwas verstanden zu haben) begünstigten die optimierten Textversionen. Ferner profitierten Schüler hoher und niedriger Intelligenz in gleichem Maße von optimierten Lehrtexten. Der Leistungszuwachs bei Gymnasiasten, Real- und Hauptschülern war jeweils gleich groß[50].

Diskussion: Die Ergebnisse sprechen für eine Optimierung von schulischen Texten im Hinblick auf ihre Verständlichkeit. Offensichtlich sind Lehrbuchautoren keine Experten für Textverständlichkeit. Deshalb bietet sich für die Lehrbuchentwicklung ein zweistufiges Verfahren an: Zuerst entwickeln fachliche Experten Texte, die dann in einem zweiten Schritt von Experten für Textverständlichkeit in Abstimmung mit den Fachleuten überarbeitet werden. Entsprechend fordern die Autoren:

> *„Lehrer und Schüler sollten möglichst nur Schulbücher mit einem hohen Ausmaß in den vier Verständlichkeitsdimensionen verwenden. Hierdurch werden Schülern Millionen von Arbeitsstunden erspart; die Arbeit von Lehrern wird effektiver und befriedigender." (S. 233)*

Unter dem Aspekt der besseren Förderung von Schülern ist es wichtig, das Lernen durch verständlichere Schulbücher zu erleichtern. Dies schließt nicht aus, dass man Schüler dazu befähigt, auch komplizierte Texte schrittweise zu erarbeiten.

4.2.3 Das Modell des Textverstehens von Kintsch & van Dijk

In dem von Kintsch und van Dijk (1978) entwickelten zyklischen Modell des Textverstehens wird das Textverstehen in seinem zeitlichen Ablauf dargestellt. Texte bestehen aus verschiedenen Propositionen[51], wobei eine Proposition als eine Bedeutungseinheit definiert wird, welche eine Verbindung zwischen mehreren Konzepten stiftet. Propositionen sind die kleinstmöglichen Aussagen, die wahr (oder falsch) sein können.

Das Modell geht von einer Begrenztheit der Informationsaufnahme durch das Arbeitsgedächtnis aus. Informationen werden nacheinander in verschiedenen aufeinander folgenden Verarbeitungszyklen ins Arbeitsgedächtnis eingelesen und in Propositionen (kleine Bedeutungseinheiten) transformiert. Diese Propositionen werden dann aufgrund von Kohärenzkriterien wie Stimmigkeit, zeitliche Reihenfolge, Überordnung-Unterordnung geordnet, integriert, zusammengefasst[52] und in einem *Kohärenzgraphen* verknüpft.

---

[50] Ein erstaunliches Ergebnis, weil viele Forschungen belegen, dass Schüler in Gymnasien pro Zeiteinheit erheblich mehr lernen als Schüler in Haupt- und Realschulen.

[51] Begriffe wie „Proposition" oder „Graphem" werden im Rahmen dieses Modells des Textverstehens anders definiert als im Rahmen der Sprechakttheorie (vgl. König & Wiegers, 1992).

[52] Vgl. dazu das Experiment von Britton & Gülgoz (1991), in dem die Anwendung dieser Kriterien an Beispielen erläutert wird. Dieses Experiment wird im Abschnitt 4.3 dargestellt.

Während des Lesens befinden sich im Arbeitsgedächtnis zwei unterscheidbare Bestandteile:

➢ das zentrale Thema, der Sinn des Textes (Makropropositionen, z. B. allgemeine Thesen, Aussagen zum zentralen Thema)

➢ Detailinformationen des gerade eingelesenen Textes

Im ersten Zyklus der Informationsverarbeitung werden zwischen 2 und 20 Propositionen eingelesen und im Arbeitsgedächtnis festgehalten. Diese Propositionen werden auf innere Stimmigkeit und Verbundenheit (Kohärenz) überprüft und hierarchisch organisiert. Eine Proposition wird als hierarchiehöchste, d. h. als wichtigste Information festgelegt. Die zweite Hierarchieebene wird von Propositionen gebildet, die der hierarchiehöchsten durch Argumenteinbettung oder Argumentüberlappung untergeordnet sind. Die hierarchiehöchste Proposition hat die beste Chance, in das Kurzzeitgedächtnis übernommen zu werden. Andere, unverbundene oder hierarchieniedrige Informationen werden vergessen. Die bis dahin aufgebaute propositionale Textrepräsentation, die der Leser im Kopf gebildet hat, wird vom Arbeitsgedächtnis in das Langzeitgedächtnis übertragen.

Im nächsten Zyklus werden die neuen eingelesenen Informationen mit den noch gespeicherten hierarchiehöchsten Informationen im Arbeitsgedächtnis auf Kohärenz hin verglichen. Der Leser versucht dann, zwischen den eingelesenen Informationen und den im Kurzzeitspeicher vorgehaltenen Informationen Verbindungen herzustellen.

Ein einfaches und deshalb häufig verwendetes Kriterium für Kohärenz ist die formale Wiederholung von Argumenten oder von ganzen Propositionen. Ein Beispiel mag den Begriff der *Argumentüberschneidung* erläutern: Gegeben sind zwei Sätze:

„John gibt Mary ein Buch.“ „Mary liest das Buch.“

Der Leser liest beide Sätze und stellt als gemeinsame Argumente, die in beiden Sätzen vorkommen, „Mary“ und „Buch“ fest. „Mary“ und „Buch“ bilden also die Argumentüberschneidung zwischen diesen beiden Sätzen. Wenn solche Argumentüberschneidungen bei Prüfung der Aussagen festgestellt werden, hat der Leser quasi einen roten Faden identifiziert. Einen solchen Text, der Verknüpfungen bzw. Argumentüberschneidungen enthält, kann der Leser eher verstehen als einen Text ohne solche Zusammenhänge.

Das Verstehen eines Textes bedeutet soviel wie satzübergreifendes Integrieren. Die hierarchiehohen Propositionen (Makropropositionen) nehmen hierbei eine besondere Stellung ein: Sie enthalten Argumente, die in nachfolgenden Propositionen wieder aufgenommen werden. *Makropropositionen* sind z. B. die zentralen Thesen eines Textes. In verschiedenen Untersuchungen konnte gezeigt werden, dass solche Makropropositionen besser behalten werden als untergeordnete Propositionen, gleichgültig, ob diese Makropropositionen am Anfang oder am Ende eines Textes stehen. Allerdings treten diese Hierarchieeffekte erst bei Texten ab einer Länge von 50 Propositionen auf (vgl. Christmann 1989, S. 58).

Die Theorie der zyklischen Textverarbeitung wurde als elementaristisch und additiv kritisiert, da das Verstehen eines Textes als additives Aneinanderreihen elementarer Informationseinheiten (Propositionen) aufgefasst wird. In einer Erweiterung ihres Modells nehmen van Dijk & Kintsch (1983)[53] an, dass der Leser nicht nur eine *propositionale Repräsentation der Textstruktur,* sondern auch ein sog. *Situationsmodell* bildet. Der Leser ent-

---

[53] Das Modell der zyklischen Textverarbeitung von 1978 wird als spezifisches Submodell der Strategietheorie angesehen.

wickelt somit nicht nur eine Repräsentation des Textes, sondern auch eine Repräsentation dessen, was der Text beschreibt. Man könnte statt von einem Situationsmodell auch von einem Gegenstandsmodell sprechen. Zu diesem gehören auch zusätzliche Inferenzen, die der Lernende aufgrund seines Wissens bildet, um Kohärenz aktiv herzustellen.

Dieses Situationsmodell entsteht durch aktive Integration von Textinformation mit dem Sachwissen des Lesers (vgl. dazu Mannes & Kintsch 1987). Das Situationsmodell wird parallel zum Modell des Textinhalts zu Beginn des Verstehensprozesses entwickelt und fortlaufend korrigiert und differenziert. Der Leser ist kein passiver Rezipient, sondern ein aktiver Konstrukteur, der bestimmte Informationserwartungen an den Text hat und prüft, ob diese Erwartungen zutreffen und sich bestimmte Unstimmigkeiten klären lassen. Nach dieser Vorstellung bildet der Leser Inferenzen, um ein *passendes internes Situationsmodell* zu konstruieren, und nicht vorrangig, um Kohärenzlücken des Textes zu schließen. Kohärenz wird nicht ausschließlich durch Argumentüberschneidung oder -einbettung hergestellt, sondern auch dadurch, dass sich zwei Propositionen auf Tatsachen beziehen, die miteinander in Verbindung stehen.

Van Dijk & Kintsch (1983) unterscheiden drei verschiedene Formen der mentalen Repräsentation eines Textes:

➢ Die *wörtliche Repräsentation der Textoberfläche* (bezieht sich auf die syntaktische Verarbeitung der Textoberfläche)

➢ Die *propositionale Repräsentation des Textes in seiner Bedeutung* im Sinne der Entwicklung einer propositionalen Mikro- und Makrostruktur (bezieht sich auf die Verknüpfung der aufeinander folgenden Sätze bzw. auf die Kohärenzbildung)

➢ Die *situative Repräsentation* als ein Abbild der im Text beschriebenen Sachverhalte und Ereignisse – ein Situationsmodell (bezieht sich auf die Integration von Vorwissen und Textinhalten)

Diese drei verschiedenen Repräsentationen werden beim Lesen und Verarbeiten eines jeden Textes gebildet. Lernen findet nach Kintsch noch nicht statt, wenn der Leser eine propositionale Repräsentation des Textes gebildet hat, sondern erst, wenn er ein Situationsmodell entwickelt.

Je nach dem Ziel des Lesens wird sich der Leser stärker um eine propositionale Repräsentation der Textinhalte oder um die aktive Konstruktion eines Situationsmodells kümmern. Die Anweisung, den Text mit dem Ziel eines möglichst vollständigen Erinnerungsprotokolls über den Text zu lesen, veranlasst den Leser, viele einzelne Satzteile abzuspeichern und verschiedentlich zu wiederholen. Er kann dann die einzelnen Sätze eher vollständig rekonstruieren. Die Anweisung, sich nur wesentliche Inhalte zu merken und sich aufgrund der wesentlichen Inhalte ein eigenes Modell zu konstruieren, fördert eher die Konstruktion eines Situationsmodells.

Auf jeden Fall vergisst der Leser einen Großteil der Informationen, die er aufnimmt, schon nach wenigen Sekunden. Je nach *Textart* ist dieser Erinnerungsverlust allerdings unterschiedlich groß: Bei Prosa und Belletristik ist er am geringsten, bei Lyrik schon etwas größer, bei Sachtexten noch größer und bei Nonsenstexten am größten (vgl. Gage & Berliner 1996, S. 284 f.). Deshalb muss sich der Leser bemühen, das in das *Kurzzeitgedächtnis* aufgenommene Wissen auf wesentliche Punkte zu reduzieren und in die schon vorhandene Wissensstruktur in seinem *Langzeitgedächtnis* zu integrieren.

4.3 Empirische Studien zur Theorie des Textverstehens

Im Folgenden werden einige empirische Untersuchungen zur Überprüfung der Theorie des Textverstehens vorgestellt. Diese Untersuchungen sollen auch verdeutlichen, welche Möglichkeiten bestehen, Texte für Schüler durch Anwendung der Theorie von Kintsch verständlicher zu machen, *so dass Schüler durch Lesen und Bearbeiten dieser Texte bei gleichem Aufwand mehr lernen können.* Da in der Schule viel mit Texten gearbeitet wird, wären solche Nachweise für eine Verbesserung schulischer Lernbedingungen sehr bedeutsam. Jeder Lehrer, der Schulbücher auswählen und Arbeitsbögen oder Erklärungen für seine Schüler entwickeln muss, benötigt Kenntnisse, wie Texte aussehen sollten, mit denen Schüler bei gleichem Zeitaufwand mehr lernen können.

Konkret geht es bei den Untersuchungen, die nun dargestellt werden, um folgende Probleme:

1.   In welchem Umfang berücksichtigen Schulbücher Kriterien, die nach der Theorie des Textverstehens für das Lernen wichtig sind und die das Lernen der Schüler möglichst erleichtern? (vgl. Britton, Gülgöz & Glynn 1993)

2.   Wie kann man durch Verbesserung der Kohärenz eines Textes höhere Lernergebnisse bei gleichem Zeitaufwand erzielen? (vgl. Britton & Gülgöz 1991)

3.   In welchem Maße sind intelligente Leser in der Lage bzw. willens, selbst Brücken bzw. Verknüpfungen zwischen Informationen aus weiter auseinander liegenden Texten (z. B. zwischen Kapitel 1 und Kapitel 7) herzustellen? (Glowalla, Rinck & Fezzardi 1993)

(1) Die Bewertung von Schulbüchern im Hinblick auf Textverständlichkeit

In der Untersuchung von Britton, Gülgöz & Glynn (1993) wird die Theorie des Textverstehens auf das Lernen mit Schulbüchern angewendet. Die Theorie des Textverstehens fasst Textlernen als fortlaufenden aktiven Konstruktionsvorgang auf. Dabei werden zwei parallele Verarbeitungsrichtungen unterschieden: Die aufsteigende (induktive; bottom up) Verarbeitung wird durch den Text ausgelöst und gesteuert, die absteigende (deduktive; top down) Verarbeitung durch Zielsetzungen, Vorwissen und Verarbeitungsstrategien des Lesers.

(A) Zwei Möglichkeiten der Beeinflussung *von außen* können unterschieden werden:

(1) *Gestaltung des Textes*:

➢ Verdeutlichung der Gliederung durch entsprechende Überschriften und Wahl eines logischen Aufbaus für die Abfolge von Textabschnitten (*Makrostruktur des Textes*)

➢ Verwendung einer einfachen Sprache sowie von Sätzen, die mehr oder weniger konsequent und redundant aufeinander bezogen sind (*Mikrostruktur des Textes*)

(2) *Zusätzliche Instruktionen bzw. Zusätze zum Text*

➢ *sprachliche und bildlich – graphische Zusätze*, z. B. Veranschaulichungen, Illustrationen, Leitfragen, vorstrukturierende Hilfen, Zwischenfragen, Zusammenfassungen

➢ *mündliche oder schriftliche Instruktionen zur Beeinflussung des Lese- bzw. des Hörverhaltens* des Lesers bzw. des Rezipienten

➢ *Nutzung außersprachlicher Gestaltungsmöglichkeiten (z. B. Layout des Textes)*, die den Leser auf Themenwechsel vorbereiten (Abschnitte) und auf Wichtiges hinweisen

(Unterstreichungen, Fett- und Kursivdruck, Verwenden von verschiedenen Schriftarten und Schriftformen sowie von Farbdruck).

(B) Möglichkeiten der Beeinflussung der Textverständlichkeit *von innen:*

Textverstehen kann auch durch Einflüsse *von innen* über die Strategien des Lerners beeinflusst werden. Der Lerner sollte den Text so bearbeiten, dass das Wesentliche schnell wieder verfügbar, d. h. rekonstruierbar ist. Hierzu gehören *Strategien der Erarbeitung von Texten*[54], z. B.

➢ wichtige Passagen eines Textes an- oder unterstreichen, Bemerkungen an den Rand schreiben,

➢ Wesentliches exzerpieren, z. B. Karteikärtchen anlegen, Übersichten oder Flussdiagramme anfertigen, sich bei schlecht gegliederten Texten die Struktur der Argumentation verdeutlichen, Zusammenfassungen anfertigen (innerlich, schriftlich),

➢ mehrfaches Lesen und dabei Annahmen und Hypothesen überprüfen,

➢ nach gewissen Zeitabständen prüfen, ob die wichtigsten Thesen noch erinnert werden können; diese Thesen zusammen mit ihren Begründungen aufschreiben und danach mit dem Text vergleichen,

➢ mit sich selbst oder mit anderen Personen über den Text sprechen, und das neu Gelernte in vielfältiger Weise anwenden,

➢ sich fragen, ob der Text die Aufgaben bzw. Ziele erfüllt bzw. nicht erfüllt, wegen derer er gelesen wurde, ob der Text logisch schlüssig ist und ob die Aussagen wahr und streng empirisch geprüft sind.

Für die Beurteilung von Schulbüchern ist die Makro- und Mikrostruktur des Schulbuchtextes entscheidend (vgl. Britton, Gülgöz & Glynn 1993). Die Forschungen belegen, dass mit Schulbuchtexten, die nach theoretischen Prinzipien verbessert worden waren, tatsächlich mehr gelernt wurde. Zusätzlich wurde festgestellt, dass College-Studenten bei Vergleichstests die Texte ziemlich sicher identifizieren konnten, mit denen mehr gelernt werden konnte.

(2) Optimierung der Textverständlichkeit

Britton & Gülgöz (1991) gingen der Frage nach, wie die Theorie von Kintsch & van Dijk (1978) zur Optimierung der Verständlichkeit von Texten genutzt werden kann. Die Autoren greifen auf ein von Miller & Kintsch (1980, zit. nach Britton & Gülgöz 1991) entwickeltes Computerprogramm zurück, mit dem Texte auf ihre Kohärenz überprüft werden können. Dieses Programm simuliert die Art und Weise, wie der Leser die mentale Repräsentation eines Textes aufbaut. Zunächst nimmt das Programm die erste Proposition eines Textes auf. Danach wird die zweite Proposition geholt und auf Kohärenz mit der ersten Aussage geprüft. Wenn der zweite Satz bzw. die zweite Aussage eine Idee enthält, die in der ersten Aussage schon erwähnt wurde, wird Kohärenz festgestellt und das Programm nimmt die dritte Aussage auf, prüft auf Kohärenz usw. Wenn keine Kohärenz festgestellt wird, stoppt das Programm. Dieser Prozess wird bis zum Ende des Textes fortgeführt.

---

[54] In der Literatur wird die Wirksamkeit solcher Strategien im Zusammenhang mit metakognitiven Prozessen analysiert.

Die vorliegende experimentelle Studie wählte folgende Vorgehensweise: Zunächst wurde ein Text (Luftkrieg in Nordvietnam) mit dem Computerprogramm auf seine Bruchstellen (Kohärenzlücken) untersucht. 40 solche Stellen wurden gefunden. Diese Bruchstellen wurden repariert, indem fehlende Brückeninformationen (Inferenzen) ergänzt wurden.

Die zentrale Hypothese der Untersuchung war, dass durch einen optimierten Text ein schnelleres und besseres Textverständnis erzielt wird.

Im Folgenden soll an konkreten Beispielen die schrittweise Optimierung des Textes durch die Anwendung von drei Prinzipien verdeutlicht werden. Durch diese Beispiele soll auch die praktische Anwendbarkeit des Kintsch-Modells verdeutlicht werden.

Ursprüngliche Version	Überarbeitete Version [55]
Luftkrieg im Norden, 1965.	Luftkrieg in <u>Nordvietnam</u> im Jahr <u>1965</u>
Gegen Ende des Jahres 1964 hatten Amerikaner in Saigon und Washington begonnen, sich auf Hanoi als Quelle fortbestehender Probleme im Süden zu konzentrieren.	Anfang <u>1965</u> begannen amerikanische Regierungsstellen sowohl in Südvietnam als auch in Washington, ihr Interesse auf <u>Nordvietnam</u> als Quelle des fortdauernden Krieges in <u>Südvietnam</u> zu konzentrieren.
Satz 2 hat keine Argumentübereinstimmung mit Satz 1, sodass das Kintsch- Programm nicht fortfahren kann. Ein informierter Leser wird aber folgern, dass „gegen Ende des Jahres 1964" etwas in Gang kam, was Änderungen 1965 verursachte.	*Durch diese Hinzufügungen ist das Kintsch-Programm nun in der Lage, Kohärenz zwischen den Sätzen herzustellen.*

Das hierbei verwendete Prinzip I kann in folgender Weise formuliert werden:

> 1. Überarbeitungsprinzip: *Sätze werden so umformuliert, dass ein Wort des Vorsatzes im nachfolgenden Satz wieder aufgegriffen wird. Dadurch wird eine Verknüpfung zwischen beiden Sätzen hergestellt.*[56] (Einbau von Verbindungsstücken)

In der Theorie wird dies als *Argumentsüberlappung* bezeichnet: Jede Proposition enthält ein oder mehrere Argumente (Ideen), die auch im nachfolgenden Satz vorkommen.

Entsprechend dem 1. Prinzip wurde in allen Fällen, in denen der gleiche Begriff gemeint war, aber im Originaltext unterschiedliche Bezeichnungen dafür standen, die gleichen Wörter eingesetzt. Z.B. enthielt der ursprüngliche Artikel zwölf verschiedene Bezeichnungen für Bombenangriffe, vierundzwanzig verschiedene Bezeichnungen für amerikanische Amtspersonen, fünfzehn verschiedene Bezeichnungen für Nordvietnam und sechs verschiedene Bezeichnungen für Südvietnam: „Amerikaner" wurde durch „amerikanische Regierungsstellen"; „Saigon" und „Süden" durch „Südvietnam" und „ARVN" durch „südvietnamesische Armee" ersetzt.

---

[55] Unterstrichen sind die Brücken, die als Verbindungsstücke erforderlich sind.

[56] Im Originaltext steht: „Principle I: Make the learner's job easier by rewriting the sentence so that it repeats, from the previous sentence, the linking word to which it should be linked." (S. 331)

Das zweite Prinzip behandelt die Abfolge von bekannter und neuer Information in einem Satz:

---

2. *Überarbeitungsprinzip: Das Alte/Bekannte sollte immer zuerst, das Neue danach dargestellt werden.*

In der Theorie wird diese Strategie als „leading edge"- Strategie (zuerst das Alte, dann das Neue) bezeichnet. Fast jeder Satz hat einen alten Teil, der manchmal auch als gegebener Teil bezeichnet wird, und einen neuen Teil. Dazu ein Beispiel:

Ursprüngliche Version	Überarbeitete Version
In dem Maße, wie die Frustration über die Unfähigkeit der ARVN anstieg, den Feind im Feld zu besiegen, stieg der Druck an, Nordvietnam direkt anzugreifen.	Überarbeitung (1)/Die Unfähigkeit der ARVN, den Feind im Feld zu schlagen (alt), führte zu einem Anstieg der Frustration (neu). Überarbeitung (2)/Die südvietnamesische Armee war dabei, den Bodenkrieg gegen Nordvietnam zu verlieren, und dies führte zu einem Anstieg der Frustration.

Hier wird zusätzlich die Verständlichkeit erhöht, indem einfache Begriffe eingesetzt werden, z. B. für ARVN „die südvietnamesische Armee", statt „den Feind im Feld zu schlagen", genauer „den Bodenkrieg gegen Nordvietnam zu verlieren".

---

3. *Überarbeitungsprinzip: Implizite Bezüge sollen durch explizite Bezüge ersetzt werden.*[57]

Stolpersteine durch bloße Anspielungen oder nicht genannten Annahmen sind zuweilen schwer zu erkennen; z. B. hat Frustration immer einen Bezug zu Personen, die frustriert sind. Entsprechend wurde in einem Satz zusätzlich angegeben, wer zunehmend frustriert war: amerikanische Regierungsstellen.

Ergebnisse

Die Studenten wurden nach dem Lesen aufgefordert, möglichst viel von dem aufzuschreiben, was sie noch erinnern konnten; außerdem wurde ihnen ein Test zum Schlussfolgern vorgelegt. Der nach den Prinzipien des Textverstehens überarbeitete Text schnitt beim freien Erinnern und beim Schlussfolgerungstest besser ab als die ursprüngliche Textversion (besonders deutlich sind die Differenzen bei freier Erinnerung: 35,5 Aussagen im ursprünglichen Text, 58,6 in der revidierten Version). Ferner wurde die revidierte Fassung deutlich schneller gelesen als die ursprüngliche Fassung – sie ließ sich ohne Brüche lesen. Beim Beantworten der Sachfragen im multiple-choice Test ergaben sich keine signifikanten Unterschiede.

---

[57] Im Originaltext steht. „Principle III is to make the learner's job easier by making explicit any important implicit references; that is, when a concept that is needed later is referred to implicitly, refer to it explicitly if the reader may otherwise miss it." (S. 332)

Die aus der Studie zu ziehenden Konsequenzen sind sowohl in Bezug auf die Art der Aufgaben als auch auf das Vorkenntnisniveau zu differenzieren (McNamara, Kintsch, Songer & Kintsch 1996). Wenn es um die Reproduktion des Textinhaltes geht, scheinen kohärente Texte generell besser geeignet zu sein. Bei Aufgaben, die Problemlösung oder Transfer verlangen, lernen Personen mit geringen Vorkenntnissen immer noch am meisten durch kohärente Texte. Bei Personen mit hohem Wissensstand trifft dies allerdings nicht mehr zu: Sie scheinen durch Stolpersteine bzw. Inkohärenzen eher zu einer tieferen Verarbeitung des Textes angeregt zu werden, was dann zu einer verbesserten Problemlösefähigkeit führt (vgl. dazu auch Mannes & Kintsch 1987).

(3) Textbrücken zwischen Textabschnitten – notwendig oder überflüssig?

In der Untersuchung von Glowalla, Rinck und Fezzardi (1993) ging es um die Frage, in welchem Umfang Personen (Studenten) unter verschiedenen Bedingungen eine vernetzte Wissensstruktur *selbst* aufbauen. Ist es für einen Lehrbuchautor notwendig, die Inhalte verschiedener Kapitel explizit aufeinander zu beziehen, oder leistet der Student dieses selbst? Meistens ist das Wissen über ein Lehrgebiet so umfangreich und komplex, dass es in einer Sitzung bzw. in einem Durchgang nicht bewältigt werden kann. Der Lernende muss dann

➢ den Inhalt der entsprechenden Lerneinheit verstehen
➢ das in Abschnitten bzw. Kapiteln erworbene Wissen miteinander vernetzen (Verknüpfungen, Verbindungen herstellen)

Die vorliegende Untersuchung ist für schulisches Lernen bedeutsam, weil in Schulbüchern häufig solche expliziten Verbindungen fehlen. Es wird vorausgesetzt, die Schüler würden die fehlenden Brücken selbst schlagen.

Die Autoren unterscheiden drei Methoden, Bezüge zwischen Inhalten verschiedener Lektionen herzustellen (S. 12/13):

1. Ein vorhandener Bezug wird *explizit* hergestellt.
2. Ein vorhandener Bezug wird lediglich *erwähnt* und man vertraut darauf, dass die Leser den richtigen Bezug herstellen.
3. Man erwähnt vorhandene Bezüge nicht, sondern stellt lediglich die einschlägigen Fakten in den verschiedenen Lektionen dar." (*implizit*)

Diese drei verwendeten Integrationshilfen sollen nun an einem Beispiel des Zusammenhangs von Lektion 2 und 3 verdeutlicht werden.

Lektion 2: Vor über 30 Jahren hat George Miller (1956) herausgefunden, dass die Kapazität des Kurzzeitgedächtnisses sehr begrenzt ist: Man kann im Kurzzeitgedächtnis nicht mehr als sieben Chunks fehlerfrei behalten. […]

Lektion 3:

Impliziter Bezug	Erwähnter Bezug	Expliziter Bezug
[...] Die Kapazität des Langzeitgedächtnisses scheint quasi unbegrenzt zu sein: Wir können während unseres ganzen Lebens neue Dinge hinzulernen und behalten.	[...] Die Kapazität des Langzeitgedächtnisses scheint quasi unbegrenzt zu sein: Wir können während unseres ganzen Lebens neue Dinge hinzulernen und behalten. Damit unterscheidet sich die Kapazität des Langzeitgedächtnisses fundamental von der des Kurzzeitgedächtnisses.	[...] Die Kapazität des Langzeitgedächtnisses scheint quasi unbegrenzt zu sein: Wir können während unseres ganzen Lebens neue Dinge hinzulernen und behalten. Damit unterscheidet sich die Kapazität des Langzeitgedächtnisses fundamental von der des Kurzzeitgedächtnisses. Im Gegensatz zur unbeschränkten Kapazität des Langzeitgedächtnisses ist die des Kurzzeitgedächtnisses auf etwa sieben 'Chunks' begrenzt.

Bei der Erforschung des Leseverhaltens bei *Erzählungen (narrativen Texten)* zeigte sich, dass Leser viele dieser unerwähnten Verbindungen selber herstellen. Fraglich ist, ob sie dies auch beim Lesen von *Sachtexten* tun.

Glowalla et al. haben eine computerunterstützte Lernumwelt geschaffen, die dem Lernenden sowohl ein Höchstmaß an individueller Freiheit als auch die Möglichkeit einer präzisen Erfassung des Lernverlaufs gestattet. Die Informationen auf dem Bildschirm sind zweigeteilt: Links befindet sich der Text, rechts dazu Abbildungen, Tabellen etc. Wenn Begriffe unklar sind, hat der Student die Möglichkeit, dazu Informationen online aus einem Glossar abzurufen. Für die verwendeten fünf Lektionen aus der „Einführung in die Gedächtnispsychologie" konnte er z. B. das Inhaltsverzeichnis jederzeit aufrufen.

Die Darbietungszeiten aller Textabschnitte sowie die Häufigkeiten und Darbietungszeiten aller Glossaraufrufe werden automatisch erfasst. Ein Rückspringen im Text ist nicht gestattet. Die Hauptergebnisse beziehen sich auf die 15 Fragen, die zu den Bezügen zwischen den Lektionen an die Studenten gestellt wurden.

Insgesamt zeigte sich, dass bei expliziten Bezügen die fraglichen Aussagen schneller als richtig erkannt wurden. Die Verifikationszeiten betrugen unter der Bedingung *Explizit* 11,8 Sek., bei *Erwähnt* 13,5 und bei *Implizit* 14,4 Sek. Auch bei den Fehlerraten zeigten sich vergleichbare Effekte: 8% bei explizitem Bezug, 16% bei erwähntem Bezug und 20% bei implizitem Bezug. Ein Nebenergebnis: Die Textzeilen wurden langsamer gelesen, je expliziter und länger sie waren.

Diskussion: Die Autoren erklären ihre Befunde in folgender Weise:

> *„Explizite Bezüge werden deshalb besser verstanden und behalten, weil sie zur gezielten Integration von Fakten aus verschiedenen Lektionen führen und so zu einer größeren Kohärenz der im Gedächtnis aufgebauten Wissensstruktur beitragen. Ein notwendiger Bestandteil dieser Kohärenzstiftung besteht aber in der gleichzeitigen und aktiven Verfügbarkeit der beiden miteinander zu verknüpfenden Fakten." (S. 20)*

Der Nebenbefund, dass die Zeilenlesezeiten mit der Explizitheit der Bezüge anstiegen, spricht gegen die Annahme, *„dass die Versuchspersonen implizite oder erwähnte Bezüge inferiert hätten" (S. 21).* Wenn sie die Bezüge zusätzlich hergestellt hätten, wären die Zeiten bei fehlenden oder impliziten Bezügen nicht kürzer, sondern länger gewesen! Aber das Gegenteil trat ein. Wenn also Lehrtexte auf die explizite Nennung von Verbindungsstücken verzichten, dann werden diese fehlenden Bezüge offensichtlich von den wenigsten Lesern zusätzlich hergestellt.

> *„Verfasser von Lehrtexten, insbesondere von solchen für ein Publikum mit geringen Vorkenntnissen, sollten sich hinsichtlich des neu zu vermittelnden Wissens nicht auf aktive Verstehens- und Inferenzprozesse ihrer Leser verlassen. Vielmehr sollten die wichtigen Fakten und Bezüge explizit und ausführlich dargestellt werden, um dem Leser die Integration von Fakten aus verschiedenen Unterrichtseinheiten und damit das Verstehen und langfristige Behalten des Wissens über das neue Sachgebiet zu erleichtern." (S. 21)*

Zusammenfassung: Konsequenzen experimenteller Verständlichkeitsforschung

Die dargestellten Untersuchungen zeigen, dass die Struktur von Texten für das Verstehen von entscheidender Bedeutung ist. Eine gute Mikro- und Makrostruktur eines Textes ist umso wichtiger, je geringer die Vorkenntnisse der Schüler sind. Die Ergebnisse der neueren Forschung zur Wirkung verständlicher Texte und Schulbücher lassen sich in den folgenden Punkten zusammenfassen:

(1) Schulbücher und Unterrichtsmaterialien sind in der Regel in Bezug auf Verständlichkeit nicht hinreichend optimiert (vgl. Schulz von Thun et al. 1973; Britton, Gülgöz & Glynn 1993). Deshalb sollten die vorhandenen Schulbücher mit Hilfe von Experten nach der Theorie der Textverständlichkeit überprüft werden. Eine solche Qualitätsprüfung von Lehrmaterialien wird selten durchgeführt. Schulbücher können auf den ersten Blick einfach geschrieben und gut gegliedert erscheinen. Eine interessante Aufmachung kann über Mängel in der Verständlichkeit von Erklärungen hinwegtäuschen. Letztlich aber müsste man, ähnlich wie dies in der Untersuchung von Britton & Gülgöz (1991) getan wurde, jedes Schulbuch Satz für Satz und Aufgabe für Aufgabe im Sinne von Kohärenz und Schwierigkeitsabstufung durcharbeiten, um auf diese Weise Anhaltspunkte für eine grundlegende Revision der Schulbücher zu erhalten.

(2) Durch verständlichere Lehrtexte können bei allen Schülern, insbesondere aber bei den schwächeren, erheblich bessere Lernergebnisse erzielt werden (vgl. Schulz von Thun et al. 1973; E. Kintsch 1990; Britton et al. 1993).

(3) Empirische Forschung belegt, dass schwächere Schüler selbst durch vermehrte Anstrengung Mängel in der sprachlichen Gestaltung eines Textes nicht kompensieren können (vgl. E. Kintsch 1990).

(4) Auch scheint es unrealistisch zu sein, von Schülern zu erwarten, sie würden zwischen Inhalten, die in verschiedenen Lektionen oder Kapiteln behandelt wurden, selbst explizit Bezüge herstellen. Es scheint erforderlich zu sein, dass Lehrer und Schulbuchtexte solche Bezüge explizit herausarbeiten (vgl. Glowalla et al. 1993).

4.4 Die Schulbuchhypothese

4.4.1 Einführung

Schulbücher modellieren das Erklären und Üben von Inhalten. Sie sind eine wesentliche Bedingung schulischen Lernens. Wenn Schulbucherklärungen das Wesentliche auf den Punkt bringen und an Veranschaulichungen und Lösungsbeispielen verdeutlichen, können Schüler die Schulbücher auch zum selbstständigen Lernen nutzen, indem sie eine aufeinander aufbauende Wissensstruktur bilden. In den Schulbüchern werden dann komplexe Erklärungen in bearbeitbare Schritte segmentiert. Dies ist der Weg maximaler Hilfen; der Weg, der im Einklang mit unserem Wissen über Lernprozesse steht.

Es gibt auch den Weg minimaler Hilfen. Hier hofft man auf die Fähigkeiten und Begabungen der Schüler, die sie befähigen, auch mit Hilfe schwieriger Erklärtexte zu lernen. Hier werden viele Informationen in der Schulbucherklärung geballt präsentiert, so dass den weniger begabten Schülern – und das ist die Mehrheit – beim Lesen der Kopf raucht, sie widerwillig das Buch weglegen oder sie den Lehrer um Hilfe bitten. Und hier benötigt man immer den Lehrer als Vermittlungsinstanz zwischen Schulbuch und Schüler. In Deutschland geht man, wie im Folgenden an Einzelbeispielen belegt wird, häufig diesen Weg minimaler Hilfen.

Lehrer und Fachdidaktiker sehen sich meist nur die Schulbücher ihres eigenen Landes an. Da die Schulbücher eines Landes meist sehr ähnlich sind, wird man kaum auf die Idee kommen, dass Schulbücher ein wesentlicher Teil der *vorbereiteten Lern-Umgebung* sind. Man würde jedoch ins Grübeln kommen, wenn sich Schulbücher aus den Ländern mit hoher Kompetenz in Mathematik deutlich von Schulbüchern aus Ländern mit niedriger Kompetenz unterscheiden.

Einen Skeptiker würde auch dies vermutlich kaum überzeugen. Könnte es nicht sein, dass Schüler, denen minimal geholfen wird und die somit möglichst viel durch eigenes Entdecken lernen, letztlich mehr Mathematik lernen als Schüler, die maximale Hilfen von Schulbüchern und Lehrern genossen haben? Durch Forschungsergebnisse wird diese These allerdings nicht gestützt (vgl. Klahr & Nigam 2004; Kirschner, Sweller & Clark 2006). Zusätzlich könnte man Lernexperimente mit unterschiedlichen Schulbüchern durchführen. Wenn dann deutsche Schüler mehr mit Schulbüchern aus Ländern mit Spitzenergebnissen im mathematisch-naturwissenschaftlichen Bereich lernen würden, müsste man diese Befunde ernst nehmen. Doch solche Forschungen gibt es noch nicht.

Die experimentelle Grundlagenforschung konnte nicht immer deutliche Effekte „optimierter" Erklärungen nachweisen (vgl. Wittwer & Renkl 2008). In solchen Experimenten

wurden meist einzelne Erkläraspekte in Versuchs- und Kontrollklassen über einen kurzen
Zeitraum überprüft. Bei größeren Zeiträumen könnten sich Lerneffekte akkumulieren,
wenn mit deutlich unterschiedlichen Schulbuchkonzepten gearbeitet wird. Allerdings gibt
es Hinweise, dass es nicht genügt, Erklärungen kohärent aufzubauen, eine verständliche
Sprache zu verwenden und auf den Vorkenntnissen der Schüler aufzubauen. Je komplexer
der Lerngegenstand ist, umso wichtiger ist es, dass der Fokus des Lernenden auf eine *parallele Darstellung von Problem und Veranschaulichung* gerichtet wird. Damit wird den Schülern eine Repräsentationsgrundlage angeboten, die ihnen bei der Lösung von Aufgaben
hilft. Auch das Studieren mehrerer Lösungsbeispiele wird wichtiger. Ein ausreichend großer reflexiver Freiraum ist für Lernen eine notwendige, aber keine hinreichende Bedingung. Zusätzlich sollten die Erklärungen den Leser zu einer *aktiven Auseinandersetzung*
mit dem Lerngegenstand herausfordern.

Die Schulbuchhypothese, nach der die Kompetenzunterschiede zwischen westlichen und
östlichen Staaten[58] eng mit dem unterschiedlichen Format von Schulbüchern und den
dahinter stehenden unterschiedlichen Lernkulturen zusammenhängen, ist nicht neu (vgl.
Stevenson & Stigler 1992; Stigler & Hiebert 1999; Schmidt, McKnight & Raizen 1997).
Levin und O'Donnell haben schon 1999 auf die Notwendigkeit solcher Forschungen hingewiesen:

> „One could readily imagine a randomized classroom trials study that investigates
> something as intriguing and educationally creditable as Stigler and Hiebert's (1998)
> classroom videotape-derived hypothesis that providing a culture for teaching as „thin-
> king" (as is typical in Japan) leads to superior mathematics achievement and under-
> standing on the part of students than does providing a culture for teaching mathematics
> as „skills" (as is typical in the United States) – see also Lewis and Tsuchida (1998)."
> (S. 212)

Dass US-amerikanische Forscher schon längere Zeit vermuten, dass die hohen Kompetenzen asiatischer Schüler in Mathematik mit einer anderen Schulbuchkultur zusammenhängt, wird in folgendem Zitat zum „Learning Gap" zwischen asiatischen Staaten und den
USA angedeutet:

> „Übungsbücher und Lehrerhandbücher bilden zusammen mit den Schulbüchern den
> Kern eines Großteils des Unterrichts ... Viel zu wenig Aufmerksamkeit ist auf die Ent-
> wicklung dieser Werkzeuge des Unterrichts verwandt worden. Genauso wie beim
> Unterrichten wissen wir genug, um gute Schulbücher und Lehrerhandbücher herstel-
> len zu können; es gelingt uns nur nicht, das, was wir wissen, in die Praxis umzusetzen."
> (Stevenson & Stigler 1992, S. 213)

---

[58] Weitergehend vermuten wir, dass auch die Kompetenzunterschiede zwischen westlichen Staaten mit den unterschiedlichen Schulbuchkonzepten zusammenhängen. Wenn man z. B. ein finnisches Mathematikschulbuch mit
dem deutschen oder dem aus Singapur vergleicht, dann zeigt sich eine größere Ähnlichkeit zwischen dem finni-
schen und dem Schulbuch aus Singapur.

4.4.2 Forschungen zur asiatischen Lernkultur

Nach der traditionellen Vorstellung hat die hohe Kompetenz asiatischer Schüler vor allem etwas mit erbarmungslosem Drill, Strenge, Disziplin und Prüfungsterror zu tun. Mit der westlichen Vorstellung von Menschenwürde, Selbstständigkeit und Unabhängigkeit wäre dies unvereinbar. Wer diese Vorstellung vom Lernen in asiatischen Ländern hat, braucht sich nicht mit der asiatischen *Unkultur* befassen.

Dieses negative Stereotyp von der asiatischen Unkultur hat westliche Beobachter vermutlich lange Zeit abgehalten, sich mit der asiatischen Schulwirklichkeit auseinander zu setzen. Damit wiederholt sich die Geschichte, die sich in den 60er Jahre des letzten Jahrhunderts im Automobilbau ereignete, nun auch im Bildungswesen. Damals kopierten die japanischen Automobilhersteller zunächst die westlichen Herstellungsmethoden, um diese dann durch moderne Methoden des Qualitätsmanagements zu ergänzen. Als die japanischen Hersteller durch ihre Erfolge auf dem Weltmarkt zur ernsten Bedrohung für die westliche Automobilindustrie heranwuchsen, sah man sich die dort entwickelten Methoden modernen Qualitätsmanagements genauer an. Eine ähnliche Entwicklung könnte auch im Bildungsbereich einsetzen. Auch hier zwingt der Mangel an naturwissenschaftlich gebildeten Nachwuchskräften einige Länder dazu, ihre Lernmethoden im naturwissenschaftlichen Beeich zu überprüfen. Forscher wie H. W. Stevenson, die schon zwischen 1980 und 1990 empirische Feldstudien in asiatischen Schulen (z. B. in Japan und Taiwan) durchführten, kamen schon damals zu einer völlig anderen Bewertung der asiatischen Lernkultur. Mittlerweile belegen Forschungen Folgendes:

– Im asiatischen Unterricht wird ein größerer Wert auf ein tieferes Verständnis gelegt: Verschiedene Lösungsverfahren, kritische Punkte und typische Fehler werden sorgfältig diskutiert. Auf das Einschleifen von Prozeduren wird, was den Mathematikunterricht betrifft, eher weniger Wert gelegt.[59]

– Die Kapitel in den japanischen Schulbüchern behandeln Inhalte länger und mehr in die Tiefe gehend, dafür werden *pro Schuljahr weniger Themen* behandelt. Dennoch sind die Mathematikschulbücher erheblich dünner als die in den USA oder in Deutschland.[60]

– Nach Mayer, Sims und Tajika (1995) sind japanische Schulbucherklärungen eher vollständig: Die Argumentation erfolgt immer sowohl auf textlicher, auf visueller und auf symbolischer Ebene.

Besonders auffallend ist die Kompetenz asiatischer Schüler beim Lösen komplexer Sachaufgaben. Eine neuere Studie mit einem Schulbuchvergleich zwischen USA und China (Xin 2007) kommt zu dem Schluss, dass der tiefere Grund hierfür in einer anderen *Strukturierung von Sachaufgaben* in chinesischen Schulbüchern zu suchen ist. Schon lange ist bekannt, dass Schüler sich durch bestimmte Schlüsselwörter leicht verleiten lassen, falsche Lösungsverfahren zu wählen. Dazu folgendes Beispiel:

---

[59] In den Nachhilfeschulen (Jukus) wird allerdings auf das Einschleifen von prozeduralen Kenntnissen stärker Wert gelegt.

[60] Dies liegt daran, dass westliche Staaten von einem *Spiralcurriculum* ausgehen, nach dem die jeweiligen Inhalte Jahr für Jahr auf einem ansteigenden Niveau behandelt werden sollten. In Japan soll ein Inhalt so behandelt werden, dass er in den Folgejahren nur kurz wiederholt werden muss.

„Im gestrigen Basketballspiel hat Tom 12 Körbe geworfen. Er warf dreimal so viele Körbe wie Fritz. Wie viele Körbe warf Fritz?"

Lernschwache Schüler neigen dazu, solche Aufgaben durch Multiplikation zu lösen; sie verlassen sich dabei auf Schlüsselwörter wie „dreimal", was auf Multiplikation als Lösungsverfahren hinweist. Chinesische Schüler lassen sich durch solche Oberflächen-merkmale von Aufgaben weit seltener verführen. Den Grund dafür sieht Xin (2007) in einer anderen Strukturierung der Sachaufgaben in chinesischen Schulbüchern. Während die US-Schulbücher eher geläufige und einfache Sachaufgaben unsystematisch aufneh-men, berücksichtigen chinesische Schulbücher in systematischer Weise verschiedene Typen von Sachaufgaben. Xin (2007, S. 357) zitiert folgende systematische Aufgabenvariation „aus einem chinesischen Schulbuch der dritten Klassenstufe:

1. Es gibt 24 rote Bälle und 8 blaue Bälle. Wie viel mehr rote als blaue Bälle gibt es?
2. Es gibt 24 rote Bälle. Es gibt dreimal so viele rote Bälle wie blaue Bälle. Wie viele blaue Bälle gibt es?
3. Es gibt 24 rote Bälle. Es gibt dreimal so viele blaue Bälle wie rote Bälle. Wie viele blaue Bälle gibt es?

…[D]as chinesische Schulbuch lieferte den Schülern vielfältige Möglichkeiten, die ver-schiedensten Abwandlungen einer Aufgabe kennen zu lernen … Durch systematische Manipulation der Konstruktion der Sachaufgabe und der Position der unbekannten Menge erarbeiteten die Schulbücher die Verbindung von Multiplikation und Division innerhalb eines übergreifenden Problemschemas."

In eine ähnliche Richtung geht eine Analyse von Hoven und Garelick (2007) über die Methodik des Sachrechnens in Singapur. Danach soll die hohe Kompetenz der Schüler aus Singapur beim Lösen mehrstufiger Sachaufgaben damit zusammenhängen, dass sie schon ab dem dritten Schuljahr lernen, wie Sachaufgaben durch Stabdarstellungen visualisiert werden können. Sie beginnen ihre Analyse mit folgenden Beispielen (S. 28):

„Hier ist eine Mathematikaufgabe, die du leicht lösen kannst:

Ein Mann verkaufte 230 Luftballons morgens in einem Geschenkladen. Am Abend verkaufte er weitere 96 Luftballons. Wie viele Luftballons verkaufte er insgesamt?

Und nun kommt eine Mathematikaufgabe, die du nicht lösen kannst:

Lauren gab 20% ihres Geldes für Kleidung aus. Vom Rest nahm sie 2/5 für den Kauf eines Buchs. 72 Dollar blieben übrig. Wie viel Geld hatte sie am Anfang?"

(Fortsetzung Seite 98)

1.3.2 Teilen von Bruchzahlen

Aufgabe 1

a) Mutter hat zum Kaffee am Sonntagnachmittag Waffeln gebacken. Es sind noch 4 Herzen (also $\frac{4}{5}$ einer Waffel) übrig. Die beiden Geschwister Karina und Hendrik wollen sich die Herzen teilen. Wie viel erhält jeder? Schreibe dazu einen Quotienten mit einem Bruch.

b) Am Abend gibt es Pizza. Es ist noch $\frac{3}{4}$ einer Pizza vorhanden. Wieder wollen sich Karina und Hendrik das Reststück teilen. Wie viel erhält jeder? Schreibe dazu auch einen Quotienten mit einem Bruch.

Lösung

a)

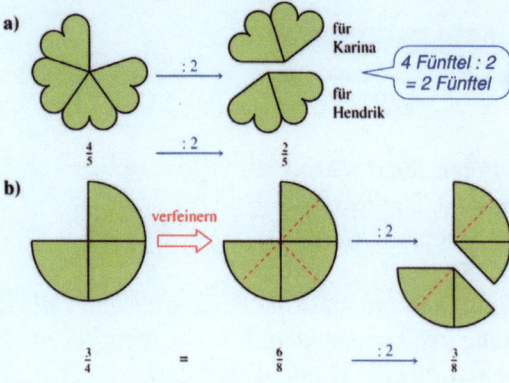

für Karina

4 Fünftel : 2 = 2 Fünftel

für Hendrik

$\frac{4}{5}$:2 $\frac{2}{5}$

Wir schreiben: $\frac{4}{5} : 2 = \frac{2}{5}$

Ergebnis: Jedes Kind erhält $\frac{2}{5}$ einer ganzen Waffel.

b)

verfeinern

:2

$\frac{3}{4}$ = $\frac{6}{8}$:2 $\frac{3}{8}$

Damit gerecht verteilt werden kann, wird jedes Viertel in 2 gleich große Teile zerlegt. Das bedeutet: Der Bruch $\frac{3}{4}$ wird mit 2 erweitert. Dann kannst du wie in Teilaufgabe a) verfahren.

$\frac{3}{4} : 2 = \frac{6}{8} : 2 = \frac{3}{8}$

Ergebnis: Jedes Kind erhält $\frac{3}{8}$ einer ganzen Pizza.

Information

Regeln für das Dividieren einer Bruchzahl durch eine natürliche Zahl

Zur Lösung der Aufgabe $\frac{3}{4} : 2 = \frac{3}{8}$ kannst du auch folgende Überlegungen durchführen:

$\frac{3}{4}$ Pizza stehen zur Verfügung. Jedes Viertel wird an 2 Kinder verteilt. Jedes Kind bekommt dann von jedem Viertel die Hälfte, also 1 Achtel, insgesamt $3 \cdot 1$ Achtel.
Du erhältst also das Ergebnis $\frac{3}{8}$ durch Multiplikation des Nenners mit 2.

> **Zwei Fälle bei der Division einer Bruchzahl durch eine natürliche Zahl**
>
> *1. Möglichkeit: Nur anwendbar, wenn der Zähler durch die natürliche Zahl teilbar ist*
>
> Der Zähler des Bruches wird durch die natürliche Zahl dividiert.
> Der Nenner bleibt erhalten.
>
> *Beispiel:* $\frac{15}{19} : 5 = \frac{15:5}{19} = \frac{3}{19}$
>
> *2. Möglichkeit: Immer anwendbar*
>
> Der Nenner des Bruches wird mit der natürlichen Zahl multipliziert.
> Der Zähler bleibt erhalten.
>
> *Beispiel:* $\frac{12}{7} : 5 = \frac{12}{7 \cdot 5} = \frac{12}{35}$

Weiterführende Aufgaben

2. *Unterschied zwischen Dividieren und Kürzen*

a) Dividiere $\frac{6}{9}$ durch 3. Kürze dann $\frac{6}{9}$ mit 3. Vergleiche.

b) Worin besteht der Unterschied zwischen Dividieren und Kürzen?

Abb. 8   Deutsche Schulbucherklärung (vgl. Griesel, Postel & Suhr (2006): Elemente der Mathematik 6, S. 21 und S. 22)

Später gehen die Autoren auf die in Singapur verwendete Lösungsmethode kurz ein.

Zunächst wird die Struktur der Aufgabe durch ein Stabmodell dargestellt (vgl. Hoven & Garelick 2007, S. 30f.):

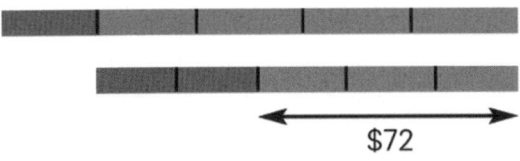

$72

3 Einheiten = $ 72 (im unteren Teil des Modells)
5 Einheiten = 5 × $ 72/3 = $ 120 = Rest
4 Teile = $ 120 (im oberen Stabmodell)
5 Teile = 5 × $ 120/4 = $ 150
Indem die Schüler mit Hilfe des Stabmodells die Bekannten und Unbekannten in einer Aufgabe in ihrer Beziehung zueinander identifizieren, bereitet die Stabdarstellung eine algebraische Repräsentation in folgender Weise vor:

Die Menge, die Lauren anfangs hatte = x (Länge des oberen Stabmodells)

Nachdem sie ein Kleidungsstück gekauft hat, bleibt als Rest = r (Länge des unteren Stabmodells)

Vom unteren ergibt sich $ 72 = 3/5 von r = 3/5 × r
Also ist 1/5 von r = $ 72/3 = $ 24, und r = 5 × $ 24 = $ 120

Vom oberen Stabmodell ergibt sich:
Die Menge, die für ein Kleidungsstück ausgegeben wurde = 0.20x = 1/5 von x
Also ist R = 4/5 von x = 4/5 × x, was impliziert $ 120 = 4/5 von x = 4/5 × x
Also ist 1/5 von x = $ 120/4 = $ 30, und x = 5 × $ 30 = $ 150."

4.4.3 Mathematikschulbücher aus Ländern mit hoher und niedriger Kompetenz

Vorbemerkung

Da es keine nennenswerte experimentelle Forschung zur Lernwirksamkeit von Mathematikschulbüchern gibt, wenden wir in der folgenden Diskussion einige Prinzipien der Lern- und Gedächtnisforschung auf die Verständlichkeit von Schulbuchtexten an. Schulbuchtexte haben dabei folgende Aufgaben:

- Schüler sollten durch Nach-Lesen die Inhalte verstehen können, mindestens nachdem die Inhalte im Unterricht durch den Lehrer eingeführt und erklärt wurden.

- Ferner sollten Schüler die Erklärungen und Übungsaufgaben des Schulbuchs gewinnbringend im Selbststudium bearbeiten können. Dies ist z. B. bei längerer Krankheit, aber auch zur Nachbereitung des Unterrichts oder für die Vorbereitung einer Klassenarbeit wichtig.

Über die Bedeutsamkeit solcher Standards mag man geteilter Meinung sein. Wer von vornherein nur den Lehrer, und nicht auch das Schulbuch, in der Pflicht sieht, sich für das Lernen der Schüler verantwortlich zu fühlen, mag die folgende Diskussion für überflüssig halten.

Zur Analyse der Schulbuchhypothese gehen wir in zwei Schritten vor:

- Zunächst beschreiben wir Erklär- und Übungsseiten aus Ländern mit hohem Kompetenzniveau (Japan; Singapur). Diese vergleichen wir dann mit Erklärungsseiten aus deutschen Schulbüchern.[61].

- Danach werden wir erste Studien vorstellen, in denen experimentell die Lernwirksamkeit verschiedener Schulbucherklärungen durch selbstständiges Lesen überprüft wurde.

Die Beschreibung der Schulbucherklärungen

Alle Schulbuchvergleiche, die wir hier darstellen, konzentrieren sich auf die Bruchrechnung. Wir wählen als Musterbeispiel einer deutschen Schulbucherklärung eine Erklärseite aus dem Schulbuch „Elemente der Mathematik" (Griesel, Postel & Suhr 2004; Ausgabe Gymnasium, 6. Schuljahr, S.21–22), weil dieses Schulbuch in niedersächsischen Gymnasien häufig eingesetzt und ferner von Mathematikdidaktikern als vergleichsweise didaktisch überzeugend gestaltet eingeschätzt wird (vgl. Rezat 2006). Die Darstellung im deutschen Schulbuch (s. S. 97) vergleichen wir mit Erklärseiten aus Ländern mit sehr guten Ergebnissen bei internationalen Vergleichsuntersuchungen, und zwar mit einem japanischen Schulbuch „Study with Your Friends. Mathematics for Elementary Schools, 6.2 für das 6. Schuljahr, S. 6 (→ 100) und mit einem Schulbuch aus Singapur („Primary Mathematics 5a"; s. S. 53, → S. 101).

---

[61] Die Unterschiedlichkeit deutscher Mathematikschulbücher erklärt höchstens 2–3 % der tatsächlichen Leistungsunterschiede zwischen den Klassen. Wir stützen uns hierbei auf Analysen von Gölitz, D. & Roick, T. (2006). Schulbücher und Mathematikleistungen in den Normierungsuntersuchungen zu den Deutschen Mathematiktests 3+ und 4. Göttingen: Unveröffentlichtes Manuskript der Abteilung für Pädagogische Psychologie und Entwicklungspsychologie. Danach hat das Schulbuch meist einen kleinen Effekt auf das Kenntnisniveau in Mathematik (Eta zwischen 0,01 und 0,07, wobei die meisten Effekte bei 0,02 und 0,03 liegen).

② Berechnung von „Brüchen ÷ Ganze Zahlen"

1 Bei dieser Wand genügen 2 Liter Farbe für eine Fläche von $\frac{5}{6} m^2$. Wie viele m² können mit jedem 1 Liter Farbe gemalt werden?

① Schreibe eine Rechnung.

☐ ÷ ☐

Bemalte Fläche   Menge der Farbe (Liter)

② Wie viele m² können mit 1 Liter Farbe gemalt werden? Finde die Antwort, in dem du die Zeichnung rechts färbst.

Es gibt 5 Stücke von $\frac{1}{6} m^2$. Die Hälfte davon ist ...

Denke über Situationen nach, in denen du Brüche durch ganze Zahlen teilst und wie du das berechnest.

Abb. 9 Japanische Schulbucherklärung

Teilen eines Bruchs durch eine ganze Zahl

4 Jungen teilen $\frac{2}{3}$ eines Kuchens gleichmäßig auf.

Welchen Bruchteil des Kuchens bekommt jeder Junge?

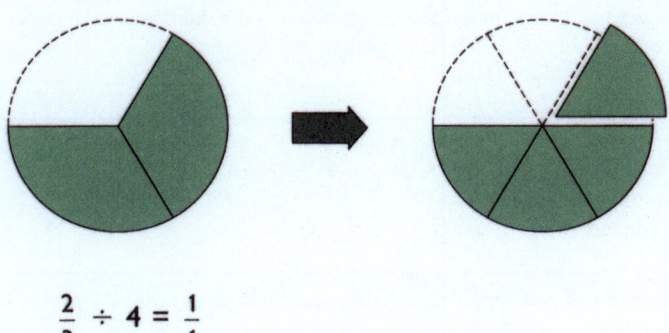

$$\frac{2}{3} \div 4 = \frac{1}{6}$$

Jeder Junge erhielt $\frac{1}{6}$ des Kuchens.

$$\frac{2}{3} \div 4 = \frac{1}{4} \text{ von } \frac{2}{3}$$

$$= \frac{1}{{}_2\cancel{4}} \times \frac{\cancel{2}^{\,1}}{3}$$

$$= \frac{1}{6}$$

Jeder Junge erhielt $\frac{1}{4}$ von $\frac{2}{3}$ des Kuchens

Hier ist ein anderer Weg $\frac{2}{3}$ durch 4 zu teilen.

Multipliziere $\frac{2}{3}$ mit $\frac{1}{4}$

$$\frac{2}{3} \div 4 = \frac{\cancel{2}^{\,1}}{3} \times \frac{1}{\cancel{4}_2}$$

$$= \frac{1}{6}$$

Abb. 10 Schulbucherklärung in Singapur

Beschreibung der Schulbucherklärungen „Teilen von Bruchzahlen"	
Deutsche Schulbucherklärung (6. Klassenstufe)	**Asiatische Schulbucherklärungen (Japan 6. Klassenstufe, Singapur 5. Klassenstufe)**
(1) *Hohe extrinsische Belastung (Aufmerksamkeitsteilungseffekt):* – Die Erklärung erstreckt sich über zwei Halbseiten. Die Informationen beider Halbseiten müssen miteinander verknüpft werden. Der Schüler muss umblättern, um Informationen der ersten Halbseite mit Informationen der zweiten Halbseite zu verknüpfen.	… *niedrige* extrinsische Belastung: Die Erklärung erstreckt sich über vier Seiten (Japan) bzw. über 1 1/4 Seiten (Singapur). Die ersten Erklärseiten enthalten jeweils eine in sich abgeschlossene Erklärung.
– Zunächst wird Aufgabe 1 a), danach Aufgabe 1 b) gestellt, danach folgt die Lösung zu Aufgabe 1 a) und die Lösung zu Aufgabe 1 b). Auch hier müssen Informationen, die auseinander liegen, miteinander verknüpft werden.	… Aufgabe und Lösung (visualisiert, Rechnung) folgen direkt aufeinander.
(2) Hohe extrinsische Belastung durch *hohe Informationsdichte pro Erklärseite* – Die Erklärseite (beide Halbseiten zusammen) enthält 236 Wörter …	… niedrige extrinsische Belastung … verglichen mit 76 Wörtern (1. Erklärseite Japan) bzw. 44 Wörtern (1. Erklärseite Singapur).
– Vier Aufgaben auf der ersten Erklärseite, von denen zwei rechnerisch schwierig sind (a) $4/5 : 4$; (b) $^3/_4 : 2$; (c) $15/19 : 5$ und (d) $12/7 : 5$.	… verglichen mit einer Aufgabe auf der ersten Erklärseite: Japan: $5/6 : 2$. Singapur: $2/3 : 4$.
(3) *Inkohärenter Erkläransatz*: Zuerst durch Teilen des Zählers; danach wird das allgemeine Verfahren über das Erweitern entwickelt, danach Teilen durch Vervielfachen des Nenners. Das allgemeine Verfahren durch Vervielfachen des Nenners steht nicht im Vordergrund.	… Teilen durch Verfeinern der Aufteilung (Japan) oder über die Anknüpfung an die Multiplikation von Brüchen mit Brüchen: Teilen durch 4 wird gedeutet als $1/4$ von … Es steht jeweils Teilen durch Vervielfachen des Nenners im Vordergrund.
(4) *Aktive Beteiligung*: Der Schüler wird im Rahmen der Erklärseite am Erklärprozess nicht aktiv beteiligt, z. B. durch eingestreute Aufgaben.	… wird aktiv durch kleine Aufgaben von der ersten Erklärseite an am Erklärprozess beteiligt (Japan); in Singapur wird er ab der zweiten Erklärseite aktiv durch kleine Aufgaben einbezogen.

Obwohl in der deutschen Mathematikdidaktik das entdeckende Lernen betont wird, werden in dieser Erklärung keine Zwischenfragen an den Schüler gestellt, um ihn zu einer aktiven Auseinandersetzung anzuregen. Nach Wittwer & Renkl (2008) ist aber ein solcher aktiver Einbezug wichtig, damit Schüler die Erklärung durch eigenes Operieren nachvollziehen. Allerdings wäre der Lernerfolg solcher Bearbeitungen hier fraglich, da insgesamt die extrinsische Belastung viel zu hoch ist.

Die Unterschiede zwischen den Schulbüchern beziehen sich nicht nur auf die Erklärteile, sondern auch auf die Art und Strukturierung der Übungen. Wir konzentrieren uns bei diesem Vergleich auf eine Übungsseite aus dem deutschen Mathematikschulbuch (vgl. S. 23 → S. 104) und vergleichen diese mit einer Übungsseite aus dem Mathematikbuch aus Singapur. (vgl. S. 25 → S. 107). Im Gegensatz zu der häufig gehegten Auffassung, dass die hohe mathematische Kompetenz in den asiatischen Staaten durch viel Drill und mechanische Übungen erreicht werde, zeigt ein Vergleich der Anzahl der gestellten Übungsaufgaben, dass in Deutschland insgesamt weit mehr reine Rechenaufgaben gestellt werden.

Noch eine andere Beobachtung passt nicht zum vorgefassten Stereotyp: Die deutsche Übungsseite (Seite 23) enthält 3 Sachaufgaben und 48 Rechenaufgaben, verglichen mit 6 Sachaufgaben und 9 Rechenaufgaben im Schulbuch aus Singapur. Dies legt die Vermutung nahe, dass sich das Schulbuch aus Singapur mehr um eine Verankerung des Gelernten in relevanten Sachsituationen bemüht als das deutsche Schulbuch. Allerdings werden im japanischen Übungsheft auf der dargestellten Übungsseite gar keine Sachaufgaben gestellt. Im Schulbuch sind zusätzlich noch vier weitere Sachaufgaben im Abschnitt 7.2 enthalten.

Die Übungen im Schulbuch aus Singapur haben eine klare Struktur: Zuerst geht es bei den 9 Rechenaufgaben um das Einüben der Prozedur. Danach wird das gelernte neue Verfahren in 6 verschiedenen Sachaufgaben angewendet. Hingegen erscheint die Strukturierung im deutschen Schulbuch als eher willkürlich: Bei den Kästchen-Aufgaben 7–9 handelt es sich um Rechenaufgaben, dann folgen zwei Sachaufgaben, dann folgt wieder eine Kästchenaufgabe, wobei abwechselnd Brüche jeweils multipliziert und dividiert werden sollen. Die Aufgabe 13 ist dann wieder eine Sachaufgabe mit vier Unteraufgaben. Danach wird noch eine Sachaufgabe zur Multiplikation von Brüchen mit zwei Unteraufgaben gestellt. Demgegenüber geht es im japanischen Übungsheft um ein Einüben der neu gelernten Prozedur.

4.4.4 Experimente zur Lernwirksamkeit von Schulbüchern

Theoretische Überlegungen

Könnte es sein, dass die Kompetenzunterschiede zwischen japanischen und deutschen Schülern teilweise auf die unterschiedliche Konzeption der verwendeten Schulbücher zurück zu führen ist? Der vorgenommene Vergleich zwischen einem deutschen Gymnasialschulbuch und einem Schulbuch aus Japan und aus Singapur legen nahe, dass die asiatischen Schulbücher eher Gesichtspunkte lernwirksamer Schulbuchtexte berücksichtigen. Dazu zählen:

- Die *Informationsdichte* pro Seite ist in den asiatischen Schulbüchern in der Regel erheblich niedriger.

- *Zusammengehörige Informationen werden parallel dargeboten*, so dass sie leicht miteinander verknüpft werden kann (Vermeidung des Aufmerksamkeitsteilungseffekts).

- Die Inhalte werden in elementarer Form an *einem* Beispiel entwickelt; die deutschen Erklärseiten verwenden mehrere unterschiedliche Beispiele.

- Die asiatischen Erklärseiten fordern vom Schüler ein *aktives Bearbeiten* von Aufgaben.

Vervielfachen und Teilen von Bruchzahlen   **23**

7. Berechne.

a) $\frac{1}{6} : 4$ b) $\frac{15}{7} : 8$ c) $\frac{7}{8} : 3$ d) $\frac{7}{8} : 5$ e) $\frac{3}{17} : 5$ f) $\frac{5}{43} : 7$ g) $\frac{6}{7} : 5$ h) $\frac{8}{9} : 7$

$\frac{7}{8} : 3$ $\frac{3}{4} : 3$ $\frac{4}{5} : 7$ $\frac{6}{7} : 9$ $\frac{8}{15} : 5$ $\frac{7}{41} : 5$ $\frac{7}{23} : 8$ $\frac{9}{37} : 8$

8. a) Erläutere die Rechenwege von Dennis und Diana. Vergleiche sie.

Zerlege geschickt!

b) Berechne günstig.

(1) $2\frac{4}{7} : 3$ (2) $4\frac{2}{5} : 5$ (3) $48\frac{1}{4} : 12$ (4) $9\frac{1}{5} : 4$

$3\frac{4}{5} : 3$ $12\frac{3}{4} : 6$ $75\frac{1}{2} : 15$ $4\frac{3}{5} : 5$

$1\frac{6}{7} : 3$ $27\frac{7}{8} : 9$ $9\frac{4}{5} : 10$ $8\frac{5}{7} : 7$

$6\frac{7}{8} : 3$ $7\frac{2}{3} : 10$ $4\frac{2}{3} : 3$ $7\frac{5}{6} : 8$

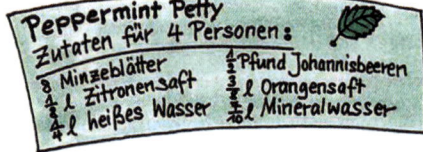

Dennis: $6\frac{1}{4} : 3 = \frac{25}{4} : 3 = \frac{25}{4\cdot 3} = \frac{25}{12} = 2\frac{1}{12}$

Diana: $6\frac{1}{4} : 3 = 6 : 3 + \frac{1}{4} : 3 = 2 + \frac{1}{4\cdot 3} = 2 + \frac{1}{12} = 2\frac{1}{12}$

9. Setze im Heft für □ eine passende natürliche Zahl ein.

a) $\frac{1}{4} : \square = \frac{1}{12}$ c) $\frac{7}{8} : \square = \frac{7}{32}$ e) $\frac{7}{\square} : 6 = \frac{7}{48}$ g) $\frac{8}{\square} : 10 = \frac{4}{15}$ i) $1\frac{2}{7} : \square = \frac{9}{28}$

b) $\frac{3}{5} : \square = \frac{3}{20}$ d) $\frac{4}{\square} : 5 = \frac{4}{15}$ f) $\frac{9}{\square} : 8 = \frac{9}{56}$ h) $\frac{10}{\square} : 7 = \frac{5}{14}$ j) $1\frac{5}{8} : \square = \frac{13}{56}$

10. In einer Flasche sind $\frac{3}{4}$ l Apfelsaft. Vier Kinder teilen sich den Saft.
Wie viel l bekommt jedes Kind?

Pfund,
alte Gewichtseinheit
1 Pfund = $\frac{1}{2}$ kg

11. Janina möchte das nebenstehende Fruchtsaftgetränk für sich und ihre Freundin Karina zubereiten.
Wie viel benötigt sie von den einzelnen Zutaten?

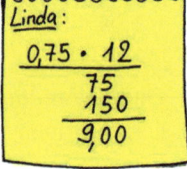

Peppermint Petty
Zutaten für 4 Personen:
$\frac{8}{9}$ Minzeblätter $\frac{1}{4}$ Pfund Johannisbeeren
$\frac{1}{4}$ l Zitronensaft $\frac{3}{4}$ l Orangensaft
$\frac{2}{4}$ l heißes Wasser $\frac{9}{10}$ l Mineralwasser

12. a) $\frac{16}{21} \cdot 28$ **b)** $\frac{12}{15} : 20$ **c)** $\frac{3}{7} \cdot 14$ **d)** $\frac{34}{85} : 17$ **e)** $\frac{138}{92} \cdot 23$ **f)** $\frac{57}{38} : 19$

$\frac{16}{21} : 28$ $\frac{12}{15} \cdot 20$ $\frac{3}{7} : 14$ $\frac{34}{85} \cdot 17$ $\frac{138}{92} : 23$ $\frac{57}{38} \cdot 19$

Vermischte Übungen

13. Berechne

a) den 3. Teil von einer halben Tafel Schokolade;   **c)** den 6. Teil von $1\frac{1}{2}$ Stunden;

b) den 5. Teil von $\frac{3}{4}$ l Milch;   **d)** die Hälfte von $1\frac{3}{4}$ l Saft.

14. a) Eine Flasche enthält 0,75 l Mineralwasser. Wie viel l Mineralwasser sind in 12 Flaschen?
Vergleiche die Rechnungen von Jonas und Linda. Nimm dazu Stellung.

Jonas:
0,75 l sind $\frac{3}{4}$ l
$12 \cdot \frac{3}{4}$ l sind 9 l

Linda:
$0,75 \cdot 12$
75
150
9,00

b) Berechne mit einem Verfahren, das deiner Meinung nach besonders geeignet ist.

(1) Im Keller stehen 15 Mineralwasserflaschen. Jede Flasche enthält 0,7 l.

(2) Das Backrezept für einen Kuchen sieht $\frac{3}{8}$ l Sahne vor. Für die Hochzeitsfeier will Franziska vier Kuchen backen.

Abb. 11 Deutsche Übungsseite

● Die im Einführungsteil verwendeten Aufgaben werden in der Regel an Veranschaulichungen visualisiert. Anhand der Visualisierung kann der Schüler die gestellte Aufgabe lösen.

Alle diese Punkte sprechen für eine höhere Lernwirksamkeit der asiatischen Schulbücher. Die asiatischen Erklärungen berücksichtigen Gesichtspunkte der Begrenztheit des Arbeitsgedächtnisses in höherem Maße als das deutsche Schulbuch. Deshalb nehmen wir an, dass Schüler bei gleicher Lernzeit mehr durch Lesen lernen können. Unsere erste Hypothese ist deshalb:

Übungsaufgaben japanisches Übungsheft:	Lösungen (am Ende des Übungshefts)
Teilen eines Bruchs durch eine ganze Zahl	mit Hilfen durch Lösungsbeispiele

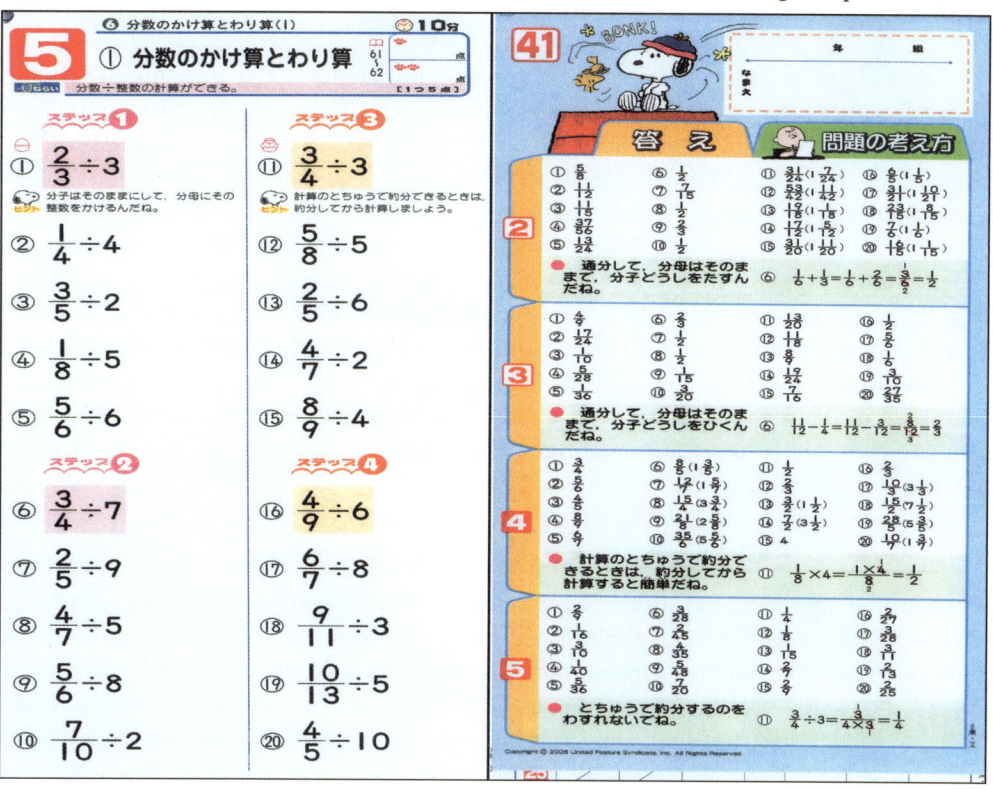

Hypothese 1: *Wenn Schüler die gleiche Lernzeit aufwenden, um Erklärseiten in einem asiatischen oder in einem deutschen Schulbuch zu lesen, dann lösen die Schüler mit asiatischem Schulbuch in einem anschließenden Lern- und Behaltenstest mehr Aufgaben.*

Ferner stellt sich die Frage, unter welchen Voraussetzungen Schüler das Lernen mit Hilfe eines Schulbuchs Spaß bereitet und unter welchen sie zu der Überzeugung gelangen, dass ihnen das Schulbuch beim Nachbereiten zu Hause oder bei der Vorbereitung eines Tests behilflich ist. Schüler werden sich vor allem dann für einen Inhalt interessieren, wenn dieser Inhalt mit einem vertretbaren Einsatz an Energie zu einem subjektiv positiven Lernergebnis führt. Eine Erklärseite, die alle wesentlichen Informationen in kohärenter Weise unter Berücksichtigung der Belastbarkeit des Arbeitsgedächtnisses enthält, wird von Schülern eher positiv bewertet als eine Seite, die sehr viele Informationen enthält, ohne dass diese Informationen integrativ aufeinander bezogen sind. Wenn Schüler erfahren, dass sie leichter mit japanischen Schulbüchern die betreffenden Inhalte lernen und verstehen können, entwickeln sie eher ein Gefühl der Selbstwirksamkeit. Daraus leiten Schüler ab, auch beim häuslichen Gebrauch mehr von den asiatischen Schulbüchern zu profitieren und sich mit ihrer Hilfe besser auf Klassenarbeiten vorbereiten zu können. Unsere zweite Hypothese ist deshalb:

Hypothese 2: *Schüler bereitet das Lernen mit dem japanischen Schulbuch mehr Spaß und sie schätzen den Nutzen bezüglich der Möglichkeit zur Nachbereitung von Inhalten und zum Vorbereiten einer Klassenarbeit höher ein.*

Methodisches Vorgehen

Um diese Hypothesen zu prüfen, wurden von uns insgesamt vier Experimente zu verschiedenen Inhalten der Bruchrechnung durchgeführt. In allen Experimenten wurden die Schüler verschiedener Schulklassen der fünften Klassenstufe per Zufall verschiedenen Versuchsbedingungen zugeteilt. In der Versuchsbedingung „japanisches Schulbuch" sollten die Schüler mit dem japanischen Schulbuch den Erklärteil durcharbeiten und zugehörige Übungsaufgaben lösen. In der Versuchsbedingung „deutsches Schulbuch" erhielten die Schüler die entsprechenden Erklär- und Übungsseiten aus einem deutschen Schulbuch. Alle Schüler erhielten jeweils ein Erklärungs-Booklet und ein Übungs-Booklet. Es wurde jeweils darauf hingewiesen, dass die Erklärungen sorgfältig und in Ruhe durchgelesen werden sollten, bevor die Übungsaufgaben bearbeitet wurden. In allen diesen Experimenten wurde für die verschiedenen Versuchsbedingungen die *Lernzeit* zum Lesen der Erklärungen und zum Bearbeiten von zugehörigen Übungsaufgaben jeweils als zusammengehöriger Block konstant gehalten.

Experiment 1

Bei diesem Experimenten wurden Gymnasiasten, die aufgrund ihrer Vortestergebnisse im Bereich Bruchrechnung sehr ähnliche Leistungen zeigten, paarweise per Zufall einer Gruppe mit deutschem oder japanischem Schulbuch[62] zugeordnet (vgl. Wellenreuther & Ebel 2008). Leider war die Stichprobe mit 22 Schülern sehr klein.[63] Inhalte waren Erweitern und Kürzen sowie Addieren und Subtrahieren von Brüchen. Von den elf Paaren konnten 10 ausgewertet werden. Bei neun Paaren waren die Ergebnisse zugunsten des japanischen Schulbuchs, beim zehnten Paar erreichten beide Schüler ein Spitzenergebnis, so dass kein Unterschied bei diesem Paar festgestellt werden konnte. Nachbesprechungen mit den Schülern deuteten darauf hin, dass die Schüler mit mehr Spaß mit den japanischen Schulbüchern arbeiteten. Um dies genauer zu prüfen, wurde in den nachfolgenden Experimenten ein Evaluationsbogen eingesetzt.

---

[62] In Japan gibt es pro Klassenstufe zwei dünne Erklärbücher. Zu diesen Erklärbüchern gibt es zusätzlich Übungshefte, in denen pro Seite zu einem bestimmten Inhalt klar nach Schwierigkeit gegliederte Aufgaben stehen. Am Ende der Übungshefte stehen für jede Aufgabe die richtigen Lösungen. Sowohl bei den Aufgaben wie auch bei den Lösungen werden bei schwierigeren Aufgaben die Lösungswege dargestellt und an Veranschaulichungen erläutert.

[63] Ursprünglich sollten möglichst alle Schüler der fünften Klassenstufe eines Gymnasiums am Experiment teilnehmen. Da jedoch zum gleichen Zeitpunkt ein Fußballturnier angesetzt wurde, reduzierte sich die Teilnehmerzahl beträchtlich.

Übungsseite Schulbuch 5A, Singapur (S. 55):

Finde den Wert zu jedem der folgenden Ausdrücke in seiner einfachsten Form!

	(a)	(b)	(c)
1.	$\frac{1}{3} : 3$	$\frac{5}{6} : 3$	$\frac{9}{10} : 3$
2.	$\frac{3}{4} : 5$	$\frac{1}{5} : 4$	$\frac{8}{9} : 6$
3.	$\frac{2}{5} : 3$	$\frac{5}{9} : 5$	$\frac{5}{6} : 10$

4. Ein $\frac{4}{5} m$ langes Seil wird in zwei gleichlange Teile geteilt. Wie lang ist jeder Teil?

5. $\frac{4}{5}$ des bei einem Flohmarkt verdienten Geldes wurde auf vier Parteien aufgeteilt. Welchen Bruchteil des Geldes hat jede Partei bekommen?

6. 6 Kekspackungen wiegen $\frac{3}{10}$ kg. Finde das Gewicht jeder dieser Packungen.

7. Sarah verteilt $\frac{2}{5} l$ Fruchtsaft gleichmäßig auf vier Becher. Wie viel Fruchtsaft ist in jedem Becher?

8. Der Umfang eines quadratischen Blumenbeets beträgt $\frac{3}{4} m$. Finde die Länge jeder Seite in Meter.

9. Frau Schmidt teilte $\frac{3}{4} kg$ Weintrauben gleichmäßig unter ihren 6 Kindern auf. Wie viel kg erhielt jedes Kind?

Experimente 2 und 3

Danach haben wir versucht, diese Ergebnisse anhand anderer Schülergruppen (Real- und Hauptschüler) zu erhärten. Dieser Versuch schlug aus verschiedenen Gründen fehl. Es zeigte sich, dass Hauptschüler sowie ein Großteil der Realschüler mit dem selbstständigen Erarbeiten von Inhalten überfordert waren. Zusätzlich waren bei den Realschülern nicht die notwendigen Vorkenntnisse bezüglich der Grundvorstellung von Brüchen vorhanden.

Experiment 4

Zielsetzung

Wie im ersten Versuch wurde mit Gymnasiasten die Lernwirksamkeit des japanischen Schulbuchs im Vergleich zum deutschen Schulbuch überprüft sowie die affektive Qualität des Arbeitens mit diesen Schulbüchern beurteilt. Dabei sollte zusätzlich geprüft werden, wie sich die Länge der Übungen beim japanischen Schulbuch auf Lernen und Behalten auswirkt. Ferner sollte im Versuch geprüft werden, wie das Arbeiten mit dem japanischen Schulbuch in verschiedenen Hinsichten beurteilt wird (Spaß, geeignet für eine Nachbereitung des Unterrichts und für die Vorbereitung einer Klassenarbeit).

Stichprobe

4 Gymnasialklassen mit 125 Schülern der fünften Klassenstufe. Beim Lerntest konnten 124 Testbögen berücksichtigt werden.

Inhalte

Erweitern und Kürzen von Brüchen, Addieren und Subtrahieren von Brüchen, Vervielfachen und Teilen von Bruchzahlen.

Vortest

Zur Kontrolle des Vorwissens wurde ein Vortest durchgeführt, in dem vor allem Aufgaben zur Bruchzahlvorstellung sowie zum Vergleichen von Brüchen enthalten waren.

Versuchsplan

Es wurden drei Gruppen durch Zufallsaufteilung von Drillingen (drei Schüler mit annähernd gleichen Vortestergebnissen) gebildet: Eine Gruppe, die mit dem eingeführten deutschen Schulbuch arbeiten sollten, eine Gruppe, die mit dem japanischen Schulbuch und einem größeren Übungsteil arbeiten sollten, und eine dritte Gruppe, die mit dem japanischen Schulbuch und einem reduzierten Übungsteil arbeiten sollten (2/3 der Aufgaben der anderen Gruppe mit japanischem Schulbuch).

Zeitlicher Ablauf

An einem Dienstag (10.7.07) wurde in allen vier fünften Klassen ein Vortest durchgeführt. Am darauf folgenden Freitag (13.7.07) wurden dann die Schüler nach den aufgrund der Vortestergebnisse hergestellten Listen in drei Gruppen eingeteilt, wobei jede Versuchsgruppe auf zwei Klassenräume aufgeteilt wurde. Die „Behandlung" (Lesen der Schulbuchtexte und Lösen zugeordneter Übungsaufgaben) erstreckte sich über insgesamt 4 1/2 Stunden, die entsprechend dem normalen Schulablauf durch Schulpausen unterbrochen wurden. Danach wurde der Evaluationsbogen und der Nachtest bearbeitet. Nach dem Einsammeln der Testbögen wurde mit den Schülern über den Versuch diskutiert.

Methodischer Ablauf

In jeder Gruppe gab es zwei Versuchsleiter, wobei der eine für die Versuchsanweisungen, der andere für das Protokollieren relevanter Ereignisse (Anwesenheit von Lehrern, Störungen durch Schüler, Abweichen des Versuchsleiters von der vereinbarten Prozedur) zuständig war. Durch die Anleitungen des Versuchsleiters sollte sichergestellt werden, dass in den drei Gruppen jeweils die gleiche Zeit an einem Inhalt und den zugehörigen Aufgaben gearbeitet wurde.[64]

Probleme bei der Durchführung

Besondere Probleme traten aufgrund der großen Leistungsheterogenität der Schüler auf. In jeder Gruppe gab es Schüler, die sowohl durch das Bearbeiten der Schulbuchtexte erkennbar überfordert waren sowie Schüler, die vorzeitig fertig waren und alle Übungsaufgaben bearbeitet hatten. Diese Schüler wurden dann überwiegend mit Malaufgaben beschäftigt.

Behaltenstest

Am darauf folgenden Dienstag (17.7.07) wurde ein zum Lerntest paralleler Test durchgeführt, um feststellen zu können, ob die festgestellten Effekte stabil sind.

Ergebnisse

Hypothese 1: *Unsere Vermutung war, dass die Schüler mit Hilfe des japanischen Schulbuchs mehr lernen.* Auch in diesem Experiment wurden unsere Vermutungen bezüglich der Lerneffekte insgesamt deutlich bestätigt.

– Es gab keinen einzigen Inhalt, bei dem das deutsche Schulbuch signifikant besser abschnitt.

– Mit dem japanischen Schulbuch haben die Schüler bei schwierigen Inhalten wie „Bruch durch ganze Zahl" (68% zu 37%; $p < 0{,}001$), und „Rechnen mit gemischten Brüchen" (38% zu 23%; $p < 0{,}005$) deutlich mehr gelernt.

Weiterführende Aufgaben

3. *Addieren und Subtrahieren von Bruchzahlen in der gemischten Schreibweise*

Erkläre die Rechnungen. Zeichne auch.

(1)
$$1\tfrac{7}{8} + 2\tfrac{1}{2}$$
$$= 1\tfrac{7}{8} + 2\tfrac{4}{8}$$
$$= 3\tfrac{11}{8}$$
$$= 4\tfrac{3}{8}$$

(2)
$$3\tfrac{1}{2} - 1\tfrac{1}{6}$$
$$= 3\tfrac{3}{6} - 1\tfrac{1}{6}$$
$$= 2\tfrac{2}{6}$$
$$= 2\tfrac{1}{3}$$

(3)
$$3\tfrac{1}{4} - 1\tfrac{3}{8}$$
$$= 3\tfrac{2}{8} - 1\tfrac{3}{8}$$
$$= 2\tfrac{10}{8} - 1\tfrac{3}{8}$$
$$= 1\tfrac{7}{8}$$

Lösungsbeispiele „gemischte Brüche" deutsches Schulbuch

Die Ergebnisse des vierten Experiments bestätigen somit insgesamt die Hypothese der höheren Lernwirksamkeit dieses japanischen Schulbuchs im Bereich Bruchzahlen. Allerdings waren die Ergebnisse in den Bereichen „Erweitern und Kürzen" sowie „Addieren und Subtrahieren" nicht deutlich zugunsten des japanischen Schulbuchs. Dies könnte auch mit spezifischen Faktoren des Experiments zusammenhängen. Die Schüler hatten insgesamt fünf Unterrichts-Stunden mit den Schulbüchern zu arbeiten. Vielleicht konnten sich die Schüler im abschließenden Lerntest am ehesten an die gerade behandelten Inhalte „Multiplikation und Division von Brüchen durch ganze Zahlen" erinnern. Es könnte

---

[64] Ursprünglich war geplant, jeweils die Zeiten für die einzelnen Erklär- und die einzelnen Übungsteile konstant zu halten. Dies war jedoch nicht möglich, weil die Erklärteile der japanischen Gruppen erheblich länger waren.

jedoch auch sein, dass sich die Güte der Schulbuch-Erklärungen besonders deutlich bei den Inhalten unterschied, bei denen die deutlichsten Differenzen im Nachtest identifiziert werden konnten.

Am deutlichsten waren die Kompetenzunterschiede bei schwierigen Themen wie „Teilen von Bruchzahlen durch natürliche Zahlen" und „Rechnen mit gemischten Brüchen". Auf die möglichen Gründe für das schlechte Abschneiden bei den Aufgaben zur Division von Brüchen bin ich schon eingegangen. Beim Rechnen mit gemischten Brüchen spielt m. E. eine Rolle, dass im japanischen Schulbuch dieser Inhalt ausführlich und explizit auf mehreren Seiten behandelt wird[65] (→ S. 113), während dieser Inhalt im deutschen Schulbuch eher beiläufig an drei Lösungsbeispielen verdeutlicht wird.

Von den deutschen Schülern wird verlangt, vorgegebene Lösungen zu analysieren, um sich dadurch das Lösungsverfahren einzuprägen. Ob durch solch ein Nachlesen von drei Lösungsbeispielen allein die Bildung eines Schemas erzeugt wird, erscheint fraglich. Diese Art der Behandlung erinnert an das Lernen durch gelöste Aufgabenserien bei Zhu & Simon (1987). Allerdings wurden von Zhu & Simon jeweils erheblich mehr gelöste Aufgaben zum Analysieren vorgelegt, und auf diese Lösungsserien folgten dann Aufgaben, die von den Schülern in analoger Weise schriftlich zu lösen waren. Auf diese Weise konnten Schüler feststellen, ob sie das Verfahren auch auf neue Aufgaben anwenden konnten. Dieser aktive Übertrag auf neue selbst zu lösende Aufgaben wird im deutschen Schulbuch nicht verlangt.

Hypothese 2: *Wir vermuteten, dass die Schüler die Arbeit mit dem japanischen Schulbuch positiver bewerten würden.* Nach unserer Analyse berücksichtigen die japanischen Schulbücher eher die Begrenztheit des Arbeitsgedächtnisses. Bei komplexen Inhalten ist ein Lernen nur möglich, wenn eine Überlastung vermieden wird und dadurch ein aktives Operieren ein Einprägen der Inhalte ermöglicht. Wenn Schüler durch Lesen der Schulbucherklärung lernen können, dann machen sie auch eher Selbstwirksamkeitserfahrungen: Sie empfinden dann auch beim Bearbeiten mehr Spaß. Außerdem werden sie eher zu Folgerungen veranlasst, ein Arbeiten mit dem japanischen Schulbuch sei beim häuslichen Nacharbeiten von Inhalten sowie beim Vorbereiten von Klassenarbeiten nützlich.

Beim Bewerten des Schulbuchs konnten die Schüler für bestimmte Aspekte Noten vergeben. Um die Effekte zu verdeutlichen, haben wir die Prozentsätze für die Note 3 oder besser zusammengefasst.

---

[65] Das Thema wird über drei Seiten behandelt, auf einer Seite im Schulbuch 5.2, S. 35 und auf zwei Seiten im Schulbuch 6.1, S. 94 und 95.

	Japanisches Schulbuch	Deutsches Schulbuch	Signifikanz
(1) Wie viel Spaß hat dir das Arbeiten mit den Erklärseiten während des Versuchs gemacht?	77%	29%	(p < 0,001)
(2) Wie anstrengend war es für dich, die Erklärseiten durchzuarbeiten?	42%	50%	nicht signifikant
(3) Angenommen, du warst in einer Mathestunde nicht da, willst aber die Hausaufgaben machen. Wie sehr würden dir dabei die Erklärseiten helfen?	84%	60%	(p < 0,02)
(4) Was glaubst du: Wie gut könntest du mit den Erklärseiten eine Klassenarbeit vorbereiten?	79%	38%	(p < 0,001)
(5) Wie viel Spaß hat dir das Lösen der Aufgaben im Übungsteil gemacht?	88%	33%	(p < 0,001)
(6) Wie sehr haben dir die Aufgaben im Übungsteil beim Lernen geholfen?	81%	38%	(p < 0,001)

Insgesamt wird die Arbeit mit dem japanischen Schulbuch als erheblich angenehmer und effektiver eingeschätzt als die Arbeit mit dem deutschen Schulbuch: Auch sehen die Schüler erheblich bessere Chancen, Inhalte durch Nachlesen zu Hause zu verstehen oder sich mit Hilfe des Schulbuchs auf eine Klassenarbeit vorzubereiten. Lediglich bei der Einschätzung der Anstrengung, die für das Durcharbeiten der Schulbücher aufzuwenden ist, ergibt sich kein deutlicher Unterschied zu Gunsten des japanischen Schulbuchs.

Folgerungen aus den durchgeführten Forschungen zur Lernwirksamkeit von Schulbüchern

Unsere Experimente unterstützen die These, dass Schüler bei gleicher Lernzeit allein durch Lesen eines japanischen Schulbuchs mehr lernen und dabei mehr Spaß haben. Wir vermuten, dass die Schüler beim Lesen der japanischen Erklärungen durch die deutlich geringere Belastung des Arbeitsgedächtnisses eher positive Selbstwirksamkeitserfahrungen machen. Deshalb nehmen Schüler, die mit den japanischen Erklärungen gearbeitet haben, signifikant häufiger an, mit Hilfe des japanischen Schulbuchs zu Hause eher Inhalte nachbereiten und leichter eine Klassenarbeit vorbereiten zu können.

Mathematikschulbücher in westlichen Staaten wie den USA und Deutschland sind hauptsächlich als *Übungsbücher* konzipiert, es wird nicht der Anspruch erhoben, dass Schüler durch Lesen allein mit diesen Büchern gut lernen können. Der Lehrer bleibt bei der westlichen Vorstellung die Vermittlungsinstanz zwischen Schulbuch und Schüler. Die unterschiedliche Konzeption zeigt sich an verschiedenen Punkten:

– Der Anteil der Erklärseiten an der Anzahl der Schulbuchseiten ist im japanischen Schulbuch deutlich höher, wobei die japanischen Erklärseiten kleine Denkaufgaben enthalten.

– Die Erklärseiten berücksichtigen selbst in höherem Maße Gesichtspunkte der Verständlichkeit: Die asiatischen Erklärseiten enthalten weit weniger Informationen, meist wird eine Problematik an einem Beispiel schrittweise entwickelt und parallel an Visualisierungen verdeutlicht. Zugehörige Informationen werden zusammenhängend präsentiert (Vermeidung des Aufmerksamkeitsteilungseffekts).

– Der Schüler wird im japanischen Schulbuch eher als aktiver Lerner, der im Rahmen der Erklärung mitdenken muss und kleine Aufgaben dabei zu lösen hat, behandelt, während er im deutschen Schulbuch eher als passiver Rezipient von Informationen behandelt wird.

– Die Übungsaufgaben sind in den asiatischen Unterrichtsmaterialien stärker nach bestimmten Gesichtspunkten strukturiert (z. B. in Singapur: nach Schwierigkeit und durch die Abfolge „zuerst einfache Rechenaufgaben, danach Sachaufgaben").

Durch die einerseits sehr umfangreichen Übungsteile zusammen mit den knappen und für die Schüler aufgrund der Informationsfülle schwer verständlichen Erklärungen wird den Lehrern signalisiert, für das Lernen und Verstehen komme es hauptsächlich auf Übungen an. Viele Lehrer werden dadurch in der Auffassung bestärkt, auch in der Klasse die Inhalte nur kurz einzuführen, und dann zu erwarten, dass die Schüler ein tieferes Verständnis durch die vielen Übungen entwickeln. *Doch das Einüben von unverstandenen Inhalten verhindert eine Verankerung der Inhalte in die vorhandene Wissensstruktur. Solches Wissen wird sofort wieder vergessen.*

Zudem ist zu vermuten, dass viele Lehrer mit der Aufgabe überfordert sind, selbst für Schüler verständliche Erklärungen zu entwickeln, um dadurch die Defizite der Schulbücher auszugleichen. Die Entwicklung guter Schulbucherklärungen ist nämlich sehr aufwändig. Schließlich müssen drei Informationsstränge zusammengeführt und in möglichst lernwirksamer Weise miteinander verknüpft werden: Das fachliche Wissen, das fachdidaktische Wissen und das pädagogische Wissen. Mit dieser Optimierungsaufgabe sind viele Lehrer überfordert. So sind deutsche und US-amerikanische Mathematiklehrer in der

3. Gemischte Brüche berechnen

1 Martinas Familie hat am Morgen $1\frac{3}{5}l$ und am

Abend $\frac{4}{5}l$ Milch getrunken.

① Wie viele Liter Milch haben sie insgesamt getrunken? Schreibe eine Rechnung.

② Überlege dir, wie man die Aufgabe

lösen kann.

$$1\frac{3}{5}+\frac{4}{5}=1\frac{\square}{5}$$

$$=\square$$

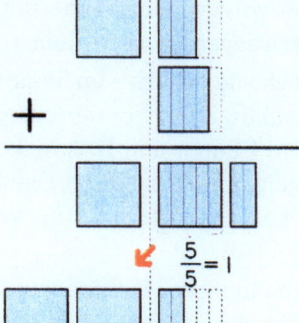

$$+$$

$$\frac{5}{5}=1$$

③ Wie viel mehr Milch haben sie am

Morgen getrunken als am Abend?

Schreibe eine Rechnung.

④ Überlege dir, wie man die

Aufgabe lösen kann.

$$1\frac{3}{5}-\frac{4}{5}=\frac{\square}{5}-\frac{4}{5}$$

$$=\square$$

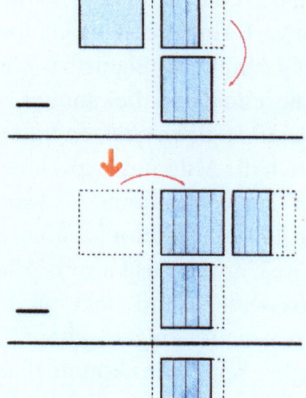

$$-$$

$$-$$

2 Löse diese Rechnungen.

① $\frac{2}{7}+1\frac{6}{7}$

② $1\frac{2}{4}-\frac{3}{4}$

Abb. 12 Erklärung gemischter Brüche im japanischen Schulbuch

Grundschule nur zu etwa 20% in der Lage, zu Standardproblemen der Grundschulmathe-matik befriedigende verständnisorientierte Erklärungen und korrekte Erklärungen der Prozeduren zu entwickeln (vgl. Ma 1999; Seyd 2005). Dagegen ist nach den Ergebnissen der Studie von L. Ma (1999) ein weit größerer Prozentsatz der chinesischen Grundschullehrer dazu in der Lage. Möglicherweise hängt dieses Ergebnis mit zwei Punkten zusammen, in denen sich das Ausbildungssystem in China und Japan von dem der USA und der BRD unterscheidet:

– die Institutionalisierung der „Lesson Study", die gewährleistet, dass sich die Erklärkompetenz des Lehrers über das ganze Berufsleben hinweg ständig verbessert, und

– die Modellierung verständlicher Erklärungen in den Schulbüchern selbst; durch die Anwendung dieser vorgegebenen Erklärungen im Unterricht lernen die Lehrer, selbst angemessene Erklärungen zu entwickeln.

Lehrer, die ausführlich und explizit – im Sinne maximaler Hilfen – Inhalte erklären und die gleichzeitig Schüler aktiv in den Lernprozess involvieren, haben die besten Lernergebnisse. Nach Evertson, Emmer und Brophy kann es als Merkmal besonders erfolgreicher Mathematiklehrer gelten, dass sie ihren Schülern die mathematischen Sachverhalte mindestens *doppelt so lange erklären* wie die weniger erfolgreichen Lehrer (vgl. Evertson, Emmer und Brophy 1980).

Die Entwicklung verständlicher Erklärungen in asiatischen Staaten ist ein kollektives Kulturprodukt, das die intensive Kooperation vieler Experten erfordert. In Japan werden in Forschungsschulen kleine Veränderungen von Schulbüchern sorgfältig entwickelt, probeweise angewendet und erneut geprüft, bis sie als ausgereift eingeschätzt werden. Erst danach werden diese Änderungen in die Schulbücher aufgenommen. In der westlichen Kultur hat hingegen der Glaube an die individuellen Fähigkeiten und Kompetenzen einen viel höheren Stellenwert. Entsprechend glauben wir, durch eine verbesserte Lehrerbildung die Fähigkeiten der Lehrer so steigern zu können, dass daraus ein effektiver Unterricht resultiert. Das erinnert an den altbekannten Fehler, dass Menschen dazu neigen, *den Einfluss der Persönlichkeit zu überschätzen und den Einfluss der Situation zu unterschätzen*, obwohl wir z. B. durch die Milgram Experimente oder durch das Stanford-Gefängnisexperiment wissen, dass kleine situationale Faktoren ungeheure Wirkungen entfalten können (vgl. Ross & Nisbett 1991). Im Automobilbau hat man durch technische Innovationen, also durch Gestaltung der Umwelt des Fahrers, die Sicherheit im Straßenverkehr in unglaublichem Maße steigern können, und nicht durch verbesserte Ausbildung der Fahrer. Warum sollten die in diesen Situationen gemachten Erfahrungen nicht auch auf das Verhalten im Unterricht übertragbar sein? Dies könnte doch auch bedeuten:

– Ein Schulbuch, das die Interessen der Schüler nach überschaubarem Informationsangebot und nach Verständnishilfen ernst nimmt, schafft ein ganz anderes Lernklima als ein Schulbuch, das nur durch zusätzliche Erklärungen des Lehrers „verdaulich" wird.

– Ein solches Schulbuch vermindert die Abhängigkeit des Schülers vom Lehrer, weil er das Schulbuch eher zum selbstständigen Lernen verwenden kann (Vor- und Nachbereitung des Unterrichts).

– Ferner wird durch ein solches Schulbuch die Unterrichtsarbeit des Lehrers erleichtert, weil durch gute Schulbuchlektionen dem Lehrer bei der Unterrichtsvorbereitung geholfen wird.

4.5 Zusammenfassung: Erklären und Lernen

Erklären im Unterricht (allgemein)

In diesem Kapitel wurden verschiedene Methoden mündlichen und schriftlichen Erklärens diskutiert, die bei einer Verbesserung der Lernbedingungen in der Schule berücksichtigt werden sollten. Leitgedanke war dabei die *Idee der maximalen Hilfen* bei der Aneignung neuer Inhalte, weil dadurch eine bessere Förderung der schwächeren Schüler möglich ist (vgl. Kirschner, Sweller und Clark 2006). Einige der übergreifenden zentralen Ideen dabei waren:

(1) *Schulisches Lernen hat an dem Vorwissen und der Lebens- und Erfahrungswelt der Kinder anzuknüpfen.* Das Lernen neuer Inhalte besteht vor allem in einer Verknüpfung des Vorwissens mit den neu zu lernenden Inhalten.

(2) Aufgaben und Erklärungen sollten die *geistigen Möglichkeiten der Schüler herausfordern*, d. h. weder unter- noch überfordern. Anforderungen sollten im Bereich der *Zone der nächsten Entwicklung* liegen.

(3) *Lehrer haben die Aufgabe, Schülern zum Einordnen neuen Wissens übergreifende Ideen, Begriffe, Gerüste anzubieten.* Durch Anbieten eines Gerüsts (*Scaffolding*) erleichtern sie den Schülern eine Einordnung und Integration einzelner Wissenselemente.

Damit Schüler bei der Aneignung neuen Wissens die präsentierten Informationen aufnehmen und verarbeiten können, muss der Begrenztheit des Arbeitsgedächtnisses Rechnung getragen werden. Was das konkret beim Lernen durch Texte bedeutet, wurde am Beispiel einer schrittweisen Optimierung eines Nachrichtentextes (Britton & Gülgöz 1991) sowie anhand der Diskussion von Schulbucherklärungen erläutert.

Das Lernen aus Texten konnte, wie das Experiment von Britton und Gülgöz (1991) zeigt, durch folgende Techniken erleichtert werden:

• Aufeinander folgende Sätze enthalten gleiche Begriffe, so dass der Leser die Sätze miteinander verbinden kann. Dabei sollte man sich auf wenige gängige Begriffe beschränken. Wenn gleiche Sachverhalte durch viele unterschiedliche Wörter beschrieben werden, wird eine Kohärenzbildung erschwert.

• Die Aneignung neuen Wissens wird ferner durch die Reihenfolge „zuerst das Bekannte, dann das Neue" unterstützt.

• Alle wesentlichen Punkte sollten explizit aufgeführt werden, so dass der Schüler nicht selbst unverbundene Informationen miteinander verknüpfen muss.

Diese Punkte beziehen sich alle auf eine *gute Mikrostruktur eines Textes*. Damit die aufzunehmenden Inhalte jedoch leicht in die vorhandene Wissensstruktur des Langzeitgedächtnisses integriert werden können, ist außerdem eine gut gegliederte und *überschaubare Makrostruktur* des Textes wichtig.

Eine notwendige Voraussetzung für schulisches Lernen ist, dass die gegebenen Erklärungen eine Fokussierung des Schülers auf das Problem erlauben. Dies ist bei schwierigen Inhalten nur möglich, wenn die extrinsische Belastung durch die Erklärung niedrig ist. Eine wichtige Rolle spielen in der Phase der Aneignung Veranschaulichungen, da durch sie ein tieferes Verständnis ermöglicht wird. Für das Lernen im Unterricht ist zusätzlich wichtig, Schüler aktiv in den Prozess der Aneignung neuen Wissens zu involvieren. Der Lehrer kann dies durch folgende Methoden tun:

– Die *Nennung und Begründung des Themas der Stunde oder das Aufstellen einer These zum Stundenbeginn*: Schüler verbinden mit schulischen Aufgaben mehr Sinn, wenn ihnen eine einleuchtende Erläuterung für das Thema gegeben wird. Die Angabe des Themas gibt ihnen zusätzlich Ideen an die Hand, die ein Abspeichern und Verarbeiten der nachfolgenden Informationen erleichtern. Lehrer können diesen Effekt dadurch verstärken, indem die Ergebnisse einer Stunde am Ende zusammengefasst werden.

– Lehrer können *Schülerbeiträge an der Tafel zu einem bestimmten Thema sammeln und nach bestimmten übergeordneten Gesichtspunkten ordnen und zusammenfassen*. Damit berücksichtigen sie das Vorwissen der Schüler und entwickeln dieses weiter. Wenn die wichtigen Punkte allerdings nur genannt werden, dann vergessen die Schüler sie vermutlich zum größten Teil sofort wieder. Die Erklärung, die entwickelt werden soll, wird dann zu wenig durch einen externen „Speicher" (Fixierung an der Tafel) gestützt. Das Herausstellen der übergeordneten Punkte erleichtert das Einordnen von Einzelinformationen.

– Um den Prozess der Aneignung neuen Wissens zu strukturieren, kann der Lehrer auch nach der ersten Einführung mehrere Beispiele an der Tafel darstellen, die in unterschiedlichem Maße gelöst sind. (100 %, 80 %, 60 %; 40 %, 20 %, 0 %). Die Lösungsmethode kann dann zusammen mit möglichen Fehlern diskutiert werden. Schüler können sich zuerst allein oder in Partnerarbeit um eine Lösung bemühen, die dann an der Tafel demonstriert werden kann. Wichtig erscheint dabei, dass die Schüler Rückmeldungen über die Güte der Problemlösung erhalten. Solche Rückmeldungen sind vor allem im Prozess der Aneignung neuen Wissens wichtig. Insofern scheint mir die Praxis der japanischen Schulbücher, für die Übungsaufgaben des Schulbuches und der Übungshefte jeweils Lösungen mitzuteilen, mit denen die Schüler ihre Lösungen dann vergleichen können, günstiger für das Lernen zu sein als die Praxis des deutschen Schulbuchs, erst später bei der Wiederholung der behandelten Inhalte einen Abgleich mit Lösungen zu erlauben.

Schon im letzten Kapitel über Lernen und Gedächtnis wurde darauf hingewiesen, wie wichtig vertiefendes Erarbeiten, Üben, Festigen und Zusammenfassen für ein nachhaltiges Lernen ist. Lernen ist kein Vorgang, der schon nach einer kurzen Einführung und Erklärung abgeschlossen ist. Weil das Leistungsspektrum in einer Klasse sehr groß ist, kann es kaum gelingen, im Klassenunterricht den geistigen Bedürfnissen aller Schüler Rechnung zu tragen. Wenn man dies weiß, kann man angemessene Fördermaßnahmen durchführen: Der Lehrer kann nach einer Erklärphase den Schülern Aufgaben stellen, die eine Anwendung und Einübung des gerade Behandelten ermöglichen. Dann kann er die schwächeren Schüler zu einer Gruppe zusammenfassen und mit ihnen nochmals die wichtigsten Punkte an einzelnen Aufgaben besprechen. Wichtig dabei ist, dass der Lehrer verschiedene Stützen anbietet, die den Schülern ein Ablegen der Informationen im Langzeitgedächtnis erleichtern.

Mündliche Erklärungen, die durch verständliche schriftliche Erklärungen unterstützt werden, erleichtern eine Verknüpfung von Vorwissen und Lernangebot. Der Vorteil schriftlicher Erläuterungen besteht darin, dass sie wiederholt durchgelesen werden können. Die

Lernenden können an verschiedenen Stellen verweilen, die noch unklar waren, und werden dadurch in die Lage versetzt, genauere Fragen zu stellen. Gute schriftliche Erklärungen helfen dem Lehrer, im Unterricht verständlichere mündliche Erklärungen zu geben. Schüler lernen durch optimierte schriftliche und mündliche Erklärungen nicht nur erheblich mehr (vgl. Schulz von Thun et al. 1973; Britton & Gülgöz 1991, Britton, Gülgöz & Glynn 1993); empirische Forschung belegt auch, dass Schüler durch verständliche Erklärungen mehr Spaß am Lernen haben.

Durch eine Verbesserung der Verständlichkeit von schriftlichen und mündlichen Erklärungen können alle Schüler mehr lernen: Sie können sich auf die wesentlichen Punkte konzentrieren. Die Entwicklung und Verwendung besserer schriftlicher Unterrichtsmittel gibt dem Lehrer auch den nötigen Freiraum, sich rechtzeitig um eine intensivere Betreuung schwächerer Schüler zu kümmern. Hier scheint ein rechtzeitiges Diagnostizieren von Leistungsrückständen durch Tests und anschließend die Einleitung von Fördermaßnahmen dringend geboten.

Die Rolle von Schulbucherklärungen

Auch beim *Lernen durch Lesen von Schulbucherklärungen* müssen die Kapazitätsgrenzen des Arbeitsgedächtnisses berücksichtigt werden. Der Vergleich einer deutschen Schulbucherklärung zum Thema „Teilen eines Bruchs durch ganze Zahlen" mit asiatischen Schulbucherklärungen aus Japan und Singapur ergab, dass die asiatischen Schulbucherklärungen eher dieser Begrenztheit des Arbeitsgedächtnisses Rechnung tragen als die deutsche Schulbucherklärung. Dies zeigte sich in folgenden Punkten:

1. Die Informationsdichte pro Schulbuchseite war bei der deutschen Schulbuchseite um ein Vielfaches höher als auf den asiatischen Schulbuchseiten. Wenn man als einfachen Indikator dafür die Anzahl der verwendeten Wörter pro Seite nimmt, waren es 236 Wörter bei der deutschen Erklärseite, verglichen mit 76 Wörtern der japanischen Erklärseite und 44 Wörter der Erklärseite aus Singapur.

2. Die deutsche Erklärseite verwendete *vier verschiedene, nicht miteinander verbundene Aufgaben*, verglichen mit jeweils *einer* Aufgabe bei den asiatischen Erklärungen.

3. Die deutsche Schulbucherklärung erhöhte die Gedächtnisbelastung, weil er *weit auseinander liegende Textstellen miteinander zu verknüpfen hatte*. Besonders gravierend erscheint, dass vom Schüler verlangt wird, Informationen der ersten Halbseite mit Informationen der zweiten Halbseite, zu der er durch Umblättern gelangt, zu verknüpfen.

4. Während wesentliche Punkte der asiatischen Erklärungen immer durch *parallele Veranschaulichungen* erläutert wurden, verzichtete man auf der zweiten Halbseite der deutschen Erklärung auf eine Erläuterung durch eine Veranschaulichung.

Alle diese Punkte deuten darauf hin, dass die extrinsische Belastung, die durch die deutsche Schulbucherklärung hervorgerufen wird, so hoch ist, dass für Schüler kein nennenswertes Lernen durch Lesen stattfinden kann. Entsprechend deutlich waren die Lernergebnisse bezüglich dieses Inhalts (Teilen eines Bruchs durch ganze Zahlen). Bei gleichem Vorkenntnisstand und gleicher Lernzeit konnten die Schüler mit der deutschen Erklärung 37% der Aufgaben im Nachtest lösen, verglichen mit 68% bei der japanischen Erklärung.

Viele Fragen sind derzeit noch nicht befriedigend geklärt. Unsere Forschungen lassen folgende Fragen offen:

– Welchen Anteil haben Erklär- und Übungsteil an den gefunden Effekten: In beiden Teilen gibt es deutliche Unterschiede zwischen den asiatischen und den deutschen Schulbüchern.
   So wurde in den bisherigen Experimenten noch nicht der Einfluss der Lösungsteile untersucht. In den japanischen Mathematikschulbüchern und Übungsheften werden am Ende Lösungen zusammen mit Lösungsbeispielen angeboten. Im deutschen Mathematikschulbuch werden Lösungsrückmeldungen erst am Ende des Lernprozesses, also direkt zur Vorbereitung der Klassenarbeit aufgeführt.
– In welchem Umfang kumulieren die vermuteten Effekte? Durch Langzeitexperimente wäre zu klären, welchen Anteil an den gefundenen Kompetenzunterschieden zwischen asiatischen Ländern und westlichen Ländern die eingesetzten Schulbücher erklären. Möglicherweise ist ihr Einfluss weit größer als bislang angenommen wurde.
– In welchem Umfang sind die gefundenen Effekte auf beliebige Inhalte verallgemeinerbar. Bislang haben sich unsere Forschungen auf Inhalte der Bruchrechnung beschränkt.
– In welchem Umfang können auch die asiatischen Schulbucherklärungen noch weiter verbessert werden? Hier wäre z. B. an eine stärkere Nutzung von Lösungsbeispielen zu denken.
– Wie weit lassen sich die Lerneffekte durch eine andere Übungsstrukturierung verbessern. Zu denken wäre an eine stärkere und frühzeitige Durchmischung der Aufgaben. Beispiel: Statt nach dem Teil „Vervielfachen von Bruchzahlen" zuerst 30 Übungsaufgaben zu stellen, könnte man direkt anschließend den Teil „Teilen von Bruchzahlen durch ganze Zahlen" behandeln. Erst danach sind vermischte Aufgaben zu beiden Bereichen zu bearbeiten. Es gibt ernstzunehmende empirische Hinweise (vgl. Rohrer & Taylor 2007), dass diese Vorgehensweise für nachhaltiges Lernen weit effizienter ist als das übliche geblockte Lernen (hauptsächlich Übungen zu dem zuvor behandelten Inhalt).

Wir stellten in unseren Experimenten fest, dass Schüler den japanischen Erklär- und Übungsteilen weit bessere Noten ausstellten als den deutschen Erklär- und Übungsteilen. Insbesondere sahen sie sich durch die japanischen Erklärteile besser gerüstet, sich auf Klassenarbeiten vorzubereiten oder die im Unterricht behandelten Inhalte nachzubereiten. Vor allem hatten sie aber mehr Spaß, mit diesen japanischen Erklärungen und Übungsteilen zu arbeiten. Erklärt wurde dieser Befund dadurch, dass Schüler durch die geringere Belastung des Arbeitsgedächtnisses eher positive Selbstwirksamkeitserfahrungen mit dem Lehrtext machen.

5. Klassenmanagement, Leistungsmessung und Motivierung

Wie kommt es dazu, dass in manchen Klassen eine ruhige und konzentrierte Lernatmosphäre herrscht, in der sich Schüler gegenseitig helfen und gemeinsam nach Problemlösungen suchen, während in anderen Klassen Lehrer und Schüler gegeneinander kämpfen und Eifersüchteleien bzw. Intrigen vorherrschen? Auf diese Fragen wird in diesem Kapitel eingegangen. Ein einigendes Band knüpft der Lehrer durch die Art und Weise, wie er auf Regelverstöße reagiert, durch den Einsatz von Tests zur adaptiven Abstimmung des nachfolgenden Unterrichts sowie durch Motivierungstechniken. Die Herausforderung eines guten Klassenmanagements besteht darin, ein Klassenklima zu schaffen, das eine Ausschöpfung des Potentials aller Schüler ermöglicht, so dass insgesamt Lernfreude und ein hohes Kompetenzniveau resultiert.

5.1 Der traditionelle Ansatz: Belehren und Bestrafen

Probleme der Klassenführung sind nicht neu. Über seine Unterrichtserfahrungen in einer Hamburger Versuchsschule schreibt Kurt Zeidler (Zeidler 1925, S. 11 f.):

> *„Die Kinder nämlich, in viel zu jungen Jahren gemäß den Traditionen der Lernschule mit Unterrichtsstoffen belastet, die ihnen unendlich fern lagen, zeigten sich viel weniger als man vorausgesetzt hatte, bereit, gern oder gar freiwillig zu arbeiten. Hatten sie früher schon versucht, sich zu drücken, wo es ging, so nun erst recht, wo es ihnen so viel leichter gemacht war – ohne dass deshalb ein Äquivalent für die ausgefallene Leistung sich irgendwo hätte aufzeigen lassen. Lauheit und Nachlässigkeit griffen um sich …*
>
> *Rat- und hilflos standen die Lehrer diesen Erscheinungen gegenüber und mühten sich, ihre Ursachen zu ergründen und zu beseitigen …".*

Die Erfahrungen der Reformpädagogik belegen keineswegs, man könne durch Abschaffen von Zwängen oder festen Regeln seine Schüler motivieren. Schule ist eine *Zwangsanstalt*, für deren Funktionieren auch Strafen erforderlich sind.

Das *traditionelle Klassenmanagement* kommt in zwei verschiedenen Varianten vor:

1. Als hartes, konsequentes Bestrafungsmanagement (vgl. Canter & Canter 1976), oder

2. als rationaler Appell an die Einsicht der Schüler. Dabei werden im Unterricht die Gründe für das Einhalten von Regeln erarbeitet und diskutiert.

Beide Ansätze bleiben wirkungslos, wenn die durch konsequente Anwendung von Belohnungen und Bestrafungen geschaffenen Freiräume nicht im Rahmen eines erziehenden Unterrichts für die Entwicklung von Kompetenzen genutzt werden. Wichtigste Methode ist dabei eine adaptive Wissensstrukturierung, durch die stärkeren und schwächeren Schülern ein systematischer Kompetenzaufbau ermöglicht wird. Modernes Klassenmanagement befasst sich deshalb mit den Rahmenbedingungen, unter denen Schüler solche Kompetenzerfahrungen machen können. Letztlich ist der Schlüssel für ein erfolgreiches modernes Klassenmanagement somit die Ermöglichung von Kompetenzerfahrungen.

Pädagogen machen es sich zu leicht, wenn sie Strafen generell als unpädagogisch verteufeln. Schüler brauchen Grenzen. Es gibt jedoch Umstände, unter denen Strafen unwirksam sind und manchmal sogar das Gegenteil von dem bewirken, was mit ihnen erreicht werden sollte, und es gibt Umstände, unter denen sie wirksam sind.

Unwirksame bzw. schädliche Bestrafungen: Die in Schulen praktizierten Bestrafungsmethoden sind häufig unwirksam und schaden mehr als sie nützen. Beispiele dafür sind:

– Strafanlässe werden von der Mehrheit der Schüler als ungerechtfertigt angesehen, z. B. weil auf Strafanlässe inkonsistent reagiert wird,

– die Bestrafung durch den Lehrer wird von den Mitschülern als Beweis der Stärke eines Schülers gewertet,

– Bestrafungshandlungen führen beim Lehrer und beim Schüler zu einer hohen emotionalen Erregung. Dadurch kann eine sachliche Regelung der bestehenden Schwierigkeit verhindert werden.

– Wenn häufiger gestraft und ermahnt als gelobt und positiv bekräftigt wird, tritt ein Gewöhnungsprozess ein und es werden immer härtere Strafen erforderlich.

– Durch häufige Bestrafungen wird der Lehrer zu einem aggressiven Verhaltensmodell, das vom Schüler nachgeahmt wird. Schüler lernen dadurch, in ähnlichen Situationen gegenüber schwächeren Mitschülern – aber auch gegen schwächere Lehrer – solche Bestrafungen anzuwenden.

Bei der Frage der Wirksamkeit von Bestrafungen muss zwischen der Wirkung auf den Schüler, der diszipliniert wird, und der Wirkung auf die Klasse unterschieden werden. Möglicherweise erreicht der Lehrer kurzfristig bei dem betreffenden Schüler eine Hemmung seines Störverhaltens. Durch längere Bestrafungs- und Ermahnungsaktionen eines Schülers vor der Klasse vermindert er jedoch die Motivation der restlichen Schüler. Gleichzeitig geht der rote Faden im Unterricht verloren, und auch die anderen Schüler werden unruhig und beginnen, den Unterricht zu stören.

Manche psychoanalytisch geprägten Pädagogen vertreten die Auffassung, das Äußern aggressiver Verhaltensweisen und damit auch das Bestrafen selbst sei deshalb notwendig, weil dadurch die aggressiven Spannungen der Person abgebaut würden. Das Herauslassen der erlittenen Frustrationen habe also eine reinigende, kathartische Wirkung (vgl. Preuss-Lausitz 1999). Auf den Lehrer angewendet, würde dies bedeuten, das Bestrafen sei für den Lehrer wichtig, damit er danach wieder ruhig den Unterricht weiterführen kann. Diese Auffassung konnte durch empirische Forschungen nicht bestätigt werden. Stattdessen gibt es ernst zu nehmende empirische Belege für gegenteilige Effekte der Äußerung von Aggressionen: Personen, denen Gelegenheit gegeben wurde, ihre Aggressionen auszuleben, zeigten danach eine erhöhte und nicht eine verminderte Bereitschaft zu aggressivem Handeln (vgl. Ebbesen, Duncan, & Konecni 1975).

Entscheidend für die Wirksamkeit der Strafen ist der Kontext, in dem sie erfolgen. Ganz grob kann man zwei Kontexte unterscheiden:

➤ *Positive Wertschätzung dominiert:* Lehrer konzentrieren sich überwiegend auf angemessenes „positives" Verhalten und bekräftigen dieses.

➤ *Strafen dominieren:* Lehrer reagieren hier überwiegend auf Störverhalten mit Ermahnungen und sich schrittweise steigernden Strafen.

Im ersten Kontext wird auf Störungen meist eher beiläufig eingegangen, um Schülern zu signalisieren, dass ihr Verhalten bemerkt wird. In diesem Kontext kommen auch Strafen vor, allerdings eher in dem Sinne, Schüler zu Anstrengungen zu bewegen, die ihnen wiederum Anerkennung einbringen. Strafen sind hier vorhersehbar, da sie sich auf die Verletzung klar definierter und vereinbarter Regeln beziehen.

Allerdings setzt dies einen wechselseitigen Respekt und einen Konsens über wichtige Regeln voraus. Lehrer müssen für diesen Konsens bzw. für ein gutes Klassenklima bei Übernahme der Klasse möglicherweise massiv kämpfen. Ich erinnere mich an Berichte von Lehrern, die für ihr gutes Klassenmanagement und ihr gutes Verhältnis zur Klasse im Kollegium bekannt sind, dass sie bei Übernahme der Klasse ganz bewusst massiv vereinbarte Regeln durchsetzen. Schüler, die trotz Ermahnungen weiter stören, werden in dieser Phase zur Rede gestellt („Von Dir lasse ich mir nicht meinen Unterricht kaputt machen. Du schädigst durch dein Verhalten nicht nur dich selbst, sondern auch deine Mitschüler. Ich bin stinksauer auf dich ..."). Im zweiten, überwiegend auf Störverhalten fixierten, Kontext erweisen sich Strafen als eher unwirksam, vor allem, wenn sie inkonsequent, zu häufig und zu spät verwendet werden.

Das Unterrichtsklima verschlechtert sich dann zusehends; die Lernmotivation wird geringer; die Wirkungen der Strafen nutzen sich ab, sodass der Lehrer zu immer härteren Strafmaßnahmen greifen muss.

Besonders schwierig wird die Situation für den Lehrer, wenn Disziplinlosigkeit und ihre Bestrafung in Schülercliquen als Beweis der eigenen Stärke benötigt werden. In diesen Cliquen gilt es als Norm, möglichst das Gegenteil von dem zu tun, was der Lehrer anordnet. Die Schüler, die am häufigsten die negative Aufmerksamkeit des Lehrers gewinnen, erhalten hier den höchsten Status. Vermutlich ist eine solche Situation jedoch eher selten und nur dann zu erwarten, wenn sich die Schüler aufgrund ihres Leistungsstands oder aufgrund der Arbeitsmarktlage kaum einen Nutzen von der Schule versprechen können.

M. E. liegt ein entscheidendes Problem solcher Situationen darin, dass Schüler zunehmend durch störendes Verhalten Aufmerksamkeit und Zuwendung vom Lehrer sowie von den Mitschülern erhalten. Aus Furcht werden sie es zwar nur selten zum Äußersten, z. B. einer Versetzung in eine andere Klasse oder in eine andere Schule, kommen lassen. Gleichzeitig erhalten diese Schüler aber kaum noch Zuwendung für ihre Leistungen und Anstrengungen: Sie lernen dann weniger und haben damit zunehmend geringere Möglichkeiten, auf positive Weise Aufmerksamkeit und Anerkennung zu gewinnen.

Wirksame bzw. sinnvolle Strafen: In der Literatur wird häufig davon ausgegangen, dass *Bestrafungen nur dann wirksam sind, wenn gleichzeitig auch alternative Verhaltensweisen des Schülers positiv beachtet und belohnt werden können.* Auch *konsequente* Ermahnung oder Bestrafung *sofort* nach Eintreten des Störverhaltens durch kurzes Time-out (vor die Tür schicken; kleine Aufgaben übertragen; in die Parallelklasse schicken) sind in der Regel wirksamer als Abwarten, um dann bei Fortdauer des Störverhaltens umso härter zu bestrafen. Eine sinnvolle Strafe könnte auch darin bestehen, dass der Schüler sich genauer mit seiner „Untat" auseinandersetzen muss.

Im Rahmen der Trainingsraummethode[66] hat der Schüler im Trainingsraum z. B. folgendes Formular zu bearbeiten (vgl. Balke 2001; Bründel & Simon 2007[2]; Wellenreuther 2009 b):

Meine persönliche Stellungnahme

1. *Name:* . . . .

2. *Datum und Uhrzeit:* . . . .

3. *Schreibe ausführlich und in vollständigen Sätzen auf, warum der Lehrer Dich aufgefordert hat, eine persönliche Stellungnahme zu schreiben. Folgende Fragen sollen Dir dabei helfen, den Hergang des Geschehens genau zu schildern.*
   - *Was hat sich genau ereignet?*
   - *Wann war es?*
   - *Wo geschah es?*
   - *Wie kam es dazu?*
   - *Welche Schüler außer Dir waren daran beteiligt?*

4. *Überlege und schreibe genau auf, welche Schuld Du an dem Vorfall hast und welche Folgen das für alle Beteiligten hat.*
   Beantworte folgende Fragen:
   - *Hast Du jemanden verletzt?*
   - *Kam es zur Störung, Unterbrechung oder Behinderung des Unterrichts?*
   - *Gab es Beschädigungen bzw. größere Sachschäden?*
   - *Fühlte sich jemand durch Beleidigungen in seiner Menschenwürde verletzt?*
   - *Vermisst jemand sein persönliches Eigentum?*

5. *Schreib nun in Deiner Stellungnahme auf, wie Du den Vorfall (Schaden) wieder gut machen kannst. Denke dabei an:*
   - *Eine Entschädigung*
   - *Eine Entschuldigung*
   - *Eine Freude bereiten*
   - *Hilfeleistung anbieten*

6. *Zum Schluss denke darüber nach, wie Du Dich in Zukunft verhalten musst, damit sich so etwas nicht wiederholt. Schreibe auch dies ausführlich auf. Vergiss nicht Deine Unterschrift.*

Der Schüler sollte dabei die Regeln benennen, gegen die er verstoßen hat, und erläutern, wie er in Zukunft solche Regelverstöße vermeiden will.

Bestrafungen können das Auftreten von Verhaltensweisen hemmen, um damit dem Lehrer einen Freiraum zu verschaffen, um Schülern positive Kompetenzerfahrungen zu ermöglichen. Wenn der Lehrer die Schüler respektiert und sich ihnen gegenüber meistens positiv

---

[66] Die Trainingsraummethode löst die eigentlichen Probleme des Klassenmanagements nicht, sondern verschafft durch das „time out" dem Lehrer nur eine kurze Verschnaufpause. Die Trainingsraummethode wird vor allem von Lehrern mit einem problematischen Klassenmanagement genutzt. Sinnvoller wäre es, diese Lehrer in einem effektiveren Klassenmanagement bei der Übernahme einer neuen Klasse zu schulen (vgl. Wellenreuther 2009 b)

verhält, gehört auch gelegentliches strafendes Verhalten durchaus zu einem normalen und wirksamen Verhaltensrepertoire des Lehrers.[67] Strafen können wirksam sein, wenn sie zur rechten Zeit, konsistent, entsprechend abgemachten Regeln und ausreichend intensiv erfolgen, vorausgesetzt die Erziehungsperson hat die Schüler vorher darüber informiert, wie sie sich verhalten sollten.[68] Wichtig ist somit auch eine Begründung für die Bestrafung, wodurch eine Emotionalisierung der Strafwirkung weitgehend vermieden wird.[69] Zusätzlich sollte die Bestrafung einer unerwünschten Verhaltensweise mit der Belohnung einer erwünschten Verhaltensweise gekoppelt werden: Die Bestrafung eröffnet dem Schüler eine Möglichkeit, sich positiv zu beweisen, und diese Leistung kann dann belohnt werden.

Durch die Begründung der Bestrafung und den Verweis auf vereinbarte Regeln macht der Lehrer auch deutlich, dass seine Bestrafungspraxis nicht der Person, sondern dem Regel verletzenden Verhalten gilt. Eine kognitive Auseinandersetzung mit dem eigenen Verhalten, wie sie durch die oben zitierte Strafarbeit gefördert wird, erscheint sinnvoller, vor allem, wenn sie den Schüler dazu führt, sich alternative, angemessene Verhaltensweisen zu überlegen.

Für eine wirksame Bestrafungspraxis in der Schule sind m. E. folgende Punkte erwägenswert:

➤ Die Lehrer einer Schule sollten, was bestimmte Normen angeht, eine *einheitliche Meinung* vertreten. So sollte z. B. als Norm allgemein akzeptiert werden, dass gewalttätige Auseinandersetzungen und Drogenkonsum bei Ausflügen, Festlichkeiten u. a. m. verboten sind.

➤ Die Bestrafung sollte durch eine *Erinnerung an die betreffende Regel* begründet werden.

➤ Strafen sollten bei störendem, Regel verletzendem Verhalten *sofort* und *konsequent* bei *allen Schülern, die stören, und nicht nur bei den bekannten Störenfrieden*, angewendet werden (Fairness),

➤ Die Strafe sollte verhältnismäßig zur Störung (zum „Vergehen") sein.

➤ Sie sollte auch *als Strafe empfunden* werden; manche Strafen wirken bei bestimmten Schülern durch die gewonnene Extra-Beachtung wie eine Belohnung, bei anderen, z. B. ängstlichen oder sensiblen Schülern, dagegen wie eine allzu harte Bestrafung.

➤ Nicht Rache, sondern *Wiedergutmachung* sollte im Vordergrund stehen. Der Schüler bekommt quasi durch die Bestrafung eine Chance, mit sozialem Verhalten seine Störung zu kompensieren: Wer den Unterricht stört, kann eine Aufgabe bekommen, die den Unterrichtsablauf unterstützt: z. B. Informationen zu einem Thema sammeln, einen Klassendienst übernehmen, ein kurzes Referat vorbereiten und halten, schwächeren Schülern etwas erklären usw.

---

[67] Man geht dabei von einem Menschenbild aus, in dem Erziehung durch Sanktionen notwendig ist. Dieses Bild berücksichtigt m. E. eher die Natur des Menschen als ein Menschenbild, das Aufklärung und Einsicht als einzige erlaubte Steuerungsmittel ansieht.

[68] Wahl et al. (1997⁶, S. 456) weisen auf die Vorbildfunktion des Lehrerverhaltens hin. Wenn Lehrer z. B. trotz besserer Einsicht immer wieder zu spät zum Unterricht kommen und häufig die Klassenarbeiten viel später zurückgeben, als sie dies für pädagogisch sinnvoll halten, dann sind sie auch in einer schlechten Situation, von ihren Schülern ein entsprechendes Verhalten zu erwarten.

[69] Unakzeptabel ist es in diesem Sinne, eine ganze Klasse für das lärmende oder störende Verhalten einzelner Schüler zu bestrafen. Dadurch werden die nicht- störenden Schüler nur zu einer Abwehrhaltung gegen den betreffenden Lehrer veranlasst.

➤ Beim Verteilen der Strafen sollte der Lehrer möglichst *ein positives Verhaltensmodell* abgeben, also nicht selbst gegen die Regeln eines wertschätzenden Verhaltens verstoßen. Ein Lehrer, der schlägt oder der durch verletzende Äußerungen Schüler zu disziplinieren sucht, muss sich über ein vergleichbares Verhalten der Schüler, z. B. gegenüber Schwächeren, nicht wundern.

➤ Durch den Akt der Bestrafung sollte der *Unterrichtsprozess möglichst wenig gestört* bzw. unterbrochen werden.

Effektive Bestrafungstechniken in Verbindung mit der Bestärkung angemessener Verhaltensweisen schaffen Raum für Umlernprozesse, weil sonst verfestigte asoziale Verhaltensweisen einen wirksamen Unterricht unmöglich machen. Dem Schüler werden dadurch positive Erfahrungen mit seinen eigenen Fähigkeiten verschafft.

So liegt das Kernproblem von *schwächeren Schülern*, die den Unterricht stören und keine Hausaufgaben machen, oft darin, dass sie nicht in der Lage sind, durch Leistungen im Unterricht positive Aufmerksamkeit zu erregen. Meist können sie nur sehr eingeschränkt dem Unterricht folgen. Wenn diesen Schülern dann nicht echte Chancen eröffnet werden, den Leistungsrückstand aufzuholen und eine Perspektive zu gewinnen, in der schulisches Lernen einen Platz hat, bleiben die sonstigen Maßnahmen ineffektiv. Häufig benötigt der Lehrer hier Hilfen, z. B. durch Beratungslehrer, Vertrauenslehrer oder Schulpsychologen. Dennoch kann er Einiges selber tun:

➤ Er kann sich überlegen, ob und in welchem Umfang „gute" Schüler diesem Schüler bei der Hausaufgabenerledigung helfen können.

➤ Er kann den Schüler im Unterricht durch Tutoren zusätzlich betreuen lassen.

➤ Er kann passende Übungsmaterialien einsetzen, deren Bearbeitung es dem Schüler ermöglicht, sich bestimmte Gratifikationen zu verdienen.

➤ Er kann mit den Eltern ein Gratifikationssystem vereinbaren, im Rahmen dessen er jeden Tag notiert, in welchem Maß es dem Schüler gelungen ist, Störverhalten zu unterlassen bzw. positives Aufgabenverhalten zu zeigen (vgl. Krumm 1993).

Unabhängig von konsequentem Reagieren auf angemessenes Verhalten oder Störverhalten müssen Leistungsdefizite behandelt werden (vgl. dazu Ferritor, Burckholt, Hamblin & Smith 1972). Rückmeldungen auf soziales Verhalten und auf Leistungsverhalten müssen zusammenwirken. Der Lehrer erhält durch angemessene und wirksame Disziplinierungsmaßnahmen eine begrenzte zeitliche Chance, das Leistungsvermögen des Schülers zu fördern. Gleichzeitig sollte der Schüler durch sich verbessernde Leistungen ein Gefühl entwickeln, dass er selbstwirksam und leistungsfähig ist. Entsprechend müssen Verbesserungen der Leistungen relativ zum vorherigen Leistungsstand belohnt werden, und es muss ein Weg für den Schüler erkennbar sein, einen akzeptablen Leistungsstand zu erreichen (vgl. dazu Staats & Butterfield 1965).

Bei einem *guten Schüler*, der durch Zwischenrufe und ungefragtes Antworten ständig stört und damit die Konzentration der anderen Schüler beeinträchtigt, müsste hingegen ganz anders reagiert werden. Hier könnte man nach der Regel verfahren, dass der Schüler den angerichteten Schaden wieder gut machen muss. In der Stillarbeitsphase kann dieser Schüler schwächeren Schülern etwas erklären; er kann für die nächste Stunde ein Kurzreferat vorbereiten, damit andere Schüler von seinen Leistungen profitieren können usw.

Völlig anders ist der Fall zu bewerten, wenn der Lehrer zu spät oder auf die falschen Schüler reagiert oder wenn er langweiligen Unterricht mit wenig Schwung und viel Leerlauf macht. Auf diese Probleme geht der Ansatz von Kounin genauer ein.

5.2 „Moderne" Ansätze zum Klassenmanagement

5.2.1 Techniken der Klassenführung – der Ansatz von Kounin

Die modernen Ansätze zum Klassenmanagement zeichnen sich dadurch aus, dass sie ein vorausplanendes Lehrerverhalten in den Mittelpunkt stellen. Ausgangspunkt dieser neuen Orientierung in der Pädagogik waren Untersuchungen von Kounin, wie sich Lehrer mit erfolgreichem Klassenmanagement von Lehrern mit einem weniger erfolgreichen Klassenmanagement unterscheiden.

Kounin berichtet in seinem Buch über folgende Situation:

> *Während seiner Vorlesung bemerkte Kounin in einer der hinteren Reihen einen Studenten, der in eine große Zeitung vertieft war. Kounin fand dieses Verhalten ungebührlich und stellte den Studenten zur Rede. Als Folge kann Kounin dann feststellen, dass sich diese Zurechtweisung vor allem auf die übrigen Zuhörer ausgewirkt hat. Es ist totenstill ...*

Diese Wirkung auf die unbeteiligten Zuhörer bezeichnet man auch als Kounin'schen „Welleneffekt". Nach diesem Effekt beziehen sich die eigentlichen Auswirkungen einer Zurechtweisung, z. B. bei Zuspätkommen, nicht auf den Zurechtgewiesenen, sondern auf den Rest der Klasse. Bei destruktiven Zurechtweisungen wird die ganze Klasse u. U. eingeschüchtert, die Lernlust lässt nach, das Klassenklima wird unangenehm, das Niveau der Mitarbeit und der Aufmerksamkeit wird niedriger, während bei einer konstruktiven Zurechtweisung solche negativen Effekte ausbleiben. Ferner haben destruktive Zurechtweisungen negative Auswirkungen auf die Beurteilung des Lehrers durch die Schüler: Er wird nun als weniger liebenswürdig, fair oder vertrauenswürdig eingeschätzt. Dies deutet darauf hin, dass affektgeladene Zurechtweisungsformen möglicherweise kurzfristig erwünschte Effekte im Sinne einer eintretenden Grabesruhe erzeugen, dass aber langfristig durch solche Verhaltensweisen die Lust an der Schule nachhaltig gestört werden kann. Solche langfristigen negativen Effekte treten nach Kounin insbesondere bei Schülern mit geringer Lernmotivation ein, während bei hoch motivierten Schülern eher positive Auswirkungen auf das Verhalten festgestellt werden konnten.

Kounin hat in verschiedenen empirischen Studien die Wirkung von Zurechtweisungen überprüft, allerdings ohne ein leicht greifbares Ergebnis festzustellen. Erst nachdem er genauer das Verhalten von Lehrern durch Videokameras dokumentiert hatte, entwickelte er seine Techniken der Klassenführung. Die Methode der Videodokumentation ermöglichte eine genauere Analyse des Zusammenhangs zwischen Lehrerverhalten und nachfolgendem Schülerverhalten. Bei mehrfacher Analyse von Unterrichtsaufzeichnungen von Lehrern mit „guter" Klassenführung und solchen mit problematischer Klassenführung konnte er nun Folgendes feststellen: Es kommt darauf an, ob *sofort* auf die *richtige*

Störungsquelle in der Klasse mit einer Zurechtweisung reagiert wird. Kounin beschreibt seine Methode der Analyse von Videoaufzeichnungen in folgender Weise:

Die Situation:„Der Lehrer führt in einer Gruppe im Lesekreis Lautübungen durch. Johnny, der einer Stillarbeitsgruppe angehört, dreht sich um und flüstert Jimmy etwas zu. Der Lehrer blickt auf und sagt: „Johnny, lass die Unterhaltung und beschäftige Dich mit Deinen Additionsaufgaben!"

Die Analyse:„Diese Zurechtweisung wurde nun nach Klarheit, Festigkeit, Behandlung des Kindes und anderen Qualitäten bewertet. Aber sie waren für das Verhalten der Kinder gleichgültig. Gab es bei diesem Zurechtweisungsfall sonst noch etwas, was über den Führungserfolg entscheiden konnte? Wir spulten das Band um etwa eine Minute zurück und ließen es dann noch einmal durchlaufen. Dabei wurden wir gewahr, dass in einem anderen Teil des Zimmers zwei Jungen sich Papierflugzeuge zuwarfen. Dies war vor und während der Zeit im Gange, als der Lehrer Johnny für sein Reden zurechtwies … [D]er Lehrer [griff] … bei relativ geringfügigem Fehlverhalten (Flüstern) ein und unternahm nichts gegen ein wesentlich ernsteres (Werfen von Papierflugzeugen) … Der Lehrer ließ nicht erkennen, dass er Augen im Hinterkopf hatte …" (Kounin 1976, S. 89 f.)[70]

Allerdings sind auch andere Techniken des Lehrerverhaltens für das Gewinnen der Aufmerksamkeit in einer Klasse wichtig.

Auf der Basis seiner Videodokumentationen entwickelte Kounin ein System von vier Faktoren, die für eine effektive Klassenführung wichtig sind. Dazu zählen: (1) Allgegenwärtigkeit bzw. Überlappung, (2) Flüssigkeit/Bewegung im Unterricht, (3) Gruppenaktivierung und Gruppenüberprüfung, und (4) Abwechslung bzw. Sachmotivierung (vgl. Kounin 1976). Auf diese einzelnen Faktoren wird nun genauer eingegangen.

Vier Faktoren einer effektiven Klassenführung

(1) Allgegenwärtigkeit und Überlappung: Allgegenwärtigkeit bezeichnet die Fähigkeit des Lehrers, durch sein Verhalten den Schülern den Eindruck zu vermitteln, alles zu sehen und zu bemerken, auch wenn es sich hinter dem Rücken des Lehrers abspielt. Dazu gehört auch, dass er sich meist an Orten in der Klasse aufhält, an denen er einen guten Überblick über das Geschehen in der Klasse hat.

Es kommt nicht auf die Art, Häufigkeit und Intensität der Ermahnungen an, sondern darauf, ob der Lehrer den *richtigen* Schüler *sofort* zurecht weist. Er kann somit zwei Fehler machen:

(1) *Objektfehler:* Er reagiert nur auf das Störverhalten bestimmter Schüler und bemerkt gleichzeitig ähnliches oder schwerwiegenderes Störverhalten von anderen Schülern nicht.

---

[70] Eine Erklärung für die positive Wirkung von Allgegenwärtigkeit liegt vielleicht darin, dass diese Allgegenwärtigkeit schlicht als konsistentes, im Einklang mit bestimmten Regeln stehendes, Lehrerverhalten gedeutet wird. Ein Lehrer, der nur selektiv bestimmte Störfälle aufgreift und darauf reagiert, erweckt den Eindruck, dass er inkonsequent und möglicherweise ungerecht agiert.

(2) *Zeitfehler:* Er reagiert nicht sofort auf das Verhalten der Schüler, sondern erst, nachdem sich eine größere Störkulisse aufgebaut hat.

Der Lehrer beweist seine Allgegenwärtigkeit, indem er das Klassengeschehen insgesamt immer im Blick behält und *sofort* auf Störungen der *betreffenden* Schüler reagiert, ohne dabei den Unterrichtsfluss stärker zu hemmen und sich in seinen negativen Zurechtweisungen zu verlieren.

Überlappung: Damit ist die Fähigkeit des Lehrers gemeint, gleichzeitig an verschiedenen Problemen zu arbeiten bzw. auf verschiedene Schülerbedürfnisse zu reagieren.

Ein positives und ein negatives Beispiel:

Positives Beispiel: Der „*Lehrer arbeitet mit einer Lesegruppe und Mary liest gerade vor. John und Richard, beide dem Stillarbeitsbereich zugeteilt, unterhalten sich vernehmlich. Der Lehrer schaut zu ihnen und sagt: Mary, lies weiter, ich höre Dir zu*", und fast *gleichzeitig: „John und Richard, ich höre Euch reden. Dreht Euch jetzt um und macht Eure Arbeit.*"

Negatives Beispiel: „Im anderen Fall ist der Lehrer ebenfalls mit der Lesegruppe beschäftigt und Betty liest laut. Gary und Lee, beide von der Stillarbeitsgruppe, rangeln spielerisch miteinander. Der Lehrer schaut zu ihnen hinüber, steht auf, legt das Lesebuch auf den Stuhl, geht auf die beiden zu und sagt ärgerlich: „Schluss mit dem Unfug. Aber auf der Stelle! Lee, Du bist noch nicht fertig mit Deinen Aufgaben. Mach sie jetzt sofort, und zwar richtig! Und Gary, Du genauso! Darauf geht er zum Lesekreis zurück." (Kounin 1976, S. 93)

Im zweiten Beispiel stürzt sich der Lehrer geradezu in die Zurechtweisung der störenden Schüler und verliert dabei die Lesegruppe völlig aus den Augen.

Wahl et al. (1997, S. 366f.) fassen diese beiden ersten Kounin'schen Techniken unter dem Stichwort „Sich selbst vervielfältigen können" zusammen: Ein Lehrer sollte danach allgegenwärtig sein, Augen im Hinterkopf haben und mehrere Dinge gleichzeitig tun können.

(2) Flüssigkeit, Reibungslosigkeit und Bewegung im Unterricht: Die Reibungslosigkeit (versus Sprunghaftigkeit) des Unterrichtsablaufs und der Schwung („Momentum"), mit dem unterrichtet wird, stellen weitere Faktoren dar, die nach Kounin für eine effiziente Klassenführung bedeutsam sind (vgl. Wahl et al. 1997, S. 367). Wenn der Unterricht durch Leerlauf, Verzögerungen, Nebensächlichkeiten, Weitschweifigkeiten und das Problematisieren von Kleinigkeiten gekennzeichnet ist, dann macht er weniger Spaß, und die Schüler haben keine rechte Lust, sich aktiv daran zu beteiligen.

Beispiele: (Kounin 1976, S. 101 ff.)

Positives Beispiel: „*Mary hat soeben ihren Lesevortrag beendet. Die Lehrerin sagt: 'Schön, Mary. Und damit sind wir am Ende unserer Geschichte angelangt. Geht nun an Eure Plätze zurück und macht Eure Stillarbeit fertig.' Sie schließt ihr Buch, schaut sich etwa drei Sekunden lang im Zimmer um und sagt dann: 'So, jetzt dürfen die Bluebirds zum Lesekreis kommen.'*"

Negatives Beispiel: „*Der Lehrer wiederholt mit der ganzen Klasse bestimmte Rechenaufgaben. Richard hat soeben die letzte Aufgabe im Rechenbuch gelöst. Der Lehrer sagt: 'Richtig, Richard.' Darauf schließt er sein Rechenbuch mit den Worten: 'Lassen wir jetzt das Rechnen und holen wir unsere Lesebücher heraus.' Als die Kinder sich anschicken, die Bücher hervorzuholen, sagt der Lehrer: 'Nun wollen wir einmal sehen: Wie viele von Euch haben alle Aufgaben richtig? ... Sehr gut. Die meisten haben also alles richtig gemacht. In Ordnung, kommen wir nun zu unseren Lesebüchern.'*" (Abbrechen der Rechenübungen, Beginn des Leseunterrichts, Zurückkommen auf das Rechnen, danach wieder Beginn des Leseunterrichts)

Negatives Beispiel, Kounin spricht von „*Gruppenfragmentierung*" vs. Aktivierung der gesamten Gruppe: „*Der Lehrer fordert die „Thunderbirds" auf, ihre Plätze zu verlassen und zum Lesekreis zu kommen. Er sagt: 'So, jetzt sind die Thunderbirds mit dem Lesekreis dran. John Jones, stehst Du bitte mal auf?' John steht auf. 'In Ordnung, John, Du gehst jetzt ruhig zu diesem Platz dort.' John geht hinüber. 'Mary, nun stehst Du auf und setzt Dich da drüben hin.' Mary steht auf und geht zu ihrem Platz im Lesekreis. 'Richard, jetzt bist Du an der Reihe.' Richard geht nach vorn. Dann wendet sich der Lehrer an Margaret und dirigiert sie zum Lesekreis. Dies geht so weiter, bis alle zehn „Thunderbirds" im Lesekreis sitzen, worauf der Lehrer vor der Gruppe Platz nimmt und mit der Leseübung beginnt.*"

Schwung und Reibungslosigkeit hängen eng miteinander zusammen. Allerdings scheint „Schwung" der übergeordnete Faktor zu sein. Beide wiederum bedingen das Ausbleiben von Fehlverhalten und die gute Mitarbeit. Viele Faktoren können zu fehlendem Schwung und dadurch zu *Leerlauf im Unterricht* beitragen. Häufig ist es nicht möglich, allen Schülern ein neues Verfahren hinreichend verständlich zu erklären. In der Stillarbeitsphase können dann diese Schüler die gestellten Aufgaben nicht lösen und warten auf Hilfen durch den Lehrer. Falls der Lehrer in dieser Zeit ebenfalls seine Aufgaben bearbeitet, z. B. Hefte korrigiert, und sich diese Schüler nicht melden, dann entsteht für sie unnötiger Leerlauf. Doch auch wenn sich der Lehrer *der Reihe nach* die Lösungsversuche aller Schüler ansieht, vermeidet er dieses Problem nicht. Bis er dann auch dem letzten Schüler die erforderliche Hilfe geben kann, ist möglicherweise die Stunde schon zu Ende. In solchen Fällen ist vor Beginn der Stillarbeit ein Zusammenfassen *der* Schüler erforderlich, die noch Schwierigkeiten mit der selbstständigen Lösung der geforderten Aufgaben haben, um mit ihnen einige Aufgaben des Aufgabenblattes durchzugehen. Dabei kann der Lehrer auch zu parallelen Aufgaben Lösungsbeispiele vorgeben und sie besprechen.

Leerlauf kann auch dadurch entstehen, dass Schüler, die mit den Aufgaben vor Beendigung der Stillarbeitsphase fertig sind, nicht wissen, was sie nun tun dürfen. Häufig wollen sie dann ihre Lösungen dem Lehrer zeigen und stören damit die Konzentration der anderen Schüler, die noch nicht fertig sind. In solchen Fällen ist es sinnvoll, Lösungsbögen auszuhängen, so dass die Schüler unabhängig vom Lehrer ihre Lösungen kontrollieren können. Die dabei zu berücksichtigenden Regeln für das sorgfältige Prüfen der Lösungen sollten vorher in der Klasse besprochen werden. Vor allem müssen Regeln für das weitere Verhalten der Schüler existieren, die mit den gestellten Aufgaben fertig sind und alle Aufgaben richtig gelöst haben: Dürfen diese Schüler mit den Hausaufgaben anfangen, in der Leseecke lesen oder am Wochenplan weiterarbeiten? Wenn solche Punkte von vornherein klar sind, können Schüler mehr lernen.

(3) Gruppenaktivierung/Überprüfung: Dieser Aspekt beinhaltet im Wesentlichen die Fähigkeit des Lehrers, seine Schüler trotz ihrer Individualität immer auch als Gruppe zu betrachten und zu behandeln. Der Lehrer konzentriert sich auch dann auf die gesamte Klasse, wenn er sich mit einem einzelnen Schüler näher beschäftigt; er bewahrt einen Gruppen- oder Klassenfokus. So ist es z. B. nötig, der Klasse klare Aufgaben zu übertragen, bevor man auf einen einzelnen Schüler näher eingeht; ebenso ist es nötig, auch während der Beschäftigung mit einem Schüler die übrige Klasse nicht gänzlich aus dem Blick zu verlieren.

Die gesamte Gruppe sollte aktiviert sein. Dies ist eine wesentliche Voraussetzung für intensives pädagogisches Arbeiten.

Beispiele (Kounin 1976, S. 117f.):

Beispiel 1 (Aktivierung der ganzen Klasse während der Beschäftigung mit einem Schüler):

Der Lehrer weist die Klasse an, einen bestimmten Abschnitt im Lesebuch in Stillarbeit durchzulesen. Er wartet, bis alle Kinder ihre Bücher aufgeschlagen und damit begonnen haben. Dann wendet er sich einem Schüler zu, um mit ihm einige Fragen zu klären. Während des Gesprächs hält er die Ohren auch gegenüber den anderen Schülern offen und sieht sich gelegentlich um. Nach Beendigung des Gespräches stellt er einige inhaltliche Fragen zu dem in der Stillarbeit gelesenen Text an die ganze Klasse. So aktiviert er die Gruppe durch Überprüfung.

Beispiel 2 (verschiedene Arten des Aufrufens):

Eine Leseübung kann man durchführen, indem man
a) die Schüler der Reihe nach aufruft oder
b) die Schüler zuerst auf die Aufgabe konzentriert und dann irgendeinen Schüler aufruft. Im zweiten Fall ist die Gruppenaktivierung höher, weil jeder Schüler damit rechnen muss, aufgerufen zu werden.(Dabei sollten die Schüler wissen, dass es um Lernen und nicht um Bloßstellen geht)

> _Beispiel 3_ _(verschiedene Arten des Vorlesens):_
>
> a) _Die Lehrerin hat einem Schüler versprochen, dass er an diesem Tag lesen darf. Der Schüler darf alle 40 Wörter vorlesen._
> b) _In einer anderen Klasse stellt die Lehrerin die gleichen 40 Leseaufgaben, ruft aber jedes Mal einen anderen Schüler auf. Die letzten Aufgaben lässt sie im Chor lesen und achtet dabei darauf, dass alle Schüler auch wirklich deutlich zu hören sind. Im Sinne der Gruppenaktivierung ist das zweite Verfahren sinnvoller._

Die Gruppenaktivierung wird über drei Indikatoren ermittelt:

➤ Beschäftigungsradius
➤ Gruppenmobilisierung
➤ Rechenschaftsprinzip

Beschäftigungsradius: Dieser ist z. B. hoch, wenn der Lehrer von einigen Schülern an der Tafel Aufgaben lösen lässt, während die anderen Schüler die gleichen Aufgaben bearbeiten. Er ist niedrig, wenn der Lehrer die Schüler auffordert, Aufgaben im Buch zu bearbeiten und gleichzeitig an die Tafel geht und dort ganz andere Aufgaben erläutert. Auch lange Leerzeiten, also Zeiten, in denen die Schüler ohne Aufgaben sind, indizieren einen niedrigen Beschäftigungsradius.

Gruppenmobilisierung: Darunter fallen alle Aktivitäten des Lehrers, Schüler zum Aufpassen anzuhalten (z. B. Aufrufen nach dem Zufallsprinzip, im Chor Antworten geben oder wiederholen lassen).

Rechenschaftsprinzip: Alle Aktivitäten, durch die der Lehrer die Arbeitsleistung der Schüler überprüft. Er geht z. B. durch die Klasse und kontrolliert die Aufgaben der Schüler, während bestimmte Schüler einzelne Aufgaben an der Tafel lösen.

(4) Abwechslung/Sachmotivation: Dieser Aspekt beinhaltet didaktische und methodische Variationen der Unterrichtsmethoden. Das verhindert Langeweile bei den Schülern. Methodische Wechsel berücksichtigen, dass Schüler vor allem beim Aufbau neuer Schemata nur begrenzt aufnahmefähig sind. Dies ist vor allem bei längeren mündlichen Erklärungen ein Problem. Um der Überlastung des Arbeitsgedächtnisses vorzubeugen, sollte der Lehrer nach dem Erklären möglichst sofort Übungsaufgaben stellen, die zuerst in der Klasse, danach in Partnerarbeit oder allein zu lösen sind. Damit wird das neue Schema in das Langzeitgedächtnis überführt. Danach kann er ähnliche Aufgaben mit etwas höherem Schwierigkeitsgrad behandeln, Aufgaben dazu stellen usw.

Zusätzlich kann er längere Erklärsequenzen dadurch strukturieren und motivierender gestalten, indem er das Wesentliche an der Tafel festhält (z. B. Lösungsbeispiele, Skizzen, Strukturhilfen). Auch diese Maßnahmen helfen, einer Überlastung des Arbeitsgedächtnisses vorzubeugen. Die Nutzung externer Medien (Tafel, Folien) zusammen mit Strukturierungshilfen ist wichtig, um dem Schüler eine Integration und Verdichtung der präsentierten Informationen zu erleichtern.

Einordnung des Ansatzes von Kounin

Der Kounin'sche Ansatz erweitert das traditionelle Verständnis von Klassenführung: Es umfasst mehr als die Kontrolle und das Sanktionieren des Verhaltens einzelner Schüler, vor allem tritt das effektive Unterrichten einer Klasse in den Mittelpunkt: Das Gegenüber des Lehrers ist die *ganze Klasse*, nicht der einzelne Schüler. Bestimmte Formen der Sanktionierung führen dazu, dass der Lehrer die anderen Schüler aus den Augen verliert. Für die Klasse entstehen dadurch negative Begleiteffekte, welche die positiven Auswirkungen auf den einzelnen Schüler, der gerade diszipliniert wird, möglicherweise bei weitem überwiegen.

Es wäre falsch, daraus zu folgern, das Kontrollieren von Leistungen und Verhaltensweisen sei nicht angebracht. Eine solche Konsequenz wäre auch mit der Technik „Gruppenaktivierung/Überprüfung" nicht vereinbar. Kontrollen sind vor allem dann wichtig und sinnvoll, wenn sie sich auf allgemein akzeptierte Regeln und Vereinbarungen beziehen. Kounins Techniken beziehen sich auf Verhaltensweisen des Lehrers, die als günstige Rahmenbedingungen die Wirksamkeit von Lernarrangements steigern. Häufig nehmen diese Techniken die Rolle impliziter Annahmen ein, obgleich sie für die Effektivität der einzelnen Verfahren mit entscheidend sein dürften. Dies wird z. B. deutlich, wenn man Trainingsstudien analysiert, in denen die Wirksamkeit bestimmter Unterrichtsmethoden geprüft werden soll. So spielen in der Trainingsstudie zur direkten Instruktion von Good, Grouws & Ebmeier (1983) auch Techniken wie Vermeiden von Leerlauf im Sinne von Zügigkeit/Flüssigkeit sowie Techniken der Gruppenaktivierung/Überprüfung eine wichtige Rolle.

5.2.2 Klassenmanagement als vorausplanendes Handeln – Der Ansatz von Evertson

Der Ansatz von C. Evertson erweitert die Techniken der Klassenführung durch die Betonung vorausplanenden Handelns. Der Umfang, in dem in einer Schule in systematischer Weise die relevanten vorausplanenden Aktivitäten routinemäßig verwirklicht werden, ist entscheidend für die *Professionalität* einer Schule. Entsprechend zentral sind solche Punkte auch bei jeder *Schulinspektion*. Der Grund für die hohe Bedeutung vorausplanenden Handelns liegt darin, dass durch eine Systematisierung vorausplanenden Handelns die Komplexität der Anforderungen an den Lehrer reduziert wird, so dass er sich stärker auf sein Kerngeschäft, das Unterrichten, konzentrieren kann. Eine Systematisierung wichtiger vorausplanender Aktivitäten erfolgt durch die Entwicklung und routinisierte Anwendung von *Checklisten für die verschiedensten Bereiche* (vgl. Evertson & Harris 2003). Die Entwicklung, ständige Überarbeitung sowie Umsetzung solcher Checklisten ist Aufgabe einer Schule, die professionelles Handeln sichern will. Viele empirische Studien belegen, dass die Verwirklichung eines solchen vorausplanenden Klassenmanagements ein wichtiger Baustein effektiven Unterrichts ist (vgl. Wang, Haertel & Walberg 1994; Helmke 1988, 2003).

Die folgende Darstellung orientiert sich am von Evertson u. Mitarbeitern entwickelten Trainingsprogramm COMP (**C**lassroom **O**rganization and **M**anagement **P**rogram; Evertson & Harris 2003). Das vorausplanende Handeln eines Lehrers kann sich auf a) organisatorische Dinge wie Bestellen von Unterrichtsmitteln und Vorbereitung des Klassenraumes, b) auf die Einführung und Etablierung von Regeln und Ritualen und c) auf die Strukturierung des Unterrichts beziehen. Solche *vorausplanenden Aktivitäten* sind wichtig, damit im Unterricht möglichst wenig Leerzeiten und Ablenkungen auftreten, die dann zu Unterrichtsstörungen führen würden.

Checkliste 1:   Die Übernahme einer ersten Klasse

Die organisatorischen Vorbereitungen sind bei der Übernahme einer Klasse besonders aufwendig. Bei der Übernahme einer ersten Klasse sollten vorher ...

- ➤ Kindergärten besucht werden, um sich einen Eindruck über die Fähigkeiten und Kenntnisse der künftigen Schüler zu verschaffen,
- ➤ Listen über zu besorgende Unterrichtsmittel (Schulbücher, Arbeitsmaterialien wie Hefte, Schreibutensilien) erstellt werden,
- ➤ der Klassenraum so gestaltet werden, dass die Schüler sich wohl fühlen können,
- ➤ ein Terminplan für Konferenzen des kommenden Schuljahrs, Klassenfahrten bzw. Ausflüge und Klassenarbeiten in den Hauptfächern erstellt werden,
- ➤ Klassenlisten (vor Übernahme einer Klasse) und Namenskärtchen geschrieben werden,
- ➤ Informationen über Problemschüler, Gesundheitsrisiken von Schülern eingeholt werden,
- ➤ Listen über aller relevanten Punkte erstellt werden, die in den ersten Stunden geklärt werden müssen,
- ➤ eine präzise Vorstellung über wichtige Regeln und Prozeduren entwickelt werden, die in den ersten Stunden mit den Schülern vereinbart werden sollen,
- ➤ ein Brief zur Einladung zu einem ersten Elternabend erstellt werden,
- ➤ eine Sitzordnung auf der Basis der vorhanden Informationen über die Schüler ausgearbeitet werden.

Ein weiterer wesentlicher Punkt ist die *Gestaltung des Klassenraums* im Sinne einer für das Lernen vorbereiteten Umgebung. Hierfür kann man folgende Checkliste entwickeln:

Checkliste 2: Klassenraum vorbereiten

Es soll sichergestellt werden, dass Klassenraum und Materialien für das neue Schuljahr vorbereitet werden. Bei der Einrichtung des Klassenraums ist z. B. an Folgendes zu denken:

- Bereiche, die häufig besucht werden, sollten möglichst weit auseinander liegen, um Staus und wechselseitige Störungen zu vermeiden.

- Der Lehrer sollte den gesamten Raum von seinem Platz aus gut übersehen können; deshalb sollten bestimmte Bereiche nicht durch Regale oder Schränke abgetrennt werden.

- Die erforderlichen Materialien sollten leicht für alle Schüler zugänglich sein (System von Ablagekästen, gut sortierte Bibliothek mit Lexika etc.)

- Schüler sollten nicht an Störplätzen wie Türen, Fenstern, Computertischen usw. sitzen.

- Eine visuelle Überdekoration sollte vermieden werden.

- Lärm wird durch Filz unter den Stühlen verhindert. (Der Lärmpegel lässt sich auch durch bestimmte Bodenbeläge oder durch Wechseln der Schuhe vermindern (Hausschuhe statt Straßenschuhe im Klassenzimmer).

Regeln und Verfahrensweisen planen: Der Lehrer sollte darüber nachdenken, welche Regeln die Schüler befolgen sollen, um in der Klasse oder in der Schule insgesamt gut zusammenarbeiten zu können. Besonders wichtig ist das gezielte Einüben und Trainieren von Verfahrensweisen und Routinen wie die Bildung eines Sitzkreises, das Verteilen von Arbeitsblättern, das Aufgeben von Hausaufgaben, Vorbereitungen für ein Verlassen des Klassenzimmers zu den großen Pausen oder am Ende des Schultags usw. Hierfür muss geklärt werden, welche Routinen erwartet werden, und *diese Verfahrensweisen werden zu Routinen, indem sie so lange eingeübt werden, bis sie ohne Nachdenken ausgeführt werden können.*

Es ist empirisch gut belegt, dass die Einführung und konsequente Anwendung von Regeln eine wichtige Voraussetzung für ein gutes Arbeitsklima in der Klasse ist. Bei vielen Regeln, die ein effektives Arbeiten in der Klasse ermöglichen, macht es wenig Sinn, die Schüler an ihrer Gestaltung zu beteiligen. Der Lehrer sollte sich von vorne herein Gedanken über die wichtigsten Regeln machen. Die wichtigsten vier bis fünf Vorschriften sollten für alle sichtbar auf einem Plakat im Klassenzimmer aushängen und an konkreten Beispielen erläutert werden. Es ist nicht damit getan, solche Regeln kurz einzuführen: Sie müssen gelernt, erläutert und konsequent angewendet werden. In höheren Klassen kann man versuchen, diese Grundsätze durch übergeordnete Postulate zu begründen (z. B. „was Du nicht willst, das man Dir tu, das füg auch keinem anderen zu", „jeder hat das Recht, gleich und fair behandelt zu werden".) Ein Beispiel für vier Regeln (Grundschule) wäre:

Regeln für das Sozialverhalten der Schüler in der Grundschule

1. *„Wir sind höflich und hilfsbereit."* – *Diese Regel sollte durch Beispiele erläutert werden, wie: „Warte, bis Du an der Reihe bist"; sag „Danke" und „Bitte"; es muss klar sein, dass man niemanden schlägt, niemanden mit abwertenden „Spitznamen" ruft und niemanden ärgert; dass man auch eingreifen sollte, wenn andere geschlagen oder geärgert werden; dass man dann möglicherweise andere, z. B. den Lehrer, zu Hilfe holen sollte.*

2. *„Wir achten das Eigentum der Anderen."* – *Das fängt beim Sauberhalten des Klassenzimmers an; es gibt kein Kritzeln an Wände, Tische usw.; geliehene Gegenstände werden zurückgegeben; Dinge von anderen werden nur benutzt, wenn diese vorher um Erlaubnis gebeten wurden usw.*

3. *„Wir reden im Unterricht nicht dazwischen und sind still, wenn Andere reden."* – *Dazu gehört auch, dass man im Unterricht die Hand heben sollte, wenn man reden will. Diese Regel kann für die Arbeit in Kleingruppen gelockert werden.*

4. *„Wir halten uns an die Regeln der Schulordnung."*

Dies sind einige der Regeln, die von Evertson et al. (1994, S. 20) für die Grundschule vorgeschlagen werden. Eine weitere mögliche Regel wäre, im Klassenzimmer immer möglichst leise zu sein, um andere beim Arbeiten nicht zu stören, z. B. bei Gruppenarbeit oder Stillarbeit nur leise miteinander zu sprechen usw.

Zur Arbeit mit Regeln gehören auch folgende Punkte:

Es sollten von vornherein *Konsequenzen für angemessenes und unangemessenes Verhalten* in der Klasse festgelegt und den Schülern mitgeteilt werden. Diese sollten dann auch konsequent angewendet werden. *Unangemessenes und störendes Schülerverhalten* sollte sofort und konsistent unterbunden werden und durch konkrete Verweise auf die abgemachten Regeln begründet werden. Dabei sollte nicht vergessen werden, auch in ausreichendem Maße positives Verhalten zu loben.

Regeln und Prozeduren unterrichten: Die Schüler sollten in der Anwendung dieser Regeln und Prozeduren unterrichtet werden; entsprechende Sequenzen müssen in die ersten Stunden des neuen Schuljahrs eingebaut werden. Auch nach längeren Pausen, z. B. den Sommerferien, ist sofort wieder an die Regeln und Prozeduren zu erinnern.

Aktivitäten zum Schulbeginn: Für die ersten Tage des Schulbeginns sollten Aktivitäten geplant werden, die alle Schüler der Klasse einbeziehen und die geeignet sind, die Klassengemeinschaft zu entwickeln.

Strategien für potentielle Probleme: Für potentielle Probleme sollten Strategien geplant werden. Solche potentiellen Problemfelder sind:

a) *Störungen des Unterrichts*, z. B. wenn Eltern anklopfen und möglichst schnell eine Reaktion auf ein Problem vom Lehrer erwarten, wenn eine Durchsage erfolgt oder der Schulassistent eine Nachricht übermittelt: Für solche Situationen müssen Verhaltensregeln vereinbart werden (z. B. sich leise verhalten, mit Hausaufgaben beginnen, aufgegebene Arbeiten in Ruhe erledigen). Der Lehrer sollte zuerst sicherstellen, dass die Schüler sinnvoll beschäftigt sind und allen klar ist, welche Aufgaben zu erledigen sind, bevor sich der Lehrer dem zuwendet, der „stört" bzw. angeklopft hat.

b) *Störungen durch Leerzeiten*: Es muss geklärt werden, was Schüler machen sollen, wenn sie mit der gestellten Aufgabe fertig sind, während andere Schüler noch an ihr arbeiten (z. B. in einem Buch lesen, mit den Hausaufgaben beginnen, malen). In der Regel ist es nicht sinnvoll, dass sich Schüler dann der Reihe nach an den Lehrer wenden, weil dadurch die Konzentration der noch arbeitenden Schüler beeinträchtigt wird.

c) *Störungen durch inhaltliche Schwierigkeiten*: Manche Schüler verstehen Anweisungen oder Erklärungen nicht, und es ist wenig sinnvoll, vor der ganzen Klasse alles nochmals zu erklären, wenn man beim Rest der Klasse Langeweile vermeiden will. Nachdem die Aufgaben in der Klasse erklärt wurden, kann sich der Lehrer nochmals an diese Schüler wenden, um ihnen die Aufgaben in aller Ruhe zu erläutern. Eine weitere Möglichkeit wäre, gute Schüler zu bitten, diesen Schülern die Anweisungen nochmals zu erklären und sich danach die Lösung einzelner Aufgaben durch diese schwächeren Schüler erklären zu lassen.

Man kann diese Überlegungen zu einer effektiven Nutzung der Unterrichtszeit in folgender Checkliste zusammenfassen:

Checkliste 3: **Effektive Lernzeit vergrößern („time on task")**

1. *Für alle Situationen eindeutige Verhaltenserwartungen stellen* (Beispiele: Es klopft, eine Mutter will eine Sache klären; ein Schüler ist mit dem Arbeitsblatt fertig.) Schüler sollten in diesen Situationen wissen, wie sie sich selbstständig sinnvoll beschäftigen können (z. B. am Wochenplan; Lösungen mit Lösungsbogen vergleichen usw.).

2. *Routinen automatisieren:* Begrüßung, einen Sitzkreis bilden, sich zur Gruppenarbeit zusammenfinden, sich zum Gang zur Turnhalle aufstellen. Die entsprechenden Routinen müssen am Beginn des neuen Schuljahrs so lange trainiert werden, bis sie automatisch und flüssig und schnell ablaufen.

3. *Weder Über- noch Unterforderung:* Es soll sichergestellt werden, dass alle Schüler die gestellten Aufgaben auch bearbeiten können: An mehr Lösungsbeispielen Dinge verdeutlichen, sich mit den schwächeren Schülern an einen Tisch setzen, um die ersten Aufgaben eines Arbeitsblatts gemeinsam zu lösen.

4. *Dienste einteilen,* die den Lehrer effektiv entlasten (Kopierdienst, Tafeldienst, Ordnung des Klassenraums, Mediendienst, Informationsdienst (kranke Schüler informieren usw.), Helferdienste (Einteilung von Chefs in inhaltlichen Bereichen: Wer zeitnah den Chef für Deutsch fragt, bekommt schnell eine Antwort und kann seine Arbeiten schneller und zügiger erledigen. Dabei muss auch geklärt werden, wie lernwirksame Hilfen aussehen sollen).

5. *Positive Modelle und Lösungsbeispiele zur Verfügung stellen:* Möglichst zu allen Aufgaben Lösungen und positive Beispiele parat halten, die so geordnet sind, dass der Schüler allein damit arbeiten kann. Wenn der Schüler sehr schnell seine Leistungen oder Lösungen mit anderen Leistungen oder Lösungen vergleichen kann, entstehen kaum Leerzeiten. Der Lehrer ist verantwortlich, dass diese Kontrollen sorgfältig durchgeführt werden. Bspw. wenn Schüler lernen sollen, einen Bericht zu schreiben, könnte ein Ordner im Regal stehen mit einigen positiven Beispielen für Erlebniserzählungen.

6. *Schüler in Gruppen mit gleich lautenden Problemen zusammenfassen und nicht überwiegend individuell unterrichten oder helfen!* (Bei 25 Schülern entfallen bei individueller Betreuung auf einen Schüler höchstens 2 Minuten pro Unterrichtsstunde, bei drei Schülern widmet der Lehrer diesen Schülern sechs Minuten, bei sechs Schülern werden das schon 12 Minuten.)

7. *Ein transparentes Ordnungs- und Ablagesystem einrichten:* Schüler vertrödeln keine Zeit, um Materialien oder Arbeitsbögen zu finden!

Beaufsichtigen/Überwachen: Ein genaues Beobachten des Schülerverhaltens ist vor allem dann wichtig, wenn die Schüler mit der Arbeit beginnen und man dann feststellen kann, ob die Anweisungen verstanden wurden. Ferner sollte ein Lehrer, während er z. B. eine kleine Gruppe von Schülern unterrichtet, den Rest der Klasse im Auge behalten, sich zwischendurch einzelne Lösungen ansehen und dazu Rückmeldungen geben.

Vorbereiten des Unterrichts: Der Unterricht sollte so vorbereitet werden, dass Lernaktivitäten für die verschiedenen Fähigkeitsniveaus der Schüler möglich sind. Dadurch werden Leerzeiten und Langeweile vermieden.

Verantwortlichkeit der Schüler: Es sollten Prozeduren geplant werden, um Schüler für die Ergebnisse ihrer Arbeit verantwortlich zu machen (z. B. zeitnahes Feedback, klare Aufgabenstellung, konsequentes Überwachen).

Klarheit: Die Informationen oder Anweisungen für die Schüler sollten möglichst klar und eindeutig sein.[71] Man kann dies überprüfen, indem man Anweisungen durch Schüler wiederholen und erläutern lässt.

Das Klassenmanagement muss den Anforderungen der verschiedenen Lernarrangements Rechnung tragen. So muss sich der Lehrer beim Unterrichten einzelner Gruppen z. B. auf zwei Aktivitäten gleichzeitig konzentrieren: Auf die Gruppe, der z. B. etwas erklärt und mit der etwas eingeübt werden soll, und die übrige Klasse, die z. B. in Einzelarbeit oder in Partnerarbeit bestimmte Aufgaben erledigen soll. Entsprechend sorgfältig müssen zunächst der Klasse die Aufgaben gestellt werden. Für Schüler, die bekanntermaßen sehr schnell arbeiten, sollten von vornherein Zusatzaufgaben gedacht werden, ferner sollte durch Nachfragen kontrolliert werden, ob die Aufgabenstellungen verstanden wurden. Bevor der Gruppenunterricht begonnen wird, sollte der Lehrer prüfen, ob alle Schüler die gegebenen Aufgaben in Angriff genommen haben. Nur wenn diese Vorbereitungen getroffen wurden und die Regeln für die Einzelarbeit oder Partnerarbeit klar sind (z. B. „nur Flüstern bzw. sehr leise miteinander reden"), wird der Lehrer beim Gruppenunterricht nicht bzw. nur selten gestört und kann sich dann auf das Unterrichten der kleinen Gruppe einigermaßen konzentrieren.

---

[71] Alle Untersuchungen zum effektiven Unterricht gehen in der Regel davon aus, dass eine klare und verständliche Wissensstrukturierung eine wesentliche Voraussetzung für einen effektiven Unterricht ist (vgl. Good, Grouws & Ebmeier 1983, Helmke 1988, → Kap. 4).

Das Trainingsexperiment von Evertson et al. (1983)

In dem Trainingsexperiment von Evertson et al. (1983)[72] wurden Lehrer auf die Übernahme einer ersten Klasse vorbereitet. Dabei wurde ein umfangreichen Trainingsmanual eingesetzt, in dem vorausplanende Aktivitäten des Lehrers und Regeln erläutert und anhand vieler Beispiele konkretisiert wurden (vgl. dazu Evertson & Harris 2003). An diesem Trainingsexperiment nahmen 41 Lehrer freiwillig teil: 23 Lehrer wurden nach einem Zufallsverfahren der Versuchsgruppe zugeteilt, 18 Lehrer der Kontrollgruppe.

In der Versuchsgruppe wurde vier Tage vor Schulbeginn das Trainingsmanual verteilt. Zur Erläuterung wurde dazu ein dreistündiger Workshop durchgeführt, in dem vor allem die Regeln besprochen und diskutiert wurden, die sich auf die Vorbereitung für das neue Schuljahr bezogen. In der fünften Schulwoche fand ein zweiter unterstützender Workshop statt, in dem vor allem auf Regeln eingegangen wurde, die ein Aufrechterhalten des Klassenmanagements betrafen.

Die Lehrer der Versuchsgruppe wurden gebeten, den anderen Lehrern nichts vom Manual und den Workshops zu erzählen.

Ergebnisse: In der Versuchsgruppe zeigten die Schüler signifikant seltener unangemessene Verhaltensweisen wie: ohne Erlaubnis in der Klasse herumgehen; eine Antwort in die Klasse rufen, ohne sich zu melden; dem Lehrer ins Wort fallen, usw. Sie zeigten dagegen häufiger aufgabenbezogenes, konzentriertes Arbeitsverhalten (sich melden, Aufgaben bearbeiten etc.).

Um die richtige Anwendung („Implementierung") des Programms zu überprüfen, sollten Beobachter einschätzen, in welchem Maß es den Lehrern gelang, die Regeln umzusetzen. Mit Ausnahme einer Regel (Vorbereiten des Unterrichts) traten bei allen Regeln in wichtigen Punkten die vermuteten Effekte ein. Besonders deutlich waren die erzielten Effekte bei folgenden Punkten:

➢ In den Versuchsgruppen waren die Materialien und Hilfsmittel besser sortiert, organisiert und verfügbar.

➢ Es gab eher verbindliche Verfahrensweisen, z. B. bezüglich des Meldens und des Redens während des Unterrichts.

➢ Die Lehrer der Versuchsgruppen reagierten konsequent und schneller auf unangemessenes Verhalten.

➢ Die Lehrer der Versuchsgruppe verdeutlichten zu Beginn des Schuljahres stärker die erwünschten Schülerverhaltensweisen. Sie erinnerten immer wieder an vereinbarte Regeln. Sie erklärten auch häufiger mögliche Konsequenzen bei unerwünschten Verhaltensweisen, erläuterten ihren Sinn, etc. Sie bezogen sich auch häufiger auf die entsprechenden Regeln, wenn Schüler sich nicht an diese gehalten hatten.

➢ Die Lehrer der Versuchsgruppe erinnerten und verdeutlichten häufiger bestimmte Arbeitsstandards. Sie wiesen auch eher auf die Verantwortlichkeit der Schüler für ihre Leistungen und Arbeitsergebnisse hin. Sie beaufsichtigten die Leistungsfortschritte und die Erledigung von Arbeitsaufträgen der Schüler aufmerksamer.

---

[72] Das Trainingsexperiment, das im Folgenden dargestellt werden soll, ist Teil eines der größten empirischen Forschungsvorhaben der Unterrichtspädagogik. Die Forschungsgruppe um C. Evertson hat das Trainingsprogramm COMP entwickelt und an mittlerweile über 10 000 Schülern erprobt (vgl. Evertson & Harris 1999).

➤ Außerdem beschrieben die Lehrer der Versuchsgruppen die Lernziele genauer und gaben klarere Erklärungen.

Ein weiteres Ziel der Trainingsstudie bestand darin zu prüfen, ob ein Training der Lehrer der Kontrollgruppe, die Probleme mit dem Klassenmanagement in ihrer Klasse hatten – das waren 9 der 18 Lehrer – noch erfolgreich ist, wenn es *nach dem ersten Halbjahr* durchgeführt wird. Hierbei zeigte sich, dass ein solches Training zwar die gewünschten Verhaltensänderungen bei den Lehrern erbrachte, sich aber keine deutlichen Veränderungen im Verhalten der Schüler feststellen ließen. Offensichtlich ist eine Rückkehr zu geordneten Verhältnissen sehr schwierig, wenn sich erst einmal Klassenmanagementprobleme in einer Klasse eingeschliffen haben.

5.2.3 Der Umgang mit andauernden Verhaltensproblemen

Auch wenn ein Lehrer alle bisher genannten Techniken und Methoden des Klassenmanagements konsequent anwendet, werden bestimmte Probleme übrig bleiben.

Beispiele: Andauernde Verhaltensprobleme

– Ein Schüler beantwortet trotz häufiger Ermahnungen ständig vorlaut die vom Lehrer gestellten Fragen, ohne sich zu melden,
– zwei Mädchen tuscheln ständig, während der Lehrer bestimmte Dinge erklärt,
– ein Schüler macht keine Hausaufgaben,
– manche Schüler räumen ihren Tisch nicht auf, haben keinen geordneten Schulranzen, usw.
– einige Schüler mobben andere Schüler oder hänseln sie ständig.

Die Diagnose chronischer Probleme: Wichtig ist, dass kritisch geprüft wird, ob die Schwierigkeiten mit mangelnder Allgegenwärtigkeit, inkonsequenter Kontrolle der Einhaltung von Regeln oder mit anderen Aspekten des Lehrerverhaltens in Zusammenhang stehen. Es kann auch sein, dass der Umgang des Lehrers mit störenden Schülern so verletzend ist, dass die betroffenen Schüler ein starkes Bedürfnis nach Rache haben. Manche Lehrer neigen dazu, Verhaltensprobleme mit einzelnen Schülern vor der ganzen Klasse zu besprechen und damit die betreffenden Schüler bloßzustellen. *Häufig ist es sinnvoller, solche Probleme nach der Stunde in einer ruhigen Atmosphäre zu besprechen oder in der Stunde durch eine leise Unterhaltung mit dem Schüler (bzw. den Schülern) deutlich zu machen, dass es sich um eine individuelle Angelegenheit handelt.*

Um zu prüfen, ob es sich um ein anhaltendes Problem handelt, könnte man es mit anderen Lehrern der Klasse diskutieren. Dies ist in einem Kollegium, das intensiv miteinander kooperiert, leichter möglich als in einem Kollegium, in dem jeder Lehrer für sich allein unterrichtet. Wenn mehrere Lehrer die gleichen Probleme mit bestimmten Schülern haben, ist dies ein Hinweis, dass Probleme mit diesen Schülern im Rahmen des normalen Klassenmanagements nicht gelöst werden können.

Die Bedeutung einer Lösung: Wenn ständige Störungen durch bestimmte Schüler den Mitschülern signalisieren, dass der Lehrer bestimmte Probleme nicht in den Griff bekommt und somit die vereinbarten Regeln nicht für alle gelten, besteht die Gefahr, dass eine Lawine losgetreten wird und sich auch andere Schüler nicht mehr verpflichtet fühlen, sich an die Regeln zu halten. Der Lehrer muss dann in wirksamer Weise eingreifen, um die notwendigen Rahmenbedingungen für schulisches Lernen zu schaffen. Dies muss er auch den Schülern unmissverständlich klar machen: Es geht nicht um Sympathien oder Antipathien, nicht um die Person des einzelnen Schülers, sondern um die Geschäftsgrundlage für eine gute Zusammenarbeit in der Schule. Stören schädigt nicht nur den Lehrer, sondern vor allem die anderen Schüler, und letztlich den störenden Schüler selbst. Dennoch sollte dieses Fehlverhalten nicht das positive Lernklima zerstören. Störende Schüler sollten Möglichkeiten erhalten, sich durch positive Leistungen zu beweisen.

Wenn Lehrer in extreme Situationen gebracht werden, neigen sie zu folgenden Reaktionen:

– Der Schüler wird vor die Tür geschickt.
– Der Schüler wird zum Rektor geschickt.
– Der Lehrer ruft die Eltern an oder schickt den Eltern einen „blauen Brief".
– Eine Klassenkonferenz wird einberufen.
– Der Schüler wird in die Parallelklasse geschickt, um dort am Unterricht teilzunehmen.

Diese Reaktionen haben alle bestimmte Vor- und Nachteile. Die Vorteile sind darin zu sehen, dass möglicherweise durch das Einschalten anderer Personen das Problem zunächst gelöst wird. Möglicherweise ist die indirekte Wirkung wichtiger als die direkte Wirkung auf den betreffenden Schüler. So wird den anderen Schülern signalisiert, dass bestimmte Verhaltensweisen nicht akzeptabel sind. Der wichtigste Nachteil besteht m. E. darin, dass der Lehrer durch solche Maßnahmen gleichzeitig auch eine gewisse Hilflosigkeit demonstriert.

Schritte der Problemlösung: Um bleibende Probleme in professioneller Weise lösen zu können, sollte der Lehrer bestimmte Kommunikationskompetenzen beherrschen (vgl. Emmer, Evertson, Worsham 1994, S. 135 f.). Dazu zählen:

(1) *Konstruktive Selbstbehauptung:* Das fragliche Problem sollte ernsthaft und unmissverständlich zur Sprache gebracht werden, wobei betont werden sollte, dass das fragliche Verhalten verändert werden muss.

(2) *Einfühlsames Reagieren:* Die Schüler sollten Gelegenheit erhalten, die Situation aus ihrer Perspektive darzustellen. Außerdem sollte sich der Lehrer darum bemühen, eine positive Beziehung zu den Schülern aufrecht zu erhalten.

(3) *Problemlösen:* Dazu gehören verschiedene Schritte. Wichtig sind vor allem die *gemeinsame Erarbeitung eines Plans,* mit dem das Problem gelöst werden soll, und der Abschluss eines entsprechenden *Vertrags,* auf dessen Einhaltung sich die Parteien verpflichten.

Um ein Problem effektiv lösen zu können, benötigt der Lehrer in der Regel zusätzliche Informationen von den Schülern. Dazu ist ein geschicktes Vorgehen nötig. Bei Evertson finden wir folgende Beispiele für ungeschicktes bzw. vorteilhaftes Lehrerverhalten (nach Evertson et al. 1994, Kap. 7):

Episode A (unvorteilhaftes, uneinsichtiges Lehrerverhalten):

S. *„Ich bleibe nach dem Unterricht nicht da. Sie können das nicht verlangen."*

L *„Du musst nach dem Unterricht hier bleiben. Du hast deine Arbeit nicht fertig gestellt."*

S. *„Nein, ich kann nicht bleiben."*

Episode B (einfühlsames Lehrerverhalten):

S *„Ich bleibe nach dem Unterricht nicht da. Sie können das nicht verlangen."*

L. *„Das ist wahr, das kann ich nicht. Die Entscheidung liegt letztlich bei dir."*

S. *„Ich kann nicht bleiben."*

L. *„Ist es für dich ein Problem, nach der Schule hier zu bleiben?"*

S. *„Ich muss sofort nach Hause kommen."*

L. *„Es wäre ein Problem für dich, später nach Hause zu kommen?"*

S. *„Richtig, wir müssen nach der Schule irgendwohin."*

L. *„Das ist ein schwieriges Problem. Sollen wir uns überlegen, was Du tun könntest?"*

S. *„Okay". (Nun kann eine andere Lösung des Problems gesucht werden)*

Der Lehrer sollte zunächst versuchen, *nur mit den betroffenen Schülern in einer ruhigen Atmosphäre nach der Stunde* über das Problem zu sprechen. Diese Maßnahme trägt der Tatsache Rechnung, dass Verhaltensweisen durch bestimmte Situationen beeinflusst werden. Das Aufbrechen von negativen Verhaltensketten kann nur in einer neuen, neutralen Situation gelingen (z. B. in einem Besprechungszimmer).

Die eigentliche Problemlösung kann in drei Phasen gegliedert werden:

(1) *Problemerarbeitung:* Man versucht gemeinsam zu klären, worin das Problem besteht und welche Ursachen es hat. Ein erster wichtiger Schritt auf dem Weg zu einer Problemlösung ist dabei eine genaue, gemeinsam erarbeitete Beschreibung der Situation, die zu der Unterrichtsstörung geführt hat. Der Lehrer muss dabei sehr deutlich aus seiner Sicht benennen, worin das Problem besteht und welche Folgen das Verhalten des Schülers auf andere Schüler und auf ihn hat. Außerdem sollte er dem Schüler die Möglichkeit geben, das Problem aus Schülersicht beschreiben zu lassen. Ziel ist dann eine umfassende Beschreibung der Problemsituation.

(2) *Diskussion verschiedener Lösungsmöglichkeiten:* Der Lehrer kann zunächst den Schüler um Lösungsvorschläge bitten. Falls diesem keine Lösung einfällt, kann der Lehrer selbst verschiedene Möglichkeiten vorschlagen. Häufig wird der Schüler versprechen, dass er das unerwünschte Verhalten in Zukunft unterlassen wird.

(3) *Einen Vertrag schließen:* Man versucht, sich auf eine Problemlösung zu einigen. Der vereinbarte Lösungsvorschlag sollte bestimmten Kriterien entsprechen: Er sollte realisierbar und realistisch sein; und er sollte das Problem dauerhaft beseitigen. Strafen sind dabei meist keine Lösung; wichtiger ist es, positive Verhaltensmuster aufzubauen. *Der Lehrer sollte also konkret angeben, welche positiven Verhaltensweisen er anstelle des problematischen Verhaltens erwartet.* Dieses positive Verhalten kann er dann belohnen. Man sollte prüfen, ob bezüglich anderer Schüler Konsequenzen zu ziehen sind. Aber auch wenn andere Schüler das Problem mit verursacht haben, sollte

die persönliche Verantwortlichkeit des Schülers dennoch betont werden. *Der Lehrer sollte sich bemühen, mit dem Schüler einen Vertrag auszuhandeln, der zeitlich genau festlegt, wann welche Leistungen zu erbringen sind und anhand welcher Kriterien festgestellt werden kann, ob die Leistungen erfüllt wurden.* Es kann durchaus sinnvoll sein, den Vertrag schriftlich auszuarbeiten und ihn dann vom Lehrer und den Schülern unterschreiben zu lassen.

Konkrete Lösungsbeispiele: Entscheidend ist die Berücksichtigung der jeweiligen individuellen Situation des Schülers. Entsprechend einfühlsam sollte der Lehrer versuchen, die gesamte Situation, in der das fragliche Verhalten auftritt, zu verstehen und zum tieferen Verständnis gezielte Fragen zu stellen. Die folgenden Beispiele sollen vor allem zeigen, dass nachhaltige Lösungen für andauernde Probleme je nach Situation ganz unterschiedlich aussehen können.

1. Situation: Ein Schüler stört, weil er ein Arbeitsblatt nicht bearbeiten kann

In diesem Fall sollte dem Schüler klargemacht werden, dass er Hilfe durch seine Tischnachbarn oder durch den Lehrer erhalten kann, und dass er lernen muss, danach zu fragen. Man sollte auch prüfen, ob dem betreffenden Schüler durch Zuweisung eines Tutors oder durch Förderunterricht geholfen werden kann. Der Lehrer selbst kann sich die Frage stellen, ob er nach dem Austeilen eines Arbeitsblattes bestimmte Schüler an einem Tisch versammeln sollte, mit denen er die ersten Aufgaben gemeinsam bespricht, und denen er gegebenenfalls Lösungswege nochmals erklärt.

2. Situation: Ein Schüler stört, indem der auf Fragen antwortet, ohne sich zu melden

Hier ist eine Anwendung der sog. WAITE-TIME-Technik sinnvoll: Gerade bei komplexen Problemen, die im Unterricht diskutiert werden sollen, könnte es sich als effizient erweisen, Schüler zunächst gemeinsam eine Lösung ausarbeiten zu lassen und ihnen dafür eine längere Zeit (zwischen 3 und 6 Minuten) einzuräumen. Erst nach dieser Beratungszeit in den Tischgruppen sollen dann Vertreter der Tischgruppen ihre Lösungen vorstellen. In dieser Situation ist es für den auffälligen Schüler kaum noch möglich, sich durch das vorzeitige Nennen einer Lösung hervorzutun. Vor allem aber legt diese Methode ein sorgfältigeres Durchdenken des Problems nahe.

Eine andere Möglichkeit würde darin bestehen, dem offensichtlich eher unterforderten Schüler bestimmte *Verantwortungen* zu übertragen, durch deren Erledigung er in positiver Weise Aufmerksamkeit erhalten kann. Er könnte z. B. zum Tutor für schwächere Schüler ernannt werden oder den Auftrag erhalten, am Ende der Stunde das Wichtigste in eigenen Worten zusammenzufassen.

Langfristig wirksame Lösungen basieren oft auf einer Veränderung der „ökologischen Situation"; d. h. sie verändern allgemeine Strukturen im Klassenraum oder im Klassenmanagement. Ein Beispiel hierfür ist das Einrichten von Reflexionszeiten für das Lösen komplexerer Aufgaben. Innerhalb dieser Zeiten können alle Schüler ihre Lösungsansätze in der Gruppe vortragen. Dann diskutiert die Gruppe diese Ansätze. Bei Ordnungsproblemen kann sich der Lehrer fragen, ob für die verschiedenen Aufgaben das System von Ablagekästen in der Klasse ausreichend ist, ob die Verantwortlichkeiten für verschiedene Ordnungsaufgaben hinreichend klar sind oder verbessert werden können.

Für eine Situation, in der zwei Schülerinnen ihre Schulsachen nicht aufräumen, schlagen Evertson et al. (1994, S. 153) vor, dass sich die Schüler für eine Woche verpflichten, sich nach dem Aufräumen ihrer Sachen um das Aufräumen des Klassenraums zu kümmern.

3. Situation: Bestimmte Schüler werden gemobbt – andere Schüler greifen nicht ein

Wenn einige Schüler gemobbt werden, gibt es für den Lehrer verschiedene Handlungsmöglichkeiten. Zunächst hat er vor der Klasse darauf hinzuweisen, dass dieses Verhalten nicht geduldet wird und mit bestimmten Sanktionen gerechnet werden muss, wenn Schüler andere Schüler mobben. Vor allem hat der Lehrer dafür zu sorgen, dass die Schüler, die mobben, zur Wiedergutmachung verpflichtet werden. Eine weitere wesentliche Möglichkeit besteht in der Stärkung der Rolle der „unbeteiligten" Personen, die das Mobbingverhalten beobachten, ohne einzugreifen. Es muss deutlich gemacht werden, dass Mobben nur in einem Umfeld möglich ist, in dem Schüler nicht zusammenhalten und dass sich Schüler auch „schuldig" machen, wenn sie nicht eingreifen. Ferner kann der Lehrer versuchen, ein positives Kooperationsklima in der Klasse zu entwickeln, in dem Mobben keinen Platz hat. So ist anzunehmen, dass ein Unterrichtsstil, in dem gegenseitige Konkurrenz und Leistungsvergleiche im Vordergrund stehen, eher zu gegenseitigem Mobben führt als ein Unterrichtsstil, der die besonderen Stärken und Möglichkeiten eines jeden Schülers betont und bei dem Schüler durch gute Kooperation gute Leistungen erzielen können (z. B. durch Verwendung der *Gruppenrallye*). Außerdem kann der Lehrer durch Rollenspiele Schüler, die als Täter aufgefallen sind, in die Rolle des Opfers bringen, um ihnen dadurch ein Gefühl zu vermitteln, wie man sich fühlt, wenn man gemobbt wird.

Kreislaufmodell Klassenmanagement

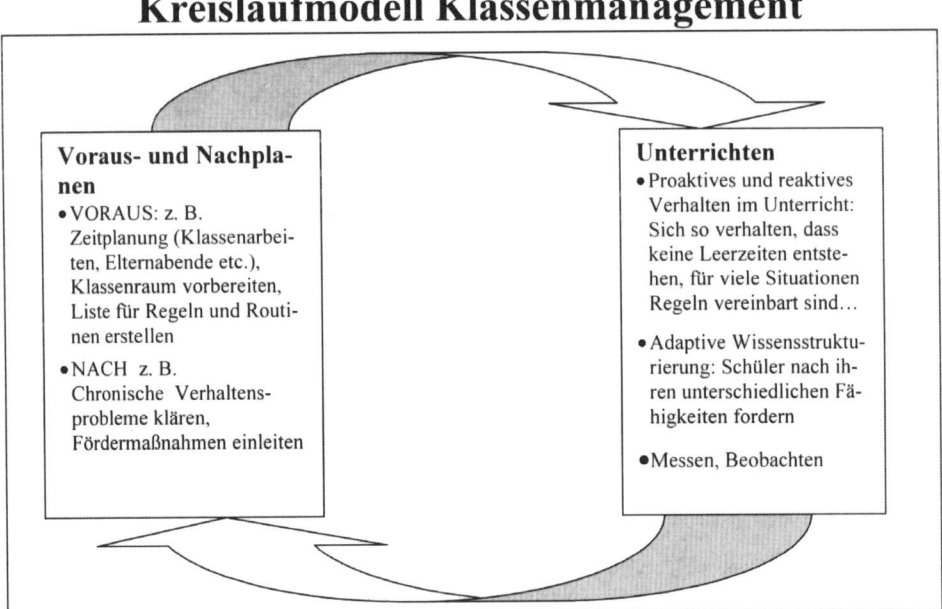

Voraus- und Nachplanen
- VORAUS: z. B. Zeitplanung (Klassenarbeiten, Elternabende etc.), Klassenraum vorbereiten, Liste für Regeln und Routinen erstellen
- NACH z. B. Chronische Verhaltensprobleme klären, Fördermaßnahmen einleiten

Unterrichten
- Proaktives und reaktives Verhalten im Unterricht: Sich so verhalten, dass keine Leerzeiten entstehen, für viele Situationen Regeln vereinbart sind…
- Adaptive Wissensstrukturierung: Schüler nach ihren unterschiedlichen Fähigkeiten fordern
- Messen, Beobachten

5.3 Leistungsbewertung

Folgende Episode verdeutlicht die Art, wie in der Pädagogik noch häufig über Probleme der Leistungsbewertung diskutiert wird. Eine Staatsexamensprüfung in Pädagogik ist ungefähr folgendermaßen verlaufen (Gedankenprotokoll):

Frage (Erstprüfer):	*Welchen Gütemaßstäben soll die Leistungsbewertung genügen?*
Antwort:	*Validität, Reliabilität, Objektivität …*
Frage (Erstprüfer):	*In welchem Maße werden diese Maßstäbe erfüllt?*
Antwort:	*Die traditionelle Leistungsbewertung erfüllt sie nicht, eine 3 in Klasse x kann der Leistung für eine 5 in der Parallelklasse entsprechen …*
Frage (Erstprüfer):	*Wie kann man dieses Problem lösen?*
Antwort:	*Durch Berichtszeugnisse! Man kann dann jedem Schüler individuelle Rückmeldungen geben!*
Frage (Zweitprüfer):	*Und inwiefern werden durch Berichtszeugnisse die Gütemaßstäbe eher erreicht?*
Antwort:	*(Hörbares Fallen in ein tiefes Loch …)*

Gute Leistungsdiagnostik ist eine wichtige Voraussetzung für effektives pädagogisches Handeln. Ihre Bedeutung geht weit über das bloße Messen von Leistung hinaus. Kaum ein Bereich in der Pädagogik ist so stark kulturell durch einen heimlichen Lehrplan festgelegt wie die schulische Leistungsbewertung. Dies erschwert eine rationale Diskussion. Eigentlich sollte entscheidend sein, welche Fertigkeiten und Kompetenzen Schüler am Ende ihrer schulischen Laufbahn aufweisen. Lehrer werden dafür bezahlt, dass sie das Potential ihrer Schüler möglichst gut entwickeln. Die Praxis der Leistungsbewertung sollte diesem Ziel dienen. Einige Praktiken der schulischen Leistungsbewertung verhindern jedoch geradezu die Entfaltung des Potentials, das in Schülern steckt.

Im Folgenden sollen deshalb zwei Fragen diskutiert werden:

1. Was sind Merkmale einer guten Leistungsdiagnostik in der Schule?
2. In welcher Weise kann die Leistungsdiagnostik in den Dienst einer wirksamen pädagogischen Förderung gestellt werden?

5.3.1 Merkmale einer guten Leistungsdiagnostik in der Schule

Bei der Bewertung von Leistungen können drei verschiedene Bezugsrahmen verwendet werden:

Der soziale Bezugsrahmen: Als Bezugsrahmen dient hier meistens die Leistungsverteilung der Klasse, in der sich ein Schüler befindet. Wenn ein Schüler im Vergleich zum Leistungsstand in der Klasse eine „gute" Leistung erbringt (eine der fünf besten Arbeiten schreibt), dann wird seine Leistung mit gut oder sehr gut beurteilt. Dies gilt allerdings nur, wenn der Lehrer diesen Bezugsrahmen als ausschließlichen Bezugsrahmen wählt.

Beispiel: Die Ergebnisse einer Klassenarbeit werden in eine Reihenfolge gebracht. Es werden zunächst drei Gruppen gebildet: „Gute" Arbeiten, „mittlere" Arbeiten und „schlechte" Arbeiten. Danach wird diese Aufteilung noch verfeinert: Die beiden besten Arbeiten erhalten vielleicht ein „sehr gut", die beiden schlechtesten ein „mangelhaft". In der Schulpraxis steht dieser soziale Bezugsrahmen noch immer im Vordergrund. Die Orientierung der Leistungsbewertung am sozialen Bezugsrahmen ist der tiefere Grund für die Fragwürdigkeit der Zensuren und ihrer Nichtvergleichbarkeit.

Der individuelle Bezugsrahmen: Hier werden die Leistungen des Schülers mit seinen früheren Leistungen verglichen. Der Lehrer stellt, bezogen auf frühere Leistungen, bei einem Schüler mehr oder weniger große Leistungsverbesserungen (bzw. Leistungsverschlechterungen) fest.

Beispiel: Der Lehrer teilt dem Schüler bei der Rückgabe der Klassenarbeit mit, „er habe seine Leistung im Vergleich zur letzten Arbeit schon deutlich verbessert". Eigentlich ist die Leistung aber dennoch im Vergleich zu den Mitschülern mit einem „mangelhaft" zu bewerten, was dem Schüler u. U. nicht mitgeteilt wird.

Der absolute Bezugsrahmen: Hier geht es darum, in welchem Umfang ein Schüler eine präzise definierte Leistung erbringt. So könnte ein Lehrer anhand einer Sammlung von Aufgaben unterschiedlicher Schwierigkeit versuchen festzustellen, wie sicher, schnell und flüssig ein Schüler Aufgaben zu schriftlichen Rechenverfahren lösen kann.

Beispiel: Man teilt für die einzelnen schriftlichen Rechenverfahren Lösungsprozentsätze mit, wobei die Aufgaben zu den Rechenverfahren nochmals in einfache und schwierige Aufgaben unterteilt werden. Zusätzlich kann am Ende des Schuljahres noch angegeben werden, welche Kompetenz auf der Klassenstufe zu erwarten ist.

Aufgaben zur	Schwierigkeit	Erreichter Lösungs-prozentsatz	Geforderte Leistung in Klassenstufe 4
– schriftlichen Addition	– einfach – schwer	90 Prozent 40 Prozent	Mindestens 90 Prozent Mindestens 80 Prozent
– schriftliche Subtraktion	– einfach – schwierig	90 Prozent 30 Prozent	Mindestens 90 Prozent Mindestens 80 Prozent
– schriftliche Multiplikation	– einfach – schwierig	95 Prozent 90 Prozent	Mindestens 90 Prozent Mindestens 80 Prozent
– schriftliche Division	– einfach – schwierig	60 Prozent 20 Prozent	Mindestens 90 Prozent Mindestens 80 Prozent

Eine solche Aufschlüsselung der Leistungen enthält erheblich mehr Informationen als die Ziffernnote „5". Vor allem informiert sie darüber, in welchen Bereichen Lücken bestehen, die möglichst früh durch Fördermaßnahmen geschlossen werden sollten.

Statt Schüler innerhalb einer Klasse miteinander zu vergleichen, werden hier die Leistungen der Schüler mit den zu erreichenden Zielen verglichen. Für jeden Schüler wird ein Leistungsprofil erstellt, aus dem ersichtlich ist, in welchen Bereichen seine Stärken und Schwächen liegen. Die Schule hätte sich in diesem Fall darum zu kümmern, für möglichst alle Schüler in den Klassenstufen festgelegte Minimalziele zu erreichen. Solche Minimalziele sollten sich auf *die* Fertigkeiten und Fähigkeiten beziehen, die für das weitere Lernen in den höheren Klassen von grundlegender Bedeutung sind. Konkret könnte das für die ersten beiden Klassen der Grundschule z. B. bedeuten:

Für das erste Schuljahr sollte erreicht werden, dass jeder Schüler bestimmte arithmetische Fakten auswendig beherrscht (z. B. $3 + 4, 5 + 7, 12 - 5, 8 + \_\_ = 15$ etc.) und einfache Texte flüssig lesen kann.

Im zweiten Schuljahr sollte jeder Schüler auch schwierigere Texte flüssig lesen können und im dritten Schuljahr das Einmaleins sicher beherrschen[73].

Auch Berichtszeugnisse oder Lernentwicklungsberichte sollten die Kriterien einer möglichst präzisen, gültigen und objektiven Leistungsmessung erfüllen. Der Wechsel von der Ziffernbeurteilung zum Berichtszeugnis löst dieses Messproblem nicht.[74]

Das Problem der präzisen und für Lehrer verständlichen Festlegung von Standards ist nicht durch das Anordnen externer Abschlussprüfungen gelöst. Damit Lehrer sich genauer auf die Anforderungen einstellen können, müssen inhaltliche Standards in folgender Weise definiert und konkretisiert werden.

➤ Standards, die am Ende eines Schuljahres erreicht werden sollen, müssen präzise theoretisch definiert werden und

➤ diese Standards müssen an konkreten Aufgaben bzw. Vergleichsarbeiten verdeutlicht werden, wobei auch die Art der Bewertung der möglichen Antworten genau angegeben werden muss.

Wie kann das Problem der objektiven Leistungsmessung gelöst werden? Eine objektive, vom Klassenniveau unabhängige, Leistungsdiagnostik muss in präzise definierten Standards verankert werden. Durch diese theoretisch festgelegten Standards und deren Verdeutlichung an konkreten Aufgaben („Vergleichsarbeiten") wird ein *objektiver Bezugsrahmen* für die Leistungsbewertung festgelegt. Solchen objektiven Messungen liegt folgende Vorstellung zu Grunde: Für jedes Klassenniveau werden Zielkompetenzen und vorgelagerte Kompetenzen definiert, damit am Ende des Schuljahres Aussagen darüber möglich werden, wie viele Schüler einer Klassenstufe die geforderten Kompetenzen tatsächlich erreicht haben und wie viele unter bzw. über dem geforderten Kompetenzniveau liegen. Solche Tests hätten gegenüber den herkömmlichen Klassenarbeiten folgende Vorteile:

➤ Jeder Lehrer könnte mit Hilfe solcher Tests am Anfang und am Ende eines Schuljahres feststellen, welche Kompetenzen seine Schüler haben. Damit hätte man ein objektives Maß für *die individuelle Lehrerleistung.*

➤ Da die Lehrer gleicher Klassenstufen die gleichen Tests verwenden könnten, wären die *Leistungsmessungen auch unter den Klassen objektiv miteinander vergleichbar.* Eine solche Vergleichbarkeit ist bei den herkömmlichen Klassenarbeiten nicht gegeben.

➤ Die geforderten Kompetenzen und die objektiven Vergleichsmöglichkeiten sorgen bei Schülern und Lehrern für *mehr Transparenz und Anstrengungsbereitschaft* als der soziale Vergleich.

---

[73] Es müsste dabei konkret angegeben werden, was unter flüssiger Beherrschung zu verstehen ist.

[74] Dass es sich hier um ein echtes praktisches Problem handelt, habe ich an einem Schüler erlebt, der in der achten Klasse von einer integrierten Gesamtschule auf eine Realschule wechseln musste. Diesem Schüler wurde plötzlich bescheinigt, dass er das Niveau einer Realschule für diese Klassenstufe nicht erreicht hatte. Er musste die Klasse wiederholen. Die Eltern fielen aus allen Wolken.

Nur wenn sich die Schule um eine genaue, objektive und gültige Leistungsmessung bemüht, kann sie ihrer Informationspflicht gegenüber Eltern, Schülern und Gesellschaft gerecht werden.

Zusammenfassung: Leistungsmessung und die Rolle von Bezugsrahmen

(1) Sozialer Bezugsrahmen

„Wie „gut" bin ich im Vergleich zu meinen Klassenkameraden?"

<u>Vorteil:</u> Jeder Lehrer kann für sich Tests entwickeln und durchführen.

<u>Problem:</u> Vergleichbarkeit der Leistungen über die Klasse hinaus (Fragwürdigkeit der Zensurengebung); Unterstützung von Konkurrenzverhalten.

(2) Individueller Bezugsrahmen

„Wie „gut" bin ich im Vergleich zu meiner früheren Leistung?" (z. B. vor einer Woche, vor einem Monat)

<u>Vorteil:</u> Motivierender als Vergleich mit Mitschülern.

<u>Problem:</u> Begrenzte Vergleichbarkeit zu den Leistungen anderer Schüler. Illusion über den tatsächlichen Leistungsstand.

(3) Sachlicher Bezugsrahmen

„Wie „gut" bin ich im Vergleich zu einer sachlich präzise definierten Anforderung?"

<u>Vorteil:</u>
– Möglichkeit der Erstellung eines objektiven Leistungsprofils.
– Unter Motivationsgesichtspunkten günstiger als die soziale Bezugsnorm.
– Lösung der Probleme der Fragwürdigkeit der Zensurengebung möglich.

<u>Problem:</u> Tests müssen von Experten in Testinstituten entwickelt werden. Setzt präzise definierte inhaltliche Standards voraus, die auch an „Vergleichsarbeiten" konkretisiert werden.

Komplexe Probleme der Leistungsbewertung

Die Probleme der Leistungsbewertung sind ungemein komplex. Ich werde deshalb im folgenden Abschnitt einzelne Probleme, die mir besonders relevant erscheinen, aufgreifen und kurz diskutieren.

<u>a) Die Fragwürdigkeit der Zensurengebung als Messproblem:</u> *Lehrer sehen sich mit dem Vorwurf konfrontiert, fragwürdige Zensuren zu verteilen (geringe Validität, Reliabilität und Objektivität). Die Note 4 in einer leistungsstarken Klasse entspricht einer 2 in einer leistungsschwachen Klasse. Grund dafür ist, dass sich jeder Lehrer am sozialen Bezugsrahmen in der Klasse weitgehend orientiert.*

<u>Lösung:</u>
– Durch externe gleiche Tests, die unter vergleichbaren Bedingungen durchgeführt werden. Solche Tests sollten auf überzeugende Standards des Faches gegründet sein. Standards müssten theoretisch und operational an verschiedenen Beispielen (Vergleichsarbeiten) erläutert werden.

– Durch Testinstitute, die sowohl solche Tests entwickeln als auch Lehrer und Schulen über die Standards ausreichend und durch konkrete Aufgaben informieren.

b) Kurzatmiges Lernen für Klassenarbeiten: *Die derzeitige Praxis der Leistungsbewertung fördert ein kurzatmiges Lernen für die nächste Klassenarbeit; danach wird Vieles wieder vergessen. Bedeutsam ist jedoch nachhaltiges Lernen, also das, was Schüler fest im Langzeitgedächtnis verankert haben und sicher von dort abrufen können.*

Lösung:

– Man könnte in jeder Klassenarbeit z. B. ein Viertel aller Aufgaben zu Inhalten stellen, die früher behandelt wurden und die für weiteres Lernen eine zentrale Bedeutung haben.

– Über diese mehrfach zu testenden Inhalte könnte man sich in Fachkonferenzen einigen. Auch Testinstitute könnten dazu Vorschläge machen.

c) Zu viele summative und zu wenige formative Tests: *Tests werden über das Jahr hauptsächlich zur Feststellung des Leistungsstands erhoben, und nicht zur Feststellung von Wissenslücken, um diese zu schließen. Man kann nicht die Möglichkeit einräumen, Schüler bei schlechten Leistungen einen Test wiederholen zu lassen, weil sonst nicht mehr die gleichen Voraussetzungen gegeben sind. Dies führt dann dazu, dass Schüler ohne ausreichende Vorkenntnisse sich mit neuen Inhalten befassen müssen, was zu dem bekannten Schereneffekt führt.*

Lösung:

– Durchführung von Kompetenzmessungen am Ende des zweiten, vierten, sechsten, achten und zwölften Schuljahrs. Zum Teil könnten diese Kompetenzmessungen als externe Tests durchgeführt werden, z. B. in der vierten, achten und in der zwölften Klasse. Die Tests für diese Kompetenzmessungen werden durch spezielle Institute entwickelt, die auch die Schulen über Standards und Anforderungen informieren.

– Klassenarbeiten und kleine Tests von Lehrern hätten hauptsächlich darüber zu informieren, wo bestimmte Schüler noch Lücken haben, damit sich der nachfolgende Unterricht auf diese Wissenslücken konzentrieren kann. Lehrer müssen wissen, auf welchem Leistungsstand die Schüler sind, um ihre Schüler fit für diese Kompetenzmessungen zu machen.

d) Diagnostische Inkompetenz von Lehrern: *Es wird gesagt, Lehrer würden nicht rechtzeitig sehen, in welchen Bereichen und in welcher Weise Schüler zusätzlich gefördert werden müssten. Deshalb müsste man ihre diagnostische Kompetenz durch entsprechende Fortbildung steigern. Die mangelnde diagnostische Kompetenz würde zu einer Vernachlässigung der adaptiven[75] Förderung von Schülern führen.*

Lösung:

– Entwicklung von Screening-Programmen für die verschiedenen Schulformen zu den wichtigsten inhaltlichen Bereichen (z. B. Deutsch, Mathematik) durch Testinstitute, mit denen in allen Klassen alle zwei Jahre festgestellt wird, in welchen grundlegenden Wissensbereichen Schüler Defizite aufweisen, die ein Lernen im normalen Unterricht erheblich beeinträchtigen (im Bereich der Leseförderung z. B. das Bielefelder Screening).

---

[75] Adaptiv bedeutet, innerhalb der Zone der nächsten Entwicklung

- Eine stärkere Konzentration auf adaptives Unterrichten mit leistungshomogenen Gruppen (→ Unterricht mit Teamunterstützung). Dafür werden Lehrer auf Fortbildungen geschult.

e) Leistungsbewertung bei komplexen Lernaufgaben: *Alle Lehrer möchten, dass ihre Schüler lernen, gute Berichte zu verfassen und gute Aufsätze zu schreiben. Entsprechend sorgfältig werden Aufsätze korrigiert, und manche Schüler können in dem Meer roter Tinte kaum noch erkennen, was sie selbst geschrieben haben.*

Lösung:

- Schüler erhalten positive Beispiele für gute Lösungen. Ferner werden sie konkret über die Strukturen eines guten Berichts und die dabei anzuwendenden Fertigkeiten geschult (vgl. dazu Graham, & Harris & Mason 2005).
- Schüler überarbeiten mehrfach den gleichen Aufsatz, bis das Produkt den Ansprüchen genügt. Pro Schuljahr sollten fünf passable Aufsätze in dieser mehrfach überarbeiteten Form geschrieben werden (→ Portfolio). Dadurch wird den Schülern eher die Fähigkeit vermittelt, wie man einen guten Bericht oder Aufsatz schreibt.
- Der Lehrer kontrolliert die Entwürfe, erläutert die Standards am Anfang an guten Beispielen (Lösungsbeispielen).

f) Leistungsbewertung und Macht: *Manche Lehrer setzen Leistungsmessungen als Instrument der Machtausübung ein. Schüler, die nicht aufgepasst haben, sollen bestraft werden. Die Messlatte wird dann zuweilen so hoch gelegt, dass bei den Schülern unnötige Angst erzeugt wird. Unter solchen Bedingungen können Schüler nicht viel lernen.*

Lösung:

- Die Belastung der Leistungsbewertung bzw. Messung wird vom Lehrer auf externe Tests verlagert. Der Lehrer kann sich dann hauptsächlich um seine Aufgabe als Lehrer kümmern. Sein Lehrertrag wird am Lernergebnis der Schüler gemessen, und darauf kann er sich stärker konzentrieren.
- Kompetenzmessungen durch externe Tests.

g) Handlungskompetenzen stärker gewichten: *Bestimmte Kompetenzen werden durch die tradierte Leistungsmessung gar nicht erfasst; z. B. die Kompetenz, nach kurzer Vorbereitung einen kleinen Vortrag in verständlicher Weise zu halten oder ein naturwissenschaftliches Experiment selbstständig zu planen und vorzuführen.*

Lösung:

- Überarbeitung von Standards durch demokratisch legitimierte Gremien, in denen Lehrer, Hochschullehrer, Eltern und Wirtschaftsvertreter repräsentiert sind. Diese Gremien beauftragen Testinstitute, Lösungen für die Messung von Handlungskompetenzen auszuarbeiten, die bisher noch zu wenig berücksichtigt wurden.
- Testinstitute sollten in Zusammenarbeit mit den Gremien praktikable mündliche Bewertungsmethoden entwickeln, die von Lehrerteams verwendet werden können.
- In Unterrichtsmaterialien sollten beispielhaft Schülerexperimente in verständlicher Form dargestellt werden.

Die zentrale Idee einer reformierten Leistungsbewertungspraxis ist, Lehrer durch Outsourcing zentraler diagnostischer Aufgaben an Testinstitute so zu entlasten, dass sie sich intensiver ihren eigentlichen pädagogischen Aufgaben widmen können. Viele Aufgaben, die Lehrer derzeit zu bewältigen haben, können auch bei höchstem Engagement nicht befriedigend gelöst werden. Dazu gehört einmal das Problem einer objektiven, vom Leistungsniveau der Klasse unabhängigen Leistungsbewertung (Punkt a) sowie der heimliche Lehrplan, nach dem z. B. Klassenarbeiten nur in Ausnahmefällen wiederholt werden dürfen. Ein systematischer Wissensaufbau auch bei schwächeren Schülern wird dadurch geradezu verhindert (vgl. Punkt b und c). Entsprechend sollen die Lösungsvorschläge Lehrern einen Teil ihrer Belastung abnehmen, damit sie sich stärker um eine individuelle Förderung kümmern können. Das Entwickeln von Vergleichstests sollten Testinstitute übernehmen. Lehrer verfügen nicht über ausreichende Kenntnisse, um Tests entwickeln zu können, die die erforderlichen Anforderungen an Validität, Reliabilität und Objektivität erfüllen.

Ohne präzise Leistungsmessungen ist es nicht möglich, Unterricht den unterschiedlichen Lernvoraussetzungen anzupassen. Um Fördermaßnahmen in der Zone der nächsten Entwicklung durchführen zu können, muss der Lehrer über die Vorkenntnisse der Schüler seiner Klasse genau informiert sein. Damit wird präzise Leistungsdiagnostik zu einer wesentlichen Vorbedingung für effektives Klassenmanagement. Allerdings ist präzise Leistungsdiagnostik noch kein Garant dafür, dass diese Informationen über die individuellen Lernstände auch in den Dienst einer wirksamen Förderung der Schüler gestellt werden.

5.3.2 Leistungsdiagnostik im Dienst einer wirksamen Förderung

Die Praxis der Leistungsbewertung in der Schule beeinflusst in großem Maße das Lernen und die Motivation der Schüler. Im folgenden Abschnitt soll zunächst diskutiert werden, wie sich das derzeit bestehende System der Leistungsbewertung an unseren Schulen auswirkt. Danach wird auf die Frage eingegangen, wie bestimmte Bedingungen des Testeinsatzes, wie Wiederholbarkeit von Einzeltests und die Art der Rückmeldungen auf Tests, das Lernen und die Motivation von Schülern beeinflussen.

Auswirkungen des derzeitigen Systems der Leistungsbewertung: Klassenarbeiten werden in der Regel zum Abschluss einer Unterrichtseinheit durchgeführt. Sie werden dann nach einer mehr oder weniger langen Zeit zurückgegeben. Oft wird sofort nach dem Schreiben der Klassenarbeit mit einer neuen Unterrichtseinheit begonnen. Bei der Beurteilung der Klassenarbeit hält sich der Lehrer mehr oder weniger stark an die Gaußsche Normalverteilung: Die besten Arbeiten erhalten die Note 1, die nächstbesten die Note 2, usw. Als normal gilt, dass etwa 20 % der Schüler die Note 4 oder schlechter erhalten. Selbst bei gravierenden Wissenslücken ist es nicht vorgesehen, diese im nachfolgenden Unterricht zu beheben. Das erschwert das weitere Lernen für Schüler mit solchen Wissenslücken.

Fortdauernde negative Leistungsbeurteilungen führen zu Demotivierung, verminderter Anstrengungsbereitschaft und zu einer Verfestigung schlechter Leistungen. Die Demotivierung ist besonders groß, wenn die Leistungsbewertungen relativ zu den in der Klasse erbrachten Leistungen erfolgen, schlechte Leistungen zu einem erzwungenen Schulwechsel (z. B. vom Gymnasium auf die Realschule) oder zum Wiederholen einer Klassenstufe führen oder Lehrer Klassenarbeiten schreiben, die neben einer Leistungsfeststellung vor allem eine disziplinierende Aufgabe haben. („Ihr habt nicht aufgepasst, nun könnt Ihr Euch auch nicht beschweren.") Negative Folgen ergeben sich vor allem für die Schüler, die in diesem System fortlaufend schlechte Leistungen erbringen (vgl. Ziegenspeck 1999, S. 56 ff.).

> ➤ Schlechte Schüler werden von Lehrern nicht mehr in ihren positiven und negativen Aspekten wahrgenommen, sondern pauschal abgewertet.

> Dauernder Misserfolg senkt das Anspruchsniveau und die Anstrengungsbereit-
schaft, während dauernder Erfolg die Motivation und Anstrengungsbereitschaft
erhöht.

Der pädagogische Sinn des Schreibens von Aufsätzen als Klassenarbeiten erscheint im
Computer-Zeitalter mindestens zweifelhaft. Um eine gute Abhandlung über ein Thema zu
schreiben, muss man sich über dieses Thema informieren, dazu eine erste Gliederung aufstellen, und dann den Text zu den einzelnen Gliederungspunkten schreiben. Kein Autor
würde davon ausgehen, dass mit diesem ersten Entwurf die Abhandlung schon fertig ist.
Wichtiger ist doch die zweite, dritte und vierte Phase der Bearbeitung. Der Autor prüft, ob
die wichtigsten Punkte überhaupt schon dargestellt sind, ob die Reihenfolge der Bearbeitung stimmt, die einzelnen Sätze kohärent aufeinander aufbauen, eine bestimmte Drama-
turgie vorhanden ist, passende Ausdrücke verwendet wurden, usw. Das Entscheidende ist
somit das Erlernen der Fähigkeit, solche Texte Schritt für Schritt zu verbessern. Diesem
Ziel wäre m. E. eher gedient, wenn Schüler zu abgesprochenen Themen Texte für eine
Mappe (Portofolio) ausarbeiten müssten und alle diese Endtexte bestimmten Mindeststandards zu genügen hätten. Der Lehrer würde seine vorrangige Aufgabe dann darin
sehen, selbstkritisches Verhalten beim Lesen von Entwürfen vor Schülern zu modellieren.
Aufgrund der Kritik werden dann die Entwürfe schrittweise vom Schüler am PC überarbeitet. Der Schüler hätte die geforderten Arbeiten bis zu einem vorab festgelegten Zeitpunkt
in der geforderten Qualität als Mappe abzuliefern[76](vgl. Graham & Harris 2005).

Leistungsmessung und Lernen („Assessment for learning"): Ich möchte nun auf die Frage
eingehen, unter welchen Bedingungen der Einsatz von Leistungsmessungen Lernen und
Motivation der Schüler positiv beeinflusst. Es geht dabei um die Bedingungen einer wirksamen formativen Leistungsbewertung bzw. Leistungsmessung (vgl. Black & Wiliam
1998a, b). Im Englischen verwendet man anstelle des Ausdrucks „formative Leistungsmessung" auch den Ausdruck „assessment for learning". Bei dieser Leistungsbewertung nutzt
man die Leistungsdiagnose, um den nachfolgenden Unterricht an den im Testergebnis festgestellten Fehlern und Problemen zu orientieren. Eine Unterrichtseinheit ist noch nicht
abgeschlossen, wenn ein Test oder eine Klassenarbeit geschrieben wurde, sondern erst,
wenn jeder Schüler die grundlegenden Inhalte verstanden hat und diese Inhalte sicher auf
Probleme anwenden kann. Es wird nicht hingenommen, dass etwa 20% der Schüler in
einer Klassenarbeit gerade noch ausreichende oder mangelhafte Leistungen erbringen.
Vielmehr sieht sich der Lehrer in der Verantwortung, die vorhandenen Wissenslücken
zuerst zu schließen, bevor mit dem Stoff fortgefahren wird. Auf diese Weise ist sichergestellt, dass auch schwächere Schüler die nachfolgenden Inhalte aufnehmen und verstehen
können.

Über die Auswirkung von Bedingungen, unter denen Leistungsmessungen in der Schule
durchgeführt werden, gibt es eine Vielzahl von Experimenten (vgl. Black & Wiliam 1998a,
b), von denen ich drei m. E. besonders interessante Experimente vorstellen möchte:

---

[76] Vielleicht wäre auch eine Kombination aus traditionellem Aufsatzschreiben und der geschilderter Textherstel-
lung sinnvoll. Eine schrittweise Entwicklung von Texten setzt allerdings voraus, dass diese Texte in den Schulen
am PC geschrieben werden können. Eine Bearbeitung als Hausarbeit erscheint hier nicht möglich, weil dann
die Texte möglicherweise von der Familie mitgeschrieben oder im Internet gesucht und als eigene ausgegeben
werden.

Experiment 1: Einsatz diagnostischer Tests mit anschließender zielgenauer Förderung

Das erste Experiment (Bergan, Sladeczek, Schwarz & Smith 1991) wurde mit fünfjährigen Kindern in Kindergärten durchgeführt. Die Kinder sollten gezielt in den grundlegenden kognitiven Fertigkeiten gefördert werden, in denen Defizite festgestellt worden waren. Die Tests wurden hier also durchgeführt, um die Art der nachfolgenden Förderung festzulegen. 838 Kinder aus überwiegend sozial schwachen Familien in sechs verschiedenen Regionen der USA bildeten die Stichprobe der Untersuchung. Die Lehrer der Experimentalgruppe wurden trainiert, ein Mess- und Planungssystem zu installieren. Dieses System erforderte, am Anfang eine Messung durchzuführen, um über die individuellen Lernbedürfnisse für den nachfolgenden Unterricht zu informieren. Nach zwei Wochen sollte über den individuellen Lernfortschritt diskutiert werden. Nach vier Wochen wurden erneut Messungen durchgeführt, um weitere diagnostische Informationen für den Unterricht zu erhalten. Der Kurs dauerte insgesamt 8 Wochen.

Obwohl die Tests nicht besonders an den späteren Unterricht angepasst waren, ergaben sich deutliche Effekte des Trainings: Während in der Kontrollgruppe später durchschnittlich 1 von 3,7 Kindern als Kinder mit spezifischen Lernbeeinträchtigungen eingestuft wurden, lagen die Relationen in der Experimentalgruppe bei 1 von 17 Kindern. Interessant ist diese Untersuchung, weil hier das bestmögliche Messmodell – kriterienbezogene Messung – im Sinne formativer Messung eingesetzt wurde, um nachfolgende Fördermaßnahmen einzuleiten. Man beklagte hier also nicht die Grenzen der diagnostischen Urteilskraft von Lehrern, sondern nahm sie als gegeben hin und entwickelte Messinstrumente, um die diagnostische Urteilskraft der Lehrer zu stärken (vgl. auch Böer 2003).

Experiment 2: Die Auswirkung von Noten und inhaltlichen Kommentaren auf nachfolgende Leistungen

Im zweiten Experiment hat Butler (1988) eine Studie zur Wirkung von Kommentaren und Noten auf nachfolgende Leistungen durchgeführt. Erhielten die Schüler keine Noten, sondern nur Kommentare, dann verbesserten sie ihre Leistungen. Die Gruppe, die Noten und Kommentare erhielt, zeigte ein signifikantes Absacken der Leistungen, ähnlich wie die Gruppe, die nur Noten erhielt.

Experiment 3: Die Wirkung einer Wiederholmöglichkeit schlechter Klassenarbeiten

Ein weiteres wichtiges Experiment zu dieser Thematik wurde von Martinez & Martinez (1992) durchgeführt. In dieser Untersuchung ging es um die Wirkung der Wiederholbarkeit von Tests auf das Lernen von Schülern, die von erfahrenen oder unerfahrenen Lehrern unterrichtet wurden. Die Unterrichtseinheit wurde in sieben Kapitel unterteilt, zu jedem Kapitel wurden Einzeltests geschrieben: Entweder jeweils *ein* Test (Kontrollgruppen) oder je nach dem im jeweiligen Test erreichten Leistungsstand *mehrere* Tests. Die Lernenden konnten wählen, wie viele Tests sie bearbeiten wollten. Als Mastery-Kriterium wurde „80 % der Aufgaben gelöst" vorgegeben. Die abschließende Klausur konnte von allen Teilnehmern am Experiment nur einmal geschrieben werden.

Der erfahrene Lehrer erreichte schon beim einmaligen Testen gute Ergebnisse, auch wenn keine Möglichkeit zur Wiederholung des Teiltests bestand. Seine Schüler erreichten im Endtest in dieser Bedingung einen Lösungsprozentsatz von 76 %, verglichen mit 63 % beim unerfahrenen Lehrer. Es zeigte sich ferner ein signifikanter Effekt der Häufigkeit des

Testeinsatzes. Die Schüler erreichten hier bei dem erfahrenen und bei dem unerfahrenen Lehrer jeweils etwa einen Lösungsprozentsatz von 82%. Erstaunlich scheint, dass bei einem Mastery-Learning-Ansatz, bei dem Schüler zum gleichen Thema mehrere Tests schreiben können, der normale Lehrer ein viel besseres Ergebnis erreicht und unter dieser Voraussetzung kein Unterschied mehr zwischen dem erfahrenen, besonders qualifizierten Lehrer und dem weniger qualifizierten Lehrer besteht (vgl. Ironsmith & Eppler 2007).

Zusammenfassung der Ergebnisse

Die Ergebnisse dieser drei Experimente belegen, in welch großem Umfang die Bedingungen, unter denen Tests und Klassenarbeiten geplant, angekündigt, geschrieben und ausgewertet werden, selbst von großer Bedeutung für das Lehren und Lernen in der Schule sind (vgl. Dempster, 1992). Der Lehrer hat hier vielfältige Möglichkeiten, die Bedingungen der Leistungsmessung und –bewertung im Sinne einer *positiv vorbereiteten Lernumgebung für die Schüler* zu strukturieren. Man kann sich das gut an einem Gedankenexperiment über verschiedene mögliche Modelle der Leistungsbewertung verdeutlichen.

Das traditionelle Modell der Leistungsbewertung

Der Lehrer schreibt nach kurzfristiger Ankündigung die Klassenarbeit, häufig ohne genauere Abstimmung mit Kollegen der Parallelklassen oder Lehrern der gleichen Klassenstufe an anderen Schulen. Er gibt die benoteten Arbeiten nach drei bis vier Wochen zurück. Bei schlechtem Ausgang wird die Arbeit nicht wiederholt. Er bespricht kurz den Ausgang der Arbeit, geht auf häufige Fehler nochmals ein.

Das Zukunftsmodell

Der Lehrer gibt am Anfang des Schuljahres bekannt, welche Inhalte in diesem Jahr vermittelt werden sollen und zu welchen Zeiten dazu Klassenarbeiten und vorbereitende Kurztests geschrieben werden. Die Klassenarbeiten und zugehörigen Kurztests sollten aufgrund der Bearbeitung im Unterricht leicht bis mittelschwer sein. Die vorbereitenden informellen Klassenarbeiten sollen die Schüler über ihren Kenntnisstand informieren, ihnen zeigen, um welche Probleme und Aufgaben es geht und welche sie davon lösen können. Sie sollten geschrieben werden, sobald die Inhalte in einem ersten Überblick erworben wurden. Diese informellen Tests können auch eine Grundlage für binnendifferenzierende Maßnahmen sein. Die Klassenarbeiten werden schnell (binnen einer Woche) durchgesehen und benotet im Sinne von (1) „Lernziele gut erreicht", 2) „befriedigend erreicht", (3) „knapp erreicht" bzw. (4) „nicht erreicht". Wer die Lernziele verfehlt hat, darf die Klassenarbeit in einer Parallelversion eine Woche später wiederholen. Die häufigsten Schwierigkeiten und Probleme werden bei Rückgabe der Klassenarbeit besprochen und aufgetretene Fehler werden korrigiert. Wenn die Arbeit bei einem größeren Teil der Schüler die gesetzten Lernziele verfehlt, wird die gesamte Arbeit wiederholt.

Dieses Zukunftsmodell stößt in Schulen aus einem ganz einfachen Grund auf Akzeptanzprobleme: Es ist mit dem durch Erlasse abgesicherten System der Leistungsbewertung nicht vereinbar. Weil jede Klassenarbeit eine gültige Einzelmessung sein soll, kann man den schwächeren Schülern nicht die Möglichkeit einer Wiederholung der Klassenarbeit

einräumen, durch die sie ihre Note verbessern können. Dadurch würden ja die leistungsstarken Schüler benachteiligt! Das Zukunftsmodell würde somit ein Abschaffen der Zen-
surenvergabe während des Großteils des Schuljahres bedeuten. Konsequent wäre es deshalb, nur in genau festgelegten Zeiträumen (immer am Ende des Schuljahres) externe Prüfungen durchzuführen, die nicht vom Lehrer, sondern von Testinstituten ausgearbeitet
wurden. Lehrer könnten sich dann über einen Großteil des Jahres bemühen, Schüler auf
bestimmte Kompetenzen, die am Ende des Schuljahres durch summative Tests erfasst werden, vorzubereiten. Entsprechend würde in diesem Vorbereitungszeitraum nur formative
diagnostische Tests geschrieben. Jeder Lehrer könnte diese Zeit dann dafür nutzen, seine
Schüler möglichst gut auf diese abschließenden Tests am Ende des Schuljahrs vorzubereiten.

In einem *systemkonformen Modell reformierter Leistungsbewertung* würde der Lehrer in
den Hauptfächern in jeder Woche (z. B. jeden Freitag) einen kleinen Test schreiben, in dem
ähnliche Aufgaben wie in der abschließenden Klassenarbeit enthalten sind. Er könnte
dann sowohl Eltern und Schülern verdeutlichen, dass z. B. Lösungsprozentsätze von 80 %
in diesen Tests bedeuten, dass auch in der anschließenden Klassenarbeit keine Note
schlechter als befriedigend zu erwarten wäre. Auf diese Weise würde den Schülern verdeutlicht, dass sie durch kontinuierliche Bemühungen eine gute Note erarbeiten können. Vor
allem aber könnte der Lehrer rechtzeitig den Schülern gezielte Hilfen geben, die offenkundig mit dem Stoff Schwierigkeiten haben, sei es, dass er diese an einem runden Tisch
zusammenfasst, um mit ihnen die Schwierigkeiten durchzugehen oder dass er leistungsstarke Schüler bittet, den schwächeren Schülern zu helfen.

Leistungsbewertung im Dienst einer Förderung von Schülern hat demnach folgende
Punkte, die in Checkliste 4 dargestellt werden, zu berücksichtigen:

Ckeckliste 4: Leistungsbewertung im Dienst einer Förderung von Schülern

1. Die *Transparenz* der Inhalte, zu denen Kurztests und Klassenarbeiten geschrieben
   werden, durch *Veröffentlichung eines Plans am Anfang des Schuljahres*, wann welche Klassenarbeiten zusammen mit den vorbereitenden Tests geschrieben werden
   sollen und welche Themen in diesen Klassenarbeiten behandelt werden sollen.
   Diese Transparenz wird durch Nennung von Beispielaufgaben und *das Schreiben
   vorbereitender Kurztests gewährleistet.*

2. *Die gleichmäßige Verteilung von Tests bzw. Klassenarbeiten über das Schuljahr.
   Eine* solche gleichmäßige Verteilung ist günstiger als eine Massierung dieser Arbeiten vor den Zeugnissen.

3. Die *Häufigkeit von Tests.* Tests gehören zu einem adaptiven Lernprozess. Solche
   Tests haben eine zentrale Funktion für den nachfolgenden Unterricht, und diese
   Funktion darf nicht mit der Aufgabe der Selektion vermischt werden.

4. Die *„Unterrichtsvalidität" der Kurztests und Klassenarbeiten* im Sinne der
   Behandlung im Unterricht: Die Tests sollten die im Unterricht mit ausreichender
   Gründlichkeit erarbeiteten Inhalte behandeln.

---

5. Die *prinzipielle Wiederholbarkeit* von Tests, da bei den meisten Klassenarbeiten nicht die Klassifikation und Selektion der Schüler, sondern ihr Lernen im Vordergrund der Leistungsfeststellungen während des Schuljahres stehen sollte. Deshalb kann den Schülern die Möglichkeit eingeräumt werden, bei Verfehlen der wichtigsten Ziele die Klassenarbeit in einer Parallelform zu wiederholen.

6. Die *Orientierung an einem absoluten Bezugsrahmen*, der durch von den Kultusbehörden veröffentlichte Vergleichsarbeiten sowie durch ausformulierte Kompetenzmodelle mit entsprechenden Aufgaben für die verschiedenen Kompetenzstufen konkretisiert werden kann. Hier ist entscheidend, wie kompetent Schüler in einem absoluten Sinne sind, und nicht, ob und in welchem Maße ein Schüler mehr kann als ein anderer Schüler. Psychologisch macht dies einen entscheidenden Unterschied.

7. Die *Qualität und Kontiguität der Rückmeldungen* zu den geschriebenen Tests. Die *Qualität* der Rückmeldungen bezieht sich auf die Art der Nachbesprechung der Ergebnisse eines Tests. Schüler sollten möglichst gute Chancen bekommen, um die richtigen Lösungen auf die gestellten Aufgaben verstehen zu können. Deshalb sollten die Erklärungen des Lehrers möglichst für alle Schüler verständlich sein, Aufgaben, mit denen viele Schüler Schwierigkeiten hatten, können in Form kommentierter Musterlösungen schriftlich erläutert werden. Die *Kontiguität* der Rückmeldungen bezieht sich auf die Zeitdauer, die zwischen dem Schreiben eines Tests und der Nachbesprechung erfolgt. Je kürzer diese Zeitdauer ist, umso günstiger kann durch die Tests das Lernen der Schüler beeinflusst werden.

Am ehesten werden die genannten Gesichtspunkte einer guten Praxis der Leistungsbewertung im Zukunftsmodell verwirklicht (vgl. S. 152). Hier erhalten die Schüler am ehesten die Chance, sich auf die Leistungsansprüche einzustellen, sie erhalten lernwirksame Rückmeldungen, und zwar sowohl durch die informellen Vortests als auch durch das schnelle Nachsehen der Arbeiten. So ist aufgrund empirischer Forschung bekannt, dass sich kleine Tests positiv auf das Leistungsniveau einer Klasse auswirken, vorausgesetzt, sie werden sofort, möglicherweise gemeinsam mit den Schülern, korrigiert. Die Fehler werden dann diskutiert und geklärt (vgl. Dempster 1996). Solche kleinen Tests können z. B. 14 Tage vor einer größeren Klassenarbeit geschrieben werden, um festzustellen, wo die spezifischen Verständnislücken bzw. Stärken der Schüler liegen. Solche kleinen, vorbereitenden Tests scheinen besonders wirksam zu sein, wenn sie möglichst bald nach Einführung in das neue Gebiet eingesetzt werden (Dempster 1992). Da sich die Schüler noch besser an die richtigen Antworten erinnern können, sind sie in der Klassenarbeit auch zu besseren Leistungen fähig, was wiederum ihr Gefühl der Selbstwirksamkeit bestärkt.

In diesem Sinne argumentiert auch Ingenkamp (1995, S. 25):

> *„Leistungsbeurteilung zur Optimierung des Lernprozesses ist immer dadurch gekenn-*
> *zeichnet, dass der Lehrende den Lernfortschritt des Lernenden sorgfältig beobachtet,*
> *dass er richtige Lernschritte (in Abständen) bestätigt und falsche (möglichst sofort)*
> *korrigiert, dass er dabei auch über den Lernfortschritt informiert und immer versucht,*
> *die Mitverantwortung des Lernenden für die Gestaltung des Lernprozesses zu för-*
> *dern. "*

Wenn Klassenarbeiten nicht mehr vorrangig zur Feststellung des Kompetenzniveaus benötigt werden, – dieses könnte ja durch externe Tests alle zwei Jahre objektiver und genauer
erfasst werden – könnten sie stärker für eine adaptive Steuerung des Unterrichts genutzt
werden. Allerdings müssten bei einer solchen Praxis, zu der auch eine Wiederholbarkeit
der Klassenarbeit für die Schüler mit miserablen Ergebnissen gehört, die entsprechenden
Erlasse der zuständigen Kultusministerien zur Leistungsmessung gründlich revidiert
werden.

Praktische Konsequenzen

Die bisherige Diskussion über eine gute Praxis der Leistungsermittlung und -bewertung
hat für das Handeln des Lehrers folgende Konsequenzen:

➤ Eine *enge Kooperation unter Lehrern* ist erforderlich, um für die Fächer einer Klassenstufe vergleichbare Arbeiten zu konzipieren und sich über die anzulegenden Maßstäbe
zu verständigen.[77] Alle geschriebenen Klassenarbeiten sollten in einem Fachordner
gesammelt werden, der allen Lehrern sowie den Elternvertretern zugänglich sein sollte.

➤ Lehrer haben sich um *rechtzeitige Ankündigungen* durch einen Aushang in der Klasse
über Zeitpunkte und Inhalte der zu schreibenden Arbeiten zu kümmern, am besten für
das ganze oder wenigstens für ein halbes Schuljahr. Dadurch würden die Lehrer auch
gezwungen, sich rechtzeitig untereinander über die Termine zu verständigen, eine
Klassenarbeitsrallye vor den Zeugnissen könnte vermieden werden.

➤ Eine *gleichmäßige Verteilung* der in einem Fach zu schreibenden Arbeiten zusammen
mit den jeweils dazu zu planenden informellen Tests sollte dabei angestrebt werden.
Die informellen, vorbereitenden Tests sollten jeweils etwa zwei bis drei Wochen vor
einer Klassenarbeit geschrieben werden.

➤ Die Ergebnisse der Klassenarbeiten bzw. der zur Vorbereitung geschriebenen Tests sollten möglichst schnell den Schülern mitgeteilt werden, weil sie nur dann für weiteres
Lernen daraus einen nennenswerten Nutzen ziehen können. In vielen Fächern können
die Arbeiten von vornherein so konzipiert werden, dass sie schnell korrigiert werden
können. Bei bestimmten Themengebieten (z.B. Aufsatzunterricht) ergeben sich hier
allerdings erhebliche Probleme.

➤ Wenn Klassenarbeiten schlecht ausgefallen sind, sollte sich der Lehrer eingestehen,
dass es ihm offenkundig nicht gelungen ist, die wichtigsten Inhalte zu vermitteln. In

---

[77] Auf die Kriterien und Verfahrensweisen der Erstellung solcher Klassenarbeiten kann im Rahmen dieses Buchs
nicht näher eingegangen werden.

solchen Fällen sollte die Arbeit nicht gewertet und zum gleichen Thema eine neue Arbeit geschrieben werden.

Die Ergebnisse von Leistungsprüfungen informieren den Lehrer unter bestimmten Voraussetzungen über die Qualität seines Unterrichts. Damit werden solche „guten" Leistungsprüfungen zu einer wichtigen Voraussetzung für die Verbesserung der *Qualität von Schulen.* Zu diesen Voraussetzungen gehört einmal eine enge Kooperation unter den Lehrern der gleiche Klassenstufe einer Schule, zum anderen Möglichkeiten der Orientierung anhand von Vergleichsarbeiten, durch die genauer konkretisiert werden kann, welche absoluten Leistungsstandards in einer bestimmten Klassenstufe unter bestimmten Voraussetzungen (z. B. Vorwissen der Schüler, soziales Einzugsgebiet der Schule) zu erreichen sind. Solche Standards können durch Testinstitute entwickelt und überprüft werden, die von den Bundesländern eingerichtet werden müssten. Aufgabe dieser Testinstitute wäre nicht nur die Entwicklung solcher Vergleichsarbeiten und Tests, sondern auch die Durchführung externer Evaluationen von Schulen und die Entwicklung von Unterstützungsprogrammen zur Verbesserung der Qualität von Schulen. Die Frage selektiver Entscheidungen würde damit teilweise auf externe Instanzen verlagert, was Lehrern helfen könnte, sich stärker auf die Förderung aller Schüler zu konzentrieren. In anderen Ländern wie z. B. Schweden (vgl. Ingenkamp 1995) wurden mit einem solchen Modell der pädagogischen Qualitätssicherung schon sehr gute Erfahrungen gesammelt.

Dem hier formulierten Zukunftsmodell einer pädagogischen Leistungsbewertungspraxis liegt die Vorstellung zugrunde, dass Schule die Aufgabe hat, jeden Schüler soweit möglich zu fördern (vgl. Resnick & Hall 1998, Wiliam 2007). Dem widerspricht die Auffassung, dass der einzelne Schüler durch Anlage und Umwelt (Elternhaus) in seinem Leistungsvermögen weitgehend festgelegt ist. Wenn man als schulische Aufgabe vor allem diese Förderung vor Augen hat, dann rückt in den Mittelpunkt das, was Schule alles tun kann, um Anstrengungsbereitschaft und Leistungsfähigkeit der Schüler zu fördern. Schulen, die in dieser Förderung besonders erfolgreich sind, werden dann als Modellschulen bezeichnet und spornen andere Schulen zu verstärkten Bemühungen an. Das Gleiche gilt für die „guten" Lehrer einer Schule. Schule bzw. Lehrer können sich dann nicht mehr herausreden mit dem Argument, heute seien die Schüler besonders störanfällig, der Einzugsbereich der Schule sei problematisch, das „Schülermaterial" sei heutzutage so schlecht.

Übrigens: In beiden Fällen bzw. bei beiden Grundorientierungen benötigen wir eine präzise Leistungsdiagnostik. Im ersten Fall, um die Schüler in die ihren Fähigkeiten entsprechenden Schulformen zu sortieren, im anderen Fall, um spezifische Fördermaßnahmen einleiten zu können, die sich auf die Leistungen der Schüler beziehen. Internationale Erfahrungen z. B. in Japan oder in skandinavischen Ländern zeigen, dass wirksames Fördern eher durch Zusammenhalten eines Jahrgangs in der alten Jahrgangsklasse bis zur neunten Klassenstufe möglich ist als durch frühes Aufteilen der Schüler (vgl. auch Schnepf 2002). Schulen können ohne Sitzenbleiben und ohne eine Kanalisierung von Schülerströmen in Gymnasium, Realschule und Hauptschule nach der vierten Klassenstufe ihre Schüler wirksam fördern, wenn sie sich darum durch geeignete Maßnahmen bemühen. Nach meiner Überzeugung sollte man weniger über die Problematik der Güte von Leistungsmessungen diskutieren – diese Probleme sind ohne Zweifel viel besser lösbar als sie derzeit gelöst werden – und mehr über konkrete Maßnahmen einer gezielten Förderung, die eine objektive Leistungsdiagnose der Schüler voraussetzt.

5.4 Motivieren

5.4.1 Einführung

Ein einigendes Band zwischen Schülern und Lehrern kann auf vielfältige Weise geknüpft werden. Bislang haben wir Methoden des Klassenmanagements und der Klassenführung sowie Methoden der Leistungsbewertung unter dem Aspekt diskutiert, dass sie der Ausschöpfung des Potentials aller Schüler dienen. Im Kern geht es bei diesen Methoden um eine andere Lernkultur, die den Menschen in seinen biologischen Begrenzungen ernst nimmt. Auch Techniken der Motivierung gehören in das Arsenal eines wirksamen Klassenmanagements. Durch die Beherrschung solcher Techniken gelingt es dem Lehrer auf direktem Wege, Schüler auf den Unterrichtsgegenstand zu konzentrieren. Da es beim Klassenmanagement um die Nutzung aller Möglichkeiten geht, das Interesse der Schüler auf den Unterrichtsgegenstand zu konzentrieren, kommt diesen Techniken eine wichtige Rolle im Rahmen eines effektiven Klassenmanagements zu.

Zwischen der Motivationstheorie des Alltagsverstands und den empirisch geprüften Motivationstheorien besteht eine nicht unbeträchtliche Kluft. Die Motivationstheorie des Alltagsverstands konzentriert sich auf Punkte wie Loben oder Verteilen von Stempeln, auf Methodenwechsel, auf die Modulation der Stimme, auf den Einsatz von Medien, den Einbau von überraschenden Ereignissen und auf Zensuren als Leistungsansporn.

Weniger offenkundig, aber für die Schulpraxis ebenfalls wichtig sind Techniken der Motivierung, die mit einer *angemessenen Wissensstrukturierung, der Auswahl von Aufgaben, dem Setzen von konkreten Nahzielen* oder mit dem *Belohnen von Leistungsverbesserungen* zu tun haben. Wichtig sind ferner Faktoren, die zu einem persönlichen oder einem situational bedingten Interesse an einem Gegenstand führen (vgl. Mitchell 1993). Für die Pädagogik ist vor allem das *situationale Interesse* bedeutsam.

Der vermutlich wichtigste Stressfaktor für Lehrer sind undisziplinierte und unmotivierte Schüler. In den Abschnitten zum Klassenmanagement und zur Klassenführung sowie zur Leistungsmessung wurden zahlreiche Methoden dargestellt, wie z. B. Disziplinprobleme teilweise vermieden werden können. Im abschließenden Abschnitt soll nun dargestellt werden, welche Möglichkeiten es gibt, dem bekannten Motivationsverlust der Schüler von der ersten Klasse bis hin zur Sekundarstufe entgegenzuwirken.

5.4.2 Motivierungstechniken

Um einen Einblick in neuere Ansätze der Motivierung zu geben, werde ich auf folgende Techniken zur Motivierung der Schüler eingehen:

1. Die Verwendung bestimmter Frage- und Antworttechniken, die dem Schüler helfen, zusammen mit der Klasse ein tieferes Verständnis einer Sache zu entwickeln,

2. die Verabredung von Verbindlichkeiten, Zielen und Ansprüchen und darauf erfolgende Belohnungen,

3. Verbesserung der Aufgabenauswahl durch Kontextualisierung und Personalisierung von Aufgaben und Stärkung des Lebensbezugs von Aufgaben,

4. Induktion und Verabredung kurzfristig erreichbarer Nahziele, wobei durch eine sorgfältige Aufgabenstrukturierung eine Untergliederung in erreichbare Nahziele möglich war,

5. ein Attribuierungstraining „du bekommst keine Belohnung, weil du das Leistungsziel nicht erreicht hast; du musst dich mehr anstrengen", im Unterschied zum Vermeiden jeglicher Misserfolgserfahrungen,

6. Verwendung individuenbezogener Belohnungen (Anstrengung und Leistungsverbesserung, nicht relative Leistung im Vergleich zur Klasse werden belohnt).

Die zu diesen Punkten dargestellten Untersuchungen sollen das Handlungsrepertoire des Lehrers erweitern und präzisieren. Ich gehe dabei von der Annahme aus, dass ein Lehrer durch sein Handeln viel zur Motivierung seiner Schüler beitragen kann. Die Auffassung, man solle beim Motivieren ausschließlich auf die inneren Kräfte des Schülers sowie auf die reine intrinsische Motivierung durch die Sache setzen, wird heute von Motivationstheoretikern kaum noch vertreten (vgl. Hidi & Harackiewicz 2000, S. 169).

(1) Das Frageverhalten des Lehrers als Quelle der Motivierung der Schüler

Lehrer können durch die Art ihrer Fragen und durch ihr Reagieren auf Schülerantworten Interesse und Begeisterung für einen Gegenstand wecken bzw. abtöten. Dennoch steht eine befriedigende experimentelle Erforschung dieses Gegenstands noch aus. Da diese Verhaltensstrategien des Lehrers dennoch nach meinem Eindruck für die Motivierung von Schülern zentrale Bedeutung haben, möchte ich auf sie im ersten Abschnitt über Techniken der Motivierung durch den Lehrer eingehen.

Vermutlich verbergen sich hinter diesen Techniken der Involvierung von Schülern in einen Themenbereich grundlegende Motivierungstechniken, die wir im Detail nur begrenzt verstehen. In einem neueren Aufsatz (vgl. Turner, Meyer, Cox, Logan, DiCintio & Thomas 1998) wurden Interaktionen im Mathematikunterricht identifiziert, die zu einem hohen Engagement und aktiven Einbindung der Schüler in den Lehr- Lernprozess führen und solchen, die ein solches Engagement eher unterbinden. Was ein Lehrer machen kann, um einen produktiven Dialog mit den Schülern zu führen und wie er dies durch sein Verhalten unterbinden kann, soll an zwei Protokollen gezeigt werden.

1. Protokoll: Stark motivierte Klasse, Lehrer mit 10 jähriger Unterrichtspraxis. Es geht um die Berechnung von 23/31 x 13/86. Es handelt sich um eine Klasse mit durchschnittlichem Leistungsniveau. L steht für Lehrer, S für Schüler.

[Zu Beginn der Stunde stellt der Lehrer die Bruchrechenaufgabe „21/31 x 13/86".]

L: Ist die Antwort für diese Aufgabe kleiner als die kleinste Zahl, die in der Aufgabe vorkommt? Ist sie zwischen den zwei Zahlen? Oder ist sie größer als die größte Zahl? Ihr sollt das ohne jegliche Rechnung beantworten. Ihr sollt eine Regel herausfinden, mit der ihr eure Antwort begründen könnt … Habt ihr dazu Fragen?

[Kein Schüler antwortet.] …

L: Seid still! Ihr könnt euch zuerst die Antwort durch Multiplizieren ausrechnen, aber dann müsst ihr mir mit einer Verallgemeinerung kommen.

[Nach einem zweiten Versuch, in Gruppen die Aufgabe zu lösen, ruft der Lehrer wieder die Klasse zusammen.]

...

L: … Diese Zahl 21/31 …, kann mir jemand eine Zahl mit einer Stelle im Zähler und einer Stelle im Nenner nennen, die ungefähr so groß wie 21/31 ist? Ungefähr gleichgroß?

[Nachdem der Lehrer vorgemacht hat, wie man die erste Zahl verkleinern kann, gibt er die Aufgabe wieder an die Gruppe zurück, die nun das Gleiche mit der Zahl 13/86 machen soll. Der Lehrer fragt einen Schüler, der nicht genau weiß, was er machen soll, sodass der Unterricht wieder die Problemstellung vereinfacht und der Lehrer modelliert, wie man am besten eine einfache Bruchzahl findet, die 13/86 ungefähr repräsentiert. Dritter Anlauf:]

L: Was ist ungefähr gleichgroß wie?

[Schweigen für eine Minute]

L: Gut, irgendjemand hat irgendwas gesagt. Vielleicht solltest du darüber nachdenken. Jemand sagte drei Achtel. Ein anderer sagte 1 Siebtel. Sandra, hast du einen Vorschlag?

S: Nein.

L: Sandra, wie würdest du anfangen, wenn du auf die 13/86 siehst und einen Bruch mit einer einstelligen Zahl im Zähler und Nenner schreiben willst? Hast du eine Idee?

[Schüttelt den Kopf „nein".]

L: OK, sehe dir die 13/86 an. Was ist, wenn ich diese Zahl einfach weglasse und einfach dann zum nächsten Zehner runde, was ist 13, gerundet zur nächsten 10? Sandra?

[Keine Antwort.]

L: Wenn ich zur nächsten 10 runde, Sandra, guck auf die Einer, wenn sie kleiner als 5 sind, …

Sandra: 10.

L: Ja, es ist 10. Guck auf die 86, gerundet auf den nächsten Zehner. Es ergibt sich …

Sandra: 90.

[L fragt nach etwas ausgefeilteren Schätzungen für 13/86. Er hat dann an der Tafel mehrere Schätzungen stehen. Wenn ein Schüler eine falsche Schätzung macht, sagt er „rechne nochmals rückwärts", …]

L: Nun lasst uns 3/4 mal 1/7 ansehen, weil diese Zahlen ungefähr gleichgroß sind wie 23/31 mal 13/86. Wenn wir uns diese beiden Zahlen genau ansehen, was könnt ihr mir über 3/4 sagen? Nennt mir einige Eigenschaften. (Der Lehrer kehrt zum ursprünglichen Problem zurück, verwendet aber vereinfachte Brüche).

[Schüler nennen Eigenschaften wie „Kleiner als Eins." „Größer als 1/2." „Kann nicht weiter gekürzt werden."]

…

Kommentar: Was ist nun an diesem Protokoll auffällig? M.E. die Geduld und Hartnäckigkeit, mit der der Lehrer das Ziel verfolgt, ein anspruchsvolles und herausforderndes Problem mit seinen Schülern zu diskutieren, um zu einer Lösung zu kommen. An diesem Problem hält der Lehrer fest, auch wenn er merkt, dass die Schüler große Schwierigkeiten mit der Lösung haben. Indem er an diesem Problem festhält, bleiben auch der rote Faden und die Wissensstrukturierung für die Schüler nachvollziehbar. Um den Schülern eine Lösung zu ermöglichen, gibt er viele Hilfen, die strategisch oder wenn möglich, unspezifisch sind. Da er diese Hilfen der ganzen Klasse gibt, kann man hier von einem *klassenbezogenen Scaffolding* sprechen. Durch diese dosierten Hilfen kommen die Schüler überhaupt in die Lage, zum gestellten Problem einen Beitrag zu leisten.

2. Protokoll: Eine niedrig motivierte Klasse, Lehrer mit 2 Jahren Unterrichtspraxis. Die Klasse hat ein niedriges Leistungsniveau. Das Beispiel verdeutlicht, in welcher Weise dem Zensieren Gewicht beigemessen wird und wie mit dem Schulbuch umgegangen wird.

L: Als ich die Arbeiten nachsah, war ich über manche Ergebnisse wirklich sehr schockiert. Und ich denke mir, ihr werdet es ebenfalls sein. Ich denke, einige Ergebnisse waren so la la, und andere waren meiner Meinung nach verheerend.

S: [Lärm nimmt zu.] Bekommen wir sie zurück?

L: Ich werde sie Euch zurückgeben. Ich will Folgendes: Jede einzelne falsche Aufgabe sollt ihr heute Abend oder morgen als Hausaufgabe berichtigen und mir zurückgeben. Tatsächlich will ich dieses Blatt spätestens bis Mittwoch zurückbekommen. Alle falsch gerechneten Matheaufgaben möchte ich mit der richtigen Antwort zurückbekommen.

S: Hat jemand 100 erreicht?

L: Nein.

S: Niemand hat 100 erreicht? [Seufzt]

L: OK, Jungen und Mädchen, Sch … Ich würde sagen, wenn ihr bei diesem Test einen Wert unter 75 erreicht habt, dann habt ihr wirklich noch einiges zu tun. Ich möchte dieses Quiz mit der Unterschrift von Mama oder Papa darunter. Ich wünsche, dass Mama und Papa darüber Bescheid wissen, wo wir stehen.

S: Nein!

S: Haben wir die Arbeit den Eltern vorzulegen? Ist das eine Voraussetzung, um die Klasse zu bestehen?

L: Wenn ihr keine Unterschrift vorlegt, werde ich zu Hause anrufen.

… [Später behandelt der Lehrer die Umwandlung von Maßeinheiten.]

L: [Der Lehrer verweist die Schüler auf das Schulbuch.] OK, lasst uns einen Blick auf Buchstabe „B" unter dem Schwimmer werfen, der sich bereit macht, unter der Plattform durchzutauchen [bezieht sich auf ein Bild im Schulbuch]. John, lies, was unter B steht. [John liest.] Ein Meter ist 100 cm ist 1000 mm. Was ist das Muster, Jungen und Mädchen, von Metern … zu Millimetern? Roberto? OK, falls es 4 sind, was ist die nächste Zahl? Vierhundert. Und wie viel Millimeter würden es sein? Wie viele Nullen würden bei Metern ergänzt, um zu Zentimetern zu kommen? Hat jemand dieses Muster gefunden?

Nun schaut zum Buchstaben „C": Ein Zentimeter ist 1/100 eines Meters. Dieses Mal, Jungen und Mädchen, haben wir *einen* Zentimeter. Wir gehen nun rückwärts. Wie viele Meter sind ein Zentimeter? Wie viele Millimeter hat ein Zentimeter? Dieses Mal, Bill, sage ich, wie viele Zentimeter ich habe. Wir sind im Zentrum. Wenn ihr, Jungen und Mädchen, eine Dezimalzahl aufschreibt, wenn wir diese hier hinstellen würden – diese unsichtbare Dezimalzahl, wir nehmen an, sie sei hier, aber wir beachten sie nicht immer – ob es richtig ist, nach zwei oder nach einer oder nach vier [Stellen das Komma zu setzen] … eine, zwei. [Wiederholt]. Wie kamen wir zu den Millimetern? Dieses Mal setzten wir den Dezimalpunkt nach zwei Stellen richtig und wir veränderten drei Stellen … eine, zwei, drei. Wenn du dir das für Meter überlegst, wie gelangt dann das Buch zu einer Antwort bei Buchstabe C? Was taten sie? Seht ihr hier ein Muster? Irgendjemand?

L: Was ist das Muster, Ashley? Ein Zentimeter ist gegeben und wir gehen zurück zu den Metern. Wir nennen das 1/100stel von einem Meter. Was ist das Muster? OK, passt auf. Unsere Dezimalstelle ist hier. Wenn wir sie verändern, verändern wir sie um eine Stelle … um zwei Stellen. Ich schlage vor, schreibt das jetzt auf, da wir mit dem Muster nicht vertraut sind. Wir verändern die Zahl um zwei Stellen …

Kommentar: Haben Schüler hier überhaupt eine Chance, Dinge in Ruhe sich zu erarbeiten und zu verstehen? Der Lehrer gibt den Schülern zunächst sehr deutlich zu verstehen, dass die Leistungen der Schüler miserabel sind und dass die Eltern davon Kenntnis nehmen sollen. Beim Erklären der Umwandlungen kommt es dem Lehrer nur um ein oberflächliches Nachbeten von Mustern an. An keiner Stelle macht er eine Pause, um den Schülern Gelegenheit zu geben, in Ruhe über eine Frage nachzudenken. Häufig werden gleichzeitig mehrere Fragen gestellt. Auch eine Erklärung zu einem formulierten Problem wird an keiner Stelle sukzessive erarbeitet, indem der Lehrer notwendige Hilfen gibt, unspezifische Hilfen gibt, oder Brücken baut. Entsprechend kommen die Schüler überhaupt nicht in die Situation, Erfolgserfahrungen zu sammeln, sie erfahren nur, dass sie nichts können, und dass ihnen nur das Nachahmen von vorgegebenen Mustern zugetraut wird.

Wenn man diese Interaktionen genauer verstehen will, muss man m. E. zwei Aspekte differenzieren:

- Einmal den Aspekt einer kohärenten Wissensstrukturierung, in der anfangs ein klar verständliches, die Schüler ansprechendes Problem zu stehen hat, und

- zum Anderen eine Verhaltensstrategie des Lehrers im Sinne eines klassenbezogenen Scaffoldings. Hierbei kommt es darauf an, nur die Hilfen jeweils bereit zu stellen, die erforderlich sind, damit die Schüler möglichst selbst zur Lösung des Problems kommen.

(2) Verträge, Ziele und Belohnungen in der Schule

Im Unterricht sollen Schüler für das Lösen von Aufgaben und Problemen motiviert werden. Sie sollen lernen, sich über einen längeren Zeitraum anzustrengen und zu konzentrieren. Der Lehrer legt die Standards unter Berücksichtigung des Vorwissens und der Möglichkeiten des Schülers fest, für deren Erreichung das Kind seine Anerkennung, sein Lob, eine gute Note oder eine extra Belohnung (z. B. einen Stempel) bekommen kann. Schüler erfahren tagtäglich, dass gute Leistungen und gutes Benehmen belohnt werden, und die meisten Schüler wetteifern um diese Belohnungen. Gleichzeitig versuchen Kinder, diese Belohnungen mit einem minimalen Kraftaufwand zu erreichen. Dies alles erscheint so offensichtlich, dass man darüber eigentlich kein Wort zu verlieren bräuchte. Dennoch kann man durch *falsches Belohnen* die Motivation von Kindern auch kaputtmachen.

Manche Lehrer loben ihre Schüler sehr häufig, ohne dass die Kinder sich nennenswert anstrengen müssen. Das Lob wird dadurch entwertet und wirkungslos. Es hat seine Funktion als Information, eine gute Leistung erbracht zu haben oder sich konzentriert zu haben, verloren. Die Schüler, die sich sehr angestrengt haben und dann genauso belohnt werden wie Kinder, die sich überhaupt nicht angestrengt haben, werden durch dieses Verhalten entmutigt.

Ein zweiter Aspekt häufigen Lobens ist wichtig: Der Lehrer signalisiert damit den Schülern, dass er von ihnen keine besseren Leistungen erwarten kann; die Schüler folgern daraus, der Lehrer halte nicht viel von ihren Fähigkeiten. Folglich braucht man sich auch nicht anzustrengen. Wenn Schüler Aufgaben nicht gut bewältigt haben und der Lehrer sagt, „das habt ihr wirklich toll gemacht", dann macht sich der Lehrer unglaubwürdig und erweckt den Anschein, sich billig einschmeicheln zu wollen. Dafür haben Schüler ein feines Gespür.

Nun kann es sein, dass sich Schüler für das Erreichen einer guten Leistung unterschiedlich anstrengen müssen. Für das Belohnverhalten des Lehrers ist wichtig, dass er diese unterschiedlichen Anstrengungen auch beim Belohnen berücksichtigt.

Tadeln einer zu geringen Anstrengung bei einem Schüler, dem man viel mehr zutrauen kann, kann motivierender wirken als vorschnelles Loben: Der Tadel informiert den Schüler, dass der Lehrer viel von ihm hält, er seine Fähigkeiten und Fertigkeiten schätzt; vorschnelles Loben signalisiert dem Schüler, der Lehrer ist von seinen Fähigkeiten wenig überzeugt. „Für dich ist diese Leistung sehr gut, mehr kann ich von dir sowieso nicht erwarten". Bei diesen, dem Alltagsverstand konträren Wirkungen von Lob und Tadel, spricht man in der Literatur auch von *paradoxen Wirkungen*.

Belohnen setzt voraus, dass klare Standards für Schüler gesetzt werden. Diese Standards sollten für den Schüler nachvollziehbar und überprüfbar sein. Schüler sollten das Gefühl haben, fair behandelt zu werden. Bei komplexen Aufgaben (z. B. Aufsatzbeurteilung) ist dies häufig sehr schwer zu gewährleisten. Man kann solche Standards in der Klasse diskutieren, anhand von positiven Beispielen und von informellen Tests verdeutlichen. Man kann z. B. zwei geschriebene Aufsätze miteinander vergleichen lassen, um Bewertungsmaßstäbe zu verdeutlichen.

Belohnen heißt nicht nur Loben. Belohnen ist auch das Vergeben von Stempeln, Sternen, das Eintragen guter mündlicher Leistungen in das Notenbuch, aber auch das Gewähren bestimmter Dinge, z. B. in die Spielecke gehen zu können, um dort spielen zu dürfen, auf ein attraktives Ziel hinzuarbeiten (z. B. eine kleine Wanderung mit gemeinsamem Picknick im Freien), 10 Minuten vor Beendigung der Stunde auf den Schulhof zum Spielen gehen können, in einem Buch lesen dürfen, das für die Schüler spannend ist und das der Lehrer aushändigt, auch das Übertragen von Verantwortung kann Belohnungswert haben. Entscheidend ist, dass der Lehrer die Konditionen klärt, unter denen diese Belohnungen gewährt werden und dass er sich auch an diese Abmachungen hält.

Die Untersuchung von Hopkins, Schutte & Garton (1971): Zu diesem letzten Punkt möchte ich eine Untersuchung vorstellen, in der die Möglichkeit, in die Spielecke zu gehen, von verschiedenen Bedingungen abhängig gemacht wurde (vgl. Hopkins, Schutte & Garton 1971). Ausgangspunkt war die Beobachtung, dass die Kinder zweier Klassen (eine der ersten und eine der zweiten Klassenstufe) ihre Aufgaben in der Stillarbeitsphase am Ende des schulischen Vormittags sehr langsam und unkonzentriert erledigten. Wenn Kinder mit den gestellten Arbeiten fertig waren, dann hatten sie auf ihren Plätzen zu warten, bis alle anderen Mitschüler ihre Aufgaben erledigt hatten. Die fleißigen Schulkinder wurden somit für ihr zielgerichtetes, konzentriertes Arbeiten bestraft. Um das Arbeitsverhalten aller Schüler zu verbessern, wurde mit den Kindern eine neue Abmachung getroffen: Sie würden in die separate Spielecke gehen können, wenn sie ihre Aufgaben sorgfältig erledigt haben. Um dies zu prüfen, mussten sie dem Lehrer die Aufgaben vorlegen, der jeweils die Zeit notierte und die Aufgaben überprüfte. In der Regel durften dann die Schüler in die Spielecke. Zusätzlich wurde noch ein weiterer Faktor variiert: Die Anforderungen wurden in einer späteren Phase der Untersuchung erhöht, sodass sich die Schüler mit der Erledigung der gestellten Aufgaben noch mehr anstrengen mussten, wenn sie noch in der Spielecke spielen wollten.

Beide Bedingungen, sowohl die Einführung der neuen Abmachung als auch die Erhöhung der Anforderungen wirkte sich auf die Schnelligkeit des Bearbeitens, auf die korrekte Bearbeitung sowie auf den Umfang der pro Zeiteinheit geleisteten Aufgaben stark aus. Im Vergleich zum ursprünglichen Zustand erhöhte sich z. B. die Anzahl der geschriebenen Buchstaben pro Minute von durchschnittlich 6 auf fast 12 Buchstaben in der ersten Klasse, in der zweiten Klasse gab es einen vergleichbaren Anstieg von 7 auf 14 Buchstaben pro Minute.

(3) Möglichkeiten der Motivierung durch kontextualisierte und personalisierte Aufgaben sowie durch Schaffung von Wahlmöglichkeiten

Schon Dewey, später J. Bruner, sahen eine Ursache mangelnder Lernfreude in einer Dekontextualisierung[78] des Unterrichtens. Lehrer präsentieren Ideen und Aufgaben in abstrakter Form. Dahinter steht die Idee, auf diese Weise eine Generalisierung des Gelernten zu fördern. So kommt es, dass sich diese Lernumgebungen in entscheidenden Hinsichten von den Lernumgebungen unterscheiden, in denen Kinder Neugierde und Interesse entwickeln. In „natürlichen Lernumgebungen" werden immer die Anwendungskontexte mitgeliefert. Und solche Anwendungskontexte enthalten in der Regel Hinweise in Bezug auf die praktische Nützlichkeit der Tätigkeit und deren Verbindung zu den eigenen Interessen, Hobbies usw.

Neuere Forschungen haben gezeigt, dass neue Inhalte besser gelernt werden, wenn sie zusammen mit Kontexten, Personen und Beispielen gelernt werden, die für den Lernenden einen hohen Motivationswert besitzen (vgl. Moreno & Mayer 2000). Lernaktivitäten sollten deshalb in möglichst bedeutungshaltigen Kontexten stattfinden.

Das Experiment von Cordova & Lepper (1996): In einem von Cordova & Lepper durchgeführten Experiment wurden solche Überlegungen auf verschiedene Versionen eines Computerspiels übertragen. Die fünf Bedingungen des Experiments waren:

(1) Kontrollgruppe: *Keine* Fantasieeinbettung des Computerspiels, *keine* Wahlmöglichkeiten, *keine* Personalisierung

(2) Fantasieeinbettung *ohne* Wahlmöglichkeiten und *ohne* persönliche Ansprache

(3) Fantasieeinbettung *mit* Wahlmöglichkeiten und *ohne* persönliche Ansprache

(4) Fantasieeinbettung *ohne* Wahlmöglichkeiten und *mit* persönlicher Ansprache

(5) Fantasieeinbettung *mit* Wahlmöglichkeiten und *mit* persönlicher Ansprache

Das Computerspiel für die Kontrollgruppe nannte sich schlicht „Mathe-Spiel". Daraus wurde dann in einer Fantasie-Grundversion das Spiel „Space-Quest", in einer anderen Ver-

---

[78] Von „Dekontextualisierung des Unterrichts" spricht man, wenn Ideen und Inhalte nur noch abstrakt, also losgelöst von den Kontexten und Bereichen, in denen sie verwendet werden, behandelt werden. Ein Beispiel dafür wäre, man behandelt in der Mathematik nur noch reine Additionsaufgaben (2 + 3 = ?), keine Aufgaben, in denen konkrete Anwendungssituationen dargestellt werden (z. B. Zwei Kinder spielen auf dem Spielplatz. Drei weitere Kinde kommen hinzu. Wie viele Kinder sind es nun zusammen?)

sion wurde das Spiel „Treasure Hunt" genannt. Bei „Space-Quest" wurde den Schülern suggeriert, Anführer (Commander) einer Raumflotte zu sein, die einen ungemein wichtigen Auftrag zu erledigen hatte: Die Erdlinge von einer drohenden Energiekrise zu befreien. Um dies zu tun, musste der Planet Ektar erreicht werden, auf dem noch alternative Energiequellen vorhanden waren. Durch verschiedene Variationen (Kontextualisierung durch Fantasie-Kontext, Wahlmöglichkeiten, Personalisierung) wurde der mathematische Kern des Spiels nicht berührt.

Es wurde geprüft, wie innerhalb einer Fantasieeinbettung durch zwei Strategien die intrinsische Motivation erhöht werden kann. Bei der ersten Strategie handelt es sich um *Personalisierung*, die mit der Neugiermotivation in Verbindung gebracht werden kann, und bei der zweiten um das *Gewähren von Mitentscheidungsmöglichkeiten*, die mit dem Bedürfnis nach Selbstbestimmung zusammenhängt.

Es zeigten sich starke Auswirkungen der Wahlmöglichkeiten sowie der Personalisierung, wobei die Auswirkung der Personalisierung stärker war als die Auswirkung der Wahlmöglichkeiten. Auffallend ist, dass vom Mathespiel zur reinen Fantasiebedingung nur etwa *ein* Punkt hinzukommt, vom Mathespiel (Kontrollgruppe) zur Bedingung V (Kontextualisierung + Wahlmöglichkeiten (Ja) + Personalisierung (Ja) *fünf* Punkte) wobei maximal 20 Punkte erreicht werden konnten. Dies macht deutlich, dass durch die anderen beiden Bedingungen das Spiel noch viel interessanter gestaltet werden konnte.

Die demonstrierten erheblichen Wirkungen sind deshalb besonders ernst zu nehmen, weil der Kern des mathematischen Spiels gar nicht verändert wurde: Alle diese Variationen waren mathematisch irrelevant. Zusätzlich waren diese Variationen auch in Bezug auf die Lösung der gestellten Aufgaben völlig überflüssig. Bei der Interpretation ist natürlich zu berücksichtigen, dass es sich um Schüler der vierten und fünften Klasse handelt. Es bleibt fraglich, inwieweit die Ergebnisse auf ältere Schüler oder auf Erwachsene übertragbar sind. Da aber bei den Wahlmöglichkeiten nur relativ unwichtige Dinge zu entscheiden waren, ist anzunehmen, dass bei Entscheidungen über wichtigere Fragen noch deutlichere Effekte auftreten.

Das Experiment von Anand & Ross: Eine weitere Untersuchung zu den Möglichkeiten der Motivierung durch Gestaltung von Aufgaben im Mathematikunterricht wurde von Anand und Ross (1987) durchgeführt. In der Zeit ab dem dritten Schuljahr, in der die Motivation der meisten Schüler abnimmt, tritt immer stärker der soziale Vergleich in den Vordergrund: Bestimmte Schüler, die schon mit sehr guten Voraussetzungen in die Schule kamen, halten immer noch ihre guten Leistungen, Schüler mit schlechteren Voraussetzungen bekommen nun immer deutlicher zu spüren, dass sie diese unterschiedlichen Startchancen durch Anstrengungen nur teilweise ausgleichen können.

In dieser Situation sollten die Schüler nicht durch unsinnige Anforderungen belastet werden. Solche Belastungen können mit der Art der Erklärungen sowie mit der Übungsstrukturierung zusammenhängen. Ein weiterer wichtiger Punkt hängt mit der Art der Aufgabenformulierung zusammen. Wie schon am Beispiel des Experiments von Moreno & Mayer (2000) verdeutlicht wurde, hängt der Zugang zum Erfahrungswissen der Schüler stark von der Art der verwendeten Sprache ab. Deshalb wäre zu erwarten, dass z. B. in Mathematik Aufgaben, die den Schülern eine Verknüpfung zu ihrer eigenen Lebenswelt erleichtern, besser geeignet sind, als abstrakt formulierte Textaufgaben. Wie solche Aufgaben für Schüler der 5. und 6. Klassenstufe zu gestalten sind, wurde genauer in einem Experiment von Anand und Ross (1987) untersucht.

Die Untersuchung von Anand & Ross (1987) geht von der Annahme aus, dass Lernen durch die Einbindung mathematischer Regeln in vertraute und sinnvolle Kontexte erleichtert wird. Es ging in dieser Untersuchung zum computerunterstützten Unterricht vor allem um zwei Punkte: (1) die Wirkung der Personalisierung des Kontextes, wenn jeder Schüler eine eigens auf ihn zugeschnittene und personalisierte Präsentation bekommt, (2) die Wirkung der Berücksichtigung der Interessen und Hobbies der Kinder bei der Formulierung der Aufgaben.

Diese Überlegungen wurden anhand einer Einheit zur Division von Brüchen, und zwar Teilung einer ganzen Zahl durch einen Bruch, untersucht. Die der Universität angeschlossene Schule verwendete ein individualisiertes Lernsystem, in dem Schüler der 5. und 6. Klasse gemeinsam in Kursen unterrichtet wurden.

Zur Lösung werden vier Schritte vorgeschlagen:

1. Identifiziere zuerst Dividend und Divisor.
2. Schreibe dann die ganze Zahl als Bruch.
3. Bilde danach den Kehrwert vom Divisor.
4. Multipliziere dann den Dividenden mit dem Kehrwert des Divisors, um das Ergebnis zu erhalten.

Diese Schritte wurden dann auf vier Aufgaben angewendet. Die Lektion wurde schriftlich über den Computer vermittelt.

Die drei verschiedenen Bedingungen für das Formulieren der Textaufgaben werden durch Beispiele im Kasten erläutert.

I. Abstrakte Textaufgabe:

Hier sind drei Gegenstände. Jeder wird halbiert. Wie viele Stücke erhält man insgesamt?

II. Textaufgabe mit konkretem Kontext:

Billy hatte drei Zuckerstangen. Er teilte jede in zwei Teile. Wie viele Zuckerstangenstücke hat Billy dadurch erhalten?

III. Personalisierte Textaufgabe mit konkretem Kontext:

Josephs Lehrerin, Frau Wilhelm, überraschte ihn am 15. Dezember, indem sie Joseph drei 'Hershey Bars' schenkte. Joseph halbierte jeden von ihnen, sodass er das Geburtstagsgeschenk mit seinen Freunden teilen konnte. Wie viele Stücke Hershey Bars hatte nun Joseph für sich und seine Freunde?

Die Version III (konkrete und personalisierte Aufgaben) benötigten 2,5mal mehr Wörter als die Version mit abstrakten Textaufgaben und doppelt so viele Wörter wie die Version mit konkretisierten Textaufgaben.

Die Behandlungsgruppen unterschieden sich nicht in der durchschnittlichen Lernzeit von etwa 19 Minuten. Es zeigt sich ein sehr deutlicher positiver Effekt der variierten Bedingungen: In der Lernbedingung „abstrakte Formulierung" konnten die Schüler im Mittel 2,3 Aufgaben lösen, bei konkreter Formulierung waren es schon 3,6 Aufgaben und bei der zusätzlich noch personalisierten Formulierung waren es 6 Aufgaben. Obwohl die Schüler also in Bedingung III in der gleichen Lesezeit das 2,5-fache lesen mussten, lernten sie dennoch erheblich mehr! Übrigens profitierten besonders schwächere Schüler von Version III (konkret und personalisiert).

Eine Funktion personalisierter Aufgaben besteht nach Mayer (1985) darin, dass die Regelanwendungen im Gedächtnis mit bedeutungsvollen, integrierten Ideen verknüpft werden. Diese Funktion erleichtert das Verstehen der Logik der einzelnen Schritte (z. B. identifiziere zuerst Dividend und Divisor …) in einer Weise, wie dies in einer realistischen Problemlösungssituation gebraucht wird. In der personalisierten Version hat sich der Schüler z. B. vorzustellen, wie er drei Pizzen auf seine Freunde aufteilen kann, z. B.

„wenn ich die drei Pizzen in Viertel aufteile, erhalte ich 12 Stücke, die ich verteilen kann. Je stärker ich die Pizzen aufteile, desto mehr *Freunde kann ich bedienen. Teilen durch einen Bruch scheint zu arbeiten wie das Multiplizieren.*"

Die Studie zeigt in eindrucksvoller Weise, dass die Anpassung des Problem-Kontexts an die Lebenswelt der Schüler eine effektive Möglichkeit zur Reduktion von Verständnisschwierigkeiten darstellt. Es scheint ein schlechter Rat zu sein, möglichst wenig mit sprachlichen Mitteln zu arbeiten. Wenn ein Lehrer es versteht, Schülern verständlich formulierte, sprachlich längere Aufgaben zu stellen, die einen Anwendungsbezug haben, der für die Schüler interessant und geläufig ist, dann erreicht er damit viel mehr als wenn er überwiegend „nackte" und abstrakte Aufgaben stellt. Die Ergebnisse dieses Experiments passen somit gut zu den Ergebnissen der Untersuchungen von Moreno & Mayer (2000) über die Wirkung einer personalisierten Sprache auf das Lernen abstrakter Inhalte, die in Abschnitt 3.5.1 diskutiert wurden.

(4) Festlegung kurzfristig erreichbarer konkreter Lernziele (Bandura & Schunk 1981)

Wir haben uns einmal wieder zuviel vorgenommen: Eine Hausarbeit und zwei Referate stehen noch auf dem Programm, Literaturarbeiten zur Vorbereitung der Examensarbeit sind noch zu erledigen. Nun schieben wir den Berg von Aufgaben vor uns her, und der Gedanke an all das, was noch zu erledigen ist, bereitet uns Magengrimmen. In derartigen Situationen können wir in folgender Weise reagieren:

➢ Wir listen alle Aufgaben auf und nehmen uns vor, diese in den verbliebenen 5 Wochen zu bearbeiten.

➢ Wir formulieren einen Arbeitsplan, in dem wir grob angeben, was wir in der ersten Woche, der zweiten Woche, der dritten Woche usw. machen wollen.

➢ Wir formulieren einen detaillierten Arbeitsplan, in dem wir für jeden Tag festlegen, was und wie viel gearbeitet werden soll.

Erfolgreiches und effektives Arbeiten hängt in großem Umfang davon ab, wie wir solche Aufgaben für uns festlegen. Dabei können wir uns (1) hohe oder niedrige Standards setzen, (2) diese Standards können sehr konkret und präzise formuliert sein und (3) sie können sich auf einen kurzen Zeitraum oder auf längere Zeiträume beziehen. Wie wichtig solche Überlegungen auch für die Schule sind, zeigt ein berühmtes Experiment von Bandura & Schunk (1981), auf das ich im Folgenden eingehen möchte.

Zentrale Hypothese dieser Untersuchung war, dass eine hohe Leistung und eine hohe Motivation am ehesten zu erreichen ist, wenn sich Schüler kurzfristig erreichbare Lernziele setzen.

Hinter dieser Hypothese steht folgende Überlegung: Wenn ich mir ein Ziel setze, das z. B. innerhalb einer Stunde erreichbar ist, und dann dieses Ziel erreiche, dann bin ich mit mir zufrieden und werte das Ergebnis meiner Bemühungen als Erfolg. Ganz anders reagiere ich dagegen, wenn ich mir für die kommende Woche, Monat oder das kommende Semester grobe Ziele setze. Wenn ich dann bestimmte Leistungen erbracht habe, dann stehe ich immer noch vor einem Berg von Aufgaben und bin entsprechend unzufrieden mit mir. Wichtig ist somit, dass eine Person es schafft, ihre Fernziele in leicht erreichbare Unterziele zu gliedern, deren Erreichen der Person dann zeigt, dass sie auf dem besten Weg ist, die anspruchvollen, in der ferneren Zukunft liegenden Ziele ebenfalls zu erreichen.[79]

In dem Versuch von Bandura und Schunk (1981) sollten die Schüler das Verfahren der schriftlichen Subtraktion lernen. Die Fähigkeit zum schriftlichen Subtrahieren wurde in sieben verschiedene Teilfertigkeiten untergliedert, und für jede dieser Teilfertigkeiten wurde eine schriftliche Lektion ausgearbeitet. Das Material eignete sich zum Selbststudium. In jeder Lektion wurde zunächst die fragliche Teiloperation erklärt und danach jeweils anhand von zwei Beispielen erläutert. Die nachfolgenden sechs Seiten enthielten dann Aufgaben zu dieser Operation. Voruntersuchungen hatten ergeben, dass die Aufgaben einer Lektion bei konzentriertem Arbeiten von diesen Kindern in 25 Minuten gelöst werden konnten.

Die Kinder wurden an Einzeltische gesetzt, sodass sie unabhängig voneinander arbeiteten, die Arbeitsmaterialien wurden ihnen ausgehändigt und es wurde ihnen gesagt, dass sie an diesen Arbeitsmaterialien sieben 30 minütige Sitzungen arbeiten konnten. Der Versuchsleiter ging immer die erste Seite einer Lektion mit jedem Kind durch, indem er diese dem Kind vorlas. Den Kindern wurde gesagt, dass sie immer, wenn sie eine neue Lektion beginnen wollten, zum Versuchsleiter gehen sollten, damit er ihnen diesen Abschnitt vorlesen konnte. Danach sollten sie sich an die Lösung der Übungsaufgaben machen.

Für die Untersuchung wurden 40 Kinder im Alter von 7,3 – 10,1 Jahren ausgewählt (Mittleres Alter war 8,4 Jahre), davon 21 Jungen und 19 Mädchen. Diese Kinder wurden durch Lehrer aus sechs Klassen ausgewählt. Kriterium war, alle Schüler sollten erhebliche Rechenschwierigkeiten haben.

Versuchsplan: Es gab drei verschiedene „Behandlungen":

Nahzielgruppe (Proximal Goals): Hier schlug der Versuchsleiter den Kindern vor, sich für jede Sitzung 6 Seiten Übungsaufgaben vorzunehmen. Dieser Vorschlag wurde zu Beginn der ersten und der zweiten Sitzung gemacht. In den folgenden Sitzungen wurde nicht mehr daran erinnert.

Fernzielgruppe (Distal Goals): Hier wies der Versuchsleiter die Kinder darauf hin, sie sollten sich vornehmen, alle 42 Seiten mit insgesamt 258 Übungsaufgaben bis zum Ende der siebten Sitzung zu lösen. Diese Hinweise des Versuchsleiters wurden als Vorschläge, nicht als Vorschriften unterbreitet, damit die Kinder auch das Gefühl haben konnten, dass sie sich selbst ihre Ziele setzten.

---

[79] Man kann sich z. B. vornehmen, jeden Tag eine Seite zu schreiben, dann hat man in zwei Wochen ein Referat ausgearbeitet, in einem Jahr ein Buch …

Kontrollgruppe 1: In einer dritten Gruppe wurde den Kindern keine Ziele vorgeschlagen. Es wurde ihnen gesagt, sie sollten so viele Seiten schaffen, wie sie konnten.

Kontrollgruppe 2: Eine vierte Gruppe hatte alle Messungen über sich ergehen zu lassen, bekam aber keine Behandlung (keine Zielanweisung und kein Training im Lösen von Subtraktionsaufgaben).

Die Ergebnisse waren sehr deutlich: Beim Leistungstest mit 25 Aufgaben zur schriftlichen Subtraktion lösten die Kinder der Nahzielgruppe über 80% der Aufgaben, verglichen mit etwa 50% in der Fernzielgruppe und der Gruppe ohne irgendeine Zielvorgabe. Die Kontrollgruppe (vierte Gruppe) löste weniger als 10% der Aufgaben.

Ähnlich deutliche Ergebnisse fand man auch in Bezug auf die Stärke der Selbstwirksamkeit der Kinder in den verschiedenen Gruppen. In der Nahzielgruppe lösten sie im Durchschnitt freiwillig etwa 14 Aufgaben, verglichen mit weniger als zwei Aufgaben in der Fernzielgruppe.

In den ersten vier Sitzungen[80] brauchten die Kinder der Nahzielgruppe im Durchschnitt pro Sitzung 21 Minuten, verglichen mit 29 Minuten (Fernzielgruppe) und 30 Minuten (Gruppe ohne Zielangabe). Dennoch hatte die Nahzielgruppe schon 74% der gesamten Aufgaben bearbeitet, die Fernzielgruppe 55 % und die Gruppe ohne Zielangabe 53%.

Die Autoren interessiert vor allem, wie Kinder mit Schwierigkeiten in einem Bereich durch Setzen von erreichbaren Nahzielen motiviert werden können. Kinder mit massiven Defiziten in einem Bereich haben keine Lust, sich mit Aufgaben in diesem Bereich zu befassen, weil sie schon viele frustrierende Erfahrungen mit solchen Aufgaben gemacht haben. Für diese Kinder ist es wichtig,

➤ ein gut aufeinander aufbauendes Programm auszuarbeiten, in dem die Fertigkeiten ihrer Schwierigkeit nach bearbeitet werden können;

➤ ferner sollten dann erreichbare Nahziele gesetzt werden, und das Erreichen dieser Nahziele vermittelt den Schülern dann ein Gefühl von Kompetenz.

Es ist erstaunlich, wie stark sich die Bedingung „Setzen erreichbarer Nahziele" auf das Leistungsvermögen und das Gefühl der Selbstwirksamkeit auswirkte. Bandura & Schunk schreiben dazu:

> „*The present findings lend support to the general thesis that skills cultivated through proximal standards of competency build interest in disvalued activities. When progress is gauged against distal goals, similar accomplishments may prove disappointing because of wide disparities between current performance and lofty future standards. Consequently, interest fails to develop, even though skills are being acquired in the process.*"

---

[80] Das Experiment wurde nach der 4. Sitzung und nicht wie geplant nach der 6. Sitzung beendet, weil die Ergebnisse schon sehr deutlich waren und man der Fernzielgruppe für die Restzeit bessere Lernbedingungen einräumen wollte.

(5) Durchhalten trotz Misserfolg bei hoher Ängstlichkeit und Hilflosigkeit

Ein weiterer Aspekt ist in diesem Zusammenhang wichtig. Häufig wird in der Pädagogik implizit von der These ausgegangen, Erfolg sei der wichtigste Anreiz für weiteres motiviertes Arbeiten. Somit müsste man gerade Kinder, die Schulangst haben und Anforderungen in bestimmten Bereichen meiden, vor weiteren Misserfolgserfahrungen schützen. Dem steht allerdings entgegen, dass man Schüler auch dazu befähigen muss, Misserfolgserfahrungen, denen sie im weiteren Leben ja immer wieder ausgesetzt sind, konstruktiv zu verarbeiten. Dazu sind sie nicht in der Lage, wenn das Lernarrangement in der Schule sie vor Misserfolgserfahrungen schützt.

Zu diesem Problem wurde von C.S. Dweck (1975) ein interessantes Experiment mit Schülern durchgeführt. Alle ausgewählten Schüler reagierten auf Misserfolgserfahrungen mit Vermeidungsverhalten und Aufgeben weiterer Anstrengungen. In diesem Experiment machte eine Gruppe – die Nur-Belohnungsgruppe – im Training durch Auswahl leicht zu lösender Aufgaben ausschließlich positive Erfahrungen, indem sie alle Aufgaben lösten und dafür durch den Versuchsleiter mit Tokens[81] belohnt wurden. Auf die seltenen Misserfolgsfälle reagierte der Versuchsleiter in dieser Gruppe nur mit dem Hinweis, dass die Lösung falsch sei und ging zur nächsten Aufgabe über. In der anderen Gruppe – der Attribuierungsgruppe – wurde in die Trainingsserien in ca. 20% der Aufgabenpäckchen schwierigere Aufgaben eingebaut, die in der gegebenen Zeit für diese Schüler nicht zu lösen waren. In diesen Fällen sagte der Versuchsleiter, *die Aufgabe sei nicht gelöst worden und der Schüler müsse sich mehr anstrengen, um die Belohnungen (Tokens) zu erhalten.*

Das Ergebnis dieses Experiments war sehr deutlich: Wenn man die Schüler der „Erfolgsgruppe" Misserfolgen aussetzte, dann reagierten sie nach dieser Erfolgstherapie genauso wie vor der Therapie: mit Angst, Vermeidung und gravierender Verschlechterung ihrer Leistung. In der Attribuierungsgruppe reagierten sie auf negative Erfahrungen nicht mehr durch Leistungsverschlechterungen, sondern in der Mehrzahl sogar mit leichten Leistungsverbesserungen. Dweck (1975, S. 683/684) schreibt dazu:

> „The children who were taught to attribute failure to insufficient effort were able to persist after failure in the test situation. That failure became a cue to escalate effort is supported by the finding that five of the six subjects receiving the Attribution Retraining Treatment, in fact, showed superior performance following failure ...
>
> Contrary to initial expectation, however, the subjects in the Success Only Treatment did not show any consistent improvement in their response to failure, but rather continued to display a marked impairment of performance following failure ...
>
> An instructional program for children, who have difficulty dealing with failure would do well not to skirt the issue by trying to ensure success or by glossing over failure. Instead it should include procedures for dealing with this problem directly. This is not to suggest that failure should be included in great amounts or that failure per se is desirable, but rather, that errors should be capitalized upon as vehicles for teaching the child how to handle failure."

---

[81] Tokens sind Spielgeld oder Chips. Man kann diese sammeln und später für Attraktionen eintauschen.

(6) Die Bedeutung von Belohnungsstrukturen: Selbst- oder sozialnormbezogene Bewertung von Leistungen

Neben der Frage, ob erreichbare Nahziele gesetzt werden, spielt für die Motivierung in der Schule eine wichtige Rolle, welcher Bezugsrahmen für die Bewertung von Leistungen gewählt wird. Man kann hier grob zwischen zwei Möglichkeiten unterscheiden:

Die selbstbezogene oder schülerbezogene Bewertung (individuelle Bezugsnormorientierung): Hierbei wird als Bezugsrahmen die Leistung genommen, die der Schüler früher erreicht hatte. Entscheidend ist für die Leistungsbewertung, ob der Schüler seine Leistungen im Vergleich zu früher verbessert hat.

Die normbezogene Bewertung (soziale Bezugsnormorientierung oder auf definierte Leistungen bezogene Bewertung): Hier wird eine Norm zur Bewertung herangezogen. Als Normen können irgendwelche konkrete Lernziele (z. B. „kann sicher Brüche erweitern und kürzen") oder ein sozialer Bezugsrahmen („der Schüler liegt im unteren Leistungsdrittel, er hat die drittschlechteste Arbeit geschrieben", 4-) genommen werden.

In vielen Bundesländern werden in den ersten beiden Klassenstufen der Grundschule Berichtszeugnisse gegeben, in denen konkret angegeben wird, wie gut der Schüler die geforderten kognitiven Lernziele erreicht. Auf eine Notengebung wird verzichtet. Der Vergleich mit dem Leistungsstand der anderen Schüler ist hierbei noch nicht wichtig. Dies ändert sich ab der dritten Klassenstufe, da nun Noten vergeben werden, die zunehmend auf einem Vergleich der Leistungen in der Klasse beruhen. Es ist zu vermuten, dass diese Änderung der Bewertungspraxis dazu beiträgt, dass die Motivation der mittleren und der schwächeren Schüler ab der dritten Klassenstufe zunehmend geringer wird. Diese Schüler machen in zunehmendem Maße die Erfahrung, dass sich Anstrengung nicht lohnt, da ein Aufholen der schulischen Defizite, um gute Noten zu erreichen, sehr schwierig ist.

Die Bedeutung unterschiedlicher Bewertungsstrukturen wurde in einem Unterrichtsexperiment in Taiwan überprüft (Shih & Alexander 2000). Versuchspersonen waren 84 Schüler von drei Klassen der vierten Klassenstufe, Unterrichtsthema war die *Addition und Subtraktion von Brüchen* (vier Schulstunden: (1) Addition von Brüchen mit gleichem Nenner, z. B. 1/7 + 3/7, (2) . . . mit Umgruppierung zu gemischten Zahlen, z. B. 4/5 + 3/5, (3) Subtraktion von Brüchen mit gleichem Nenner, ohne Umgruppierung, z. B. 7/11 − 5/11, und (4) . . . mit Umgruppierung, z. B. 31/3 − 12/3). Die Schüler konnten mit Hilfe der ausgeteilten Materialien selbstständig arbeiten. Jedes der vier Übungspackete enthielt genügend Lösungsbeispiele und etwa 70 Aufgaben.

Im Versuch wurden zwei Faktoren untersucht: Einmal die Rolle von Bewertungsstrukturen (selbstbezogene Bewertung vs. klassenbezogene Bewertung) und zum anderen die Vorgabe von Zielen (Vorgabe JA/Nein).

Selbstbezogene Bewertung und Zielsetzung: In der zweiten Sitzung erhielten die Schüler ein Blatt, auf dem stand, wie viele Aufgaben sie in der ersten Sitzung gelöst hatten. Sie wurden dann gebeten, sich für die kommenden Sitzungen ein Ziel zu setzen und auf dem Blatt einzutragen.

Klassenbezogene Bewertung: Diese Bedingung wurde im Vergleich zur normalen klassenbezogenen Bewertung etwas abgemildert. Jeder Schüler wurde einer von vier Leistungsgruppen zugeordnet. Ihm wurde dann mitgeteilt, wie viele Aufgaben die Schüler dieser

Leistungsgruppe in der letzten Stunde gelöst hatten; dabei wurden *die besten Schüler des jeweiligen Quartils als Maßstab* genommen.

Sowohl im Leistungstest als auch beim Test der Selbstwirksamkeit, die ähnlich wie bei Bandura & Schunk (1981) erfasst wurde, ergaben sich deutliche Effekte des Bewertungssystems: Die selbstbezogene Bewertung führte sowohl zu signifikant besseren Leistungen als auch zu einer deutlich höheren Selbstwirksamkeit. Dagegen hatte das bloße Zielsetzen zusätzlich keinen bedeutenden Einfluss.[82] Diese Effekte sind recht erstaunlich, wenn man bedenkt, dass sie sich schon aufgrund des Einflusses einer Unterrichtswoche zeigten. Interessant wäre es, den kumulativen Einfluss solcher Bewertungsstrukturen über einen erheblich größeren Zeitraum zu erforschen, denn schließlich besuchen Kinder nicht nur eine Woche, sondern 10 Jahre und länger Schulen, in denen sie bestimmten Bewertungsbedingungen unterworfen werden.

5.4.3 Möglichkeiten und Grenzen von Motivierungstechniken im Unterricht

Die wichtigsten Ergebnisse zu den verschiedenen Motivierungstechniken lassen sich in folgenden Punkten zusammenfassen:

(1) *Frage- und Antworttechniken:* Ein Gefühl der Kompetenz sowie eine nachhaltige Motivierung der Schüler kann in der Schule nur entwickelt werden, wenn durch offene Fragen zusammen mit dosierten Hilfen Schülern Gelegenheiten eingeräumt werden, sich an der Lösung von Problemen aktiv zu beteiligen. Ein bloßes ungeduldiges Abfragen vermindert die Motivation. Der Lehrer sollte Probleme so auf die Möglichkeiten der Schüler zuschneiden, dass diese Lösungsbeiträge auch liefern können. Bei schwierigen Problemen und bei geringer Schüleraktivierung ist die *WARTE-Technik* sinnvoll, z.B.: *„Überlegt Euch das Problem 2–3 Minuten lang. Ich rufe dann irgendeinen Schüler auf."* Schülern können das Problem für mehrere Minuten mit ihrem Tischnachbarn diskutieren (vgl. Turner et al. 1998 sowie Black & Wiliam 1998).

(2) *Paradoxe Wirkungen von Lob und Tadel:* Lehrer sollten beim Loben und Tadeln mögliche paradoxe Wirkungen berücksichtigen: Falsches Loben: Einen guten Schüler für schwache Leistungen loben (Das Lob signalisiert dem Schüler: Der Lehrer hält mich für einen leistungsschwachen, unfähigen Schüler). Besser wäre ein Tadel: „Von Dir habe ich aber mehr erwartet!" Wenn ein schwächerer Schüler sich anstrengt und eine mäßige Leistung zeigt, dann sollte diese Leistung gelobt werden (Anstrengung und Leistungsverbesserung, nicht die relative Leistung in der Klasse werden belohnt).

(3) *Attribuierung von Leistungen auf Anstrengung, nicht auf Talent oder Intelligenz:* Im Rahmen eines solchen, das Gefühl der Selbstwirksamkeit stärkenden Unterrichts spielt ein Klima eine Rolle, in dem Fehlversuche nicht als Versagen, sondern als notwendige Schritte auf dem Weg zu Kompetenz und Meisterschaft angesehen werden. Fehler und Misserfolge sind hier nicht das Ergebnis mangelnder Begabung, sondern höchstens Ergebnis mangelnder Anstrengung. Misserfolgsängstliche Schüler müssen andere Ursachenerklärungen bzw. Zuschreibungen lernen: Ihre Leistungen sollen sie nicht mehr als schicksalhaft schlecht, auf mangelnde Begabung rückführbar und dadurch als unveränderbar erklären, sondern als durch zusätzliche Anstrengungen meisterbar (Dweck 1975).

---

[82] Die Bewertungsstruktur hatte einen starken Einfluss (Effektstärke beim Leistungstest 0,52; bei der Selbstwirksamkeit 0,41; die Effektstärken für die Wirkung der Zielsetzung lag unter 0,18).

Ein weiterer Punkt erscheint mir aufgrund eigener leidvoller Erfahrungen wesentlich: Wenn Lehrer sich besondere Mühe gegeben haben, einen komplexen Sachverhalt verständlich darzustellen, dann sollten sie gleichwohl niemals sagen, *jeder könne nun den Inhalt ganz leicht verstehen.* Diesen Kardinalfehler habe ich einmal in einer Einführungsveranstaltung in die Statistik gemacht, mit dem Ergebnis, dass die Studenten nach der vierten Sitzung offen rebellierten. Heute verhalte ich mich ganz anders: Ich sage, die Sache sei sehr schwierig zu verstehen, und es sei ganz normal, wenn man bei dreimaligem Durcharbeiten des Skripts immer noch Schwierigkeiten habe. Sinnvoll sei es, regelmäßig die Sitzungen vor- und nachzubereiten und mit anderen Leidensgenossen über die Inhalte zu diskutieren. Die Studenten wissen nun, dass viel Arbeit auf sie zukommt und sind damit durchaus zufrieden.

(4) *Klare Informationen über Anforderungen und Konsequenzen bei Erfüllung dieser:* Eine wichtige Rolle für die Kanalisierung und Motivierung der Schüler spielen klare Vereinbarungen über Leistungen und damit verknüpften Belohnungen und Attraktionen. Manche normalen Routinen des Unterrichts führen in ihrer Wirkung zu einer Bestrafung effektiven Arbeitsverhaltens, z. B. wenn Schüler nach Beendigung von Stillarbeit auf andere Schüler nur warten sollen und in dieser Zeit nichts Attraktives machen können. Wenn in solchen Fällen klar gelegt ist, dass Belohnungen vom Erreichen bestimmter Mindeststandards abhängig sind, deren Einhaltung kontrolliert wird, kann durch systematische Verknüpfung von Arbeit und Lohn eine deutliche Leistungssteigerung erzielt werden (vgl. Hopkins, Schutte & Garton 1971, Harris & Sherman 1974).

(5) *Kontextualisierung und Personalisierung:* Man kann eine Erhöhung der Motivation der Schüler durch ein Zusammenstellen von Themen und Aufgaben erreichen, die etwas mit dem konkreten Leben, zu dem auch Fantasiewelten der Kinder gehören, zu tun haben. Dies zeigt sich z. B. in den Untersuchungen von Cordova & Lepper (1996) sowie von Anand & Ross (1987). Konkretes Leben hat mit für Schüler nacherlebbaren Geschichten zu tun. Wenn Schüler im Grammatikunterricht Sätze hinsichtlich ihrer Struktur analysieren sollen, um das zuvor behandelte Wissen anwenden zu können, dann ist es motivierender, Sätze aus einer sinnvollen Geschichte zu verwenden anstatt sinnlos aneinander gereihte Sätze. Es ist mittlerweile für mathematische Aufgaben, die Schülern gestellt werden, gut belegt, dass lebensnahe komplexe Aufgaben für Schüler leichter und motivierender sind als nackte, rein abstrakte Aufgaben. Dies braucht allerdings nicht dazu zu führen, dass der Lehrer darauf verzichtet, den abstrakten Kern in schülergemäßer Form herauszuarbeiten. Die Verdeutlichung der abstrakten Ideen ist eine wichtige Voraussetzung für eine effektive Abspeicherung der Inhalte im Langzeitgedächtnis. Wenn diese Inhalte jedoch auch mit emotional gefärbten Geschichten verknüpft sind, werden sie leichter behalten. Auch abstrakte Inhalte brauchen emotionale Anknüpfungen, und dazu gehören auch lebenspraktische Beispiele zur Verdeutlichung.

(6) *Erreichbare konkrete Nahziele setzen:* Auch die Verdeutlichung der Unterrichtsplanung im Sinne einer klar detaillierten, über die Tage und Wochen verteilten Lernzielstrukturierung kann eine hohe motivierende Wirkung haben. Dies gilt insbesondere, wenn die gesetzten Ziele für jeden Tag konkretisiert und erreicht werden können, sodass sich im Schüler eine Überzeugung in seine eigene Leistungsfähigkeit entwickeln kann. Dagegen wirken Ankündigungen „in den nächsten zwei Monaten werden wir uns mit dem Thema

Bruchrechnung beschäftigen und dabei folgende Themen über 30 Schulbuchseiten behandeln" eher entmutigend. Motivierend würde wirken, für jeden Tag ein von fast allen Schülern realisierbares Ziel (eine Schulbuchseite zusammen mit den Bezügen zu vorher behandelten Inhalten) auszugeben. Bei einer solchen Grobplanung kann man auch gleich darauf hinweisen, dass jeweils am Ende jeder Woche ein kurzer informeller Test geschrieben wird, um damit zu prüfen, ob das Gelernte auch wirklich verstanden wurde. Außerdem könnten für die Mitte und das Ende der Unterrichtseinheit jeweils eine Klassenarbeit angekündigt werden. Auf diese Weise würde der Lehrer das Setzen realistischer Ziele modellieren, die auch tatsächlich erreicht werden können (vgl. Bandura & Schunk 1981).

Die von Bandura & Schunk angewendete Methode der Festlegung und Vereinbarung konkreter Nahziele ist m. E. von großer Bedeutung für die Schule, obwohl diese Technik selten gezielt angewendet wird. Wer über Motivierung in der Schule nachdenkt, wird vermutlich auch nicht darauf kommen, dass die Vorgabe und Vereinbarung konkreter erreichbarer Nahziele für die Motivierung von Schülern sehr wichtig ist. Ihr Einsatz soll Schüler befähigen, zunehmend sich selbst konkrete Nahziele zu setzen und die von der Umwelt zunächst vermittelten Bewertungen und Belohnungen selbst vorzunehmen. Meist erwartet die Schule, dass sich das Elternhaus um die Internalisierung solcher Lernstrategien und Standards kümmert, und in bestimmten Milieus ist dies auch sicherlich der Fall. Wenn sich die Schule jedoch nicht um solche Aufgaben kümmern will, sondern sie nur einfordert, dann bestraft sie im Grunde die Kinder, deren Eltern es nicht gelernt haben, darauf Wert zu legen.

6. Direkte Instruktion

Unter direkter Instruktion lassen sich alle Lernarrangements einordnen, in denen der Lehrer neue Informationen präsentiert und den Lernprozess bis zur sicheren Festigung und Verankerung der neuen Inhalte im Langzeitgedächtnis steuert. Bestimmte offene Formen des Unterrichtens wie Projektarbeit und Werkstattunterricht, die weitgehend durch die Schüler geplant oder durchgeführt werden, sind somit von direkter Instruktion abzugrenzen.

Die theoretischen Grundlagen der direkten Instruktion wurden schon in den vorherigen Kapiteln gelegt: Der Lehrer sollte die Prozesse der Aufnahme von Informationen über das Arbeitsgedächtnis und der langfristigen Festigung von Inhalten und Fertigkeiten im Langzeitgedächtnis kennen (vgl. Kap. 2–3). Er muss über die Grundzüge der Wissensstrukturierung Bescheid wissen (z. B. verständliches mündliches und schriftliches Erklären, vgl. Kap. 4), wobei an die Vorkenntnisse der Schüler anzuschließen ist. Vor allem muss er genaue Vorstellungen darüber haben, wie er seine Schüler auf die Inhalte des Unterrichts konzentrieren kann, da sonst effektives Lernen in der Schule schwerlich stattfinden kann (vgl. Kap. 5).

Aufgabe der folgenden Darstellung ist es, einige theoretische Überlegungen aus den vorhergehenden Kapiteln auf die direkte Instruktion anzuwenden. Danach werden empirische Untersuchungen zur direkten Instruktion vorgestellt.

6.1 Was ist direkte Instruktion?

Ein Großteil des inhaltlichen Wissens – nach Hage et al. (1985) mindestens 75 % – wird in deutschen Schulen durch Methoden der direkten Instruktion vermittelt. In 307 der untersuchten 45-minütigen Stunden fanden Roeder & Sang (1991, 161) an Berliner Haupt- und Gesamtschulen nur 11 Stunden mit Gruppenunterricht (3,6 %); bei Doppelstunden erhöhte sich dieser Anteil auf 11 %. Direkte Instruktion findet danach in ca. 90 % des Unterrichts statt. Sie ist somit die am häufigsten verwendete Unterrichtsmethode und kann als die *Urform des Unterrichts* bezeichnet werden.

Warum direkte Instruktion die zentrale Unterrichtsmethode ist, wird durch Sweller (2004, S. 26) theoretisch über die Funktionsweise des Gedächtnisses erklärt. Danach übernimmt normalerweise das im Langzeitgedächtnis gespeicherte Können die Rolle einer zentralen Exekutive, durch die Informationen organisiert werden. Doch diese Exekutive versagt auf unbekanntem Terrain, und scheinbar ist die Person dann darauf angewiesen, alle Möglichkeiten einer Problemlösung per Zufall auszuprobieren. In dieser Situation kann jedoch das Wissen anderer Personen die Rolle einer zentralen Exekutive übernehmen. Sweller (2004, S. 26) schreibt dazu:

> *„Das Wissen anderer Personen, in mündlicher oder schriftlicher Form übermittelt, kann als zentrale Exekutive agieren, wenn eine eigene, schemabasierte Exekutive nicht verfügbar ist ... Viele Unterrichtsprozeduren empfehlen explizit Techniken, die vor allem eine Zufallsgenerierung von Lösungen empfehlen, deren Richtigkeit anschließend geprüft wird. Alle auf entdeckendes Lernen bezogenen Empfehlungen fallen in diese Kategorie. Es ist unwahrscheinlich, dass auf diese Weise eine zentrale Exekutive erfolgreich handeln kann.*
>
> *Die Alternative dazu ist direkte, unterrichtliche Anleitung, durch die fehlende Schemata ersetzt werden und durch die den Lernern erlaubt wird, eigene Schemata aufzubauen, ohne dabei in den schwierigen, zeitaufwendigen Prozess des fast grenzenlosen Zufallsgenerierens mit anschließendem Testen zu gelangen."*

Es galt in der Pädagogik über Jahrzehnte als „progressiv", direkte Instruktion als borniertem Frontalunterricht zu verteufeln und schülerorientierten, offenen Unterricht als einzig legitimierbaren Unterricht anzupreisen. Hilbert Meyer verstieg sich in seinem „Praxisband Unterrichtsmethoden" sogar zu der Behauptung, direkte Instruktion fördere obrigkeitsstaatliches Denken und Unselbständigkeit (Meyer 1987, S. 182f.). Tatsächlich überfordern offene Unterrichtsformen insbesondere leistungsschwache Schüler, weil sie die größten Dezifite in einer effektiven Lernsteuerung aufweisen. Demgegenüber ist für F. E. Weinert direkte Instruktion „schülerzentrierter Unterricht". Er schreibt:

> *„Die zweckmäßigste Lehrstrategie zur Steuerung des systematischen Lernens ist die 'direkte Instruktion', eine Methode, die fälschlicherweise mit dem zu Recht kritisierten Frontalunterricht verwechselt wird. Das Gegenteil ist der Fall: Direkte Instruktion wird zwar vom Lehrer gesteuert, ist aber schülerzentriert! Der Lehrer legt unter Berücksichtigung der in seiner Klasse verfügbaren Vorkenntnisse die Lernziele fest. Er (oder sie) stellt Fragen unterschiedlicher Schwierigkeit, organisiert, strukturiert, kontrolliert, korrigiert und evaluiert die Lernfortschritte der Schüler beständig und sorgt dafür, dass Fehlinformationen vermieden oder schnell beseitigt werden. Klarheit, Strukturiertheit und Adaptivität des Unterrichts sind die wichtigsten Merkmale einer lernwirksamen direkten Instruktion, die für jeden Lehrer eine enorme Herausforderung und Beanspruchung darstellt."* (Weinert 1999, S. 33/34; vgl. auch Helmke 2003).

Andere Autoren betonen integrierende, zusammenfassende Ideen, die Schüler in ihre Wissensstruktur aufnehmen sollen (Kameenui & Carnine 1998). Für die weitere Diskussion soll direkte Instruktion ein Oberbegriff für alle Unterrichtsformen sein, in denen der Lehrer

(1)   direkt im Sinne der kognitiven Prinzipien zum Lehren und Lernen ($\rightarrow$ Kap. 2, 3, 4) das Unterrichtsgeschehen lenkt und kontrolliert, und

(2)   in denen er die Übermittlung von Informationen weitgehend selbst übernimmt.

6.2 Merkmale effektiver direkter Instruktion

Direkte Instruktion bezieht sich auf alle Phasen des Lernprozesses, angefangen bei der Aktivierung des Vorwissens, der ersten darauf bezogenen Darstellung der neuen Wissenselemente, der Gestaltung vielfältiger, aufeinander bezogener Übungen bis hin zur Festigung, Konsolidierung und Abgrenzung dieses Wissens von anderen Inhalten. Ziel ist eine flüssige und verständnisorientierte Beherrschung dieses Wissens und der zugehörigen grundlegenden Fertigkeiten (z. B. Lesen, Schreiben, Rechnen). Entsprechend wichtig ist die sorgfältige Planung einer günstigen Wissensstrukturierung. Dazu gehören z. B. Gedanken über die Verknüpfungen verschiedener Unterrichtsstunden im Sinne des schrittweisen Aufbaus der zu vermittelnden Schemata (welche Schemata zuerst zu vermitteln sind, welche danach) und Überlegungen zu den zentralen Ideen, von denen andere Ideen abzugrenzen sind. Auch Festlegungen über notwendige Wiederholungen und Zusammenfassungen zur Festigung des Wissens sind hierbei zu treffen.

Lernen ist ein aktiver und vom Lehrer angeleiteter Informationsverarbeitungsprozess, der sich von der ersten Aneignung bis hin zur festen Verankerung im Langzeitgedächtnis erstreckt. In diesem Prozess spielen alle Faktoren eine Rolle, die bei der Aufnahme neuen Wissens und neuer Fertigkeiten (vgl. Kap. 2) sowie bei der ihrer festen Verankerung (vgl. Kap. 3) zu berücksichtigen sind. Direkte Instruktion umfasst somit alle Lernarrangements, bei denen der Lehrer den Lernprozess strukturiert und bei denen unser Wissen über die Aneignung neuen Wissens und ihrer Festigung und Konsolidierung berücksichtigt wird.

Damit Schüler sich auf die Inhalte konzentrieren können, muss der Lehrer die wichtigsten Verfahrensweisen und Techniken eines guten Klassenmanagements beherrschen, angefangen von der Vereinbarung von Regeln, ihrer konsequenten Kontrolle und dem Bereitstellen notwendiger Unterrichtsmittel bis hin zur Anwendung der Techniken zur Klassenführung und Motivierung (→ Kap. 5; Kounin 1976; Evertson, Emmer, Sanford & Clements 1983; Wellenreuther 2008, S. 244–324).

➤ Der Lehrer ist für die Vermittlung der Inhalte und für die Organisation der Lehrprozesse verantwortlich; er legt fest, welche Schüler er zu einer Gruppe zusammenfasst, um ihnen etwas zu erklären und welche Schüler in Gruppen-, Partner- oder Stillarbeit arbeiten sollen.

➤ Der Aufbau neuer kognitiver Schemata wird durch eine *klare Strukturierung* gefördert, die durch die *Nutzung von Medien (z. B. Tafel, Folien)* verdeutlicht werden sollte. Dabei müssen die zu lernenden Inhalte in überschaubare Einheiten (Komponenten) zerlegt werden. Diese vermittelt der Lehrer dann einzeln wie auch in ihrem inhaltlichen Zusammenhang.

➤ Übungen finden am besten in *verteilter Form* statt; gleichförmige massierte Übungen sind ineffektiv. Dabei ist eine *Balance zwischen Übung und Rückmeldung* unerlässlich (→ S. 54 f.). Zentrale Inhalte sollten auch im Rahmen anderer Lektionen erneut wiederholt und überprüft werden, um ihre langfristige Verankerung sicherzustellen. Um einen weiten horizontalen und vertikalen Transfer zu ermöglichen, sind entsprechend variationsreiche Übungen vorzusehen, damit einer zu starken Einengung des Inhalts vorgebeugt wird.

> Schüler lernen durch *häufiges inhaltliches Feedback* zu ihren Leistungen mehr. Deshalb ist das Schreiben unbenoteter Kurztests und diagnostischer Tests wichtig, um danach individuelle Arbeitspläne festzulegen; ferner sollten regelmäßig Hausaufgaben kontrolliert und Fehler besprochen werden.

Zu einer effektiven direkten Instruktion gehören auch allgemeine Merkmale wie eine verständliche Sprache des Lehrers. Er sollte neue Begriffe erläutern sowie verwendete Lösungsschritte klar herausstellen, begründen und an Beispielen erläutern, z. B. indem das Wesentliche durch Unterstreichungen deutlich hervorgehoben wird. Entsprechend schreibt Brophy (1986, S. 1071):

> *„Die Schülerleistungen sind am größten, wenn der Lehrer das Material strukturiert, indem er Übersichten, vorstrukturierende Hinweise oder einen Überblick über die Ziele der Stunde gibt; indem er die Inhalte erläutert und die Übergänge zwischen verschiedenen Unterrichtsphasen verdeutlicht; indem er die Teile der Sitzung zusammenfasst, während sie entwickelt werden; und indem er die wichtigsten Ideen am Ende der Stunde zusammenfasst. "*

Das Wichtigste ist, dass sich der Lehrer für den Lernerfolg seiner Schüler verantwortlich fühlt. Deshalb strukturiert er den Unterricht so, dass möglichst viele Schüler zu einem inneren Nachvollzug der Inhalte angeregt werden. Er vermittelt die zentralen Inhalte, verdeutlicht Zusammenhänge, und provoziert die Schüler durch offene Fragen zum Nachdenken. Im Mittelpunkt stehen zentrale, abstrakte Ideen, die Schüler in die Lage versetzen, die Vielzahl von Einzelinformationen zusammenzufassen, zu gliedern und dafür eine ökonomische Gedächtnisstruktur aufzubauen. Erst der Aufbau einer solchen gut gegliederten Wissensstruktur ermöglicht dem Schüler, über diese Strukturen Wissen abzuleiten und Probleme zu lösen (vgl. dazu Ausubel 1973).

Schüler lernen in *ihrer Zone der nächsten Entwicklung* am meisten. Um ein Arbeiten in dieser Zone zu gewährleisten, benötigt der Lehrer diagnostische Informationen, um den Lernprozess steuern zu können. Wenn verständliche Unterrichtsmaterialien verfügbar sind, dann kann auch der Schüler in größerem Umfang seinen Lernprozess adaptiv steuern. Dies ist vor allem bei der Nutzung von Lösungsbeispielen sowie bei Unterrichtsmaterialien, die sich um eine klare Visualisierung des Gegenstands unter Berücksichtigung des Aufmerksamkeitsteilungseffekts (Integration von Veranschaulichung und Text) bemühen, möglich. Solche Materialien befähigen den Schüler, den Gegenstand nach unverstandenen Punkten durchzuscannen. Sinnvoll wäre es dann, genau an diesen unverstandenen Stellen mit zusätzlichen Versuchen der Selbsterklärung sowie der Erklärung durch Lehrer bzw. durch andere Schüler anzusetzen.

6.3 Empirische Belege der Wirksamkeit direkter Instruktion

Es gibt zahlreiche empirische Belege für die Wirksamkeit einer so verstandenen direkten Instruktion. Gerade leistungsschwache Schüler profitieren davon, wenn an der Tafel Strukturierungen stehen, wenn Lehrer ausführlich erklären und wenn der Lehrer seinen Unterricht an den Testleistungen der Schüler orientiert (vgl. Grünke 2007; Kirschner, Sweller &

Clark 2006; Helmke 2003). Wir wissen heute, dass die Erweiterung der Wissensbasis der Schüler die wichtigste Voraussetzung für die Entwicklung von Problemlösekompetenz darstellt. Eine solche Erweiterung erfolgt am besten *durch klar strukturierte Erklärungen*, in deren Erarbeitung die Schüler *aktiv* eingebunden sind, *durch Lösungsbeispiele*, kurz: *durch zahlreiche explizite didaktische Hilfen*. Nach allem, was wir jetzt wissen, ist es verantwortungslos, Schüler, denen dieses Wissen fehlt, vor allem entdeckend und ohne strukturierte Anleitung arbeiten zu lassen.[83]

Im Folgenden werde ich einige empirische Untersuchungen zur Prüfung der Lernwirksamkeit direkter Instruktion darstellen. Dargestellt werden folgende Untersuchungen:

(1) Ein Unterrichtsexperiment zum naturwissenschaftlichen Unterricht (Klahr & Nigam 2004)
(2) Ein Feldexperiment zu aktivem Mathematikunterricht (Good, Grouws & Ebmeier 1983)
(3) Eine Längsschnittstudie von A. Helmke (1988)
(4) Ein Quasiexperiment zum „modernen Unterricht" von Aebli (1968)

(1) Direkte Instruktion im naturwissenschaftlichen Unterricht (Klahr & Nigam 2004)

Schüler der dritten und vierten Klasse sollten selbst ein gültiges Experiment planen. In einem solchen gültigen Experiment darf nur ein Faktor (z. B. Steilheit der Rampe) variiert werden. Alle anderen Variablen werden konstant gehalten[84]. Folgende Hypothesen wurden geprüft:

1. Schüler lernen durch direkte Instruktion mehr über das Planen und Durchführen von gültigen Experimenten.

2. Schüler, die durch entdeckendes Lernen zu hoher Kompetenz gelangt sind, unterscheiden sich bei nachfolgenden Tests, in denen die gelernte Kompetenz auf neue Problemlösesituationen angewendet werden muss, nicht von Personen, die diese Kompetenz durch direkte Instruktion gelernt haben.[85]

Material

Das Material bestand aus zwei Rampen. Beide Rampen hatten einen leicht ansteigenden stufigen Auslauf. Folgendes konnte variiert werden: Höhe der Rampe (steil vs. flach), Oberfläche der Rampe (rau vs. glatt), Länge der Rampe (lang oder kurz), Beschaffenheit des Balls (Golfball oder Gummiball). Die Kinder konnten außerdem feststellen, wie weit die Kugel rollte, um die Wirkung einer Bedingung zu prüfen. Die Stufung der Rampe erlaubte eine genaue Distanzmessung.

---

[83] Die Verleugnung dieser grundlegenden Erkenntnis hat die deutsche Bildung, die viele Jahrzehnte als vorbildlich galt, seit den siebziger Jahren des letzten Jahrhunderts international auf einen schlechten mittleren Platz verbannt.

[84] Die Autoren bezeichnen diese Strategie als CVS-Strategie, d. h. **C**ontrol of **V**ariables **S**trategy. Wenn sich die beiden Rampen nur in einem Merkmal (z. B. Steilheit) unterscheiden, und alle anderen Merkmale gleich sind (z. B. gleicher Ball, gleiche Rampenlänge, gleiche Rampenoberfläche usw.), hat man ein unkonfundiertes und gültiges Experiment.

[85] Vertreter konstruktivistischen Lernens gehen davon aus, dass Kinder, die etwas durch eigenes Entdecken gelernt haben, dieses Wissen eher anwenden und transferieren können.

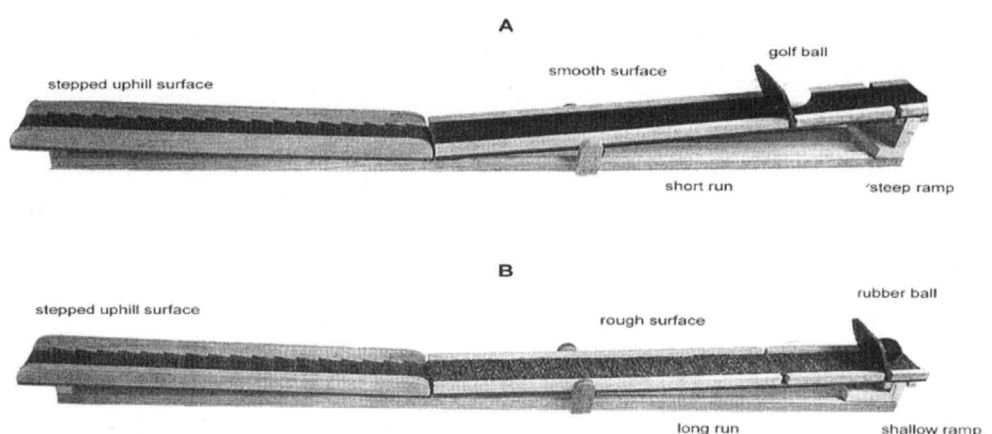

Versuchsdurchführung/Explorationsphase: Zu Beginn der Explorationsphase wurden die Rampenmaterialien erläutert. Danach wurde das Vorwissen der Kinder geprüft: Sie sollten dazu vier Experimente entwerfen: Zwei, mit denen die Wirkung der Steilheit der Rampe geprüft werden konnte, und zwei, um zu prüfen, wie die Länge der Rampe den Weg des Balles beeinflusst. Jedes Kind erhielt nach der Anzahl der korrekt geplanten Experimente einen Punktwert (max. 4 Punkte).

Bedingungsvariation

Bedingung „direkte Instruktion": Der Versuchsleiter stellte bestimmte Experimente (konfundierte und nicht-konfundierte) vor und fragte die Schüler, ob man durch dieses Experiment auch sicher nachweisen könne, ob eine Variable einen Effekt auf das Ergebnis hatte. Es sollte dabei um den Nachweis der Wirkung zweier Variablen gehen: Der Steilheit und der Länge der Rampe. Danach erklärte der Versuchsleiter, warum man bei den unkonfundierten Experimenten eindeutige Aussagen treffen konnte, bei den konfundierten Experimenten dagegen nicht. Dabei beschränkte er sich auf die Variablen Steilheit und Länge der Rampe.

Bedingung „entdeckendes Lernen": Die Schüler planten ihre eigenen Experimente, wobei sie sich ebenfalls auf die Prüfung der Wirkung der beiden Variablen konzentrieren sollten, allerdings ohne Erklärungen oder Rückmeldungen zu bekommen.

In beiden Bedingungen waren die Kinder aktiv.

Messphase

(1) Direkt nach der Trainingsphase wurden alle Kinder erneut aufgefordert, vier Experimente zu planen. Zwei davon sollten die Wirkung der Rampenlänge prüfen (was schon früher untersucht worden war), und zwei die Wirkung der Rampenoberfläche. Den Kindern wurden dabei keine Rückmeldungen gegeben. Kinder, die mindestens drei Experimente gültig planten, wurden als „Meister" bezeichnet.

(2) Eine Woche später wurde geprüft, in welchem Maße die „Meister" beider Gruppen ihr Wissen auf die Bewertung von Postern übertragen konnten. Der Versuchsleiter, der die Kinder nicht vom ersten Tag her kannte, bat alle Kinder um eine Bewertung von zwei Postern, die von Sechstklässlern einer anderen Schule entwickelt worden waren. Sie sollten auch Vorschläge zur Verbesserung der Poster entwickeln, damit diese bei einem staatlichen Wettbewerb vorgezeigt werden konnten. Ein Poster untersuchte den Effekt, den die Anzahl der Löcher in einem Tischtennisball darauf hat, wie weit der Ball mit Hilfe eines Katapults geschleudert werden kann. Das andere Poster verglich das Arbeitsgedächtnis von Jungen und Mädchen für eine Menge von Objekten.

Ergebnisse

Anzahl richtig geplanter Experimente

	Direkte Instruktion	Entdeckendes Lernen
Vortest	1 (n = 52)	0,6 (n = 52) [86]
Nachtest	3,1 (n = 52)	1,5 (n = 52)

Zu (1): Im Nachtest konnten die Schüler in der Gruppe mit direkter Instruktion 3,1 gültige Experimente planen, verglichen mit 1,5 bei entdeckendem Lernen. Der Unterschied im Nachtest ist signifikant bei einer Effektstärke von d = 0,725. Damit ist die erste Hypothese deutlich bestätigt.

Zu (2): Alle Kinder, die in der Messphase mindestens drei gültige Experimente geplant hatten, wurden als CVS-Meister klassifiziert. 40 der 52 Kinder (77%) in der Bedingung „direkte Instruktion" wurden Meister, verglichen mit 12 der 52 Kinder (23%) in der Bedingung entdeckendes Lernen. Bei der Analyse der Poster zeigten sich keine signifikanten Differenzen zwischen den beiden Meistergruppen; CVS-Meister auf Grund entdeckenden Lernens waren CVS-Meistern auf Grund von direkter Instruktion nicht überlegen. Damit ist die zweite Hypothese bestätigt.

Die Ergebnisse dieses Experiments belegen sehr deutlich die Bedeutsamkeit direkten Instruierens bei der Aneignung neuen Wissens. Die Forschungsgruppe um D. Klahr hat dieses Ergebnis in mehreren Experimenten erhärtet. Durch direkte Instruktion wird viel schneller gelernt. Für die Übertragung des Gelernten spielt es keine Rolle, ob es durch direkte Instruktion oder entdeckend gelernt wurde.

(2) Das Feldexperiment von Good, Grouws, und Ebmeier (1983)

In dieser experimentellen Trainingsstudie wurde untersucht, in welchem Umfang es Lehrern gelingen kann, nach kurzem Training eine effektive direkte Instruktion durchzuführen. Vor dem Trainingsexperiment führten die Autoren eine naturalistische Feldstudie [87] durch.

---

[86] Der Unterschied im Vortest um 0,4 richtig geplante Experimente in der Versuchsgruppe ist nicht statistisch signifikant.

[87] In einer *naturalistischen Feldstudie* wurden normale Klassen untersucht – ohne irgendein Training wie im Experiment.

Das Trainingsprogramm für das Feldexperiment

Die folgende Übersicht listet die zentralen Verhaltensweisen auf, die den Lehrern im Training vermittelt werden sollten.

Übersicht 3: Der aktive Mathematikunterricht als Modell direkter Instruktion

---

Tägliches Wiederholen („daily review"; erste 8 Minuten, außer am Montag)
- Wiederholen von Konzepten und Fähigkeiten in Verbindung mit der Hausaufgabe
- Einsammeln und Besprechen der Hausaufgaben
- Durchführen von Kopfrechenübungen

Darbietung neuer Inhalte („Development"; ungefähr 20 Minuten)
- Kurze Konzentration auf vorauszusetzende Fähigkeiten und Begriffe
- Darbietung des neuen Stoffs; Wecken von Verständnis und Interesse bei den Schülern durch lebendige Erklärungen, konkrete Verdeutlichungen, Prozesserklärung, Illustrationen, usw.
- „Produkt- und Prozessfragen" prüfen das Verständnis des Dargebotenen
- Wiederholen und Erarbeiten des Sinngehalts, soweit erforderlich

Stillarbeit (seatwork; ungefähr 15 Minuten)
- Für Beginn und ununterbrochenes, erfolgreiches Arbeiten sorgen
- Sich darum kümmern, dass die Arbeit nicht ins Stocken gerät, dass jeder engagiert arbeitet und sein Engagement aufrechterhält
- Wachsam sein – der Lehrer lässt die Schüler wissen, dass ihre Arbeit am Ende der Phase überprüft wird
- Verantwortlichkeit („accountability") – der Lehrer überprüft die Arbeit der Schüler

Aufgeben der Hausaufgaben
- Werden regelmäßig außer Freitags am Ende der Mathestunde gegeben
- Sollten ungefähr 15 Minuten Arbeit zu Hause erfordern
- Sollten ein bis zwei Wiederholungsaufgaben enthalten

Besondere Wiederholungen
1. *Wöchentliche Wiederholung/Stabilisierung („maintenance")*
   a) wird montags in den ersten 20 Minuten durchgeführt
   b) konzentriert sich auf die Fähigkeiten und Begriffe, die in der letzten Woche behandelt wurden
2. *Monatliche Wiederholung/Stabilisierung*
   a) wird jeden vierten Montag durchgeführt
   b) konzentriert sich auf Inhalte, die seit der letzten monatlichen Wiederholung behandelt wurden

---

Die verschiedenen in der Übersicht dargestellten Phasen sollen im Folgenden kurz erläutert werden.

Tägliches Wiederholen: Die Schüler sollten sich auf das besinnen, was im Unterricht gerade behandelt wurde, sie übten Fertigkeiten ein, die bei den verschiedenen Verfahren schriftlichen Rechnens vorausgesetzt wurden, stellten Ergebnisse ihrer Hausaufgaben dar und erläuterten sie, um dazu Rückmeldungen zu erhalten. Nach der Kontrolle und Besprechung der Hausaufgaben sollte *drei bis fünf* Minuten Kopfrechnen geübt werden. Der Lehrer sollte dabei die Art der Lösung an einem Beispiel modellieren, dann eine neue Aufgabe stellen, die in analoger Weise zu bearbeiten war, usw. (z. B. 6 mal 12 = 6 mal 10 + 6 mal 2 = 60 + 12 = 72. 8 mal 12 = ...; 6 mal 15 = ...).

Darbietung neuer Inhalte: Anfangs sollte der Lehrer noch einmal auf die Fähigkeiten eingehen, die er für das Verständnis des neuen Themas voraussetzte. Danach vermittelte er die neuen Begriffe, Ideen oder Fähigkeiten. Für diese Erklärungen sollte er sich mindestens *10 Minuten* reservieren. Danach sollte der Lehrer prüfen, wie weit die Schüler die Erklärung verstanden hatten. Die Autoren empfahlen, dass der Lehrer in dieser Phase kurze mündliche Fragen stellt, die das deklarative Wissen betreffen. Der Lehrer sollte das Interesse am Verstehen dadurch wach halten, dass er Prozesserklärungen nachlieferte (z. B.: „Ja, Tina, das ist richtig, weil ...")

Ein anderer Weg für den Lehrer, das Verständnis der Schüler zu prüfen, bestand darin, eine schriftliche Aufgabe zu stellen. Auf Schnelligkeit und Genauigkeit sollte dabei kein besonderer Wert gelegt werden. Wichtig war nur, dass der Lehrer sehen konnte, wieweit die Schüler den neuen Inhalt verstanden hatten. Danach sollte der Lehrer, bezogen auf die gemachten Beobachtungen, nochmals die dargebotenen Ideen erklären, eine zweite Aufgabe stellen, usw. Diese Phase sollte etwa *5 Minuten* dauern.

Wenn ein gewisses Maß an Verständnis ersichtlich war, ließ der Lehrer die Schüler dazu passende Aufgaben lösen. Jetzt wurde größerer Wert auf Schnelligkeit und Genauigkeit gelegt. Der Lehrer sollte allerdings nicht mehr als zwei Aufgaben stellen, damit diese anschließend sofort kontrolliert werden können (*kontrollierte Praxis*). Die Schüler sollten nicht länger als eine Minute ohne Rückmeldung bleiben, ob sie die Aufgaben richtig gelöst hatten.

Stillarbeit: Der Sinn der Stillarbeit sollte darin bestehen, dass Schüler nun das üben können, was ihnen zuvor erklärt wurde. Damit sollte das zuvor Gelernte gefestigt und stabilisiert werden. Die Schüler sollten dafür alles Notwendige zur Aufgabenbearbeitung wissen. Deshalb ging der Stillarbeitsphase eine Phase kontrollierter Praxis voraus.

Jeden Tag sollten 10–15 Minuten Stillarbeit angesetzt werden. Dies reichte für die Entwicklung einer gewissen Fertigkeit, ohne die Schüler dadurch zu langweilen. Wichtig war, Aufgaben zu stellen, die von mindestens 75% der Schüler erfolgreich bearbeitet werden konnten. Dabei galt: Wenige Aufgaben genau zu lösen war besser, als mehr Aufgaben ungenau zu bearbeiten.

Der Lehrer sollte die *Schüler aktiv beaufsichtigen und dabei gute oder auch problematische Bearbeitungen und Lösungsansätze notieren*, um diese anschließend besprechen zu können. Er sollte diese Zeit nicht benutzen, um etwas an die Tafel zu schreiben, Klassenarbeiten nachzusehen oder sich mit nur einem Schüler zu beschäftigen. Alle sollten mit den Aufgaben angefangen haben, bevor der Lehrer einzelnen Schülern individuelles Feedback gab. Wenn einzelne Schüler nicht anfingen, sollte der Lehrer z. B. zum Tisch gehen und den

Schüler auffordern, mit den Aufgaben anzufangen[88] etc. Während der Bearbeitung sollten die Schüler möglichst wenig unterbrochen werden. Nur dann, wenn eine allgemeine Schwierigkeit festgestellt wird, die sehr viele Schüler hatten, sollte der Lehrer auf diese eingehen.

In der Phase der Aufgabenkontrolle sollten Schüler ihre Lösungen vorstellen und erklären. Der Lehrer konnte dabei auch bestimmte systematische Fehler aufgreifen, um Missverständnisse auszuräumen. Auf diese Weise wurde alles getan, um die Lösung der Hausaufgaben für die Schüler zu erleichtern. Die Hefte mit der Stillarbeit sollten dann eingesammelt werden. Wörtlich wurde folgendes verlangt (S. 39):

> *„Continue to monitor and supervise all students until they are engaged in assigned work (the first minute or two). Early in the seatwork period (the first three to five minutes), be available for students when they need feedback. Toward the end of the period, try to get to the desks of some low achievers to see if they are making any systematic errors and to provide feedback as necessary. At the end of the seatwork period, hold students accountable for their work by asking individual students to give the answer to a few of the assigned problems."*

Hausaufgaben: Hausaufgaben sollten nicht zu lang sein (etwa 15 Minuten); sie sollten durch die Schüler erfolgreich zu bearbeiten und auf die im Unterricht behandelten Inhalte bezogen sein. Außerdem sollten sie regelmäßig gegeben und ebenfalls regelmäßig kontrolliert (z. B. eingesammelt) werden. Eine Differenzierung nach Wochentagen schien sinnvoll: Am Donnerstag sollten sich die Aufgaben auf eine *Wiederholung des in der Woche behandelten Stoffes* insgesamt beziehen; die Hausaufgabe kann dann etwas umfangreicher sein (20 Minuten). Die Donnerstags-Hausaufgabe sollte vom Lehrer *regelmäßig nachgesehen und bewertet* werden. Sonst wurden die Hausaufgaben in Partnerarbeit gegenseitig kontrolliert. Dazu sollte jede richtige Aufgabe angekreuzt werden, um danach die Anzahl der richtig gelösten Aufgaben zu bestimmen. Diese Angaben trug der Lehrer in sein Bemerkungsheft (Log-Buch) ein. Der Lehrer konnte auch bei jeder Aufgabe fragen, wie viele sie nicht richtig gelöst hatten, um schwierige Aufgaben dann ausführlicher zu besprechen. Wenn bei vielen Problemen Schwierigkeiten auftraten, sollte der Lehrer die entsprechenden Inhalte nochmals ausführlicher erklären.

Hausaufgaben waren ein wichtiger Bestandteil dieses Programms, da Lehrer und Schüler einen beträchtlichen Teil ihrer Zeit damit verbrachten. Hausaufgaben bestimmten zu 25 % die Note im Fach Mathematik. Dies sollte auch den Eltern mitgeteilt werden. Außerdem musste den Eltern auch genauer erläutert werden, nach welchen Gesichtspunkten Hausaufgaben gestellt wurden.[89]

---

[88] Wenn der Leistungsstand in der Klasse sehr heterogen ist, sollte der Lehrer immer überlegen, ob er die schwächeren Schüler zu einer Gruppe zusammenfassen sollte, denen die ersten Aufgaben eines Arbeitsblatts erklärt und gemeinsam eine Lösung erarbeitet wird. Den leistungsstärkeren Schülern sollten zusätzliche Aufgaben gestellt werden.

[89] Bei der Bewertung dieses Punktes ist zu beachten, dass Hausaufgaben im amerikanischen Ganztagsschulsystem eine kleinere Rolle spielen als im deutschen Halbtagsschulsystem. In Deutschland besteht vermutlich eine viel größere Gefahr, dass eifrige Eltern bei einer derartigen Hausaufgabenpraxis des Lehrers ihren Kindern die Hausaufgaben abnehmen, damit ihre Kinder gute Noten bekommen.

Wiederholungen/Zusammenfassungen: Für die Autoren hatten Wiederholungen und Zusammenfassungen einen hohen Stellenwert. So sollten die Lehrer in der Versuchsgruppe immer montags 20 Minuten lang das wiederholen und zusammenfassen, was in der vorherigen Woche behandelt wurde. Ferner sollten sie einmal im Monat eine ausführliche Wiederholung der behandelten Inhalte mit den Schülern erarbeiten.

Methode: Planung und Durchführung des Feldexperiments

Die Behandlungsphase dauerte vom 03.10.1977 – 25.01.1978. Vierzig Lehrer vierter Klassen nahmen teil. Die teilnehmenden 27 Schulen wurden per Zufall auf Versuchs- und Kontrollgruppen aufgeteilt, um zu vermeiden, dass in einer Schule jeweils beides, Versuchs- und Kontrollgruppen, waren. In diesem Fall wäre eine Beeinflussung der Kontrollgruppe durch das Behandlungsprogramm sehr wahrscheinlich gewesen.

Die Behandlung umfasste

➤ eine 1,5–stündige Erläuterung des Programms und
➤ die Aushändigung der schriftlichen Fassung des Programms, zusammen mit der Aufforderung, es zu lesen und über eine konkrete Umsetzung nachzudenken.
➤ 14 Tage später wurden in einer 1,5-stündigen Nachbereitung Fragen zum Programm beantwortet.

Der Aufwand für dieses Training der Lehrer war somit nicht sonderlich groß; insofern kann man hier zu Recht von einer Intervention auf unterer Stufe („low level intervention") sprechen.

Den Lehrern der Kontrollgruppe wurde mitgeteilt, dass sie vor Februar keine Detailinformationen zum Programm erhalten würden. Sie sollten zu diesem Zeitpunkt dann auch über ihr eigenes Verhalten in der Klasse informiert werden. Sie sollten im Unterricht so wie bisher weiter unterrichten.

Alle 40 Lehrer wurden, mit wenigen Ausnahmen, 6-mal in der Klasse beobachtet.

Ergebnisse

(1) *Implementierungsproblem:* Unterschieden sich die Lehrer der Versuchs- von denen der Kontrollgruppe in der gewünschten Weise?

Dazu wurde geprüft, ob sich der Unterricht in den Versuchs- und den Kontrollgruppenklassen in den Punkten deutlich unterschied, die für das Programm wichtig waren. Besonders deutliche Unterschiede ergaben sich bei folgenden Punkten:

➤ Wurden Wiederholungen durchgeführt? (VG[90] 91%, KG 62%)
➤ Überprüfte der Lehrer die Hausaufgaben? (79% zu 20%)
➤ Führte der Lehrer Kopfrechenübungen durch? (69% zu 6%)
➤ Gab es Stillarbeit? (80% zu 56%)
➤ Engagierte der Lehrer die Schüler aktiv in der Stillarbeit (in den ersten 1,5 Minuten)? (71% zu 43%)
➤ Gab der Lehrer Hausaufgaben auf? (66% zu 13%).

Die größten Unterschiede bezogen sich somit auf die Hausaufgaben und ihre Kontrolle, außerdem auf Wiederholungen, Durchführung von Kopfrechenübungen und Stillarbeit.

---

[90] VG steht hier für Trainings- bzw. Versuchsgruppe, KG für Kontrollgruppe bzw. Vergleichsgruppe.

Diese Variablen korrelierten auch am stärksten mit den Lerngewinnen der Schüler. Bei den Aspekten der Darbietung und Erklärung ließen sich dagegen nicht die gewünschten Unterschiede feststellen, obwohl dies das vielleicht wichtigste Merkmal des Programms war. Die Autoren geben dafür folgende Erklärung:

> „... the reason ... may be that teachers focused on the many other teaching requests that were perhaps easier to implement. Alternatively, the teachers might not have the knowledge base necessary to focus on development for relatively long periods of time. Another possibility is that some of the other components required more time and preparation than we anticipated and thus development was given insufficient attention by the teachers ...“

Welchen Lernerfolg hatte das Programm?

Vor Beginn des Behandlungsprogramms erzielten die Schüler der Kontrollgruppe signifikant bessere Ergebnisse als die Schüler der Behandlungsgruppe (Unterschied ca. 1 Punkt). Nach dem Programm verbesserte sich die Kontrollgruppe durchschnittlich um 4,9 Punkte, die Versuchsgruppe jedoch um 8 Punkte. Dies spricht eindeutig für eine große Wirksamkeit des Programms. Zur Prüfung der Effektstabilität führte die Schulbehörde im April erneut Tests in den Schulen durch; auch dabei – also drei Monate nach Beendigung des Programms – schnitten die Schüler der Versuchsgruppe noch signifikant besser ab.

Bei den Lehrern der Kontrollgruppe zeigte sich: Lehrer, welche die ganze Klasse unterrichteten, hatten entweder sehr gute oder sehr schlechte Ergebnisse. Lehrer, die häufiger Gruppenunterricht durchführten, erzielten mittelgroße Lernzuwächse.

Wie bei jedem Trainingsexperiment wurden auch in diesem Versuch verschiedene Bedingungen des Unterrichts zusammen verändert, um dadurch eine möglichst große Wirkung zu erzielen. Für die Interpretation der Ergebnisse ergibt sich daraus die Schwierigkeit, dass man sie nicht mehr eindeutig auf bestimmte Faktoren rückführen kann. Dennoch gibt es für die Interpretation einige Anhaltspunkte. So deuten die durch Beobachtung festgestellten Unterschiede im Unterrichtsverhalten darauf hin, dass für die Wirksamkeit der „Versuchsklassen“ *die Art der Hausaufgabenstellung* sowie die *systematische Wiederholung und Sicherung der gelernten Inhalte* wichtig sind, da in diesen Punkten die Unterschiede zwischen Versuchs- und Kontrollklassen besonders stark ausgeprägt waren.

Aber auch andere Punkte könnten eine Rolle spielen. Z. B. sollten die Lehrer der Versuchsklassen immer das gesamte Unterrichtsgeschehen im Auge behalten. Sie waren trainiert, die Übergänge zwischen den Phasen reibungslos zu gestalten und unterrichteten nach einem überschaubaren Plan („Skript“). Bei einer vorhersagbaren Abfolge ist es für die Schüler leichter, sich zu orientieren.

Hatte das Programm Einstellungsänderungen zu Folge?

Die Schüler der Versuchsgruppe hatten nach dem Programm eine etwas positivere Haltung zum Unterricht als die Schüler der Kontrollgruppe. Die Leistungsgewinne traten somit nicht auf Kosten der Einstellung ein. Bedingungen wie „regelmäßiges Geben von Hausaufgaben" oder „Stillarbeit" führen nicht notwendig zu geringerer Freude am Unterricht, wie oft behauptet wird. Auch die Einstellung der Lehrer der Versuchsgruppe hinsichtlich einer Fortführung des Programms war positiv, obwohl das Programm mehr Vorbereitung erforderte. Zusammenfassend bemerken die Autoren:

> *„In total, the affective reaction of teachers to the program was extremely positive. Their response indicated a general willingness to continue using the program and suggests that the program does not present an increased level of work that is apt to be unacceptable to the average classroom teacher."* (Good, Grouws & Ebmeier 1983, S. 78)

Andere unabhängige Forscher haben bei erneuter Durchführung des Trainingsprogramms diese positive Einstellung von Lehrern ebenfalls festgestellt. Das Programm wurde auch in anderen Gegenden eingesetzt und auf seine Wirksamkeit hin getestet. Insgesamt waren die Ergebnisse auch hier positiv.

Nachwort: Die Rolle von Entwicklungen und Erklärungen

Zwischen den Lehrern in den Versuchs- und Kontrollklassen ergab sich kein Unterschied im Erklärverhalten, obwohl das Training einen Unterschied bewirken sollte. Dies mag verschiedene Gründe haben: Wie in Kapitel 4 schon näher ausgeführt wurde, lässt sich ein „gutes" Erklärverhalten nicht durch ein kurzes Training vermitteln. Die Studie von Evertson et al. (1980) zeigt jedoch, dass im Mathematikunterricht ein solches Erklärverhalten von zentraler Bedeutung ist, auch wenn nur etwa 20% der Lehrer zu einem solchen erklärenden Unterricht in der Lage war. Ferner zeigen die von uns durchgeführten Experimente zur Lernwirksamkeit von Schulbüchern, dass Schüler durch „gute", verständliche Erklärungen mehr lernen können.

Ein anderer Faktor ist das Zusammenspiel von mündlicher und schriftlicher Erklärung zur Entlastung des Arbeitsgedächtnisses. Es gibt Hinweise, dass der Erfolg des Mathematikunterrichts in bestimmten asiatischen Ländern vor allem damit zu tun hat, dass hier mathematisch argumentiert und diskutiert wird und die Mathematikbücher mathematisches Argumentieren und Erklären modellieren. In den USA sind Mathematikbücher dagegen – wie in Deutschland – vor allem Übungsbücher zum Einschleifen und Festigen weitgehend unverstandener Ideen. In Ländern, in denen Lehrer in den Schulbüchern keine verständlichen, schrittweise aufeinander aufbauenden Erklärungen finden, sind sie überfordert, aus dem Stehgreif gute mündliche Erklärungen im Unterricht zu entwickeln. Schüler haben dann einen doppelten Nachteil: Weder bekommen sie im Unterricht eine verständliche Erklärung noch können sie sich bei den Hausaufgaben oder beim Vorbereiten eines Tests auf verständliche Erklärungen des Schulbuchs stützen.

(3) Direkte Instruktion in Hauptschulklassen – eine Längsschnittsuntersuchung

A. Helmke (1988) führte zur Wirksamkeit des Mathematikunterrichts in fünften und sechsten Hauptschulklassen in Deutschland eine Längsschnittuntersuchung durch. Bei solchen Längsschnittuntersuchungen geht man in der Regel in folgender Weise vor:

➤ Prüfung der Ausgangsleistungen
➤ Beobachtung der Schulklassen über einen längeren Zeitraum (mindestens ein Jahr): Geschulte Beobachter sollen Merkmale „guten" Unterrichts in diesen Klassen verschiedentlich beobachten und einschätzen.
➤ Die gleichen Leistungstests werden zusammen mit anderen Tests am Ende erneut eingesetzt.

Klassen, die viel dazugelernt haben, sind Klassen mit gutem Unterricht, Klassen, die wenig dazugelernt haben, sind Klassen mit weniger gutem Unterricht.

In den letzten Jahren wurden in Deutschland mehrere Längsschnittuntersuchungen zu Fragen eines effektiven Klassenunterrichts durchgeführt (vgl. Helmke 1988; Weinert & Helmke 1997; Treinies & Einsiedler 1996). In der Untersuchung von Helmke (1988) wurden Optimalklassen nach den Kriterien „überdurchschnittlicher Leistungszuwachs" und „Verminderung der Leistungsstreuung" gebildet. 39 Hauptschulklassen wurden von Beginn des fünften bis zum Ende des sechsten Schuljahrs empirisch begleitet. Sechs dieser Klassen, d.h. etwa jede sechste Klasse, erfüllten die genannten Kriterien einer Optimalklasse. In diesen Klassen lernten die Schüler vergleichsweise viel, ohne dass die Leistungsstreuung größer wurde.

Nach Helmke, der sich bei seiner Analyse auf die Literatur zur Wirksamkeit direkter Instruktion stützt, kommt zwei Merkmalen der Status notwendiger Bedingungen zu:

➤ der Instruktionsintensität (straff lehrergeleiteter Unterricht, effektive Zeitnutzung für unterrichtliche Belange)
➤ der Adaptivität des Unterrichts (Eingehen auf individuelle Lernprobleme)

Instruktionsintensität wird vor allem durch ein effektives Klassenmanagement erreicht, Adaptivität z.B. durch binnendifferenzierende Maßnahmen (Kleingruppenunterricht, nochmaliges Erklären). Ferner geht Helmke davon aus, dass dem Merkmal „Klarheit und Strukturiertheit" des Unterrichts zusätzlich eine förderliche Bedeutung zukommt; ein Fehlen oder eine unterdurchschnittliche Ausprägung dieses Merkmals könne jedoch kompensiert werden (vgl. Helmke 1988, S. 50).

Ergebnisse

Bei einem Vergleich zwischen diesen Optimalklassen und den übrigen Klassen stellt sich als Profil der Optimalklassen Folgendes heraus (S. 64 f.):

> *„Die Klassenführung ist außerordentlich effizient. Der Lehrer hat die Klasse, umgangssprachlich ausgedrückt, „im Griff". Disziplinstörungen kommen selten vor, und wenn sie vorkommen, greift der Lehrer unverzüglich ein ... Beispielsweise kommt es in Optimalklassen selten vor, dass (a) Schüler nach Beendigung der Stillarbeitsphase nicht wissen, was sie anschließend tun sollen, (b) Verzögerungen eintreten, weil kein Ordnungsdienst (für Tafelreinigung etc.) eingeteilt ist, oder dass (c) der Lehrer wegen Lappalien (z. B. Bleistiftspitzen) um Erlaubnis gefragt wird.*
>
> *[Zur Lehrstofforientierung:] Lehrer in Optimalklassen nutzen die zur Verfügung stehende Unterrichtszeit intensiv für die Behandlung von Unterrichtsstoff. Mit anderen Worten: Es wird wenig Zeit für außerfachliche Aktivitäten verbraucht ...*
>
> *Eine vergleichsweise geringe Rolle spielt die Klarheit und Verständlichkeit der Lehreräußerungen. Zwar liegen auch hier die Lehrer der Optimalklassen in Führung; der Abstand zu den anderen Gruppen ist jedoch relativ gering ...*
>
> *Das herausragende Ergebnis ist sicher das hohe Ausmaß an Adaptivität in den Optimalklassen ...".*

Helmke untergliedert dieses Merkmal der Adaptivität in vier Komponenten:

a) Schaffung geeigneter Formen der Lehr-Lern-Organisation als Voraussetzung für individualisierende Maßnahmen (häufige Bildung von Kleingruppen).

b) Variation der Schwierigkeit von Anforderungen in Abhängigkeit von der Leistungsstärke: Anspruchsvolle, auf Verständnis, Anwendung und Problemlösung zielende Fragen werden häufiger gestellt. Der Anteil solcher Fragen ist doppelt so hoch wie in den übrigen Klassen.

c) Deutlich weniger Schüler geben an, durch zu schwierige Fragen überfordert zu sein.

d) Der Fokus des Lehrers liegt auf der Förderung schwächerer Schüler.

In diese Adaptivität des Unterrichts gehen somit alle Bemühungen des Lehrers ein, Schüler mit Lernproblemen zu unterstützen, um ein weitere Vergrößerung des Leistungsgefälles zu verhindern. Alle Schüler sollen das Gefühl erhalten, die wichtigsten Inhalte verstehen und anwenden zu können.

Eine Schlüsselrolle für das gleichzeitige Realisieren der Zielkriterien „überdurchschnittlicher Leistungszuwachs" und „Verminderung der Leistungsstreuung" kommt nach Helmke dem Tempofaktor zu: Auf Geschwindigkeit, z. B. beim Kopfrechnen, wird wenig Wert gelegt.

Eine höhere diagnostische Sensibilität (affektive bzw. motivationale Voraussetzungen der Schüler werden stärker gewichtet) und eine positivere Gestaltung der Lehrer-Schüler-Beziehung (versteht viel Spaß etc.) sind weitere Faktoren, in denen sich die Lehrer der Optimalklassen von den übrigen Lehrern unterscheiden. Wichtigstes Ergebnis dieser Studie ist vermutlich, dass bestimmte Kernelemente direkter Instruktion, wie effizientes Klassenmanagement und gute Wissensstrukturierung (Lehrstofforientierung), zusammen mit einer hohen diagnostischen und pädagogischen Sensibilität (Adaptivität) zu den relativ besten Unterrichtsergebnissen führen.

Kritische Diskussion der Ergebnisse

Aufgrund der Längsschnittuntersuchung von Helmke werden einige grundlegende Annahmen zur direkten Instruktion bestätigt. Dennoch gibt es zwei kritische Punkte, auf die ich
kurz eingehen möchte:

(1) Die Auswahl und Gewichtung von Kriterien zur Auswahl der „Optimalklassen".

(2) Die Bedeutung klarer und verständlicher Darstellungen und Erläuterungen.

Zu (1): Die von Helmke gewählte Vorgehensweise der Bestimmung der Optimalklassen
hat ihre Grenzen, wie dieser freimütig einräumt (Helmke 1988, S. 68 f.):

> *„Am wenigsten modelladäquat verhält sich der Lehrer der Klasse 5. Bis auf seine über-
> durchschnittlich effiziente Klassenführung unterscheidet sich dieser Lehrer bei kei-
> nem weiteren der geprüften Unterrichtsmerkmale vom Durchschnitt aller Lehrer und
> erzielt dennoch eine überdurchschnittliche Leistungs- und Egalisierungsentwicklung.
> Auf Kleingruppenunterricht verzichtet er völlig, und auch die von uns erhobenen Rah-
> menbedingungen des Unterrichts dieser Klasse sind eher ungünstig ... [Klassengröße,
> Ausländeranteil, Intelligenzniveau] ...*
>
> *... Diese Klasse nimmt eine einsame Spitzenstellung hinsichtlich der Verschlechterung
> buchstäblich aller von uns erfassten motivationalen und affektiven Schülervariablen
> ein. Am deutlichsten ist dabei der drastische Rückgang der Lern- und Schulfreude ...
> [Es] hat den Anschein, als sei in der Klasse die doppelte kognitive Zielerreichung zu
> Lasten einer extremen affektiven Belastung der Schüler erfolgt ..."*

Nach Helmke fällt es aus den genannten Gründen schwer, diese Klasse als Optimalklasse
anzusehen. Seiner Meinung nach zeigen sich hier die Grenzen eines Vorgehens, bei dem
die Güte eines Unterrichts nach zwei Kriterien bemessen wird: Vermehrung inhaltlichen
Wissens bei möglichst gleichmäßiger Förderung aller Schüler. Zusätzlich müsste die
affektiv-motivationale Entwicklung der Schüler als Auswahlkriterium für eine Optimalklasse berücksichtigt werden.

Zu (2): Eine vergleichsweise geringe Rolle spielte die Klarheit und Verständlichkeit der
Lehreräußerungen. Es ist jedoch fraglich, ob sich die untersuchten Lehrer in diesem Merkmal überhaupt deutlich unterschieden haben. Inwieweit bezieht sich das in der Untersuchung festgestellte Merkmal „Klarheit und Verständlichkeit" überhaupt auf zentrale
Aspekte der Verständlichkeit wie „Strukturiertheit des Unterrichts", „Verständlichkeit der
Erläuterung und Erklärung neuer Konzepte und Verfahrensweisen bzw. der Zusammenhänge zwischen ihnen"? Verständlichkeit, die sich auf die Übermittlung von kleinen Wissenselementen konzentriert, ohne zusätzlich die Zusammenhänge zu verdeutlichen, ist
unzureichend. Verständlichkeit bedeutet auch, komplexe, ansprechende und gerade noch
lösbare Probleme an den Anfang des Unterrichts zu stellen und diese an mehreren
Lösungsbeispielen zu verdeutlichen. Verständlichkeit bedeutet, Zusammenfassungen am
Ende der Stunde zu geben, die erneut eine Integration und Verankerung der Informationen erleichtern. Vermutlich sind nur die wenigsten Lehrer zur Anwendung eines so verstandenen Konzepts der Verständlichkeit und der Wissensstrukturierung fähig, solange

gute schriftliche Vorbilder für solche Erklärungen in den Schulbüchern weitgehend fehlen (vgl. Ma 1999). Wenn Lehrer solch ein vertieftes Konzept von Verständlichkeit und Klarheit anwenden würden, dann würden sich m.E. auch entsprechend deutliche Effekte zeigen.

Wenn alle Lehrer bei der Entwicklung und Erläuterung komplexerer Zusammenhänge Defizite haben (vgl. dazu Leinhardt & Smith 1985, Leinhardt 1989), und sich nur in einigen mehr äußerlichen Punkten der Verständlichkeit (z. B. bei der Verständlichkeit von Anweisungen) Unterschiede zwischen Lehrern ergeben, dann kann man aufgrund solcher Ergebnisse nicht schließen, Merkmale wie Klarheit und Verständlichkeit seien eher unbedeutend.

Längere Erklärungen können ermüdend wirken, weil sie das Arbeitsgedächtnis des Schülers überfordern. *Erklärphasen sollten deshalb immer auch Aufgaben enthalten, die ein aktives Problemlösen und Mitdenken des Schülers erfordern.* Ferner sollten Lehrer in der Phase der ersten Aneignung neuer Schemata mehr Lösungsbeispiele verwenden und durch Nutzung verschiedener Kanäle (auditiv/visuell) und durch Integration von graphischer und textlicher Information das Arbeitsgedächtnis entlasten.

Eine methodische Anmerkung zum Schluss: Man sollte nicht vergessen, dass es sich bei der Untersuchung von Helmke (1988) um eine Längsschnittuntersuchung handelt, in der Lehrer nicht eigens für eine optimale direkte Instruktion trainiert wurden. Umso erstaunlicher sind die festgestellten deutlichen Zusammenhänge zwischen einigen Merkmalen direkter Instruktion und dem Lernzuwachs der Schüler. Dennoch sind die ausgewählten Klassen vermutlich immer noch in verschiedener Hinsicht *suboptimal.* Es gibt z. B. empirische Hinweise, dass Lehrer sehr selten Inhalte zusammenfassen oder komplexere Zusammenhänge in ihrem Zusammenhang verständlich erklären. Wie will man aber die Wirksamkeit solcher Merkmale feststellen, wenn Lehrer sie gar nicht ohne zusätzliches Training oder ohne bessere Schulbücher realisieren können?

(4) Direkte Instruktion und Handlungsorientierter Unterricht (Aebli 1968)

Als letztes Beispiel für direkte Instruktion soll im Folgenden die Doktorarbeit von Hans Aebli[91], die schon 1951 in französischer Sprache veröffentlicht wurde, dargestellt werden, die „Psychologische Didaktik" (Aebli 1968).

Aebli vergleicht in seiner Arbeit zwei Unterrichtsmethoden: Die Methode des *„modernen Unterrichts",* der nach bestimmten kognitionspsychologischen Überlegungen aufgebaut ist und in weiten Bereichen der direkten Instruktion entspricht, und die Methode des *„traditionellen Unterrichts",* vergleichbar mit einem bornierten Frontalunterricht. Durch diesen Vergleich kann man sehr gut verdeutlichen, in welcher Weise bestimmte Merkmale guter direkter Instruktion im Mathematikunterricht im Vergleich zu einem bornierten Frontalunterricht realisiert werden können.

Die Rolle von Handlungen bei der Aneignung von Begriffen: Ausgangspunkt der Analyse von Aebli ist die traditionelle Unterrichtslehre des Anschauungsunterrichts, die als sensualistisch-empiristisch bezeichnet wird. In diesem Anschauungsunterricht wird z. B. der Begriff „gewöhnliche Brüche" eingeführt, indem Flächen und Linien (Kreise, Rechtecke,

---

[91] Jean Piaget war der Doktorvater von Hans Aebli.

Geraden u. a.) oder Gegenstände wie Äpfel betrachtet werden, die in eine verschiedene Anzahl von Sektoren bzw. Abschnitten unterteilt sind. Die Eindrücke aus den verschiedenen Bildern prägen sich nach der Auffassung der Vertreter des Anschauungsunterrichts unserem Bewusstsein durch einen Vorgang ein, welcher der Aufnahme eines Bildes auf einer photografischen Platte entspricht. Es folge dann ein Abstraktionsvorgang, mit dessen Hilfe wir von den Bildern zum allgemeinen, abstrakten Begriff des Bruches übergehen. Dabei komme es zur Ausscheidung der nebensächlichen Merkmale wie Form, Farbe, Stoff des Ganzen und seiner Teile. Diese Ausscheidung der zufälligen Züge rühre von der Wahrnehmung verschiedener Gegenstände her, die alle in eine gegebene Anzahl von Teilen zerlegt sind. So würden wir einen schematischen Kern der verschiedenen Bilder behalten, nämlich den allgemeinen Begriff eines in gleiche Teile zerlegten Ganzen, kurz: den Begriff „Bruch" (vgl. Aebli 1968, S. 17–19).

Aebli widerspricht dieser Lehre von der passiven Einprägung der Bilder und von der Abstraktion der allgemeinen Begriffe. Nur wenn Schüler dazu gebracht werden, selbst Dinge zu erkunden und zu prüfen und dabei ihr eigenes Wissen mit dem neu zu erwerbenden Wissen zu verknüpfen, werden sie die gewünschten abstrakten Begriffe bilden. Durch diese aktiven Operationen werden die Strukturen der Dinge mit den vorhandenen Wissensstrukturen verknüpft. Aebli schreibt dazu:

> *„Will der Lehrer, dass der Schüler sich tatsächlich den [Bruch-]Begriff aneignet, so muss er den Schüler anregen, ... die in einem Kreise enthaltenen Sektoren abzuzählen, sie aufeinander zu legen (wirklich oder in Gedanken) und ihre Gleichheit festzustellen." (vgl. Aebli 1968, S. 21)*

Ferner müsse der Schüler die Kreise nach der Anzahl der Sektoren ordnen und feststellen, dass die Teile umso kleiner werden, je größer die Anzahl der Sektoren wird. Der Lehrer kann die Schüler dazu Handlungen durchführen lassen (abzählen, bestimmte Brüche selber herstellen). Er kann auch die wesentlichen Gesichtspunkte herausarbeiten lassen. *„Aber immer und überall muss das Kind die wahrnehmbare Größe bestimmten Handlungen – hier Rechenoperationen – unterwerfen; andernfalls wird man es niemals zur Bildung eines Begriffs anregen."* (vgl. Aebli 1968, S. 21)

Im Zentrum eines solchen *„handlungsorientierten" Unterrichts* stehen bei Aebli nicht *irgendwelche Handlungen*, wie z. B. das Zeichnen und Bemalen von Zahlenbildern, sondern die *Operationen*, durch die ein Begriff definiert werden kann. Es muss also ein sachlich begründeter Zusammenhang zwischen Handlung bzw. Operation und dem zu lernenden Begriff bestehen. Entsprechend schlägt er vor, dass Schüler die Operationen wie Addieren und Subtrahieren, durch die Zahlen erzeugt werden können, konkret ausführen, damit sie sich die entsprechenden Handlungen bei Aufgaben richtig vorstellen können. Im weiteren Lernprozess werden dann diese Vorstellungen zu abstrakten Begriffen verdichtet. Durch Handeln und Operieren sollen somit schrittweise kognitive Strukturen aufgebaut werden. Bei den leistungsstärkeren Schülern ist dieser Begriffsbildungsprozess schon so weit fortgeschritten, dass sie auch im traditionellen Anschauungsunterricht noch viel lernen können. *Die schwächeren Schüler benötigen hingegen diese operativen Übungen zur Verankerung der Begriffe.*

Handeln bedeutet bei Aebli nicht unbedingt, dass Schüler in der realen Welt diese Handlungen ausführen und erproben. Den Möglichkeiten der Schule entsprechend schlägt er vor, dem Schüler praktische Probleme *fiktiv* zu stellen.

> *„Da wir bei unserem Flächenexperiment nicht die Flächen wirklicher Felder miteinander vergleichen konnten, musste ich mich damit begnügen, meinen Schülern den Plan einer Anzahl von Feldern zu geben und ihnen eine fiktive praktische Aufgabe zu stellen; sie verlangte, dass Flächen gemessen und verglichen würden ...*
>
> *Ich habe jedoch die Erfahrung gemacht, dass selbst fiktive praktische Aufgaben ein lebhaftes Interesse beim Kind wecken, vorausgesetzt, dass es ihm die didaktische Organisation ermöglicht, die Lösung durch effektives Handeln zu gewinnen.“ (Aebli, 1968, S. 98)*
>
> *Nach Aeblis Methode „bietet man der Klasse keine fertig vorbereiteten Bilder, sondern lässt diese vor ihren Augen entstehen ... Der Lehrer oder ein von ihm aufgerufener Schüler teilt vor der Klasse verschiedene Gegenstände oder Flächen in eine gegebene Anzahl von Teilen. Die Schüler werden dazu aufgefordert, diesen Darbietungen zu folgen. Was geht nun in den Zuschauern vor? ... Der Schüler vollzieht die ihm vorgeführte Operation innerlich mit.“ (Aebli 1968, S. 61/62)*

Aber nicht alle Schüler sind fähig oder willens, diese Operation innerlich nachzuvollziehen. Solchen Schülern soll durch konkretes Manipulieren und Experimentieren eine Aneignung der Operation bzw. des Begriffs ermöglicht werden. Dem Lehrer stellt sich somit die didaktische Aufgabe, Formen der Ausführung für die Operationen zu suchen, die interessanter sind und ein aktiveres Arbeiten erfordern als die innerliche Nachahmung der Darstellungen des Lehrers.

Wenn Schüler selbst Dinge entdecken, erkunden und erproben können, sind sie motivierter:

> *„Vor allem ist erwiesen, dass die Schüler dem Unterricht ein Interesse entgegenbringen, das direkt proportional ist zu dem Maß an Handlungsmöglichkeiten, die man ihnen einräumt. Ihr Interesse ist größer, wenn sie die Lösung einer Aufgabe selber finden, als wenn sie nur der Demonstration der Lösung beiwohnen dürfen; es ist größer, wenn sie selber mit konkreten Gegebenheiten arbeiten können als wenn sie sich die Gegebenheiten vorstellen müssen oder sie nur als Zuschauer betrachten dürfen ... Je mehr ein Stoff sinnentleert ist, umso schwerer ist er zu memorieren und um so rascher wird er vergessen.“ (Aebli 1968, S. 25/26)*

Voraussetzung dabei ist allerdings, dass die Handlungen und Operationen direkt den zu lernenden Begriff definieren, so dass durch die Operationen die Begriffe aufgebaut werden können.

Moderner im Vergleich zu traditionellem Unterricht: Wenn man die Unterrichtsstunden für den modernen Unterricht mit denen des traditionellen Unterrichts vergleicht, ergeben sich folgende Differenzen:

➢ Im traditionellen Unterricht wurde als Einführungsbeispiel ein Bilderrahmen verwendet: Der Einrahmer hat einen Rahmen zu fertigen. Im modernen Unterricht wurde ein Garten als Einführungsbeispiel verwendet.

➢ Der Lehrer hat beim traditionellen Unterricht an der Tafel eine Skizze vorbereitet, statt die Schüler selbst eine Skizze anfertigen zu lassen.

➢ Der Lehrer schreibt im traditionellen Unterricht den letzten Lösungsvorschlag an die Tafel und beeilt sich dann, die „gültige" Formel für die Umfangsberechnung an die Tafel zu schreiben. Im modernen Unterricht werden verschiedene Formeln diskutiert und damit eine breitere konzeptuelle Grundlage gelegt.

➢ Die Schüler werden im traditionellen Unterricht nur aktiv, indem sie die Formel von der Tafel abschreiben und dann einige Übungsaufgaben zu verschiedenen Beispielen (Garten: Zaun, Feld: Grenze, Gemälde: Rahmen, Kinoleinwand: Rahmen) zur Berechnung von Umfängen lösen.

Im *traditionellen Unterricht* wurde in der Regel sehr schnell eine Regel bzw. eine Rechenmethode entwickelt und dann verbindlich festgehalten, ohne zuvor eine ausreichende Erfahrungsgrundlage anzulegen. Danach sollten die Schüler die schnell entwickelte Formel anwenden und auswendig lernen. Im modernen Unterricht wurde zuerst eine flexible Vorstellungsgrundlage aufgebaut: Die Schüler sammelten vielfältige Erfahrungen über die Veränderung des Umfangs bei schrittweiser Veränderung der Seiten einer Fläche.

Im traditionellen Unterricht lernen Schüler in einer Lektion die Umfangsberechnung und in der nächsten Einheit die Flächenberechnung. Der Begriff der Fläche muss jedoch spätestens dann von dem des Umfangs differenziert werden, wenn nach der Behandlung des Umfangs mit der Flächenberechnung begonnen wird. Insofern gehört das Wissen über die Umfangsberechnung mit zum konzeptuellen Wissen über die Flächenberechnung (→ 3.3.4; Rohrer & Taylor 2007).

> *„So fängt man mit dem Umfang des Rechtecks an, um dann, getrennt davon, zur Behandlung einer Fläche überzugehen. Man führt in einer Reihe von ersten Stunden den Satzgegenstand ein, dann nimmt man nacheinander andere Satzteile in Angriff usw. Der zugrunde liegende Gedanke ist, jeden Begriff isoliert zu formen, – aus Furcht, ein Eindruck könne den anderen auslöschen. Man glaubt, die Erkenntnis nach einem atomistischen Schema aufbauen zu können, indem man einen Bestandteil mit dem anderen verbindet; aber man vergisst, dass es gerade die gegenseitigen Beziehungen sind, die verschiedene Begriffe abgrenzen und klarstellen."* (Aebli 1968, S. 24)

Eine einfache Demonstration an Bildern reicht für schwächere Schüler nicht aus, um den Begriff zu bilden. Sie benötigen operative Übungen zum Verständnis der Zusammenhänge zwischen den relevanten Größen. Ohne solche Übungen sind sie später beim Arbeiten mit Sym- bolen nicht mehr in der Lage, sich an die Bedeutung der grundlegenden Begriffe zu erinnern und müssen sich deshalb sklavisch an einer Regel orientieren. „So kommt es, dass die herkömmliche Unterrichtsweise, indem sie künstlich isoliert, was zueinander in Beziehung gestellt werden müsste, das Kind am Verstehen hindert und es zwingt, seine Zuflucht zum Auswendiglernen und zu Wortformeln zu nehmen." (Aebli 1968, S. 25)

Um einen Transfer auf die Probleme des Alltags zu fördern, müssen die möglichen Verknüpfungen zwischen Alltagsbegriffen bzw. Alltagserfahrungen einerseits und den zugehörigen abstrakten Begriffen andererseits gelernt werden. Statt in einer Aufgabe nach der Größe einer Fläche zu fragen, wird gefragt, ob der Grasertrag einer Wiese größer ist als der einer anderen, oder man fragt nach dem pflügbaren Land. Man kann auch nach der Größe der Wand fragen, die auszumalen ist. Um die Schüler den Wert von π entdecken zu lassen, schlägt Aebli vor, die Länge eines Eisenstabes abzuschätzen, die man braucht, um ein Wagenrad mit einem bestimmten Durchmesser zu bereifen. (vgl. Aebli 1968, S. 97).

Zusätzlich ist die Erarbeitung des Begriffs durch *Operieren in verschiedene Richtungen* wichtig. Bei der Behandlung der Umfangs- und Flächenberechnung von Rechtecken wird ein tieferes Verständnis der Flächenberechnung erreicht, indem nicht nur Aufgaben im Sinne von „Streifen eines bestimmten Flächeninhalts mal Anzahl der Streifen" gestellt werden. Es werden auch Aufgaben gestellt, in denen die Operation umgekehrt wird: Man fragt nun nach dem Flächeninhalt eines Streifens, wenn man von einer bestimmten Fläche und von einer bestimmten Anzahl von Streifen ausgeht. Oder man fragt nach der Anzahl von Streifen, wenn der Flächeninhalt des Rechtecks gegeben und bekannt ist, wie groß die Fläche eines Streifens ist. Aebli bezeichnet solche Aufgaben als *operatorische Übungen* bzw. als *operatives Durcharbeiten eines Begriffs*. Ziel solcher Übungen ist die *Bildung einer beweglichen Operation*. Aebli schreibt dazu:

> *„Allgemein kann man sagen, dass die Möglichkeit, die Aufgaben durch ein mechanisches Verfahren zu lösen, . . . für gewisse Schüler immer eine Versuchung ist.*
>
> *Aus all diesen Tatsachen ergibt sich die unbedingte Notwendigkeit, dem gemeinsamen Forschen oder der Erarbeitung eines neuen Begriffs oder Verfahrens Lektionen folgen zu lassen, in deren Verlauf der neu eingeführte geistige Akt wieder durchdacht wird, und zwar in einer Form, die es keinem Schüler erlaubt, sich durch mechanisches Vorgehen von der Aufgabe zu drücken . . . So muss die Operation präzisiert und beweglich gemacht werden . . .*
>
> *Zwei . . . Eigenschaften [von Operationen] spielen in der Unterrichtspraxis eine besonders wichtige Rolle: **Reversibilität** (Umkehrbarkeit) und **Assoziativität** (Gruppierbarkeit). Wenn das Verständnis einer Operation einschließt, dass sie sowohl direkt als auch umgekehrt ausgeführt werden kann, so muss sich die operatorische Übung auf beides erstrecken."* (Aebli 1968, S. 110 f.)

Solche operatorischen Übungen sollen auch im Sachunterricht durchgeführt werden. So schlägt Aebli für den Geographieunterricht nicht nur vor, Probleme der Bodenerosion durch Regenfälle im Sandkasten nachzuspielen; er schlägt auch den umgekehrten Zugang vor: Dabei würde man über das Auftauchen von Malaria im Wallis berichten und fragen, wie es dazu gekommen ist.[92]

---

[92] Aebli berichtet, dass im 18. Jahrhundert im Kanton Glarus an den Berghängen viele Bäume gefällt wurden. Dadurch wurden Erdmassen abgeschwemmt und sammelten sich im Talausgang an. Zu bestimmten Zeiten wurden dann die Ufer überschwemmt, und nach und nach entwickelte sich dort ein Sumpfland, das Brutstätte für die Malaria war. (Aebli 1968, S. 113)

Der von Aebli durchgeführte Unterrichtsversuch

Aebli hat zu seinem Unterrichtskonzept zwischen Juni und Juli 1949 einen eigenen Unterrichtsversuch mit zwei sechsten Schulklassen durchgeführt. Verglichen wurde dabei seine „moderne Konzeption des Unterrichtens" mit „traditionellem" Unterricht. In beiden Klassen war Aebli selbst der Lehrer.

Durchführung des Versuchs: Beim Vortest zeigte sich in der Klasse, die traditionellen Unterricht erhalten sollte, im Durchschnitt ein etwas besseres Ergebnis (24 Punkte im Vergleich zu 20 Punkten). Außerdem ist die Kontrollklasse etwas größer (26 Schüler im Vergleich zu 23 Schüler).[93]

Für seinen modernen Unterricht benötigt Aebli sieben Unterrichtsstunden, für den traditionellen dagegen nur 5 Stunden. Er begründet diese Bevorzugung der modernen Gruppe auf folgende Weise:

> *„Der traditionelle Unterricht lässt kein Bedürfnis nach reichlicherer Zeit für die Bildung von Begriffen und Operationen sichtbar werden. Es scheint tatsächlich, dass die Schüler im traditionellen Unterricht rascher vorankommen. Dieser Anschein beruht vor allem auf der Tatsache, dass man den wahren Schwierigkeiten ausweicht, indem man die Aufgaben so stellt und anordnet, dass Verwechslungen zwischen den Operationen ausgeschlossen sind und der Schüler die Lösung rein mechanisch finden kann."* *(Aebli 1968, S. 128)*

Ergebnisse: Aebli differenziert die Mitteilung der Ergebnisse nach dem Leistungsniveau der Schüler im Vortest. Alle Schüler, die im Pretest 22 oder mehr Punkte erreicht hatten, erzielten mit etwa 98 % der zu erreichenden Punkte ein sehr gutes Ergebnis. Bei diesen guten Schülern wurden keine gravierenden Unterschiede zwischen den beiden Gruppen festgestellt.

Ein völlig anderes Bild ergibt sich bei der schwächeren Gruppe: Hier werden in der „modernen" Gruppe 93 % der Aufgaben richtig gelöst, verglichen mit 53 % in der „traditionellen" Gruppe. Wichtigster Grund für diese Differenz im Lösungsprozentsatz ist die *Unsicherheit bei der Wahl der Operation*: Die schwächeren Schüler in der „traditionellen" Gruppe berechneten den Umfang, wenn eine Flächenberechnung gefordert war, oder sie berechneten die Fläche, wenn eine Umfangsberechnung verlangt wurde. Dies deutet auf eine große begriffliche Unsicherheit in dieser Gruppe hin. Insgesamt bestätigen die Ergebnisse somit sehr deutlich die Unterrichtskonzeption von Aebli. Ein weiterer Grund ist allerdings, dass die Schüler in der „traditionellen" Gruppe auch mehr Aufgaben in Angriff nehmen. Die Schüler der „modernen" Gruppe verhalten sich offensichtlich reflexiver; sie überlegen länger, was zu berechnen ist.

---

[93] Es handelt sich hierbei um die Schüler, die auch am Unterrichtsexperiment teilgenommen haben. Die Kontrollklasse hatte eine Klassenstärke von 36 Schülern, die Versuchsklasse von 30 Schülern. Offensichtlich fiel eine Reihe von Schülern wegen Krankheit aus. Die Anfangsunterschiede werden bei der Analyse der Effekte berücksichtigt.

Kritik am Unterrichtsversuch von Aebli: Die guten Ergebnisse bei den schwächeren Schülern können auf die größere Unterrichtsdauer zurückzuführen sein und nicht auf den andersartigen Unterricht. Selbst wenn diese Interpretation zutreffend ist: Für den „traditionellen" Unterricht besteht eigentlich kein Grund, länger ein Thema zu unterrichten, wenn dieses augenscheinlich verstanden wurde. Verstehen heißt bei den beiden Unterrichtsmethoden etwas Unterschiedliches: In der „traditionellen" Gruppe löst der Schüler aufgrund von Schlüsselwörtern (Fläche, Umfang) nach Standardverfahren und Formeln die Aufgaben, in der „modernen" Gruppe muss er zunächst gründlich überlegen, nach was in der Aufgabe gefragt wird. Die Lösungsverfahren ergeben sich dann weitgehend aufgrund des Verständnisses der Begriffe und Verfahren. Wenn Aebli bei jeder Aufgabe gesagt hätte, was zu berechnen ist, wäre das Ergebnis in der „traditionellen" Gruppe besser gewesen. Allerdings wird im wirklichen Leben auch nicht gesagt, was zu berechnen ist; insofern sind die Ansprüche Aeblis berechtigt.

Man mag ferner kritisieren, dass Aebli in der Klasse, die nach der traditionellen Methode unterrichtet wurde, eine größere leistungsstarke Gruppe gebildet hatte (zwei Drittel) als in der Klasse mit modernem Unterricht (die Hälfte). Bezogen auf diese leistungsstarken Schüler ergab sich ja kein nennenswerter Unterschied. Vielleicht wäre der Unterschied etwas geringer ausgefallen, wenn die Grenze zwischen der leistungsstarken und der leistungsschwächeren Gruppe etwas anders gezogen worden wäre.

Natürlich handelt es sich bei dem Versuch von Aebli nicht um ein strenges Unterrichtsexperiment. Einmal hat Aebli selbst den Unterricht in beiden Klassen durchgeführt; damit setzt er sich dem Vorwurf aus, er habe durch sein Unterrichtsverhalten das Ergebnis in seinem Sinne beeinflusst. Ob die Ergebnisse in ähnlicher Weise auftreten würden, wenn z.B. 40 Schulklassen per Zufall beiden Bedingungen zugeteilt worden wären und die Lehrer beider Gruppen von ihren Methoden zutiefst überzeugt gewesen und für ihre Methode trainiert worden wären, kann nicht geklärt werden: Ein solcher strenger Unterrichtsversuch zur Methode von Aebli wurde noch nicht durchgeführt.

Ein anderer Kritikpunkt bezieht sich auf die Prüfung der Stabilität des Lernerfolgs. Das Ergebnis wäre noch überzeugender gewesen, wenn etwa nach einem viertel oder einem halben Jahr eine zweite Messung des Unterrichtserfolgs durchgeführt worden wäre. Bei einer solchen Messung hätte man bei der leistungsstarken Gruppe, die nach der modernen Methode unterrichtet wurde, ein besseres Ergebnis erwarten können.[94] Auch bei den leistungsschwächeren Schülern wäre ein besseres Behalten des Gelernten zu erwarten gewesen.

Ein weiterer Punkt bezieht sich auf die relevanten Wirkfaktoren des Unterrichtsversuchs. Aebli weist selbst darauf hin, dass seine moderne Unterrichtsmethode auch Einfluss auf

---

[94] Aebli geht bei der Interpretation seiner Ergebnisse auf diesen Punkt nicht näher ein. Er scheint davon auszugehen, dass seine moderne Methode in den höheren Klassen nur für die weniger fähigen Schüler erforderlich wäre. Er schreibt: „In den höheren Klassen der Volksschule und in der höheren Schule rechtfertigt sich das verlangsamte Unterrichtstempo, das mit dem Vollzug konkreter Manipulationen verbunden ist, nur für die weniger begabten Schüler." (Aebli 1968, S. 172). Dieser Punkt ist m.E. aber durchaus strittig: Wenn man nachweisen könnte, dass auch diese „begabteren" Schüler bei Anwendung der traditionellen Methode das Gelernte sehr schnell vergessen und die Phasen der Wiederholung später dann mehr Zeit erfordern als die moderne Methode mit kürzeren Wiederholphasen, dann würde ein solches Ergebnis auch in höheren Klassen für eine gründlichere Erarbeitung nach der modernen Methode sprechen.

die Entwicklung von Motivation und Lernhaltung haben müsste, denen er nicht durch eigens entwickelte Messungen nachgegangen ist. Entsprechend schreibt er:

> *„Sollten beispielsweise die aktiven Methoden bei ihnen ein tieferes Interesse für den behandelten Stoff geweckt, ihren Geschmack am Nachforschen und ihre Initiative gefördert haben, sollten die Schüler dabei Arbeits- und Denkmethoden erworben haben, wirksam und reich an Möglichkeiten der weiteren Entwicklung, wäre schließlich ihre soziale Entwicklung im Lauf der gemeinsamen Entwicklung begünstigt worden, so hätten wir doch in den Ergebnissen ihrer Prüfungsarbeiten nichts wahrgenommen."* (Aebli 1968, S. 171)

Leider wurden diese Prüfungen von Aebli nicht durchgeführt.

Einordnung des „modernen" Unterrichts von Aebli

Eine Einordnung des „modernen" Unterrichts, wie ihn Aebli vertritt, fällt schwer. In ihm sind die Elemente einer optimierten direkten Instruktion enthalten, da über weite Strecken des Unterrichts vom Lehrer alle wesentlichen Impulse ausgehen und der Lehrer den Unterricht strukturiert und lenkt. Der Lehrer ist für die Erarbeitung der Inhalte in der Klasse verantwortlich, lenkt durch Fragen, entwirft ein Tafelbild und fasst Schülerbeiträge zusammen.

Gruppenarbeit spielt in Aeblis Konzept eine wichtige Rolle, wobei gewisse Ähnlichkeiten mit der Gruppenrallye (→ Kap. 7) bestehen: Auch Aebli geht davon aus, dass der Lehrer das Problem zunächst klar mit den Schülern zu erarbeiten hat und Gruppenarbeit erst dann Sinn macht, wenn bestimmte begriffliche Unklarheiten im Klassengespräch schon beseitigt wurden.

> *„... ein Problem, das vor allem zum Aufbau neuer intellektueller Strukturen führen soll, [ist] besser für die gemeinsame Diskussion geeignet, wogegen ein Problem, das sich in erster Linie mit der Anwendung schon erworbener Strukturen beschäftigt, eher für Gruppenarbeit in Frage kommt".* (Aebli 1968, S. 107)

Die Durchführung von Gruppenarbeit hält Aebli auch aus Gründen der Persönlichkeitsentwicklung für wichtig:

> *„Die Einordnung in die menschliche Gesellschaft, die Zusammenarbeit mit anderen, lässt das Kind seine anfänglichen egozentrischen Absichten überwinden und führt es zu einem beweglichen, in sich zusammenhängenden Denken ...*
>
> *Schüler, die ständig gezwungen werden, Gesichtspunkten Rechnung zu tragen, die nicht ihre eigenen sind, ihr Denken mit dem ihrer Kameraden in Übereinstimmung zu bringen, werden kaum starre, stereotype geistige Gewohnheiten erwerben können."* (Aebli 1968, S. 74/75)

Gruppenarbeit setzt allerdings eine genauere didaktische Planung voraus als der lehrer-zentrierte Unterricht. Weil der Lehrer in die Gruppenarbeit nicht mehr eingreifen kann, müssen die Aufgaben vorher genau durchdacht werden. Wenn die Gruppenarbeit beendet ist, sollten die Schüler über die Ergebnisse berichten, und der Lehrer hat dann bei Unklar-heiten und Fehlern die Aufgabe, sich durch entsprechende Erklärungen und Rückmeldun-gen einzuschalten. Das ist vor allem deshalb wichtig, weil gerade schwächere Schüler in der Gruppenarbeit häufig besondere Schwierigkeiten haben und beim Besprechen der Ergeb-nisse dann die Möglichkeit besteht, durch Erklärungen und Rückmeldungen Verständnis-lücken dieser Schüler zu schließen. (vgl. Aebli 1968, S. 99f.)

Gerade weil Gruppenarbeit für schwächere Schüler häufig eine Überforderung darstellt, wendet Aebli eine bestimmte Form der Kombination von Gruppenarbeit und Kleingrup-penunterricht an: Die leistungsstärkeren Schüler sollen bestimmte Aufgaben in Gruppen-arbeit lösen, während der Lehrer mit dem schwächeren Drittel der Klasse die zu lösenden Aufgaben durchgeht und die Schüler dabei zu befähigen sucht, die gestellten Aufgaben zu verstehen und möglichst selbstständig zu lösen.

6.4 Ein Beispiel für gut geplanten Grammatikunterricht

Die folgende Unterrichtsstunde wurde in einer Realschulklasse in einer 9. Klassenstufe im Fach Deutsch durchgeführt. Die Schüler sollten lernen, Satzstrukturen zu erkennen. Das Erkennen von Satzstrukturen ist eine notwendige Voraussetzung für eine Anwendung der Kommaregeln.

Der Lehrer analysierte in der Wiederholungs- und Erarbeitungsphase nochmals verschie-dene Satzstrukturen (Nebensatz vor Hauptsatz, eingeschobener Nebensatz, nachgestellter Nebensatz). Die Struktur wurde durch ein in der Schule eigens entwickeltes Notations-system [95] verdeutlicht:

Vorangestellter Nebensatz: [N(…),=.]

Beispiel: Obwohl es regnet, gehe ich zur Schule.

Nachgestellter Nebensatz: [=,N(…).]

Beispiel: Ich habe Hunger, weil ich zwei Tage nichts gegessen habe.

Eingeschobener Nebensatz: [=,N(…),=]
(Die beiden Hauptsatzteile wurden zusätzlich durch eine Klammer verbunden.)

Beispiel: Der Schulweg, auf dem ich gehe, ist nass.

In der Phase der Übertragung und Anwendung wurde den Schülern die Inhaltsangabe der Geschichte „Man nannte ihn Pferd" von D. M. Johnson ausgehändigt. Jede der fünf Tisch-gruppen sollte einen Abschnitt des Texts bearbeiten und die Satzstruktur eines jeden Satzes auf Folie schreiben, um damit die Kommasetzung zu begründen. In jedem Abschnitt kamen Satzstrukturen unterschiedlicher Komplexität vor.

Obwohl es sich hier um eine Grammatikstunde handelte, arbeiteten die Schüler sehr kon-zentriert und motiviert an den gestellten Aufgaben. Die trockene Grammatik machte ihnen sichtlich Spaß. Meine Erklärung: Die Schüler fühlten sich durch die gestellten Auf-gaben herausgefordert und fanden sie sinnvoll. Sie wurden durch die Aufgaben weder

---

[95] In diesem Notationssystem wurde auch die Art des Nebensatzes angegeben. N (R) würde auf einen Relativsatz hinweisen.

über- noch unterfordert. Die Wissensstrukturierung war somit den Möglichkeiten der Schüler gut angepasst. Schwächere Schüler konnten in der Gruppe nachfragen, wie die Aufgaben zu lösen waren, und hatten damit eine zusätzliche Lernchance.

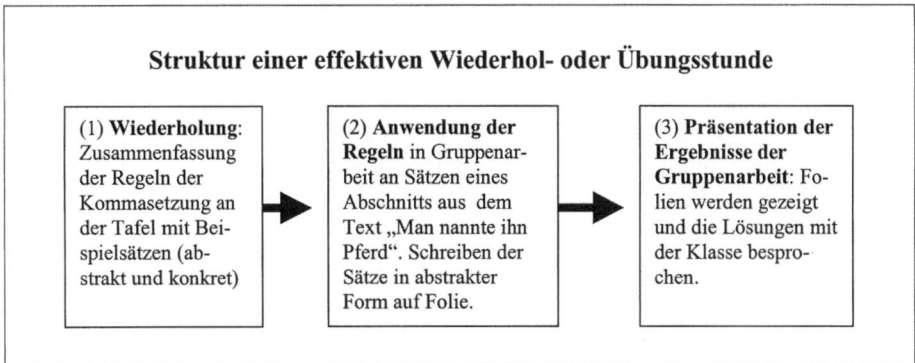

Struktur einer effektiven Wiederhol- oder Übungsstunde

| (1) **Wiederholung**: Zusammenfassung der Regeln der Kommasetzung an der Tafel mit Beispielsätzen (abstrakt und konkret) | (2) **Anwendung der Regeln** in Gruppenarbeit an Sätzen eines Abschnitts aus dem Text „Man nannte ihn Pferd". Schreiben der Sätze in abstrakter Form auf Folie. | (3) **Präsentation der Ergebnisse der Gruppenarbeit**: Folien werden gezeigt und die Lösungen mit der Klasse besprochen. |

Vielleicht wird aufgrund dieses konkreten Beispiels deutlicher, warum die Form der Wissensstrukturierung der vielleicht wichtigste Faktor eines guten Unterrichts ist. Offenkundig hat eine Wissensstrukturierung, durch die Schüler die vermittelten Inhalte sukzessive verstehen und anwenden lernen, viel mit einer positiven Motivierung der Schüler für den unterrichteten Gegenstand zu tun. Es war überraschend, wie konzentriert die Schüler in der Grammatikstunde arbeiteten, und zwar auch solche, die sonst wenig aufmerksam waren und den Unterricht störten.

In der pädagogischen Literatur wird als wichtiger Faktor für Konzentration und Motivation der Schüler häufig ein Methodenwechsel gefordert.[96] Danach kann der Lehrer etwas gegen die aufkommende Langeweile der Schüler tun, indem er z. B. nicht ausschließlich Frontalunterricht, sondern auch Gruppenarbeit, gemeinsame Wiederholübungen und verschiedene Medien verwendet. M. E. ist für die Motivierung nicht der Methodenwechsel an sich entscheidend, sondern die Berücksichtigung der Grenzen des Arbeitsgedächtnisses. Werden zu viele Informationen auf einmal präsentiert und erklärt, dann können diese nicht hinreichend verarbeitet und verstanden werden; der Schüler fühlt sich unlustig und gelangweilt. Schüler benötigen Möglichkeiten zur Anwendung und Erprobung neuen Wissens, um es fest in das Langzeitgedächtnis zu integrieren. Danach erst können sie neue Informationen aufnehmen.

Eine Wiederholung der schon behandelten Regeln stellt sicher, dass im Langzeitgedächtnis diese Regeln verfügbar gemacht werden und dadurch weitgehend ohne Beteiligung des Arbeitsgedächtnisses anwendbar werden. Eine Konsolidierung dieses Regelwissens erfolgt dann durch die praktischen Übungen in der Gruppenarbeit und der nachfolgenden Besprechung der Absätze im Plenum.

---

[96] Dies ist eine der klassischen Thesen der pädagogischen Literatur, die auf dem Erfahrungswissen von „Schulpraktikern" aufzubauen scheint. Diese These wird häufig in der Literatur zur Unterrichtsplanung vertreten. Da viele Seminarleiter und Schulräte von dieser These zutiefst überzeugt sind, haben viele Junglehrer (Referendare) Stundenentwürfe eingereicht und Unterrichtsstunden abgeliefert, in denen ein wahres multimediales methodenvariierendes Unterrichtsfeuerwerk abgearbeitet wurde. Solche circensischen Spektakel haben mit einem wirklich gut aufgebauten, motivierenden Unterricht wenig gemein.

Man sollte bei der Interpretation des „Gelingens" dieser Stunde nicht vergessen, dass diese Übungsstunde eine Klassenarbeit vorbereitete. Die Schüler waren dementsprechend hoch motiviert. Neuere experimentelle Befunde deuten darauf hin, dass in solchen Situationen der Vorbereitung auf summative Prüfungen Schüler besonders „lernbegierig" sind. In einem neueren Experiment (vgl. VanLehn, Graesser, Jackson, Jordan, Olney & Rosé 2007) wurde die Effektivität von Tutorenarbeit mit einer Lernbedingung verglichen, die in den meisten Lernsituationen zu Recht als wenig lernförderlich gilt: Man ließ Studenten Minilektionen lesen, die verständlich für diese Gruppe geschrieben waren und die bekannte Fehllösungen und falsche theoretische Vorstellungen konkret diskutierten. Pädagogisch sind dabei folgende Details wichtig:

1. Die Studenten der Physik (Anfangssemester) hatten zunächst auf einem leeren Blatt ein bestimmtes Problem mit Hilfe der qualitativen Newton'schen Physik zu lösen.

2. Danach wurden sie entweder tutoriell betreut oder sie konnten die zugehörige Minilektion lesen, in der auch mögliche Fehllösungen diskutiert wurden.

3. Danach hatten sie ihre ursprüngliche Lösung aufgrund der aufgenommenen Informationen zu überarbeiten.

4. Die Lösung der Aufgaben des Experiments war für die Studenten wichtig, um ihren Lernstand einschätzen zu können, da sie zum Abschluss des Semesters ähnliche Prüfungen zu absolvieren hatten.

Insgesamt wurden in dieser Weise 10 Aufgaben bearbeitet.

Das Ergebnis dieses Experiments steht in Widerspruch zu allem, was über die Effizienz des Lernens durch Texte gemeinhin vertreten wird: Man konnte sowohl in den Tutorengruppen als auch in der Gruppe, die nur die Minilektionen zu lesen hatten, vergleichbare Lernfortschritte feststellen. Daneben war die aktive Lernzeit in der Bedingung „Minilektionen lesen" deutlich geringer als in den Tutorenbedingungen. Wenn man bedenkt, dass Tutorenarbeit in der Regel als die effektivste Methode zur Lernförderung angesehen wird, ist dieses Ergebnis sehr überraschend. In weiteren Experimenten konnte gezeigt werden, dass das Lesen von Lehrtexten, die nicht in einem solchen Setting eingesetzt wurden oder die nicht verständlich für die Lerngruppe geschrieben waren, überhaupt keine Lernwirkung hatte!

Vermutlich sind hier folgende Punkte entscheidend: Schüler müssen in dieser Phase der Vorbereitung einer Klassenarbeit zunächst ihre Problemlösekompetenz testen. Danach müssen sie durch Minilektionen, die auch Fehllösungen diskutieren, ausführlich über gute Lösungen des Problems informiert werden, um auf der Basis der gegebenen Informationen die ursprünglichen Lösungen nochmals zu **überarbeiten**.

6.5 Zusammenfassung und Ausblick

Etwa 90% des normalen Unterrichts besteht aus mehr oder weniger gelungener direkter Instruktion. Deshalb ist eine Diskussion der Bedingungen unerlässlich, unter denen dieses Lernarrangement lernwirksam ist (vgl. Checkliste 5).

Checkliste 5: **Merkmale lernwirksamer direkter Instruktion bei komplexen Inhalten**

Phase 1 „Aneignung neuen Wissens": *Begrenztheit des Arbeitsgedächtnisses* berücksichtigen (→ Kap. 2) durch *maximale Hilfen* (Coaching und Modellieren von Lösungen)

- Anschließen an die vorhanden Vorkenntnisse
- Erläuterung auf verschiedenen Repräsentationsebenen (textlich/sprachlich, visuell und symbolisch)
- Integrierte Darstellung von Veranschaulichungen und Text (→ Vermeidung des Aufmerksamkeitsteilungseffekts)
- Mehrfache Darstellung an Lösungsbeispielen

Phase 2 „Festigung und Konsolidierung des Wissens": Zunehmende Verminderung von Hilfen (→ Kap. 3)

- Breite horizontale Verankerung (Lernen mit allen Sinnen; Kontextualisierung und Personalisierung)
- Tiefe (vertikale) Verankerung: Strukturen, Hierarchien als Abrufsysteme für Informationen lernen
- Verteilte und vermischte Übungen bis zur sicheren Beherrschung (→ effektive Übungen, S. 54f.; → Hausaufgaben S. 52f.)
- Tests zur Steuerung des Lernens
- Zusammenfassungen (zuerst gemeinsam, später allein) erstellen

---

Bei direkter Instruktion organisiert der Lehrer die Wissensaneignung. Wichtig für eine solche Unterrichtsform ist ein klassenbezogenes *Scaffolding*, das die Schüler durch Stellen geeigneter offener, herausfordernder Fragen und durch das Geben dosierter Hilfen an der Lösung von Problemen teilhaben lässt. Der Lehrer bemüht sich um eine gemeinsame Erarbeitung zentraler Ideen im Unterricht, fasst diese dann überblicksartig zusammen und gibt, wenn erforderlich, zusätzliche Informationen, ohne die Schüler durch längere Vorträge zu langweilen. Schüler lernen anhand von Problemen, die für sie interessant sind. Und sie lernen auch, neues Wissen mit schon bekannten Ideen und Problemstellungen zu verknüpfen.

Für die *Einführung neuer Inhalte* ist es wichtig, eine Überlastung des Arbeitsgedächtnisses zu vermeiden. Eine der wichtigsten Methoden der Entlastung des Arbeitsgedächtnisses besteht darin, zuerst die vorausgesetzten Kenntnisse so zu trainieren, bis sie sicher und ohne Mühe aus dem Langzeitgedächtnis abgerufen werden können. Der Entlastung des Arbeitsgedächtnisses dienen auch vorstrukturierende Hilfen (advance organizer), verständliche textliche Erklärungen, die Verwendung gelöster Aufgaben bzw. von Aufgabenserien und graphische Verdeutlichungen mit integriertem Text. Gerade gelöste Aufgabenserien haben den Vorteil, Schüler zu einer eigenen Versprachlichung des zugrunde liegenden Verfahrens herauszufordern. Meist beginnt der Lehrer mit einer Wiederholung und kurzen Übung bekannter Inhalte, führt darauf bezogen neue Inhalte ein, um dann den

Schülern zunehmend die Möglichkeit zu geben, das gelernte Wissen anzuwenden und ein-
zuüben. Etwa zwei Drittel des Unterrichts besteht aus Übungen zu den behandelten Inhalten. Die Stunde sollte durch eine Zusammenfassung des Wesentlichen und durch Stellen
der Hausaufgaben abgeschlossen werden.

Nachhaltiges Lernen erfordert verteilte und vermischte Übungen, die von leicht nach
schwer strukturiert sind und aufeinander aufbauen und deren Bearbeitung kontrolliert und
inhaltlich besprochen wird ($\rightarrow$ eine effiziente Übungsstunde, S. 54). Der Lehrer sollte im
Sinne eines klassenbezogenen Scaffolding kontrollierend in den Übungsablauf eingreifen
und die Inhalte so lange behandeln, bis sie möglichst für alle Schüler flüssig verfügbar sind.
Dies erscheint vor allem für die Inhalte bedeutsam, die als grundlegend zu betrachten sind,
weil nachfolgende Inhalte auf ihnen aufbauen. Dabei ist es wichtig, die Aufmerksamkeit
der Schüler durch ein *effizientes Klassenmanagement* auf die zu lernenden Inhalte zu richten (vgl. Helmke 1988, Good, Grouws & Ebmeier 1983). Der Lehrer sollte sensibel auf die
Schwierigkeiten der Schüler reagieren und die Fehler der Schüler nutzen, um wesentliche
Punkte erneut zu verdeutlichen; Schüler mit Lernschwierigkeiten werden in einer Gruppe
zusammengefasst und erhalten zusätzliche Erklärungen.

Diese hier vorgetragenen Überlegungen zu einer wirksamen direkten Instruktion sind
durch experimentelle Forschungen zum Gedächtnis, zur Wissensstrukturierung sowie zum
Klassenmanagement empirisch gut belegt. Bei dieser Methode der direkten Instruktion
scheint es sich eher um motivierenden, aktivierenden Unterricht zu handeln als bei den
stärker schülerzentrierten Verfahren (vgl. Moser 1997). Hinzu kommt, dass offene, schülerzentrierte Methoden gerade die schwächeren Schüler benachteiligen. In diesem Zusammenhang soll noch einmal an das Experiment von Tuovinen & Sweller (1999) erinnert werden. Danach sind Methoden entdeckenden Lernens dann sinnvoll, wenn der Aufbau
grundlegender Schemata abgeschlossen ist. Gerade bei den leistungsschwächeren Schülern müssen zunächst diese Schemata aufgebaut werden. In dieser Aufbauphase sind
Methoden entdeckenden Lernens den Methoden direkter Instruktion deutlich unterlegen.
Wer deshalb in dieser Aufbauphase solche Methoden anwendet, wird – ohne es zu wollen
– gerade die Schüler schädigen, die der Unterstützung des Lehrers am stärksten bedürfen.
Dementsprechend erzielte im Rahmen einer Unterrichtseinheit über die „Spinne" die
Gruppe mit direkter Instruktion ein Ergebnis, das um mehr als eine Standardabweichung
über dem der Schüler mit Stationenarbeit lag.

Sicherlich ist es notwendig, Schüler mit den Formen des Experimentierens, Datensam-
melns und Auswertens schon in der Schule vertraut zu machen. Lehrer modellieren diese
Handlungskompetenzen und erläutern diese an positiven und negativen Beispielen (vgl.
Klahr & Nigam 2004). Sie strukturieren den Weg, den Schüler beim schrittweisen Erwerb
dieser Handlungskompetenzen gehen müssen, durch zunehmend schwierigere Aufgaben.
Direkte Instruktion bezieht sich somit nicht nur auf kognitive Lernziele, sondern hat auch
soziale Ziele wie Erlernen von Selbstständigkeit, von Kooperationsfähigkeit und von Ein-
fühlungsvermögen im Auge zu behalten. Entsprechende Aufgaben hat der Lehrer in der
Phase der Anwendung, Erprobung und Sicherung des Gelernten durch Planung von Partnerarbeit, Gruppenarbeit und Projektarbeit zu stellen. Auch ein gut organisierter Wochenplan hat in diesem Rahmen einen Platz.

Weil Deutschland gerade besondere Schwierigkeiten bei der Förderung lernschwacher Schüler hat, sind die Befunde zur Förderung von Schülern im Bereich der Sonderpädagogik durch Unterrichtsmethoden besonders interessant. Grünke (2007, S. 9) stellt dazu fest:

> *„Für handlungsorientierte, konstruktivistische Ansätze ergab sich … eine mittlere Effektstärke von 0,24. Für ein direktes Instruieren … lag sie dagegen bei 1,56, also 6,5 Mal so hoch. Wie angedeutet, handelt es sich bei diesen Zahlen um Zusammenfassungen des gesamten empirischen Kenntnisstandes aus mehreren Jahrzehnten mit Hunderten von Einzelstudien und Zehntausenden von Kindern mit Lernschwierigkeiten … [D]ie populärsten Ansätze in der Praxis [sind] augenscheinlich nicht der Königsweg – im Gegenteil. Geht man davon aus, dass eher konstruktivistische Unterrichtsmethoden wie Psychomotorik, Bewegungserziehung, Wahrnehmungsförderung, sensorische Integration, … die pädagogische Arbeit mit lernschwachen Kindern prägen, dann müssen die dahinter stehenden Prinzipien meist als konträr zu den empirisch bestätigten Grundsätzen einer effektiven Förderung … bezeichnet werden."*

Zur Erklärung führt Grünke an (2007, S. 9)

> *„Kinder mit Lernschwierigkeiten zeichnen sich … dadurch aus, dass sie relativ schlecht dazu in der Lage sind, Struktur zu schaffen, zu planen, zu ordnen und strategisch vorzugehen. Werden sie nun in einer verhältnismäßig offenen und freien Lernsituation mit Anforderungen konfrontiert, in denen genau diese Qualifikationen gefragt sind, fühlen sie sich zwangsläufig überfordert."*

Wer direkte Instruktion pauschal ablehnt und auf die „geeigneten" offenen Methoden als Alternative verweist, verweigert leistungsschwächeren Schülern eine wirksame Förderung. Angesichts dieses Kenntnisstands auf populäre offene Methoden zu setzen, nur weil Autoritäten der deutschen Schulpädagogik wie Hilbert Meyer oder Herbert Gudjons dies tun, begeht einen *pädagogischen Kunstfehler*, der an unseren Kindern, und insbesondere an den leistungsschwachen Kindern aus bildungsfernen Schichten, derzeit noch guten Gewissens tausendfach verübt wird. Die Missachtung der Bildung in unserem Land zeigt hier ihr zynisches Gesicht. Im Gesundheitswesen gibt es – im Gegensatz zur Pädagogik – *„nur wenige Medizinerinnen und Mediziner, die einem kranken Menschen ein nachweislich hochwirksames Medikament vorenthalten und ihm dafür ein vermutlich unwirksames oder gar schädliches Präparat in der Hoffnung verabreichen, dass es ihm ja vielleicht doch aus irgendwelchen unerfindlichen Gründen helfen könnte."* (Grünke 2007, S. 9)

7. Förderung durch Gruppen- und Tutorenarbeit[97]

Spontane, ungeplante Gruppenarbeit führt weder zu günstigen Lernergebnissen noch fördert sie soziales Lernen. Um bessere Ergebnisse zu erzielen, wurden neue Formen der Gruppenarbeit entwickelt. Meist wird ein Gegenstand im Rahmen direkter Instruktion eingeführt, um danach in Gruppenarbeit noch weiter eingeübt und vertieft zu werden. Insofern ist hier Gruppenarbeit vor allem eine Alternative zur Stillarbeit. Schüler sollen in diesen Formen der Gruppenarbeit die im Unterricht erarbeiteten Erklärungen in eigene Worte zu kleiden, um dadurch diese Erklärungen in die eigene Wissensstruktur integrieren zu können.

Eine besondere Form der Gruppenarbeit stellt die Tutorenarbeit dar. Sie ist unter bestimmten Voraussetzungen für die Förderung von Schülern geeignet. Allerdings sollte Tutorenarbeit durch Fachlehrer konkret angeleitet und überwacht werden.

Die neuen Methoden der Gruppen- und Tutorenarbeit sind empirisch gut erforscht. Allerdings stellt die Durchführung dieser Methoden hohe Anforderungen an den Lehrer: Er sollte anfangs mit seiner Klasse Trainings zur Anwendung geeigneter Methoden des gegenseitigen Hilfegebens und Erklärens durchführen. Auch eine fortlaufende Prüfung der Effizienz durch individuelle Tests, nicht durch Erstellung von Gruppenprodukten, erscheint sinnvoll.

7.1 Einführung: Probleme traditioneller Gruppenarbeit

Auch wenn in Deutschland viele Pädagogen den Wert kooperativen Lernens betonen, wird in der Praxis Gruppenarbeit eher selten eingesetzt:

➤ „7,4% haben noch nie Gruppenarbeit durchgeführt
➤ 52,4% lassen die Schüler gelegentlich in Gruppen zusammenarbeiten;
➤ 5,2% haben früher einmal kooperative Lernformen im Unterricht ausprobiert, sind aber wieder davon abgekommen;
➤ 26,2% organisieren öfter kooperative Lernformen;
➤ 7% bemühen sich regelmäßig, den Schülern kooperative Lernerfahrungen zu ermöglichen.
➤ ... Zwei Drittel der befragten Lehrer/innen organisieren selten oder nie kooperative Lernformen." (vgl. Huber 1985, S. 6)

Für die in vielen Schulen *übliche Form der Gruppenarbeit* sind zwei Merkmale kennzeichnend:

– Die *Auswahl interessanter Themen.* Da „interessante" Themen eher selten vorkommen, kann Gruppenarbeit auch nur selten eingesetzt werden.

– Die *Herstellung eines Gruppenprodukts.* Das Gruppenprodukt, und nicht das individuelle Lernen, steht im Vordergrund. Zu diesem Gruppenprodukt können die einzelnen Schüler mit ihren unterschiedlichen Fähigkeiten kaum gleichwertige Beiträge leisten. Die Folge davon ist, dass bestimmte Schüler – meist die schwächeren – sehr bald die Lust

---

[97] Ich stütze mich bei der folgenden Darstellung vor allem auf R.E. Slavin: Cooperative Learning and Student Achievement. In: Slavin, R.E.: Education for all. Lisse: Swets & Zeitlinger 1996, S. 15–57 sowie auf Huber (1985).

an der Gruppenarbeit verlieren, weil sie mit den anderen Schülern der Gruppe nicht konkurrieren können und die besseren Schüler auch ohne sie in kürzerer Zeit das „Gruppenprodukt" erstellen.

Dass Gruppenarbeit keineswegs immer motivierend ist, belegen Salomon und Globerson (1989) durch die Auswertung von Videomaterial über Prozesse der Gruppenarbeit. Aufgrund ihrer Videoaufzeichnungen können die Autoren einige negative Effekte der Gruppenarbeit charakterisieren. Dazu gehören der *Trittbrettfahrereffekt („free rider-Effekt")* bzw. der *Schmarotzer-Effekt („sucker-Effekt"),* bei dem einige Gruppenmitglieder die ganze Arbeit verrichten, während der Rest sich einen feinen Lenz macht. Man stelle sich eine Partnerarbeit vor, bei der sich der eine zurücklehnt und erwartet, dass der andere die Arbeit tut. Bei der nächsten Partnerarbeit wird der vormals eifrige Schüler schon erheblich weniger Lust haben, die Arbeit des anderen zu verrichten. Solche Effekte treten vor allem dann auf, wenn die Gruppe *einen* Abschlussbericht abgibt, ein einziges Arbeitsblatt gemeinsam bearbeitet oder ein Projekt fertig stellen soll.

Über die Wirksamkeit der in Deutschland üblichen Formen der Gruppenarbeit ist wenig bekannt, und das Wenige stimmt wenig optimistisch. Neuere empirische Untersuchungen zu dieser Form traditioneller Gruppenarbeit weisen auf folgende Schwächen hin:

➤ Lehrer verzichten häufig auf eine Verständnissicherung der Gruppenaufträge,
➤ sie mischen sich zu häufig in die Gruppenarbeit ein, und
➤ sie versäumen eine sorgfältige Aufbereitung und Sicherung der Gruppenergebnisse.

Lehrer, die mit Gruppenarbeit schon vielfältige Erfahrungen gesammelt haben, schöpfen oft die Möglichkeiten dieser Methode nicht aus (vgl. Haag, Fürst & Dann 2000).

In der Schulpraxis werden am ehesten folgende Formen der Gruppenarbeit verwendet:

(1) *Gruppenarbeit zum Erwerb neuen Wissens:* Hier sollen Schüler sich durch Studieren von Informationsmaterialien zu Experten machen, um dieses erworbene Wissen an die Gruppenmitglieder weiter zu geben. Hierzu zählt das Gruppenpuzzle (Jigsaw).

(2) *Gruppenarbeit zum Nachbereiten und Anwenden von Wissen,* das im Unterricht erarbeitet wurde. Diese Form der Gruppenarbeit tritt an die Stelle von Stillarbeit. Slavin (1995) hat den Forschungsstand zu einigen hierzu gehörenden Formen der Gruppenarbeit (z. B. *Gruppenrallye*) aufbereitet. Das dabei zu lösende Problem ist, wie insbesondere die leistungsstarken Schüler dafür interessiert werden können, ihr Wissen im Rahmen eines guten Scaffolding an die schwächeren Schüler weiterzugeben.

(3) *Gruppenarbeit zur Erledigung von kleineren Suchaufträgen:* Dazu gehört die sinnvolle Verwendung von Lexika, z. B. des Dudens, um die richtige Schreibweise von Wörtern zu prüfen, arbeitsteilige Gruppenarbeit, um verschiedene Aspekte eines Problems zu beleuchten, oder die Durchführung von Exkursionen, in denen die Schüler in Gruppen bestimmte Arbeitsaufträge zu erledigen haben. Auch für diese Form der Gruppenarbeit scheint wichtig, dass alle Schüler von der Gruppenarbeit profitieren.

(4) *Gruppenarbeit zum Erstellen von Gruppenprodukten.* Diese Form der Gruppenarbeit kommt häufig im Rahmen von Projektarbeit vor. Um hier zu vermeiden, dass bestimmte Schüler kein Interesse für die Gruppenarbeit aufbringen, scheint es sinnvoll,

die Gruppen so zusammenzusetzen, dass jeder Einzelne aufgrund seiner spezifischen
Fähigkeiten einen wichtigen Beitrag zum Gruppenprodukt beisteuern kann.

Im Folgenden soll auf Methoden der Gruppenarbeit eingegangen werden, deren Wirksamkeit empirisch genauer überprüft ist, die also „die Lernleistungen erheblich steigern, die
kommunikativen Fähigkeiten erhöhen und das Interesse am Unterrichtsstoff wecken
können …" (Renkl & Mandl 1995, 292)

7.2   Neue Formen der Gruppenarbeit

7.2.1 Die Gruppenrallye[98]

Die Gruppenrallye (STAD) erinnert an den Rennsport, weil „sich dort ganz unterschiedliche Fahrzeuge auf den Weg machen … Lernende mit unterschiedlichen Vorkenntnissen
und Lernstrategien begeben sich auf einen gemeinsamen Lernweg, kommen aber unterschiedlich voran." (Wahl 2004, S. 86)
Aufgabe der heterogen zusammengesetzten Gruppe ist dabei, ihre Mitglieder auf diesen
Wettkampf möglichst gut vorzubereiten. Die Schüler werden in der Regel in Vierergrup-
pen aufgeteilt, die in Bezug auf Leistungsniveau, Geschlecht und ethnische Zugehörigkeit
gemischt sind. Die Teams sollten etwa gleich leistungsstark sein.

Merkmale von Gruppenrallyes

Gruppenrallyes eignen sich vor allem für die Einübung und Festigung von Inhalten, die
zuvor vom Lehrer eingeführt und erklärt wurden. Insbesondere in Fächern wie Mathematik, Deutsch oder in den Fremdsprachen ergibt sich häufig die Notwendigkeit einer gezielten Einübung und Festigung von Inhalten, die zuvor vom Lehrer erklärt wurden.

Zunächst werden *heterogene* Gruppen von vier bis fünf Schülern gebildet. Diese Gruppen
erhalten Namen (z. B. Quadrate, Mathe-Monster). Durch die heterogene Zusammensetzung können die stärkeren Schüler den schwächeren helfen und ethnische oder soziale
Vorurteile abgebaut werden.

---

[98]   STAD steht für „Student Team Achievement Divisions"; vgl. dazu Huber 1985, S. 23 ff., Slavin 1996 und
       Niggli 2000.

Der normale Ablauf einer Gruppenrallye sieht folgendermaßen aus:

Ablauf einer Gruppenrallye

Klassenunterricht von 1 – 2 Stunden pro Woche:[99] Hierbei werden neue Inhalte eingeführt, Verfahrensweisen diskutiert, und die Regeln der Gruppenarbeit besprochen.

Gruppenlernen, 1–2 Stunden: Das Gruppenlernen findet in den heterogenen Vierer- oder Fünfergruppen statt. Die Gruppen sollten insgesamt in ihrer Leistungsfähigkeit vergleichbar sein. Die Schüler erhalten Aufgabenblätter und Antwortblätter[100] (pro Gruppe jeweils zwei). Innerhalb der Gruppen wird jeweils zunächst in Zweier- oder Dreiergruppen gearbeitet. Während des Gruppenlernens sollen die Schüler in den Zweier- und Dreiergruppen zunächst selbst versuchen, die Aufgaben zu lösen, um danach sofort die Lösung mit den anderen Schülern zu vergleichen. Wenn ein Schüler eine Aufgabe nicht lösen kann, dann sind die anderen Mitglieder der Gruppe dafür verantwortlich, ihm die Lösung zu erklären, und zwar in einer Weise, dass der Schüler diese Erklärung selbst mit eigenen Worten rekonstruieren kann. Die schwächeren Schüler erhalten dadurch eine zusätzliche Gelegenheit, *Fragen in der Gruppe zu stellen, die sie vor der Klasse nicht stellen würden.* Die Schüler müssen sich darüber im Klaren sein, dass ihre Gruppe nur dann im anschließenden individuellen Test gut abschneiden kann, wenn jeder Schüler möglichst gut die Sache beherrscht, möglichst alle Erklärungen selbst ohne Hilfe rekonstruieren kann und somit möglichst viel dazu gelernt hat.

Der Lehrer hat darauf zu achten, dass die Schüler die Arbeitsblätter genau beantworten und sie die Lösungen mit Hilfe des ausgehändigten Antwortbogens auch kontrollieren. In einer zweiten Stunde mit Gruppenarbeit kann dann den Schülern die Aufgabe gestellt werden, das neu Gelernte auf ein ähnliches Problem zu übertragen. So könnte den Schülern die Aufgabe gestellt werden, das Volumen von Zylindern zu bestimmen und dazu Versuche mit Messbechern durchzuführen.

Leistungstest, Dauer 1/2 bis höchstens eine Schulstunde. Ziel ist eine individuelle Leistungsprüfung. Für die Durchführung wird die Sitzordnung verändert, zur Vermeidung von Mogeln werden möglicherweise Paralleltests ausgehändigt. Eine Zusammenarbeit bzw. ein gegenseitiges Helfen ist nicht erlaubt.

Durch ein spezielles Berechnungsverfahren wird sichergestellt, dass auch schwächere Schüler den gleichen Betrag zum Gruppenergebnis beisteuern können wie stärkere Schüler. Wenn aufgrund eines Basistests bekannt ist, dass z. B. in einem Test mit 30 Aufgaben der Schüler 10 Punkte erzielt, und er erzielt im Test nach der Gruppenarbeit 20 Punkte, dann erreicht er einen maximalen Veränderungswert von zehn Punkten; diese 10 Punkte

---

[99] Die Zeitangaben beziehen sich auf Fächer mit vier bis fünf Stunden Fachunterricht in der Woche (z. B. in einem Hauptfach wie Mathematik oder Deutsch).

[100] Die Vergabe von Antwortblättern hat den Sinn, den Schülern eine Möglichkeit zur Kontrolle ihrer Lösungen an die Hand zu geben. Die Schüler müssen natürlich den verantwortungsbewussten Umgang mit diesen Antwortblättern lernen. Wenn sie die Lösungen abschreiben, können sie im anschließenden Test nicht erfolgreich sein. Vielleicht müssen sie diese Erfahrung selbst machen. Im Unterricht kann der Lehrer natürlich auf den sinnvollen Umgang mit den Antwortbögen eingehen.

werden der Gruppe gutgeschrieben. Ein sehr guter Schüler, der 28 Punkte im Basistest erzielt, und der nun 30 Punkte erreicht, trägt ebenfalls 10 Punkte zum Gruppenergebnis bei. Für jede Gruppe wird auf diese Weise ein Gesamtpunktwert gebildet, wobei der Gruppenwert der Fünfergruppen auf einen Vierergruppenwert umgerechnet wird (: 5 × 4). Der Lehrer sollte die Tests schnell, d. h. bis zur nächsten Stunde auswerten und die Ergebnisse mitteilen. Nur dann kann die Gruppenrallye weitergehen.

Rückmeldung an die Gruppen: Sowohl die individuellen Ergebnisse als auch die Gruppenergebnisse werden möglichst zeitnah mitgeteilt. Alle Schüler mit maximalem Verbesserungswert von 10 Punkten sollten namentlich aufgeführt werden. Zur Übersicht für die ganze Klasse wird eine Wandzeitung, ein Informationsblatt oder eine Folie vorbereitet. Wichtig ist nicht nur der individuelle Erfolg des einzelnen Schülers, sondern auch der Erfolg der gesamten Gruppe. Die Gruppe hat ja auch etwas mit dem individuellen Erfolg zu tun. Entsprechend wird das Gruppenergebnis hervorgehoben (z. B. „Mathe-Monster wieder vorn").

Die Rückmeldung sollte sich allerdings nicht nur auf das Lernergebnis, sondern auch auf den Lernprozess beziehen. Dazu ist erforderlich, dass der Lehrer sich während der Gruppenarbeit dazu Notizen macht. Zusätzlich kann am Ende der Sitzung mit Gruppenarbeit ein Bogen an die Schüler ausgehändigt werden, auf dem sie ihre persönlichen Erfahrungen mit der Gruppe durch Ankreuzen deutlich machen können.

Beispiel:

Unsere Gruppe war heute		
Interessant	0...0...0...0...0...0	*langweilig*
Ruhig	0...0...0...0...0...0	*laut*
Feindselig	0...0...0...0...0...0	*freundschaftlich*
Durcheinander	0...0...0...0...0...0	*geordnet*
Aufmerksam	0...0...0...0...0...0	*unaufmerksam*
Hat auf Fragen gut geholfen	0...0...0...0...0...0	*schlecht geholfen*

Die Antworten können für die Rückmeldung der Testergebnisse zusätzlich ausgewertet und in der Klasse bzw. in den Gruppen besprochen werden. Die Gruppen sollten veranlasst werden, sich konkret erreichbare Ziele für eine Verbesserung der Gruppenarbeit zu setzen. Dazu kann der Lehrer auf spezielle Probleme der Zusammenarbeit in den Gruppen gesondert hinweisen (z. B. ein Schüler fühlt sich ausgegrenzt, ihm wird nur widerwillig geholfen). Nach Eppler, Winter und Huber (1986) hat eine solche systematische Aufbereitung und Klärung der Gruppenprobleme für das soziale Klima in der Klasse eine starke positive Wirkung.

Die Umgangsformen lassen am Anfang oft noch zu wünschen übrig. Wie beim Klassenmanagement für die Arbeit mit der ganzen Klasse müssen auch Regeln für das soziale Verhalten in den Gruppen erarbeitet, eintrainiert und konsequent angewandt werden. Wer auf eine Vereinbarung klarer Standards verzichtet und nicht schon von Anbeginn an die Einhaltung dieser Regeln konsequent durchsetzt, wird vermutlich nie gute Ergebnisse mit Gruppenarbeit erzielen können. Der Lehrer sollte deshalb in der Klasse über einige Standards und Regeln für die Durchführung der Gruppenarbeit sprechen und diese Regeln sorgfältig eintrainieren. Folgende Fragen können in diesem Zusammenhang diskutiert werden: *„Hören wir in der Gruppe einander zu?" „Lassen wir uns gegenseitig ausreden?" „Fragen wir in der Gruppe um Hilfe, wenn wir etwas nicht verstanden haben?" „Geben wir uns in der Gruppe gegenseitig Erklärungen, die der andere auch verstehen kann?"*

Durch die Gruppenzusammensetzung wird auch festgelegt, welche Gruppe ein hohes und welche ein eher niedriges Entwicklungspotential hat. Manche Gruppen harmonieren sehr gut, manche weniger gut. Deshalb sollte nach einer bestimmten Zeit – Huber (1985) schlägt sechs Wochen vor – die Zusammensetzung geändert werden, damit die Mitglieder der weniger erfolgreichen Gruppen eine neue Chance für einen Gruppenerfolg bekommen.

Eine der Gruppenrallye verwandte Methode der Gruppenarbeit ist das *Gruppenturnier*. Beim Gruppenturnier (TGT, Teams-Games-Tournament) ist alles wie bei der Gruppenrallye, nur werden statt der individuellen Tests wöchentlich Turniere abgehalten. Schüler der verschiedenen Teams, aber gleicher Leistungsstärke, spielen an Tischen gegeneinander. Der Gewinner eines Turniers gewinnt für sein Team 60 Punkte, egal, an welchem Tisch er spielt. Schwache Schüler können auf diese Weise genauso viel für ihr Team bringen wie sehr starke Schüler. Wie in der Gruppenrallye erhalten die Teams mit den meisten Punkten Belohnungen bzw. Auszeichnungen.

Ein Beispiel für Teamarbeit[101] in der Gruppenrallye

„Ihr erinnert euch alle", begann Herr Dunbar, der Lehrer, seinen Unterricht, „auf welche Weise wir in der letzten Woche die Fläche eines Kreises und das Volumen eines Würfels berechnet haben. Heute bekommt ihr Gelegenheit, zu entdecken, wie das Volumen eines Zylinders zu berechnen ist. Dieses Mal seid ihr ganz auf euch selbst angewiesen. Auf jedem eurer Versuchstische findet ihr fünf verschiedene Zylinder, auf denen keine Maßeinteilungen eingetragen sind. Außerdem findet ihr dort ein Lineal und einen Taschenrechner, und ihr könnt Wasser vom Wasserhahn verwenden. Das wichtigste Hilfsmittel jedoch, das ihr nutzen sollt, ist Euer Verstand und der eurer Partner. Denkt daran: Am Ende der Tätigkeit in der Gruppe sollte jeder nicht nur fähig sein, die Formel für das Volumen eines Zylinders zu erklären, er sollte auch begründen können, wie er zu dieser Formel gekommen ist. Noch Fragen? Ihr könnt nun anfangen."

Die Schüler von Herrn Dunbars Mittelschulklasse machten sich an die Arbeit. Sie setzten sich in Viergruppen um die Versuchstische. Eine der Gruppen, genannt „Vierecke", fing damit an, alle Zylinder mit Wasser zu füllen.

„OK", sagte Michael, „wir haben alle unsere Zylinder mit Wasser gefüllt. Was machen wir nun?"

„Lass sie uns messen" schlug Marianne vor. Sie nahm das Lineal und bat Dave, die Maße auf die Zylinder zu schreiben.

---

[101] Das abgedruckte Beispiel entstammt aus Slavin (1996, S. 16–18) und wurde von mir möglichst wortgetreu übersetzt.

„Das Wasser in diesem Kleinen ist 36 mm hoch und – Augenblick – die Grundfläche unten hat einen Durchmesser von 42 mm."

„Was soll's?", fragte Yolanda. „Wir können das Volumen auf diese Weise nicht bestimmen. Lasst uns mal ein bisschen darüber nachdenken, bevor wir irgendetwas messen."

„Yolanda hat recht", sagte Dave. „Wir sollten uns besser einen Plan machen."

„Ich weiß", sagte Miguel, „lasst uns eine Hypo … aufstellen, eine Hypotha, wie nennt sie sich?"

„Hypothese", sagte Yolanda. „Genau, lasst uns überlegen, was die Lösung sein könnte."

„Erinnert euch, wie uns Herr Dunbar an die Fläche eines Kreises und das Volumen eines Würfels erinnert hat? Es könnte sein, dass dies ein wichtiger Hinweis war."

„Du hast recht, Miguel", sagte Herr Dunbar, der gerade vorbeikam. „Aber wie könnt ihr diese Information denn nun ausnutzen?"

Die Vierecke waren für ein paar Augenblicke still. „Lasst uns versuchen, die Grundfläche eines dieser Zylinder zu bestimmen", warf Dave ein. Erinnert euch, dass Margerite sagte, die Grundfläche des kleinen Zylinders habe einen Durchmesser von 42 Millimeter? Gib mir den Taschenrechner … Nun, wie bestimmen wir die Fläche?"

Yolanda sagte, „Ich denke, es war Pi mal das Quadrat des Radius."

„Das klingt gut. Also, 42 quadriert …"

„Nicht 42, 21 quadriert", unterbrach ihn Margerite. Wenn der Durchmesser 42 beträgt, dann ist der Radius 21."

„Ok, ok, ich hätte mich daran erinnert. Nun, 21, quadriert ist … 441, und Pi ist ungefähr 3,14, so mein heißgeliebter Taschenrechner sagt … 1.384,7."

„Und nun?", sagte Yolande.

„Das sagt gar nichts darüber aus, wie wir das Volumen zu bestimmen haben."

Margerite sprang begeistert hoch. „Einen Augenblick, Yolanda. Nun, ich denke, wir sollten die Grundfläche mit der Höhe des Wassers multiplizieren."

„Aber warum?", fragte Miguel.

„Nun", sagte Margerite, „als wir das Volumen eines Würfels berechneten, multiplizierten wir Länge mit Breite mal Höhe. Ich schätze, wir sollten das Gleiche auch bei einem Zylinder machen."

„Das Mädchen ist brillant!", sagte Miguel. „Klingt überzeugend für mich. „Aber wie können wir das beweisen?"

„Ich habe dazu eine Idee", sagte Yolanda. Sie kippte das Wasser aus allen Zylindern und füllte den kleinsten bis oben hin mit Wasser. „Das ist meine Idee: Wir wissen nicht, wie groß das Volumen dieses Zylinders ist, aber wir wissen, dass es immer gleich groß ist. Wenn wir das Wasser aus diesem Zylinder nacheinander in alle vier Zylinder umschütten, und wir verwenden unsere Formel, dann sollte immer das gleiche Volumen herauskommen. Lasst uns das einmal probieren!"

Nach Slavin (1996, S. 18) markiert ein solches kooperatives Lernen, wie es an diesem Beispiel verdeutlicht wurde, eine Revolution für das Unterrichten in Schulklassen. Kooperatives Zusammenarbeiten ersetzt nicht das Unterrichten durch den Lehrer; eher ersetzt es Stillarbeit. Wenn kooperative Arbeit richtig organisiert wird, dann arbeiten kooperative

Gruppen mit dem Ziel zusammen, dass jeder in der Gruppe die Unterrichtsziele auch erreicht. Die Mitglieder der Gruppe „Vierecke" wissen, dass sie mit ihrer Arbeit erst fertig sind, wenn jeder in der Gruppe die Formel entwickeln kann. Die Gruppe ist deshalb daran interessiert, dass jedes Gruppenmitglied möglichst viel dazu lernt.

7.2.2 Das Gruppenpuzzle

Das Gruppenpuzzle hat viele Gemeinsamkeiten mit der Gruppenrallye. Auch hier werden heterogene Gruppen gebildet (meist Viererguppen, die als Stammgruppen bezeichnet werden). Von diesen Stammgruppen werden Gruppenmitglieder in die verschiedenen Expertengruppen geschickt, in denen sie sich auf das gewählte Thema vorbereiten.

Diese Methode kooperativen Lernens geht auf die Arbeiten von E. Aronson (1978) zurück. Zentraler Gedanke ist die *Erarbeitung verschiedener Aspekte eines Themas durch Experten*. Diese Experten erhalten ihre Aufgabenstellung in der Regel durch einen Arbeitsbogen, haben danach Texte durchzuarbeiten, deren Inhalt in Expertenrunden diskutiert wird. Danach sollen diese Experten ihre Stammgruppe über ihr Thema unterrichten. Ein Beispiel wäre z. B. das Thema „Frankreich": Die Experten hätten verschiedene Seiten dieses Themas behandelt, z. B. die Geschichte Frankreichs, die geographischen Besonderheiten, die Wirtschaft und die Kultur.

Das Gruppenpuzzle kann in allen Fächern etwa ab der fünften Klassenstufe verwendet werden, in denen umfangreiche Materialien (z. B. ausführliche Texte) bearbeitet werden müssen. Dazu sollten die Schüler sinnverstehend einen Text lesen und bearbeiten können.

Ablauf eines Gruppenpuzzles

In der *ersten Phase* werden in den Stammgruppen die Experten bestimmt, die Texte zusammen mit den Expertenfragen verteilt und in der Stammgruppe (bzw. als Hausaufgabe) durchgearbeitet, um sich einen Überblick zu verschaffen, was $1/2$ bis zu einer Stunde Zeit erfordert.

Nach dem Durchlesen des Materials treffen sich in der *zweiten Phase* die Experten zu einer *Expertenrunde*, in der die ausgewählten Inhalte für 20 – 30 Minuten diskutiert werden. Sie können dazu noch zusätzliche Materialien (z. B. Arbeitsblätter, Notierhilfen) ausgehändigt bekommen.

Nach dieser Diskussion in der Expertengruppe kommen die Schüler in der *dritten Phase* wieder in ihren Stammgruppen zusammen, um hier ihr Wissen an die anderen Gruppenmitglieder durch einen kurzen Vortrag (5 bis 8 Minuten) weiterzugeben.

Wie bei der Gruppenrallye wird in der *vierten Phase* am Ende ein individueller Test bearbeitet. Bei der Entwicklung des Tests sind die Themen der Expertengruppen gleichrangig zu berücksichtigen. Der Test wird in gleicher Weise wie bei der Gruppenrallye ausgewertet und der Erfolg der Gruppe wird auf der Basis der Leistungsverbesserungen ermittelt. Nach Huber (1985, Studienbrief 1 B, S. 44 ff.) sollen die Leistungstests nicht bis zu einer Stunde wie bei der Gruppenrallye, sondern nur etwa 10 Minuten andauern.

Entscheidend für die Wirksamkeit dieser Methode sind die Arbeit in den Expertengruppen und die Fähigkeit der Experten, das dort erworbene Wissen an die Gruppenmitglieder weiterzugeben. Huber (1985, Studienbrief 1 B, S. 44) schreibt dazu:

> *„Der Schlüssel für den Lernerfolg beim Gruppenpuzzle ist die wechselseitige Abhängigkeit, da alle Schüler auf ihre Gruppenkameraden angewiesen sind; diese müssen die notwendigen Informationen in die Gruppe einbringen, aufgrund ihres Expertenwissens Fragen beantworten können usw., damit alle Gruppenmitglieder die Gesamtinformation, die zum Test nötig ist, erhalten."*

Die Wirksamkeit des Gruppenpuzzles wird vor allem durch drei Faktoren begrenzt:

➢ Die Schwierigkeiten der Einarbeitung in einen neuen Gegenstand. Die Experten sind mit dieser Aufgabe oft überfordert.

➢ Die Probleme der Experten, der Stammgruppe in kurzer Zeit das neu Erarbeitete in verständlicher Weise zu präsentieren.

➢ Die begrenzte Aufnahmekapazität der Stammgruppenmitglieder, die fast eine halbe Stunde lang passiv die von den Experten vermittelten Informationen „verdauen" müssen.

Damit die Experten ihre Aufgabe erfüllen können, müssen sie u. U. in der Fähigkeit zur Auswertung von Texten und der verständlichen Weitergabe von Informationen an die Stammgruppe trainiert werden. Am besten wäre es, wenn dazu Videomaterial über gute Arbeit in Experten- und Stammgruppen zusammengestellt wird, die Schüler die Arbeit in diesen Gruppen durch Ratingskalen bewerten und über auftauchende Probleme in den Gruppen bzw. in der Klasse gesprochen wird.

Die Wirksamkeit des Gruppenpuzzles hängt entscheidend davon ab, wie sehr das kooperative Verhalten in den Experten- und den Stammgruppen entwickelt werden kann. Die Stärke dieses Ansatzes liegt im Bereich sozialen Lernens. Dagegen bleiben die kognitiven Effekte dieser Methode deshalb häufig begrenzt, weil eine *tiefere Erarbeitung* eines Themas durch Anhören der kurzen Präsentationen nicht möglich ist. Es finden sich sowohl Studien, in denen diese Form der Gruppenarbeit sehr wirksam ist, wie auch Arbeiten, in denen der Erfolg geringer ist als in Gruppen, die im traditionellen Unterricht die Inhalte erarbeitet haben.

Zur genaueren Einschätzung des Verfahrens schreibt Huber (1985, Studienbrief 1 B, S. 53):

> *„In zahlreichen Untersuchungen hat sich gezeigt, dass durch dieses Verfahren beson-*
> *ders die sozialen Beziehungen in der Klasse gefördert werden. Es stiftet zahlreiche*
> *Kontakte, bringt viele Schüler dazu, einander zuzuhören, Fragen zu stellen, anderen*
> *etwas zu erklären oder sich etwas erklären zu lassen … In der relativ kurzen Zeit der*
> *Arbeit in Expertengruppen können natürlich schwächere Schüler keine langfristig ent-*
> *standenen Kenntnis- oder Fertigkeitsdefizite aufholen, z. B. trifft ein rechtschreib-*
> *schwacher Schüler nach einer halben Stunde Übung in der Anwendung einer bestimm-*
> *ten Rechtschreibregel in seiner Stammgruppe mit Schülern zusammen, die das alles*
> *längst und sicher beherrschen, was er sich nun vielleicht teilweise angeeignet hat; von*
> *diesem „Experten" können die anderen wenig lernen. Die Wirkung didaktisch falsch*
> *eingeplanter Gruppenpuzzles ist möglicherweise nicht nur gering, sondern für ein-*
> *zelne Schüler sogar negativ. "*

Um die Wirksamkeit des Gruppenpuzzles zu erhöhen, ist es wichtig, dass jeweils nach der dritten Phase noch einmal im lehrergeleiteten Unterricht die wichtigsten Punkte zusammen getragen und vertieft werden, „indem man
  - offene Fragen sammelt und bespricht,
  - Lernlücken identifiziert und schließt,
  - den Lernerfolg überprüft, …
  - das Gelernte in einen größeren Zusammenhang einordnet, …
  - ein Fallbeispiel bearbeitet,
  - Transferaufgaben stellt, die im eigenen Alltag umgesetzt werden sollen,
  - eine Entscheidungssituation präsentiert, die nun gelöst werden kann,
  - oder zu einem weiteren, ähnlichen Thema überleitet." (Haag & A. Huber 2004, S. 25 f.)

7.2.3 Unterricht mit Teamunterstützung (TAI)

Im Unterricht mit Teamunterstützung (TAI, **T**eam **A**ssisted **I**ndividualization[102]) werden wie bei der Gruppenrallye nach bestimmten Merkmalen *heterogene Vierer- oder Fünfergruppen* gebildet. Auch hier bestehen die Gruppen aus Schülern unterschiedlicher Leistungsniveaus, unterschiedlichen Geschlechts und aus verschiedenen sozialen und ethnischen Gruppen. Die Teams haben die Aufgabe, Gruppenmitgliedern bei Schwierigkeiten Hilfen zu geben. Im Unterschied zur Gruppenrallye wird das Geben von Hilfen und Erklärungen durch Lehrer und Gruppenmitglieder jedoch durch formative Tests gesteuert. Erst wenn die Schüler diese Tests erfolgreich im Sinne festgelegter Kriterien bestanden haben, können sie mit den Folgeaufgaben anfangen. Wenn das Kriterium nicht erreicht wird, erhält der Schüler individuelle Hilfen und kann danach einen Paralleltest absolvieren.

Man kann diese Form der Gruppenarbeit auf zwei verschiedene Situationen anwenden:
1. Schüler arbeiten an unterschiedlichen Lektionen, und
2. Schüler arbeiten an den gleichen Lektionen.

---

[102] Ein anderer Fachbegriff für diese Methode ist „**T**eam **A**ccelerated **I**nstruction".

Im Folgenden gehe ich zunächst auf den ersten Fall ein.

TAI wird nur in Mathematik in den Klassen 3–6 eingesetzt. Zuerst absolvieren alle Schüler einen Test, mit dessen Hilfe dann festgelegt wird, an welchen Inhalten des Lehrplans der Schüler am besten weiterarbeiten kann. Der Lehrer führt dann die Gruppe von Schülern, die sich an der gleichen Stelle des Lehrplans befinden, in den entsprechenden neuen Inhalt ein, danach arbeitet der Schüler individuell an dafür eigens entwickelten Selbstlernmaterialien. Diese schriftlichen Materialien enthalten

– eine Zusammenfassung der Lektion des Lehrers mit Lösungsbeispiel und einer schrittweisen Erklärung des Verfahrens,

– mehrere Übungsblätter mit jeweils 16 Aufgaben, wobei sich jedes Blatt auf eine Teilfertigkeit bezieht,

– zwei formative Tests A und B, sowie

– Lösungen zu den Aufgaben am Ende des Buchs.

Schüler, die an einer Lektion arbeiten, werden als eine Lerngruppe zusammengefasst und unterrichtet. In diesem Punkt bestehen große Ähnlichkeiten zum „Best Practice Leseunterricht" in Neuseeland (vgl. Wilkinson & Townsend 2000), in dem die verschiedenen Kompetenzgruppen auch getrennt unterrichtet werden. Der Lehrer kann sich dadurch auf die Lernbedürfnisse dieser vergleichsweise leistungshomogenen Gruppen einstellen. Im Unterschied zum Modell des Lesenlernens wird der Schüler bei Problemen durch sein heterogen zusammengesetztes Team unterstützt. Der Ablauf dieser Form der Gruppenarbeit sieht folgendermaßen aus:

➤ 1. Phase: Der Lehrer führt Schüler, die an der gleichen Stelle des Lehrplans arbeiten, in einen neuen Gegenstand ein.

➤ 2. Phase: Der Schüler löst die ersten vier Aufgaben, die dann von einem Teammitglied auf ihre Richtigkeit überprüft werden. Wenn alle vier Aufgaben richtig gelöst sind, kann der Schüler zur nächsten Seite gehen, wenn nicht, löst er die nächsten vier Aufgaben und lässt diese kontrollieren.

➤ 3. Phase: Wenn auf diese Weise alle Seiten zur entsprechenden Einheit bearbeitet wurden, soll der Schüler den formativen Test A mit 10 Aufgaben lösen. Wenn er mindestens 8 von 10 Aufgaben richtig löst, was meistens der Fall ist, wird er zum Test, der die Einheit abschließt, zugelassen; wenn nicht, analysiert der Lehrer die Aufgaben und gibt individuelle Hilfen. Er bekommt dann weitere Aufgaben, um bei guter Bearbeitung zum formativen Test B zugelassen zu werden.

➤ 4. Phase: Die Durchführung des abschließenden Tests wird einem eigens dafür bestimmten Schüler aus einem anderen Team übertragen. Der abschließende Test besteht aus 15 Aufgaben. Der Schüler hat mindestens 12 Aufgaben davon richtig zu lösen. Wenn er weniger richtig löst, bekommt er nach Analyse des Ergebnisses durch den Lehrer Zusatzaufgaben.

➤ 5. Phase: Auswertung der Ergebnisse für die einzelnen Gruppen. Die Gruppe ist das Gewinnerteam, in dem die meisten Unterrichtseinheiten gut bewältigt wurden.

Die Schüler haben dabei noch folgende Aufgaben:

➤ Versorgung mit dem Lern- und Übungsmaterial und

➤ bei Problemen sich gegenseitig helfen.

Da dadurch der Lehrer entlastet wird, kann er sich in größerem Umfang um das Unterrichten der kleinen, nach Leistungsniveau homogen zusammengesetzten Lerngruppen kümmern. Zum Beispiel kann der Lehrer die Gruppe zusammenrufen, die sich gerade mit der Dezimalbruchrechnung befasst, eine Lektion über Dezimalbrüche präsentieren und danach die Schüler in ihre Teams zurückschicken, wo sie dann weitere Aufgaben zur Dezimalbruchrechnung bearbeiten. Danach ruft der Lehrer die Schüler zusammen, die sich mit dem Erweitern und Kürzen von Brüchen befassen usw.

Der *Erfolg der Gruppe* wird hauptsächlich über die Anzahl der abgeschlossenen Einheiten des Teams bestimmt. Auch hier kann nur das Team als „Superteam" ausgezeichnet werden, das durch effektives gegenseitiges Helfen ein zügiges Vorankommen aller Teammitglieder gewährleistet. Der Lehrer kann sich auf das Unterrichten der leistungshomogenen Gruppen sowie auf das individuelle Helfen konzentrieren. Jede Woche stellt der Lehrer die Anzahl der Lektionen fest, die von allen Teammitgliedern erfolgreich bestanden wurden. Zertifikate und andere Teambelohnungen werden an Teams verteilt, die ein bestimmtes Kriterium erreicht haben, wobei dieses vor allem von der Anzahl der bestandenen Abschlusstests und von der Anzahl der erzielten Extrapunkte abhängt. Extra Punkte werden für perfekt bearbeitete Arbeitsbögen sowie vollständige Hausaufgaben vergeben.

Ein besonderer Vorteil dieser Methode kooperativen Lernens besteht im Unterrichten leistungshomogener Gruppen. Die Kompetenz des Lehrers als professionelle Vermittlungsinstanz kommt hier stärker zum Zuge als im Gruppenpuzzle. Danach arbeiten die Schüler individuell an den Selbstlernmaterialien und erhalten bei Problemen Unterstützung durch ihr Team. Die Steuerung des Lernprozesses erfolgt durch ein System verschiedener Tests. *Diese Steuerung durch Tests gewährleistet, dass alle Schüler in ihrer Zone der nächsten Entwicklung arbeiten.*

Man kann diese Form der Gruppenarbeit auch als Alternative zum normalen Klassenunterricht durchführen. In diesem Fall arbeiten alle Schüler an den gleichen Lektionen. Tarim und Akdeniz (2008) haben dazu ein Experiment durchgeführt. In diesem Experiment wurde TAI mit der **Gruppenrallye** und dem normalen Unterricht verglichen. Wichtig dabei: Beide Formen der Gruppenarbeit haben dem Lehrer das Einführen und Erklären der neuen Inhalte überlassen. Dafür wandten die Lehrer zwei von fünf Wochenstunden in Mathematik auf. Ferner wurde jede Woche durch einen Endtest abgeschlossen, um feststellen zu können, welche Gruppen und welche Schüler viel gelernt haben. Beide Formen der Gruppenarbeit erwiesen sich in dieser Studie als sehr lernwirksam: Die Gruppenrallye lag um 0,4 Standardabweichungen über dem normalen Unterricht, TAI sogar um eine ganze Standardabweichung. Es ist zu vermuten, dass der größere Erfolg von TAI mit den vielen formativen Tests und den darauf erfolgenden individuellen Hilfen durch die Gruppe und den Lehrer zusammenhängt. (vgl. Wellenreuther 2011b)

Ein Nachteil von TAI ist die Notwendigkeit, dass die verschiedenen formativen und summativen Tests zuerst entwickelt werden müssen. Zu dieser Entwicklungsarbeit sollten sich Lehrer zu Lerngemeinschaften zusammenschließen. Solche Lerngemeinschaften wären auch hilfreich, um Übungsmaterialien und Ideen zur Einübung sozialer Fertigkeiten, die für Gruppenarbeit wesentlich sind, zusammenzustellen und zu erproben.

7.2.4 Die Wirksamkeit kooperativer Methoden

Für die Wirksamkeit von Methoden kooperativen Lernens kommen viele Faktoren in Betracht, und es ist im Einzelfall nicht zu klären, wie bedeutsam einzelne Faktoren sind. Folgende Faktoren werden in der Literatur diskutiert:

– In allen Methoden kooperativen Lernens werden Schüler motiviert, selbst aktiv Erklärungen zu entwickeln. Dadurch werden die zu lernenden Inhalte gefestigt und in die vorhandene Wissensstruktur integriert.

– Beim kooperativen Lernen bestehen häufiger Möglichkeiten als im Rahmen des Klassenunterrichts, zu individuellen Problemen passende Erklärungen zu erhalten.

– Schüler haben andere sprachliche Möglichkeiten, anderen Schülern Inhalte verständlich zu erklären.

– Die wirksamen Gruppenmethoden verwenden in der Regel die individuelle Bezugs-norm und prämieren Leistungsverbesserungen. Dadurch entsteht eine höhere Lern-motivation als durch eine Orientierung an der sozialen Bezugsnorm.

– Die Abhängigkeit des Erfolgs der leistungsstarken Schüler von den Lernfortschritten der leistungsschwächeren Schüler motiviert diese, den schwächeren Schülern zu helfen.

Die Wirksamkeit der Gruppenarbeit kann jedoch auch durch bestimmte Faktoren vermin-dert werden. So kann nicht automatisch davon ausgegangen werden, dass Schüler z. B. im Gruppenpuzzle gute „Erklärer" sind. Auch können durch längere Erklärphasen die Möglichkeiten der Aufnahme von Informationen über das Arbeitsgedächtnis überfordert werden.

Slavin hat eine Meta-Analyse der Wirksamkeit von verschiedenen Methoden der Grup-penarbeit durchgeführt. Die in dieser Meta-Analyse (Slavin 1996, S. 31) berücksichtigten empirischen Untersuchungen mussten folgende Kriterien erfüllen:

➢ Alle Untersuchungen mussten Kontrollgruppen verwenden, in denen mit dem gleichen Lernmaterial wie in den Versuchsgruppen gearbeitet wurde.

➢ Es musste gezeigt werden, dass Experimental- und Kontrollgruppen bei Beginn der Untersuchung gleiche Leistungen aufwiesen.

➢ Die Untersuchungen mussten mindestens vier Wochen andauern (zwanzig Unterricht-stunden)[103], und

➢ Leistungsmaße mussten Gegenstände messen, die sowohl in Versuchs- wie in den Kontrollklassen unterrichtet wurden.[104]

Um den Erfolg der verschiedenen Formen des kooperativen Lernens zu beurteilen, wurden Effektstärken berechnet. Die Effektstärke drückt aus, um wie viel Standard-

---

[103] Dieses Kriterium führte am häufigsten zum Ausschluss von Untersuchungen.

[104] Im Internet kann man noch eine weitere Metaanalyse zur Wirksamkeit verschiedener Methoden der Gruppen-arbeit finden (Johnson, Johnson & Stanne 2000). Diese Metaanalyse kommt zu deutlich anderen Ergebnissen als die Metaanalyse von Slavin. Da Johnson et al. (2000) bei dieser Analyse allerdings auf eine genauere Dar-stellung der Auswahlkriterien für die analysierten Studien verzichten, ist die Glaubwürdigkeit der Ergebnisse nicht einschätzbar.

abweichungen[105] bzw. um welchen Bruchteil einer Standardabweichung die Ergebnisse der Schüler mit Gruppenarbeit besser sind als die der herkömmlich unterrichteten Schüler.

Beispiel: Eine Effektstärke von +0,5 bedeutet, dass die Schüler bei kooperativer Methode um eine halbe Standardabweichung bessere Ergebnisse als beim normalen Unterricht erzielt haben. Dies wäre ein recht deutlicher und starker pädagogischer Effekt.

Tab. 6: Die Wirksamkeit verschiedener Methoden der Gruppenarbeit (vgl. Slavin 1996, S. 53)

Median	Gruppenrallye	Gruppenturnier	Gruppenpuzzle
aller Effektstärken	+0,32 (26)*	+0,38 (7)	+0,12 (8)
... in standardisierten Tests	+0,21 (9)	+0,40 (4)	/

* In Klammern steht die Anzahl der Untersuchungen, auf die sich die Werte beziehen.

Für die Gruppenrallye liegt der Median[106] der Effektstärken aller Untersuchungen bei allen Tests bei +0,32, und bei +0,21 bei standardisierten Tests. Die Gruppenrallye wurde in allen Unterrichtsfächern eingesetzt, und zwar von der zweiten Klasse bis zum College. Besonders geeignet scheint die Gruppenrallye für präzise definierte Inhalte zu sein wie z. B. mathematische Berechnungen und Anwendungen, Sprachgebrauch (Rechtschreibung), Geographie (z. B. Kartenkunde) und zentrale Konzepte in den Naturwissenschaften. Die Grundidee der Gruppenrallye besteht ja darin, die Schüler zu motivieren, die Inhalte zu verstehen, die der Lehrer präsentiert. Wenn die Schüler erreichen wollen, dass ihre Gruppe Erfolg hat, dann müssen sie sich gegenseitig so präparieren, dass sie die nachfolgenden Prüfungen möglichst gut bestehen können. Entsprechend müssen sie ihre Teamkameraden anfeuern, ihr Bestes zu geben.

Ähnlich wirksam wie die Gruppenrallye ist das Gruppenturnier. Der Median aller Effektstärken der relevanten empirischen Untersuchungen betrug +0,38. In den vier Studien, die standardisierte Maße verwandten, betrug der Median der Effektstärken +0,40.

Weniger überzeugend sind die Ergebnisse beim Gruppenpuzzle (Median aller Effektstärken von +0,12 bei 8 Untersuchungen). Vermutlich spielt hier eine Rolle, dass die Erklärungen der „Experten", welche die Schüler über etwa dreißig Minuten lang aufnehmen müssen, die Gegenstände nicht hinreichend verdeutlichen sowie die Verarbeitungsmöglichkeiten der Schüler überfordern.

Interessant erscheint, dass nur die Methoden der Gruppenarbeit eine hohe Lernwirksamkeit aufweisen, die dem Lehrer die Einführung und Erklärung der Inhalte überlassen. So betrug z. B. in der Studie von Tarim und Akdeniz (2008) der Anteil des lehrergeleiteten Unterrichts (Einführung der Inhalte, Erklären und Verdeutlichen an Lösungsbeispielen und Visualisierungen) 40 % (2 von 5 Schulstunden). Dies widerspricht der gängigen Auffassung, die Gruppenmitglieder würden noch besser als der Lehrer Inhalte erklären können. Offensichtlich ist der Lehrer als Professional im Einführen und Erklären von Inhalten fast unverzichtbar, wenn die Lernwirksamkeit des Unterrichts über der des normalen

---

[105] Als Bezugsgröße wird dabei meist die Standardabweichung der Messwerte in der Kontrollgruppe mit herkömmlichem Unterricht genommen.

[106] Der Median ist der mittlere Wert einer Datenverteilung, der die nach Größe geordneten Messwerte halbiert.

Unterrichts liegen soll. Und noch ein weiterer Punkt scheint wichtig zu sein: *Die lernwirk-samen Formen ziehen die einzelnen Schüler und die Gruppe durch individuelle Tests zur Verantwortung.*

Slavin (1995, 1996 b) hat Analysen durchgeführt, durch die belegt wird, dass die Effektivi-tät der modernen Methoden der Gruppenarbeit unter zwei Voraussetzungen besonders hoch ist: **Erstens** sollten Tests, die von jedem Schüler bearbeitet werden müssen, am Ende einer Einheit (in der Regel am Ende der Woche) durchgeführt werden. Wenn auf eine sol-che Rechenschaftslegung durch Tests verzichtet wird, vermindert sich die Lernwirksamkeit so stark, dass sie sich kaum noch von der Lernwirksamkeit des normalen Unterrichts unter-scheidet.

Deshalb ist es kaum nachvollziehbar, wenn in neueren Büchern zum kooperativen Lernen (vgl. Brüning / Saum 2007) als Alternative zu den Tests das Präsentieren der Gruppener-gebnisse durch ein Gruppenmitglied vorgeschlagen wird (Think-Pair-Share- Methode). Wenn in diesem Fall ein leistungsstarkes Gruppenmitglied die Gruppenergebnisse präsen-tiert, erhält man einen zu guten Eindruck von der Arbeit der Gruppe, wenn dagegen ein schwächeres Gruppenmitglied vorträgt, wird ein zu schlechter Eindruck erzeugt. Da es sich hier um eine zentrale Frage der Gruppenarbeit handelt, stehen die Vertreter solcher Praktiken der Gruppenarbeit in der Pflicht, durch experimentelle Studien nachzuweisen, dass unter bestimmten Bedingungen ein Verzicht auf Tests nicht mit einer Verminderung der Wirksamkeit der Gruppenarbeit einhergeht. (vgl. Wellenreuther 2011b)

Zweitens sind die Methoden der Gruppenarbeit besonders effektiv, die die Aufgabe des Einführens und Erklärens von Inhalten dem überlassen, der aufgrund seiner Ausbildung dafür auch am besten gerüstet ist: dem Lehrer. Dies kann durch den Vergleich der Lern-wirksamkeit von Methoden kooperativen Lernens, welche die Einführung von Inhalten dem Lehrer anvertrauen (Gruppenrallye, Gruppenturnier und TAI) mit Methoden, die eine Erarbeitung und Einführung den Schülern selbst überlassen (z. B. das Gruppen-puzzle), belegt werden. Das Gruppenpuzzle unterscheidet sich in seiner Wirksamkeit nicht wesentlich vom normalen Unterricht, während die Wirksamkeit der anderen drei Metho-den um mindestens 0,3 Standardabweichungen über dem normalen Unterricht liegt.

Neben der Lernwirksamkeit ist jedoch auch wichtig, ob sich eine Methode der Gruppenar-beit zum Erlernen sozialer Verhaltensweisen eignet, ob Schüler durch sie Methoden des Lehrens und Lernen kennenlernen und vor allem, ob sie diese Arbeit als motivierend er-leben.

Huber (1985, Studienbrief 1B, S. 19) spricht von einem dramatischen Erfolg der Gruppen-rallye, bezogen auf den vergleichsweise geringen organisatorischen Aufwand:

> *„Die Schüler beginnen plötzlich einander zu helfen, statt neidisch auf Mitschüler zu sehen, die besser sind, oder andere auszulachen, die ständig Fehler machen. Sie sammeln die Erfahrung, dass Lernaktivitäten soziale Ereignisse sein können und nicht nur isolierte Anstrengung bedeuten, dass Lernen Spaß macht, dass sie selbst Lernfortschritte bewirken können – und nicht völlig abhängig vom Lehrer sind. Sie sehen im Lehrer oder in der Lehrerin vielmehr eine Person, die wichtige Informationen liefern kann, die sie tatsächlich benötigen. In der Regel entsteht relativ rasch ein Gemeinschaftsgeist, den man selten in Klassen findet. Besonders wichtig ist, dass sich dieses Gefühlt des Zusammenhalts auch für eher abgelehnte Schüler günstig auswirken kann: Sie werden integriert oder anfangs zumindest in ihren Lernbemühungen unterstützt und nicht zum Sündenbock für alle Probleme gemacht."*

Allerdings hat dieses intensive Kümmern um schwächere Schüler auch einen Pferdefuß: Gerade weil der Erfolg der ganzen Gruppe in gleicher Weise von der Leistung der schwächeren wie von der Leistung der leistungsstärkeren Schüler abhängig ist, wird auf die schwächeren Schüler ein Leistungsdruck ausgeübt, der sich in massiver Kritik bei Versagen äußern kann. Der Lehrer sollte deshalb das Interaktionsgeschehen in den Gruppen sorgfältig beobachten und das soziale Lernen gezielt fördern.

7.3 Offene Probleme der Gruppenarbeit

Im Folgenden soll auf folgende kritische Punkte kooperativer Methoden eingegangen werden:

1. Die Motivierung der Gruppe durch Belohnungen.
2. Die Notwendigkeit eines Trainings für Gruppenarbeit.
3. Die Berücksichtigung individueller Verarbeitungsstile wie Gewissheitsorientierung.

Zu (1): Die Motivierung der Gruppe durch Belohnungen: Wenn das Gruppenprodukt allein „belohnt" bzw. gewürdigt wird, dann kann es im Interesse vieler Gruppenmitglieder sein, dieses möglichst schnell und ohne großen Energieaufwand herzustellen. Durch Belohnung des individuellen Lernzuwachses der Gruppenmitglieder werden vor allem die leistungsstarken Schüler motiviert, sich intensiv um den Lernerfolg der leistungsschwächeren Schüler der Gruppe zu bemühen. Die Gruppe kann nur erfolgreich sein, wenn auch diese Schüler die Inhalte verstehen und reproduzieren können.

Die entscheidende Frage ist, ob durch Verwendung extrinsischer Verstärker *auf Dauer* die Sachmotivation bzw. die intrinsische Motivation vermindert wird. In diesem Zusammenhang wird häufig auf experimentelle Befunde verwiesen, nach denen das Belohnen die intrinsische Motivation vermindere. Wenn intrinsisch motivierte Personen für eine Tätigkeit, die sie eigentlich gerne auch ohne Belohnungen ausführen würden, eine Belohnung versprochen bekommen und diese dann auch erhalten, sinkt ihre intrinsische Motivation (vgl. Lepper, Greene & Nisbett 1973). Vorausgesetzt wird hier eine hohe intrinsische Ausgangsmotivation, die bei vielen schulischen Aufgaben nicht anzunehmen ist. Wenn eine hohe intrinsische Ausgangsmotivation nicht vorhanden ist, kann sie auch nicht kaputt gemacht werden. Eher wird sich durch die positiven Erfahrungen beim Lösen der Aufgaben bei den schwächeren Schüler eine höhere Motivation entwickeln.

Slavin muss deshalb so großen Wert auf extrinsische Belohnungen legen, weil er Gruppenarbeit für Aufgaben vorsieht, die auch im Rahmen individueller Stillarbeit erledigt werden könnten. Insbesondere hat er bei heterogener Gruppenzusammensetzung das Problem eines Ungleichgewichts des Gebens und Nehmens: Er hat das Problem zu lösen, wie er die besseren Schüler dazu bewegen kann, den schwächeren Schülern zu helfen, wenn die besseren Schüler von den Erklärungen und Erläuterungen der schwächeren Schüler kaum profitieren können.

Die Probleme liegen jedoch anders, wenn man sich Aufgaben zuwendet, die gar nicht sinnvoll in Einzelarbeit zu lösen sind und die einen regen Austausch von verschiedenen Ideen erfordern (vgl. Cohen 1994). Die Lösung solcher Aufgaben ist intrinsisch stärker motivierend; eine Vergabe extrinsischer Verstärker, die nicht in der Sache selbst begründet sind, würde diese intrinsische Motivation unterminieren. Von der Sache her angemessen erscheint, das Endprodukt anderen z. B. im Rahmen von Aushängen oder von Darbietungen zugänglich zu machen. Auch hierbei spielen extrinsische Belohnungen eine Rolle, allerdings in natürlicher Form als soziale Anerkennung durch Personen wie Eltern, Schüler anderer Gruppen oder Schüler anderer Klassen.

Ein weiterer Kritikpunkt ist der *soziale Druck*, der in den heterogenen Gruppen von den „besseren" Schülern auf die schwächeren Schüler ausgeübt wird. Die Gruppenbelohnung hängt ja davon ab, dass auch die schwächeren Schüler stofflich mithalten. Dies kann leicht zu Überforderungen dieser Schüler führen, auch wenn ihre Leistung an der Leistung vergleichbar schwacher Schüler gemessen wird. Dieses Problem wird im Unterricht mit Teamunterstützung (TAI) vermieden. Insgesamt bleibt festzuhalten, dass es bisher unter den gut erforschten Methoden der Gruppenarbeit keine alternativen Methoden gibt, die a) vergleichbar effektiv sind wie die von Slavin dargestellten Methoden und die b) auf extrinsische Verstärker verzichten.

Für den Bereich des Einübens, Anwendens und Festigens von Inhalten sind Methoden kooperativen Handelns dann wirksam, wenn sie das Interesse der Gruppe am individuellen Lernzuwachs des einzelnen Gruppenmitglieds belohnen (Beispiele Gruppenrallye, Gruppenturniere, Uunterricht mit Teamunterstützung). Auch bei der Erarbeitung von Inhalten durch verständiges Lesen und Diskutieren in Expertengruppen (Gruppenpuzzle) spielt diese Form des Belohnens eine zentrale Rolle. Vermutlich kann auf zusätzliche Formen der Belohnung verzichtet werden, wenn Schüler selbst durch interessante Themen oder Projekte für die Bearbeitung von Aufgaben hinreichend intrinsisch motiviert sind.

Zu (2): Die Notwendigkeit eines Trainings für Gruppenarbeit: Schüler sind in der Regel nicht in der Lage, ohne entsprechendes Training gut miteinander zu kooperieren. Häufig kann man feststellen, dass Schüler nur die richtige Lösung finden wollen, und es gar nicht für erforderlich halten, über den Weg miteinander zu diskutieren. Sie benötigen Hinweise, dass es zur Lösung der Aufgabe erforderlich ist, Ziele zu spezifizieren, Vorgehensweisen zu planen, Alternativen zu erzeugen und zu diskutieren, Pläne und Lösungsskizzen aufzustellen und Lösungen im Sinne der Ziele und Vorgehensweisen zu kontrollieren. Eine Möglichkeit, für eine genaue Beachtung solcher zusätzlicher Aufgaben zu sorgen, besteht im

Verteilen spezifischer Rollen an verschiedene Schüler der Gruppen, wobei diese Schüler für die Erfüllung solcher Aufgaben noch zusätzlich vorbereitet werden sollen. Auch der Lehrer sollte die Bedeutung von Lösungswegen und Reflexionen darüber durch *modellhaftes lautes Denken vor der Klasse* unterstreichen.

Ein weiterer Punkt ist die Art der *Passung von Hilfebedürfnis und der Art der erhaltenen Hilfe.* Wenn ein Schüler in einer Gruppe um eine Erklärung bittet und nur die Lösung bekommt, ergibt sich eine negative Beziehung zwischen Hilfeverhalten und Gruppeneffektivität. Entscheidend ist vermutlich die Qualität der Hilfe, die dem Hilfesuchenden möglichst nur Anregungen geben soll, um selbst die Lösung zu finden.

Zu (3): Gruppenarbeit und Gewissheitsorientierung. Gruppenarbeit konfrontiert das Individuum mit verschiedenen Sichtweisen eines Problems und löst damit u. U. Unsicherheit und Ängste bei den Gruppenmitgliedern aus. Dies geschieht insbesondere dann, wenn es sich um gewissheitsorientierte Personen handelt, also Personen, die sich nach Huber (1995, S. 319) „vor allem auf Aktivitäten einlassen, die keine Ungewissheiten auslösen, die nichts Neues über sie selbst oder ihre Situation ergeben." Gewissheitsorientierte Personen werden Lernsituationen eher vermeiden wollen, deren weitere Entwicklung offen ist und in denen man sich zwischen verschiedenen Alternativen entscheiden muss. Durch Gruppenarbeit werden Personen jedoch gezwungen, sich mit verschiedenen Alternativen auseinander zu setzen. Deshalb ist anzunehmen, dass gewissheitsorientierte Personen durch Gruppenarbeit eher in ihrem Lernen behindert als gefördert werden. Entsprechend fanden Huber, Sorrentino, Davidson, Eppler & Roth (1992), dass gewissheitsorientierte Personen sich bei Gruppenarbeit schlechter als im traditionellen Unterricht fühlten und hier auch schlechtere Leistungen erzielten, während sich unsicherheitstolerante Personen eher beim kooperativen Lernen wohl fühlten und hier bessere Leistungen erzielten. Unsicherheitstolerante Personen machen in der Gruppenarbeit häufiger eigene Vorschläge, stellen mehr Fragen im Entscheidungsprozeß und geben mehr Begründungen und Bewertungen (vgl. Huber 1995, S. 323).

Für das pädagogische Handeln ergibt sich aus dieser Situation eine etwas zwiespältige Situation: Durch einen strukturierten Unterricht wird die Lernsituation der gewissheitsorientierten Personen berücksichtigt, durch Gruppenarbeit und offenere Fragestellungen mehr die Situation unsicherheitstoleranter Personen. Huber führt dazu aus (1995, S. 328):

> *„Unterricht muss einerseits die Aufmerksamkeit der Lerner auf jene Probleme lenken, für die das Curriculum klare Lösungen bereithält. Die Schüler müssen in ihren Lernaktivitäten so geleitet werden, dass sie die im Curriculum vorgesehenen Kenntnisse und Fertigkeiten erwerben. Andererseits müssen Schulen ihre Schüler auf die einzige Invariante des Lebens in der modernen Welt vorbereiten, nämlich auf ständige Veränderung. Unterricht kann sich daher nicht nur darauf konzentrieren, Lerner zu präparieren, bekannte Antworten auf bekannte Fragen zu geben. Vielmehr müssen sie auch darin gefördert werden, selbstständig neue Fragen zu stellen und selbstverantwortlich passende Antworten zu suchen."*

7.4 Tutorenarbeit – eine wichtige Methode zur Förderung von Schülern

Der traditionelle Unterricht geht meist von der Annahme aus, dass alle Schüler in gleicher Weise wirksam unterrichtet werden können. Gleichzeitig belegen viele Studien einen deutlichen Scheren- bzw. Matthäuseffekt (vgl. Stanovich 1986). Die Schüler mit hohem Kenntnisstand lernen mehr dazu als Kinder mit einem geringeren Kenntnisstand. Ein effektives Unterrichten wird bei steigender Heterogenität in der Klasse immer schwieriger. Auf diese Situation kann je nach Schwere des Rückstands auf zweierlei Weise reagiert werden:

1. Bei leichteren Rückständen durch Maßnahmen *innerer Differenzierung* in der Klasse.
2. Bei schwereren Rückständen durch *besondere Fördermaßnahmen, z. B. von Tutorenarbeit.*

Bei einer *inneren Differenzierung* in der Klasse kann der Lehrer den leistungsstärkeren Schülern schwierigere Zusatzaufgaben stellen; während diese daran selbstständig arbeiten, kann er die schwächeren Schüler zu einer Gruppe zusammenfassen, um ihnen Sachverhalte länger zu erklären, bis sie in der Lage sind, selbstständig die Aufgaben eines Arbeitsblatts zu bearbeiten. Der Lehrer kann ferner unterschiedliche leistungshomogene Gruppen zusammenstellen und diese mit unterschiedlichen Aufgaben versorgen. Allerdings muss er dann diese Gruppen auch getrennt unterrichten (vgl. Wilkinson & Townsend 2000 sowie Unterricht mit Teamunterstützung, → S. 213 f.).

Wenn Kinder im Klassenunterricht deutlich überfordert sind, sollten *besondere individuelle Fördermaßnahmen* durch speziell ausgebildete Lehrer oder durch Tutoren eingeleitet werden. Bei dem bekanntesten Förderprogramm „Reading Recovery" wird diesen Schülern ein zusätzlicher individuelle Förderunterricht durch speziell ausgebildete Förderlehrer erteilt (vgl. Clay 1993). Dies ist effizient, aber auch teuer. Statt der Förderlehrer können auch Tutoren (Erwachsene, z. B. Studenten, die sich ein Zubrot verdienen wollen, oder ältere bzw. besonders leistungsstarke Schüler) eingesetzt werden. *Solche Tutorenprogramme sind wirksam, wenn strukturiertes und geprüftes Unterrichtsmaterial eingesetzt wird und die Tutoren ausgebildet sowie in ihrer Arbeit konkret angeleitet werden* (vgl. Farkas 1998; Invernizzi, Juel, & Rosemary 1997).

Partner- und Tutorenarbeit gelten bei besonderen Lernschwierigkeiten als besonders wirksame pädagogische Methoden. Diese Wirksamkeit ergibt sich nur, wenn die Tutoren systematisch geschult werden und eine begleitende Kontrolle der Tutorenarbeit durchgeführt wird (vgl. Fuchs, Fuchs, Hamlett, Phillips, Karns & Dutka 1997; Wasik & Slavin 1993; Wasik 1998; Torgesen et al. 1999; Mathes, Torgesen & Allor 2001). Training der Tutoren und fortlaufende Supervision ist von ausschlaggebender Bedeutung, wenn adaptive Lernmaterialien, die sich dem Vorwissen der Schüler anpassen lassen, nicht vorhanden sind und Laien statt pädagogischer Experten (z. B. Lehrer) als Tutoren auf die pädagogische Arbeit vorbereitet werden.[107]

Ein zentrales Feld pädagogischer Förderarbeit liegt im Bereich des Lesenlernens, da das anschließende schulische Lernen die Fähigkeit zum Lesen voraussetzt.[108] Wasik (1998,

---

[107] Der Einsatz von Laien ist meist aus Kostengründen erforderlich.

[108] Damit Schüler mit Lernrückständen beim Lesenlernen den Anschluss an ihre Mitschüler nicht verpassen, wurde in den USA ein Gesetz verabschiedet, der „America Reads Challenge Act" (1997). Konkretes Ziel dieses Programms war, jedes Kind bis zum Ende der dritten Klasse dazu zu befähigen, gut und flüssig zu lesen. Um dieses ehrgeizige Ziel zu erreichen, werden vor allem Tutorenprogramme durchgeführt.

S. 282 f.) nennt aufgrund einer Metaanalyse von Untersuchungen zur Tutorenarbeit folgende Punkte, die für den Erfolg solcher Tutorenprogramme wichtig seien:

Die *fachliche Strukturierung* muss geklärt sein, um bestimmen zu können, wie Vorwissensstruktur und fachliche Struktur im Sinne der Zone der nächsten Entwicklung aufeinander zu beziehen sind. Eine fachliche Unterstützung der Tutorenarbeit erscheint erforderlich, wenn ausgearbeitete und leicht anwendbare Lernmaterialien fehlen, in die das fachliche Wissen eingebaut ist.

Schulung: Pädagogen (Lehrer, Tutoren) müssen für die Umsetzung der genannten pädagogischen Prinzipien für die verschiedenen Anwendungsfelder geschult werden. Dazu gehört ein Training zur Identifikation des Vorwissens und der bestehenden Wissenslücken, um darauf bezogen dosierte Hilfen im Sinne eines Scaffolding geben zu können.

Die Durchführung eines wirksamen Tutorenprogramms setzt die Entwicklung aufeinander aufbauender Lerneinheiten für die verschiedenen Kompetenzstufen voraus. So wurden im Tutorenprogramm „Reading One To One" (Farkas 1998) spezifische, aufeinander aufbauende Lerneinheiten für drei Kompetenzgruppen gebildet: Kompetenzstufe 1 repräsentierten die „Alphabetschüler", Kompetenzstufe 2 die „Wortfamilienschüler" und Kompetenzstufe 3 die „Leseverstehensschüler". Die Arbeit in Kompetenzstufe 1 sah z. B. folgendermaßen aus:

Tutorensitzungen für die Alphabet-Schüler (nach Farkas 1998)

Man arbeitet hier mit sehr einfachen Büchern, deren Texte und Wörter genau hinsichtlich ihres Schwierigkeitsgrads kontrolliert sind. Die Lektionen bestehen aus vier grundlegenden Elementen:

Teil 1: Wiederholung von Buchstaben und Lauten (10 Minuten)
Teil 2: Buchstaben/Laut-Unterricht (15 Minuten)
Teil 3: Lesen (5 Minuten)
Teil 4: Schreiben unter Anleitung (5 Minuten)

Im Folgenden wird auf zwei Untersuchungen eingegangen, um die Struktur von Tutorenarbeit für bestimmte Bereiche etwas konkreter zu erläutern.

1. Die erste Untersuchung bezieht sich auf die Förderung mathematischer Grundkenntnisse vor Schuleintritt mit Hilfe älterer Schüler (Johnson & Bailey 1974).

2. In der zweiten Untersuchung werden Schüler der Mittelstufe, die erhebliche Leseschwierigkeiten haben, von Hilfslehrern (Paraprofessionals) gefördert (Mercer et al. 2000).

(1) Ältere Schüler als Tutoren – die Untersuchung von Johnson & Bailey (1974)

Bei einer Einschulung trotz erheblicher Defizite hat die Schule eher Möglichkeiten als das Elternhaus, besondere Fördermaßnahmen zu ergreifen. Dies ist meist eine bessere Lösung als eine *Zurückstellung des Schülers*. Bei schwereren kognitiven Defiziten ist der Lehrer leicht überfordert, da wenige zusätzliche Förderstunden bei massiveren kognitiven Defiziten nicht ausreichen. Eine kostengünstige Fördermöglichkeit stellt der Einsatz von älteren Schülern als Tutoren dar. Über die empirische Erprobung eines solchen Einsatzes von älteren Schülern (Fünftklässlern) als Tutoren im Kindergarten[109] berichten Johnson & Bailey (1974). Auf diese Untersuchung möchte ich kurz eingehen.

Die Untersuchung bezog sich auf die Förderung grundlegender arithmetischer Fertigkeiten. Dazu zählt das Kennen der Zahlen von 1–100, was bedeutet, dass der Schüler (1) laut zählen kann, (2) Gegenstände abzählen kann, (3) auf eine Zahl in einer Zahlenreihe zeigen kann, wenn diese Zahl genannt wird, und (4) den Namen einer Zahl nennen kann, wenn auf diese Zahl gezeigt wird. Da angenommen wurde, dass diese Fertigkeiten für bestimmte Zahlenbereiche einfacher sind als für andere, sollten diese z. B. zunächst für den Bereich 1–10, danach für den Bereich 11–20, dann in Zehnerschritten von 10–100 und danach von 21–100 trainiert werden. Für den gesamten Bereich wurde ein Test entwickelt, der am Anfang als Vortest, als Zwischentest 1 und 2 sowie als Nachtest eingesetzt wurde.

Die Tutoren wurden an drei aufeinander folgenden Tagen in 30–minütigen Sitzungen auf ihre Arbeit vorbereitet. Sie sollten dabei lernen, klar zu sprechen, richtige Antworten sowie angemessenes Sozialverhalten zu belohnen, unangemessenes Sozialverhalten nicht zu beachten, unrichtige Antworten zu korrigieren und eine Aufgabe zu wiederholen, wenn eine Antwort korrigiert wurde. Ferner wurden mit den Schülern die Lernmaterialien durchgegangen. Dabei wurde ihnen auch erklärt, wie die in einer Sitzung erzielten Leistungen festgestellt und in Listen eingetragen wurden. Das gewünschte Verhalten wurde in Rollenspielen erprobt, indem die Tutoren sowohl die Rolle des Tutors wie die des Tutees übernahmen.

Insgesamt wurden fünf Tutoren ausgebildet. Die Versuchsgruppe bildeten 4 Tutees[110], deren Entwicklung mit 4 ansonsten vergleichbaren Kindern verglichen wurde. Diese Kinder der Vergleichsgruppe nahmen ohne zusätzliche Förderung am normalen Kindergartenleben teil. Zum normalen Programm gehörte auch, dass zweimal in der Woche für 3 Minuten arithmetische Fertigkeiten geübt wurden.

Die Tutorensitzungen erstreckten über 8,7 Stunden, d. h. *26 Sitzungen mit jeweils 20 Minuten*. Nach den Tutorensitzungen schloss sich immer noch eine 10-minütige Spielphase an.

Ergebnisse: Zu Beginn konnten die Kinder der Versuchs- und Kontrollgruppe jeweils 26 % der Aufgaben lösen. In der Versuchsgruppe erhöhte sich die Leistung im ersten Zwischentest auf 48 % richtiger Lösungen (Vergleichsgruppe 28 %), im zweiten Zwischentest auf 58 % richtiger Lösungen (Vergleichsgruppe 31 %) und auf 66 % richtiger Lösungen im Nachtest (Vergleichsgruppe 38 %). Die größten Unterschiede zwischen Versuchs- und Kontrollgruppe ergaben sich bei den komplexeren Fertigkeiten, z. B. beim Zählen von Gegenständen im Bereich 11–20, beim Erkennen von Zahlen zwischen 11 und 20 und ihrem Benennen und beim Zählen in Zehnerschritten.

Die Tutoren waren unterschiedlich erfolgreich. Die beiden Schüler, die von ihren Tutoren am wenigsten gelobt wurden, machten die geringsten Fortschritte. Ferner versäumten es drei der fünf Tutoren, nach dem Korrigieren eines Fehlers nochmals die Aufgabe mit der richtigen Antwort zu wiederholen. Solche Punkte werden als Ansatzpunkte für eine Verbesserung der Tutorenschulung angesehen.

---

[109] Der Kindergarten in den USA ist etwas anderes als der Kindergarten in Deutschland. In den USA ist der Kindergarten die Vorklasse vor der ersten Klasse. Dieser Kindergarten ist Teil der Elementary School.

[110] Ursprünglich waren es ebenfalls fünf Tutees; die Ergebnisse eines Schülers konnten aufgrund eines Schulwechsels nicht berücksichtigt werden.

Insgesamt muss das durchgeführte Programm als sehr erfolgreich angesehen werden. Die wenigen Stunden intensiver Förderung haben eine beträchtliche Steigerung der Leistungen bewirkt. Der Entwicklungsaufwand für die Unterrichtsmaterialien (Entwicklung von Aufgaben- bzw. Übungsreihen) sowie der erforderliche Aufwand für die Schulung der Tutoren hält sich im Rahmen des Vertretbaren, wenn man bedenkt, dass

➢ die Unterrichtsmaterialien nur einmal entwickelt werden müssen, und

➢ die drei Tutorenschulungen für die fünf Tutoren nur insgesamt eineinhalb Stunden andauerten.

Gravierender erscheint, dass eine Beaufsichtigung und kontinuierliche Betreuung der Tutoren durch einen Betreuer oder Lehrer erforderlich erscheint. Man könnte sich deshalb fragen, ob dann nicht der Einsatz dieses Erwachsenen als Lehrer einer kleinen Gruppe nicht möglicherweise ähnlich wirksam wäre. Dies wurde im Rahmen dieser Untersuchung leider nicht überprüft. Dagegen spricht allerdings, dass die Unterschiede zwischen den Tutees beträchtlich waren, sodass eine gemeinsame Beschulung nicht leicht gewesen wäre. Gerade bei diesen kleinen Kindern scheint eine individuelle Betreuung wichtig zu sein.

(2) Hilfslehrer als Tutoren für das Lesenlernen – die Untersuchung von Mercer et al. (2000)

Auch bei dieser Untersuchung ging es um das Problem, massive Lernrückstände durch besonders effektive Fördermaßnahmen auszugleichen. Der inhaltliche Bereich war hierbei das Lesenlernen, wobei insbesondere das flüssige Lesen trainiert werden sollte. Die vorliegende Untersuchung bezieht sich auf Schüler der Mittelstufe (ab 5. Klassenstufe) mit erheblichen Leseproblemen. Diese Leseprobleme führen letztlich dazu, dass diese Schüler ohne zusätzliche Förderung kaum einen Schulabschluss erreichen könnten.

Als *Tutoren* wurden nicht ältere Schüler, sondern *Erwachsene* eingesetzt. Es wurde nach einem strukturierten Trainingsprogramm täglich etwa 6 Minuten gearbeitet. Die Förderdauer erstreckte sich über 6 bis 25 Monate; entsprechend wurden drei Gruppen von Schülern gebildet: Eine mit einer Förderzeit von 6–9 Monaten, eine zweite mit 10–18 Monaten und eine dritte mit 19–25 Monaten.

Das Lesetraining umfasste in jeder Sitzung drei Komponenten:

(1) Lautierübungen (Instruction in phonics, 1–2 Minuten): Hier modellierte der Tutor das Aussprechen von geschriebenen Phonemen, Silben und Nonsensbuchstabenkombinationen, um den Schüler auf das Lesen entsprechender Buchstaben-Lautkombinationen vorzubereiten. Die Schüler sollten dann eine Seite mit entsprechenden Lautierübungen innerhalb einer Minute durchlesen. Wenn der Schüler dabei mehr als zwei Fehler machte, bekam er am folgenden Tag nochmals das gleiche Blatt; bei weniger Fehlern bekam er am nächsten Tag ein neues Blatt vorgelegt.

(2) Lesen häufig vorkommender Wörter, die auf ein Blatt geschrieben waren (1–2 Minuten).

(3) Lesen einer Geschichte (1–2 Minuten). Der Schüler sollte möglichst so schnell lesen, wie er sonst sprach.

Alle drei Übungen waren inhaltlich aufeinander bezogen. Wenn der Schüler länger als drei Sekunden brauchte, um eine Stelle zu lesen, las der Tutor diese. Bei allen Übungen sollte der Tutor alle Fehler auf seinem Blatt anstreichen. Immer dann, wenn der Schüler mehr als zwei Fehler machte, wurde ihm die gleiche Übung am nächsten Tag nochmals gegeben. Dadurch wurde sichergestellt, dass die Punkte, die dem Schüler beim Lesen Schwierigkeiten bereiteten, intensiv geübt wurden, bis eine flüssige Beherrschung erreicht wurde.

Am Ende jeder Sitzung wurde gemeinsam in einem Aufzeichnungsbogen eingetragen, wie viele Silben, Wörter und Sätze der Schüler jeweils pro Minute geschafft und wie viele Fehler er dabei gemacht hatte. Der Schüler sollte dadurch motiviert werden, sich selbst realistische Ziele zu setzen.

Ergebnisse: Die meisten Schüler machten erhebliche Lesefortschritte: Es verbesserte sich nicht nur die Flüssigkeit des Lesens, sondern auch die Leseleistung allgemein: Obwohl die Schüler nur ein jeweils kurz andauerndes Lesetraining pro Tag erhielten, das sich über 6–25 Monate erstreckte, verbesserten sich die Leseleistungen in dieser Zeit stärker als in der gesamten Grundschulzeit, die zwischen 45 und 55 Monaten beträgt und vermutlich pro Tag ein längeres Lesetraining umfasst. So stieg die Leseleistung der Gruppe mit dreijährigem Lesetraining um durchschnittlich 3 Klassenstufen.[111] Die Ausgangsleistung lag in dieser Gruppe auf dem Niveau, das „normale" Schüler nach dem ersten halben Schuljahr erreichen. Diese Leistungszuwächse sind auch deshalb erstaunlich, weil anzunehmen ist, dass jüngere Schüler in einer für das Lesenlernen sensiblen Phase sind. Vermutlich sind für die hohe Wirksamkeit dieses Lesetrainings drei Faktoren entscheidend:

1. Die intensive Betreuung durch einen Tutor,

2. ein gut strukturiertes, aufeinander aufbauendes Leseprogramm, in dem Lautierübungen und Lesen sinnvoller Texte aufeinander bezogen waren, sowie

3. das häufige Wiederholen der Seiten, mit denen der Schüler Schwierigkeiten hatte, wodurch ein schnelles Identifizieren der Silben und Wörter und ihre Umsetzung in Laute gefördert wurden.

7.5 Effektive Methoden individueller Förderung – ein Überblick

Man kann nach dem Umfang des Lernrückstands von Schülern drei Ebenen der Förderung unterscheiden:

1. Stufe: *Der Schüler hat leichte Verständnisschwierigkeiten, kann aber in der Regel dem Unterricht in der Klasse folgen.* In vielen Fällen hilft hier schon wesentlich, wenn der Lehrer bei der Einführung statt 2 Lösungsbeispiele 4 – 6 Lösungsbeispiele verwendet. Ferner kommen für diese Schüler die traditionellen Verfahren der inneren Differenzierung sowie die lernwirksamen Methoden der Gruppenarbeit wie Gruppenrallye und Gruppenturnier in Betracht. Außerdem kann der Lehrer den leistungsstarken Schülern auf dem Arbeitsblatt zusätzliche herausfordernde Aufgaben stellen, er kann die schwächeren an einem Tisch zusammenfassen und mit ihnen die ersten Aufgaben des Arbeitsblattes besprechen.

2. Stufe: *Der Schüler hat schon größere Kenntnislücken und kann deshalb dem Klassenunterricht nicht mehr in vollem Umfang folgen.* In diesen Fällen sollte Förderunterricht von dazu ausgebildeten Lehrern angeboten werden. Wichtig ist, dass den individuellen Schwie-

---

[111] Bezogen auf die investierte Zeit waren die Leistungsfortschritte bei zweijährigem Training (2,8 Klassenstufen) und bei einjährigem Training (1,9 Klassenstufen) noch höher. Dies mag damit zusammenhängen, dass am Beginn eines solchen Programms der Neuigkeitswert am höchsten ist und es sich bei der Gruppe, die ein dreijähriges Training bekam, um die Gruppe mit den größten Lerndefiziten handelte.

rigkeiten der einzelnen Schüler Rechnung getragen wird. Dazu müssen anfangs Tests durchgeführt werden, damit der Lehrer die tatsächlichen Defizite in der Förderarbeit aufarbeiten kann. Wichtig ist, dass der Förderunterricht kein mechanisches Einpauken pflegt, sondern sich um ein möglichst weitgehendes Verständnis der Inhalte bemüht.

3. Stufe: *Der Schüler hat so große Kenntnislücken, dass er vom normalen Klassenunterricht nur noch wenig profitieren kann.* Aufgrund der massiven Kenntnislücken ist hier eine Förderung durch speziell ausgebildete Lehrer sinnvoll. Auch Methoden der Nachhilfe, des gezielten Einsatzes von Tutoren sind in diesem Fall erforderlich. (vgl. dazu Gersten, Beckmann, Clarke, Foegen, Marsh, Star & Witzel 2009; Wellenreuther 2009c, Wellenreuther 2010a).

In diesem Kapitel haben wir uns mit den Möglichkeiten der Förderung durch Gruppenarbeit und durch individuelle Förderung durch Speziallehrer bzw. durch Tutoren befasst. Dabei wurden nur die Methoden dargestellt, deren Wirksamkeit genauer empirisch überprüft wurde.

Die Komplexität kooperativer Methoden des Lernens zeigt sich in folgenden Punkten:

(1) Es gibt nicht eine *einzige Methode des kooperativen Lernens, sondern viele verschiedene Methoden.* Es kann zwischen vier Anwendungsbereichen für kooperative Methoden unterschieden werden: a) Gruppenarbeit zum Erwerb neuen Wissens (Gruppenpuzzle) oder b) zur Nachbereitung von Inhalten des Unterrichts (Gruppenrallye), c) zur Erledigung kleinerer Suchaufgaben (Einüben des Umgangs mit Lexika, mit Atlanten, mit Wörterbüchern) und d) zur Erstellung von Gruppenprodukten. Die von R.E. Slavin präferierten Methoden wie Gruppenrallye und Unterricht mit Teamunterstützung beziehen sich auf die Nachbereitung von Unterrichtsinhalten, das Gruppenpuzzle auf offene Probleme.

(2) Kooperation muss gelernt und eingeübt werden. Man kann mit Hilfe von Videoaufzeichnungen verdeutlichen, was unter guter Gruppenarbeit zu verstehen ist: Schülern ist sonst unklar, was angemessene Formen des Hilfegebens oder des Erklärens sind und welche Regeln dabei zu beachten sind. Wenn sie dann die beobachteten Formen versuchsweise anwenden, dann sollte die Güte der Umsetzung genau kontrolliert werden: Zunächst sollte der Lehrer die Gruppenarbeit genau beobachten und dazu dann Rückmeldungen geben, später können diese Aufgabe auch einzelne Schüler der Gruppe übernehmen.

(3) Gruppenprodukt erstellen vs. für individuelle Lernzuwächse die Gruppe belohnen: Gruppen sollten für die Lernzuwächse aller Gruppenmitglieder und nicht allein für die *Herstellung eines Gruppenprodukts* belohnt werden, weil beim Erstellen von Gruppenprodukten die „guten" Schüler die Arbeit schnell erledigen, so dass die schwächeren Schüler durch die Gruppenarbeit kaum etwas lernen können. Dies ändert sich erst, wenn Gruppenerfolg an den Lernzuwächsen aller Gruppenmitglieder gemessen wird. In diesem Fall kann eine Gruppe nur dann erfolgreich sein, wenn auch die schwächeren Schüler viel dazulernen. Da die guten Schüler daran interessiert sind, dass die Gruppe gut abschneidet, werden sie den schwächeren Schülern dann auf die Sprünge zu helfen.

(4) Schwierigkeit der Aufgaben: Die in der Gruppenarbeit zu bearbeitenden Aufgaben sollten möglichst für alle Gruppenmitglieder im Rahmen der Zone der nächsten Entwicklung liegen. Die Wirksamkeit der von Slavin propagierten Methoden liegt m.E. auch darin begründet, dass sich diese Methoden auf die Nachbereitung und tiefere Durchdringung

von Unterrichtsinhalten beziehen. Solche Aufgaben liegen eher im Bereich der Zone der nächsten Entwicklung als offene, eher unstrukturierte Gruppenaufgaben.

(5) Der Lehrer sollte sich auch beim Einsatz kooperativer Methoden letztlich für den Lernerfolg verantwortlich fühlen. Dies bedeutet, dass er sich um eine Sicherung und Wiederholung der wichtigsten Punkte zu kümmern hat. Insbesondere reicht es bei den offenen Aufgaben in der Regel nicht aus, Experten kurz die Ergebnisse ihrer Erarbeitungen präsentieren zu lassen. Meist werden diese Schüler-Experten einige Schwierigkeiten haben, die wichtigsten Punkte in wohl gegliederter und verständlicher Form den anderen Schülern zu präsentieren. Hinzu kommt noch, dass bei längeren Präsentationen – beim Gruppenpuzzle sollten die Schüler immerhin etwa 30 Minuten solche Präsentationen aufnehmen – die Möglichkeiten einer produktiven Informationsaufnahme und -verarbeitung schnell überschritten sind.

(6) Die Institutionalisierung von Gruppenarbeit: Um die Häufigkeit wirksamer Gruppenarbeit in der Schule zu erhöhen, sollten in jedem Kollegium die Lehrer ausfindig gemacht werden, die Gruppenarbeit häufiger anwenden. Diese sollten dann die Aufgabe übernehmen, geeignete Methoden des Einübens angemessenen Helfens und Erklärens zu entwickeln und an die Kollegen weiterzugeben. Lehrer, die erste Erfahrungen mit Methoden der Gruppenarbeit sammeln wollen, sollten mit kleinen, eher einfachen Aufgaben beginnen: Man bespricht zuerst, was wichtig für ein gutes Zusammenarbeiten ist, und stellt dann die Aufgabe, zu zweit bestimmte Wörter im Lexikon zu suchen. Eine etwas schwierigere Aufgabe wäre, einen im Unterricht behandelten Inhalt in der Gruppenarbeit anzuwenden. Ein Beispiel dafür wäre die Anwendung von Kommaregeln auf bestimmte Abschnitte eines Textes. Ein Schüler aus jeder Gruppe hätte dann die Ergebnisse der Gruppenarbeit zu präsentieren (→ 6.4).

Nach den bei TIMSS und PISA festgestellten Ergebnissen versagt Deutschland bei der Förderung von Kindern aus bildungsfernen Schichten. Wir setzen immer noch auf *Methoden äußerer Leistungsdifferenzierung.* Äußere Leistungsdifferenzierung ist als pädagogische Methode nach allem, was wir wissen, unwirksam. Vielleicht profitieren die ohnehin starken Schüler etwas, dafür verlieren jedoch die schwächeren Schüler (vgl. Roßbach & Wellenreuther 2002). Die hier diskutierten Formen der Gruppenarbeit wie die Gruppenrallye, Gruppenturniere, Unterricht mit Teamunterstützung sind wirksamer als der traditionelle Unterricht. Gruppenarbeit wird hier als eine normale, alltägliche Arbeitsweise im Unterricht aufgefasst. Damit entfallen keineswegs die Aufgaben, die sich nach traditionellem Verständnis besonders für Gruppenarbeit eignen, z. B. die Sammlung und Bewertung von Informationen zu offenen, interessanten Themen, die in Gruppenarbeit eigenständig erarbeitet werden und bei deren Bearbeitung der Lehrer nur als Ratgeber fungiert. Solche Themen nehmen im Unterrichtsgeschehen einen eher bescheidenen Raum ein. Geradezu absurd wird die Diskussion, wenn man einerseits Gruppenarbeit für „Rosinenthemen" reserviert, und dann gleichzeitig die geringe Häufigkeit der Gruppenarbeit im Unterricht beklagt (vgl. Meyer 1987).

Bei *größeren Lernrückständen* muss der Einsatz besonderer individueller Fördermaßnahmen wie z. B. Tutorenarbeit erwogen werden. Empirische Forschungen haben die hohe Wirksamkeit individueller Förderung durch Speziallehrer oder durch Tutorenarbeit nachgewiesen. Eine effektive individuelle Förderung der leistungsschwächeren Kinder hat ihren Preis, wobei die Förderung durch Tutoren noch deutlich kostengünstiger ist als die Förderung durch speziell ausgebildete Lehrer. Tutorenarbeit ist hier hoch wirksam, wenn die Tutoren fachliche Hilfestellung bekommen, z. B. indem sie für ihre konkrete Arbeit konkrete Unterrichtsstrukturierungen zusammen mit erprobten Lernmaterialien erhalten (vgl. Farkas 1998; Invernizzi, Juel & Rosemary 1997). Dafür muss z. B. bei einem Tutoren-programm für schwache Leser pro Schule ein speziell ausgebildeter Leselehrer verfügbar sein, der die Arbeit der Tutoren begleitet und unterstützt. Wenn diese Schüler ohne recht-zeitige individuelle Förderung völlig demotiviert und kaum noch beschulbar sind, dann sind sie auch für den Arbeitsmarkt verloren. Die dann entstehenden Kosten sind noch erheblich höher als die Kosten für den Einsatz von Speziallehrern.

8.   Das Bildungssystem reformieren – aber wie?

8.1 Einleitung

Zwölf Jahre nach Veröffentlichung von TIMSS (Baumert, Lehmann et al. 1996) ist eine nachhaltige Bildungsreform in Deutschland nicht in Sicht. Die damals dokumentierten Schwächen in der mathematisch-naturwissenschaftlichen Ausbildung, insbesondere der Mangel an Fachkräften im Bereich des Maschinenbaus und der Elektrotechnik, bestehen immer noch.[112]

Ein Land mit einem Mangel an natürlichen Ressourcen ist darauf angewiesen, diesen Mangel durch verstärkte Ausbildungsbemühungen zu kompensieren. Es muss Produkte entwickeln, die auf dem Weltmarkt konkurrenzfähig sind, um über den Verkauf dieser Produkte den erreichten Lebensstandard zu sichern. Die Entwicklung und Produktion dieser Produkte erfordert eine ausreichende Anzahl qualifizierter Arbeitskräfte. Wenn ein dauerhafter Engpass bei den dafür benötigten Arbeitskräften besteht, führt dies zu schmerzhaften Wachstumsverlusten. Nur durch eine nachhaltige Bildungsreform könnte in absehbarer Zeit das Angebot an gut ausgebildeten Menschen der Nachfrage angeglichen werden. Dies erscheint sinnvoller, als gut ausgebildete Fachkräfte im Ausland zu rekrutieren.

Dabei äußert sich der Mangel an Fachkräften in doppelter Weise:
(1)   Deutschland gelingt nicht die Ausbildung einer ausreichenden Anzahl an hochqualifizierten Nachwuchskräften im mathematisch-naturwissenschaftlichen Bereich;
(2)   genauso gravierend könnte jedoch sein, dass bei den gering qualifizierten Schülern das erreichte Niveau für eine berufliche Ausbildung zu niedrig ist.

8.2 Ursachen der deutschen Bildungsmisere

Wenn wir von einem Auftrag, einem Ziel zutiefst überzeugt sind, dann sind wir bereit, unseren kritischen Verstand zu vergessen und für die gerechte Sache in den Krieg zu ziehen. Diese schlichte Aussage hat auch im Bereich der Wissenschaft ihre Gültigkeit. Wenn es also einer Position gelingt, die richtigen Ziele für sich zu reklamieren, dann stehen die Chancen gut, dass auch die für das Erreichen der Ziele vorgeschlagenen Methoden ohne nähere kritische Prüfung gebilligt werden. Dies hat zwar mit ernstzunehmendem wissenschaftlichem Handeln nichts zu tun, erklärt aber, wie es in der deutschen, traditionell geisteswissenschaftlich geprägten Schulpädagogik zu einem Zustand kommen konnte, in dem wie in einer Religion mehr nach dem richtigen Glauben als nach empirischen Belegen gefragt wurde.

Wie konnte es soweit kommen? Die deutsche Schulpädagogik hat sich seit der Dissertation von H. Aebli (1949) kaum noch weiterentwickelt. Statt behutsam die von Aebli formulierten theoretischen Ideen weiter zu entwickeln und mit neueren Entwicklungen der kognitiven Psychologie zu verknüpfen, wurde eine *„Theorie" des offenen Unterrichts* angepriesen, die mit den von Aebli formulierten Ideen nicht vereinbar ist. Es wurde viel versprochen:
– Schüler würden lernen, miteinander zu kooperieren, sich füreinander einzusetzen,
– sie würden stärker metakognitive Fähigkeiten entwickeln, und vor allem:
– Schüler würden spielerisch, natürlich und damit auch mit mehr Spaß lernen.

---

[112] Laut Wirtschaftswoche vom 18.8.2008 (S. 24) fehlen derzeit in der BRD 95000 Ingenieure.

Doch wer hat diese Versprechen jemals ernsthaft überprüft? Fakt ist: Trotz oder gerade wegen der Einführung dieser „innovativer" Verfahren im Unterricht haben die Kinder bildungsferner Schichten in Deutschland besonders geringe Bildungschancen.

Wer sich gegen diese Theorie des offenen Unterrichts aussprach, setzte sich dem Verdacht aus, altbacken und konservativ zu sein. Objektive Wahrheit stand als Ziel der Wissenschaft nicht hoch im Kurs, subjektive Wahrheiten und Theorien galt es mit „offenen", qualitativen Forschungsmethoden zu erforschen. Jedenfalls schien eine kritische Befragung oder eine experimentelle Überprüfung des „offenen" Unterrichts mit sozialem Engagement und emanzipatorischem Bewusstsein nicht vereinbar. Damit war auch die Frage nach den empirischen Belegen für diese Theorie unangemessen, unanständig und der eigenen Karriere nicht dienlich.

Fragen der Wirksamkeit von Lernarrangements wurden durch *eine geisteswissenschaftlich geprägte Schulpädagogik* als Fragen von Wertentscheidungen umgedeutet und damit dem Zugriff der „Empirie" entzogen. Statt durch „*Evidenzbasierung*[113]" wurden Entscheidungen über die Angemessenheit von Unterrichtsmethoden *autoritär* (d. h. durch Verweis auf pädagogische „Autoritäten", z. B. auf H. Meyer oder H. Gudjons) entschieden. Das zarte Pflänzchen einer empirischen Wende, von Heinrich Roth Anfang der sechziger Jahre ausgerufen, konnte sich durch den Siegeszug der „kritischen Theorie"[114] nicht entfalten. Jahrzehntelang wurden Forscher, die in der Pädagogik experimentell arbeiten wollten, als Technokraten diffamiert (vgl. Wellenreuther 2009a). Noch heute fristet experimentelle Grundlagenforschung in der deutschen Pädagogik ein Schattendasein. Hingegen feiert ein statistischer Empirismus im Kleid von Mehrebenenanalysen in Deutschland großartige „Erfolge".

Die Alternative hierzu würde in einem schrittweisen Entwickeln und experimentellen Überprüfen von Methoden und Programmen bestehen, wie dies von K. R. Popper als „peacemal engeneering" vorgeschlagen wurde. Auch wenn wir experimentell geprüfte Theorien und Programme immer nur als vorläufig bestätigt ansehen, können wir nicht Besseres tun, als die Wirksamkeit pädagogischer Methoden streng zu prüfen[115]. *Es reicht nicht, im Unterricht eine Methode einmal auszuprobieren und festzustellen, dass etwas dazugelernt wurde.* Man lernt Neues auch bei minimalen Hilfen (vgl. Klahr & Nigam 2004; Tuovinen & Sweller 1999) oder bei Stationenarbeit (→ Kap. 3). Die entscheidende Frage ist, ob man *vergleichsweise* viel lernt. Viel überzeugender ist es deshalb, die neue Methode in vielen Klassen einzusetzen, und die Ergebnisse mit denen von Kontrollklassen zu vergleichen. Dabei werden die Klassen per Zufall Versuchs- und Kontrollgruppe zugeordnet (vgl. Wellenreuther 2000; 2008, Kap. 2). Zusätzlich ist dabei zu berücksichtigen, dass man vor der Prüfung einer Methode diese Methode nach dem theoretischen Kenntnisstand optimieren muss. Lehrern nur zu sagen, ob sie Hausaufgaben stellen sollen oder nicht, und dann die Wirkung dieser Behandlung zu prüfen, bereichert unseren Kenntnisstand nicht (→ Kap. 3.6.3).

---

[113] Evidenzbasierung ist der experimentelle Nachweis, dass eine Methode im Vergleich zu einer herkömmlichen Methode wirksamer ist.

[114] Vertreter: Max Horkheimer, Theodor Adorno, Herbert Marcuse und Jürgen Habermas.

[115] Gegen experimentelle Forschung wird oft der Einwand vorgetragen, man dürfe sich an den Kindern nicht durch Experimente versündigen. Dieses Argument übersieht allerdings, dass derzeit alltäglich ein nicht zu verantwortendes völlig „unkontrolliertes" Feldexperiment mit unseren Kindern durchgeführt wird, und dass genau dadurch die Zukunft unserer Kinder gefährdet wird.

8.3 Ansätze einer nachhaltigen Bildungsreform

Im Folgenden möchte ich kurz einige strukturelle Merkmale eines Programms skizzieren, das als Grundlage für eine nachhaltige Bildungsreform dienen könnte. Einen Überblick über die wichtigsten Bedingungsfaktoren gibt folgende Abbildung (vgl. S. 233):

1. Evidenzbasierte Pädagogik: Eine wesentliche Voraussetzung für eine nachhaltige Bildungsreform wäre die Etablierung einer evidenzbasierten Pädagogik. Jahrzehntelang haben bei der Berufung von Schulpädagogen und Fachdidaktikern Kriterien wie Forschungsmethodenkompetenz und Forschungspraxis bezüglich experimenteller pädagogischer Forschung kaum eine Rolle gespielt. Schließlich wusste die Pädagogik, was pädagogisch korrekt ist und brauchte deshalb keine experimentellen Wirksamkeitsnachweise. Eine evidenzbasierte Pädagogik kann sich in einem Land nur dann entwickeln, wenn die Leitfiguren – die Professoren der Lehrstühle in Schulpädagogik und in den Fachdidaktiken – auch über die dazu notwendigen Kompetenzen verfügen. Eine solche evidenzbasierte Pädagogik hätte sich an den gleichen Spielregeln einer strengen Prüfung zu orientieren wie eine evidenzbasierte Medizin. Über die Zulassung von Therapien und Medikamenten entscheidet hier das Experiment. Um Produkte zu entwickeln, muss die Pharmaforschung Entwicklungsforschung betreiben. Entsprechend müsste auch eine evidenzbasierte Pädagogik vorrangig experimentelle Forschung zusammen mit Entwicklungsforschung durchführen – von den derzeit populären „Mehrebenenanalysen" sind Antworten auf die Optimierungsprobleme der Pädagogik – also für die wichtigen pädagogischen Fragen, nicht zu erwarten.[116]

Eine Evidenzbasierung erfordert eine intensivierte Kooperation zwischen Hochschulen und Schulen und die Einführung von *Forschungsschulen* analog zu Universitätskliniken, um im Rahmen konstruktiver Entwicklungsforschung (vgl. Wellenreuther 2000) Produkte für die Schulen entwickeln zu können (Unterrichtsmaterialien; Tests für Kompetenzmessungen). Lehrer könnten durch solche Forschungen erheblich entlastet werden.

– Evidenzbasierung bedeutet vor allem, dass den realen Schwierigkeiten in der Schule durch besondere Maßnahmen Rechnung getragen wird. Wie die internationalen Vergleichsstudien vielfältig belegen, hat Deutschland besondere Schwierigkeiten mit der Förderung von Kindern aus bildungsfernen Schichten, zu denen auch viele Migrantenfamilien zählen. Aufgrund experimenteller Forschung sowie aufgrund von Erfahrungen in anderen Ländern weiß man, wie darauf in spezifischer Weise reagiert werden kann: Im *Bereich Frühförderung* wurden mit dem Ausbau von Krippenplätzen bessere Voraussetzungen geschaffen. Allerdings müssten die dadurch geschaffenen Möglichkeiten auch aktiv durch Entwicklung und Implementierung effektiver Programme genutzt werden (z. B. ein Training in phonologischer Bewusstheit, vgl. Lundberg, Frost & Petersen 1988; Küspert 2001). Dabei sollte frühzeitig mit Hilfe von Tests ermittelt werden, welche Kinder im sprachlichen bzw. im mathematisch-naturwissenschaftlichen Bereich besonderen Förderbedarf haben. Nach allem, was wir wissen, ist die Rendite von Bildungsinvestitionen im Bereich der Frühförderung am höchsten (vgl. Schweinhart & Weikart 1998). Durch diese Maßnahmen müssten vorrangig die Kinder gefördert werden, die aufgrund

---

[116] Die Mehrebenenanalysen nutzen die tatsächlich vorkommende natürliche Variation aus. Durch Mehrebenenanalysen können keine Aussagen getroffen werden, wie sich eine Kombination von Faktoren auswirkt, die mit dem Ziel einer hohen Lernwirksamkeit entwickelt und verknüpft wurden. Pädagogik stellt sich jedoch, genau wie die Medizin, vorrangig Fragen nach wirksamen Faktorenbündeln („Lernarrangements").

der häuslichen Anregungsbedingungen am ehesten eine Frühförderung benötigen, also vor allem Kinder aus Familien mit Migrationshintergrund sowie aus bildungsfernen Schichten.

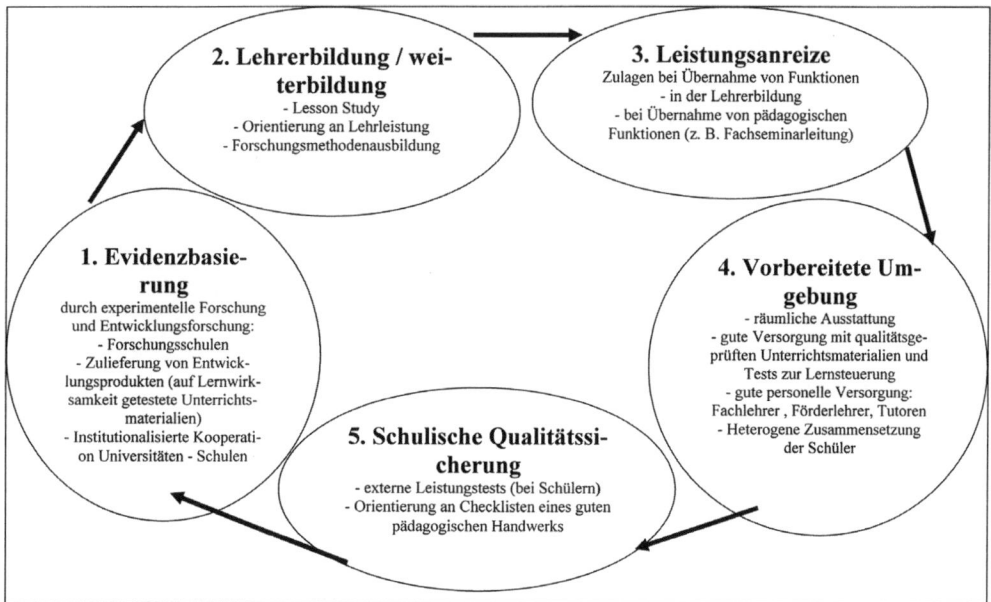

Abb. 13 Elemente einer nachhaltigen Bildungsreform

– Im *Bereich Schule* wäre für Familien, in denen beide Eltern arbeiten sowie in denen die Muttersprache nicht deutsch ist, das Angebot einer *Ganztagsbetreuung* wichtig. Zusätzlich wäre in sog. Brennpunktschulen eine intensivere Förderung durch *Klassenlehrer und Lehrassistent in Grundschulklassen wichtig:* Dadurch erst wird die Erstellung individueller Arbeitspläne für die einzelnen Schüler und eine dem individuellen Kenntnisstand angepasste Förderung durch geeignete Unterrichtsmaterialien möglich. Ein Lehrer allein wäre mit dem zusätzlichen Betreuungs- und Korrekturbedarf überfordert (→ Modell des Lesenlernens in Neuseeland, vgl. Wilkinson & Townsend 2000).

Für jegliches schulisches Lernen scheint mir eine *Berücksichtigung der Gedächtnisprozesse bei der Aneignung neuen Wissens und bei seiner Konsolidierung von ausschlaggebender Bedeutung:* In diesem Prozess müssten Tests systematisch zur adaptiven Lernsteuerung eingesetzt werden, damit Schüler weder über- noch unterfordert werden. Die ausgewählten Unterrichtsmethoden müssten sich an den in diesem Buch dargestellten Prinzipien orientieren. Dazu gehört bei der Aneignung von Wissen das Prinzip maximaler Hilfen durch Verwendung ausführlicher Erklärungen und Lösungsbeispielen unter Berücksichtigung der Grenzen der Informationsaufnahme durch unser Arbeitsgedächtnis (→ Kap. 2). Für den Bereich „Konsolidierung des Wissens" im Sinne von Anwendung und Transfer müssten dann diese Hilfen zunehmend ausgeblendet werden. Wichtig sind dabei dann die Prinzipien des verteilten und vermischten Übens (→ Kap. 3).

2. Lehrerbildung und -weiterbildung: Erst unter den Bedingungen des breiteren Zeitrahmens einer Ganztagsschule scheint die Einführung der „Lesson Study" an unseren Schulen möglich. Ein Ausbildungsmodell, das auf lebenslanges Lernen angelegt ist, würde ein System der *„Lesson Study"* institutionalisieren, in dem Lehrer in Kooperation Unterricht *gemeinsam planen* und danach *in verschiedenen Klassen* das erarbeitete Unterrichtskonzept erproben. Erst durch solche Formen einer intensiven institutionalisierten Zusammenarbeit, wie sie in Japan üblich ist, würde sich die Schule zu einem *lernenden System* entwickeln.[117] Die Einführung der Lesson Study bietet Lehrern die Chance, sich gegenseitig beim Entwickeln von Unterrichtsvorbereitungen sowie bei der Durchführung von Unterricht zu helfen. Eine solche gegenseitige Hilfe erhöht nicht notwendigerweise den Stress, weil hier alle Lehrer in einer Situation des produktiven wechselseitigen Austauschs stehen und dabei sowohl die Rolle des Hospitanten und Kritikers als auch die Rolle des verantwortlichen Lehrers übernehmen. Wenn außerdem für Haupt- und Realschulen sowie für Gymnasien im Hinblick auf Lernwirksamkeit zertifizierte Schulbücher und Unterrichtsmaterialien eingeführt würden, wären günstige Voraussetzungen für eine Erhöhung des Grundwissens dieser Schüler gelegt.

Aufgrund der Expertenforschung wissen wir, dass in vielen Bereichen, in denen ein komplexes Handlungswissen vermittelt wird, mindestens eine *zehnjährige „deliberate practice"* (vgl. Ericsson 1996; Ericsson, Krampe & Tesch-Römer 1993) erforderlich ist, um einen Expertenstatus zu erreichen. Die derzeitige Lehrerausbildung dauert in der Regel etwa sechs Jahre, davon umfasst der praktische Ausbildungsteil inklusive der Praktika etwa drei Jahre. Dieser praktische Teil ist keineswegs im Sinne der „deliberate practice" optimal strukturiert. Unter „deliberate practice" versteht man systematisches tägliches etwa vierstündiges Üben im Bereich der „Zone der nächsten Entwicklung", das von Ruhepausen unterbrochen und von Experten angeleitet wird. Experten sind dabei Personen, die in dem entsprechenden Bereich Herausragendes leisten (z. B. ein Violinvirtuose gibt Violinunterricht, ein erfahrener Chirurg modelliert in seinem Spezialgebiet „Expertenverhalten" und erklärt dieses). Für den Bildungsbereich wären Experten solche Lehrer, die durch ihre Arbeit bewiesen haben, dass Schüler durch ihren Unterricht viel lernen, ohne dabei den Spaß am Lernen zu verlieren.[118] Novizen müssten an Schulen dann von solchen Experten solange betreut werden, bis sie ihr Potential voll entwickelt haben.

3. Leistungsanreize: Impulse für eine Erhöhung der Lernwirksamkeit von Schulen könnten von regelmäßig durchgeführten externen Prüfungen des in den Schulklassen erreichten Kompetenzniveaus ausgehen, wobei diese in Zweijahresabständen durchgeführt werden sollten. Diese externen Prüfungen sollten differenzierte Aussagen über das Erreichen von Mindeststandards sowie von höheren Leistungsstandards erlauben. Solche parallelen externen Tests erlauben Aussagen darüber, wie stark sich die Lehrleistung verbessert hat, wenn der gleiche Lehrer die Klasse zwei Jahre lang unterrichtet hat. Es ist doch ein Skandal, wenn nach 10 Schuljahren immer noch fast ein Viertel aller Schüler nicht richtig lesen und schreiben kann. Nur Lehrer mit nachgewiesenen herausragenden Lehrleistungen

---

[117] Ein solches Ausbildungssystem mit Experten als Coaches ist in vielen Bereichen – z. B. in der Medizin-, in der Juristenausbildung oder im Handwerk – längst etabliert.

[118] Zusätzlich sollten solche pädagogischen Experten auch über die Ergebnisse neuerer experimenteller Forschung informiert sein. Der Expertenstatus müsste im Einzelfall empirisch durch objektive Tests nachgewiesen werden.

kämen dann für Fachleitungen und Aufgaben in der Lehrerbildung in Betracht.[119] Diese Lehrer, bei denen Schüler erheblich mehr mit größerer Lernfreude lernen als bei anderen Lehrern, müssten für die Übernahme von Fachleitungen und Aufgaben in der Lehrerbildung auch angemessene Gratifikationen in Form von Stundenermäßigungen und Gehaltszulagen erhalten. In Finnland hat man mit einem solchen Anreizsystem sehr gute Erfahrungen gemacht.[120]

4. *Vorbereitete Umgebung:* Die unerwartet schlechten Ergebnisse bei TIMSS und Pisa haben zu einer Neuorientierung der Bildungspolitik geführt. Man setzt nun auf die Verordnung von Bildungsstandards und auf eine verstärkte Outputorientierung. Schulen und Lehrer sollen für schlechte Leistungen zur Verantwortung gezogen werden. In der Praxis bedeutet dies: Man verordnet Bildungsstandards und kontrolliert diese durch externe Tests (Vergleichsarbeiten, zentrale Prüfungen) und durch Schulinspektionen. Durch diese Verschärfung der Kontrollmaßnahmen soll die Qualität des Bildungswesens verbessert werden. Dabei wird vorausgesetzt: Wenn Schulen und Lehrer auf der Basis der durchgeführten externen Kontrollen Rückmeldungen erhalten, die Leistungen der Schule seien insgesamt oder in bestimmten Bereichen problematisch, dann sei die Schule aufgrund solcher Informationen selbst in der Lage, ihre „Qualität" zu steigern. Man kann diese schlichte Annahme des derzeit praktizierten „Reformmodells" als *Selbstheilungsthese* bezeichnen (vgl. Wellenreuther 2010c; 2011a). Doch können Lehrer und Schulen ohne konkrete Hilfen und ohne eine sie in ihrer alltäglichen Unterrichtarbeit unterstützenden Umgebung ihre Qualitätsprobleme lösen? Können Schulen, Lehrer oder auch Schulinspektionen die Ursachen der Qualitätsprobleme eindeutig identifizieren[121] und darauf basierend die nötigen Schritte einleiten?

Sicherlich könnte man getrost zur Tagesordnung übergehen, wenn diese schöne neue Welt der Bildungsstandards völlig wirkungslos bliebe (vgl. Nichols, Glass & Berliner 2005). Schließlich nährt diese „Reform" mittlerweile viele Bildungsforscher. Doch mehren sich die Hinweise, dass diese „Reform" nicht nur wirkungslos bleibt[122], sondern zusätzlich erhebliche Kollateralschäden verursacht. Es gibt mittlerweile seriöse Daten, die nicht nur auf eine weitgehende Unwirksamkeit eines solchen einseitigen Kontrollansatzes hindeuten, sondern die belegen, dass die Erhöhung der Kontrollen und des Stresses an Schulen unsoziale und kriminelle Verhaltensweisen fördert (Nichols & Berliner 2007). Deutschland ist in diesem Fall dabei, die negativen Erfahrungen zu wiederholen, die in anderen Län-

---

[119] Derzeit ist man darauf angewiesen, Beispiele positiver Bildungsreformarbeit unter den vielen tausenden Schulen zu suchen, z. B. die Ganztagsschule in Syke mit Rainer Goltermann als Rektor. 1998 lag der Prozentsatz der Hauptschüler, die direkt eine Lehrstelle erreicht haben, bei 7 %. Nach der Umstellung auf die Gesamtschule wurde eine Quote zwischen 69 und 86 % erreicht. Hinter diesem Erfolg stehen konkrete Maßnahmen: Einmal im Jahr werden alle Unternehmer der Gegend zum Abendessen in die Schule eingeladen. In der zehnten Klasse absolvieren alle Schüler über drei Monate an zwei Tagen in der Woche ein Langzeitpraktikum. (nach Wirtschaftswoche vom 18.8.2008, S. 22)

[120] „Deutschland ist eines der wenigen Länder im OECD-Vergleich, in dem sich besonderes Engagement an der Schule nicht auf dem Gehaltskonto niederschlägt. Länder wie Finnland, Frankreich, die Niederlande, Neuseeland und Norwegen kennen bis zu 15 verschiedene Prämienformen." (Wirtschaftswoche vom 18.8.2008, S. 22)

[121] Eine Abklärung der Ursachen von Qualitätsproblemen erfolgt im Rahmen des Bildungsmonitorings durch externe Leistungstests nicht!

[122] Kleine positive Effekte können am einfachsten durch „teaching to the test" erklärt werden.

dern (insbesondere in den USA) längst gemacht wurden (vgl. Wellenreuther 2011a).

Im Gegensatz zu einem Ansatz, der vor allem auf verschärfte Kontrollen setzt, stellt sich für eine nachhaltige Bildungsreform die Frage, wie in den Schulen eine *vorbereitete Umgebung* für Lernen und Lernfreude geschaffen werden kann, damit Schüler in der Zone der nächsten Entwicklung gefördert werden. Ein wesentliches Element einer solchen vorbereiteten Umgebung wäre ein Anreizsystem, das gute Lehrleistungen prämiert.

Die Idee einer *vorbereiteten Umgebung* berücksichtigt unser Wissen über die Bedeutung von Person und Umwelt für die Steuerung von Verhalten (vgl. Ross & Nisbett 1991). Wir neigen zu einer Überschätzung des Einflusses von Personenfaktoren (Persönlichkeit, Talent, Intelligenz) im Vergleich zu Situationsfaktoren[123]. Bestimmte Situationsfaktoren aktivieren weitgehend angeborene Verhaltensprogramme. Kleine Veränderungen der Situation können verantwortungsbewusste Erdenbürger zu reinen Monstern verwandeln.

Es braucht nicht besonders viel Phantasie, sich eine Situation auszumalen, die *eine vorbereitete Umgebung für unsoziales Verhalten, für wechselseitiges Mobben und für Lernunlust ist:*

– Man fasse Schüler, die besondere Lernschwierigkeiten haben, in einer Schulform zusammen.

– Man verbreite die Auffassung, diese Schüler könnten aufgrund mangelnder Erziehung eigentlich gar nichts dazu lernen; sie seien vor allem ein Fall für den Sozialpädagogen. Man braucht dann für diese Schüler auch keine guten Fachlehrer!

– Man suche für diese Schülerklientel vor allem alte und unzureichend renovierte Schulgebäude und statte diese Schulen nur dürftig aus (mit Computer, Unterrichtsmaterialien)[124].

– Man entwickelt für Hauptschulen Schulbücher, die vor allem mechanisches Einpauken fordern; man signalisiert damit den Lehrern, ein tieferes Verständnis sei bei dieser Schülerklientel nicht erreichbar.

– Man gebe einen Lehrplan vor, der pro Fach nur jeweils vom oberen Drittel erfüllt werden kann. Tests werden hauptsächlich zur summativen Feststellung des Leistungsstands und nicht zur Lernsteuerung eingesetzt.

– Da durch die genannten Faktoren die Situation schwierig ist, verlangt man kleine Klassen. Dadurch wird den Lehrern signalisiert, dass ihre Fähigkeit als Dompteur gefragt ist; Schüler wissen, dass sie gefälligst das Raubtier spielen sollen.

Das in einer solchen Lernumgebung erzeugte niedrige Leistungsniveau führt dazu, dass die Schüler auf dem Arbeitsmarkt keine Chancen haben. Hier schließt sich der Kreis: Die Gesellschaft hat das Ergebnis erreicht, das sie so auch erwartet hat und das durch die Schulsituation systematisch vorbereitet wurde.

---

[123] Es wird hier nicht behauptet, bei der Förderung leistungsschwacher Schüler spiele Intelligenz und Talent keine Rolle. Wir können aber davon ausgehen, dass die Förderleistung der leistungsschwächeren Schüler in Deutschland mindestens wie in den Ländern mit hoher Förderleistung (z. B. Kanada, Finnland und Japan) verbessert werden kann.

[124] „Viele Gebäude sind marode, Tische sind zerkratzt, Wände verschmiert, Toiletten chronisch verstopft. Das Deutsche Institut für Urbanistik beziffert den Investitionsbedarf für unsere Schulen bis 2020 auf 78.5 Milliarden €." (Wirtschaftswoche vom 18.8.2008, S. 20)

Doch wie sieht eine vorbereitete Umgebung für leistungsschwächere Schüler aus, die ein positives Lernklima sowie die Entwicklung sozialer Kompetenzen ermöglicht? M.E. sind folgende Elemente wichtig:

– *Heterogenität als Ressource:* Man unterrichtet die Schüler bis zum Ende des neunten oder zehnten Schuljahres in der Jahrgangsklasse. Damit vermeidet man eine Kumulierung von Schwierigkeiten, wie dies in manchen Hauptschulklassen zu beobachten ist. Die internationalen Vergleichsstudien belegen, dass in heterogenen Jahrgangsklassen alle Schüler besser gefördert werden können.

– *Gezielte Frühförderung:* Durchführung diagnostischer Tests im Alter von vier Jahren, darauf bezogene spielerische Frühförderung im Kindergarten (vgl. Lundberg, Frost & Peterson 1988, Schneider, Ennemoser, Roth & Küspert 1999, Stanovich 1986). In der Grundschule könnte man diese Arbeit fortsetzen, wobei man sich stärker an flexiblen Fördermodellen orientieren sollte, wie sie z.B. in Neuseeland praktiziert werden (vgl. Wilkinson & Townsend 2000). Es geht dabei weder nach der Devise „im Gleichschritt marsch", noch um natürliches, offenes, unstrukturiertes Lernen (vgl. Grünke 2007; → Kap. 6). Entscheidend ist ein systematischer Kompetenzaufbau, der jeden Schüler „in der Zone der nächsten Entwicklung" fördert.

– *Gute äußere materielle Ausstattung:* Große Fenster, Klassenräume mit heller, warmer Ausstrahlung, exzellente Ausstattung mit Geräten (Kopierer, Laptops, Overheadprojektoren, Beamer, Videokamera usw.), schalldämpfender Bodenbelag, Schüler tragen Hausschuhe, Versorgung mit Mittagessen, pädagogische Betreuung am Nachmittag (Förderunterricht, Betreuung der Hausaufgaben).

– *Gute innere Ausstattung:* Angebot von zertifizierten Schulbüchern und Übungsmaterialien, die bestimmten Standards genügen sollten und mit denen Schüler auch effektiv allein lernen können; Verfügbarkeit von geprüfter Übungssoftware, mit der Schüler gezielt Inhalte am Computer nachbereiten können sowie von Tests für Lerndiagnosen und zur Lernsteuerung, wobei es sich um kriterienbezogene Tests handeln sollte (→ Kap. 5)

– *Gute personelle Ausstattung:* Ein Team gut ausgebildeter Fachlehrer[125], das im Rahmen der „Lesson Study" (→ Kap. 1) eng miteinander kooperiert, um Inhalte adaptiv, strukturiert und interessant den Schülern vermitteln zu können. Unterstützt wird dieses Team durch Förderlehrer sowie flexibel einsetzbare qualifizierte Hilfslehrkräfte.

– *Individuelle Förderung:* Für jeden Schüler wird aufgrund von Testergebnissen ein individueller Arbeitsplan erstellt; es wird in kleinen Gruppen in neue Inhalte eingeführt, die Gruppe wird als Ressource für gegenseitiges Helfen genutzt (→ Kap. 7; analog zum Unterricht mit Teamunterstützung).

– *Gemeinsames Arbeitsethos:* Die Schule ist humanistischen Zielen verpflichtet, die für Lehrer und Schüler verpflichtend sind. Das Arbeitsklima unter Lehrern und Schülern ist durch wechselseitigen Respekt und gegenseitige Hilfe geprägt, wobei jeweils bei der

---

[125] Ein fundamentaler Irrtum bei der Förderung leistungsschwacher Schüler ist die Annahme, diese Schüler müssten vor allem sozial-pädagogisch angemessen betreut werden, weil damit immer auch gemeint wird, eine gute fachliche Strukturierung spiele eine geringe Rolle. Hier beginnt der Teufelskreis: Man paukt dann Rezepte ein, die nicht im Langzeitgedächtnis verankert werden können und vernachlässigt die Bildung einer breiten Verständnisgrundlage (→ 6.3; Aebli's handlungsorientierter Unterricht).

Aneignung neuen Wissens maximale Hilfen geboten werden, die schrittweise vermindert werden, bis eine selbstständige Ausführung der Handlungskompetenzen möglich ist.

Im Negativen wurde der Effekt kleiner Veränderungen der sozialen Umwelt auf das Verhalten z. B. im Stanford-Gefängnisexperiment [126] oder auch in den Milgram-Experimenten nachgewiesen (vgl. Zimbardo 2008). Offensichtlich wird soziales Verhalten in entscheidendem Maße durch kleine situative Faktoren gesteuert.

5. Schulische Qualitätssicherung: Eine nachhaltige Bildungsreform benötigt die Vision einer professionell arbeitenden Schule, in der Schüler mit ihren individuellen Stärken und Schwächen wahrgenommen werden und entsprechende Lernangebote erhalten. *Im Rahmen einer schulinternen Qualitätssicherung* sollten die in einem Kollegium vorhandenen Ressourcen sinnvoll genutzt werden. Für viele Bereiche können Checklisten entwickelt werden, deren Abarbeitung ein höheres Maß an Professionalität im Sinne eines „guten handwerklichen Könnens" gewährleistet. Wenn Schulen sich für alle relevanten Bereiche an Checklisten orientieren würden (→ Kap. 5 und Kap. 6), könnte die Professionalität erheblich gesteigert werden.

Zu einer schulischen Qualitätssicherung gehört die Orientierung an inhaltlichen Standards, Vergleichsarbeiten und die Verwendung von Tests zur Lernsteuerung: Die Leistungsmessungen und Tests müssten sich weitgehend an absoluten Bezugsrahmen orientieren, die durch „Vergleichsarbeiten" [127] konkretisiert werden. Lehrer müssten Schülern und Eltern im Rahmen von Beratungsgesprächen einmal im Halbjahr mitteilen, wo Schüler bezüglich dieser Standards stehen. In diesem Zusammenhang wäre auch eine *Entrümpelung des Lehrplans* [128] wichtig. Solche Tests könnten Lehrern helfen, für Schüler individuelle Arbeitspläne festzulegen. Tests würden hierbei zunehmend die Aufgabe einer Lernsteuerung übernehmen, wobei zusätzlich genaue Beobachtungen der Schüler erforderlich sind.

Was im Rahmen der externen Prüfung von Schulleistungen tatsächlich gemacht wird, steht dieser Intention häufig diametral entgegen. Eine Analyse der in Niedersachsen für 2007 in Realschulen verwendeten externen Tests im Bereich Mathematik zeigt, dass diese möglicherweise differenzierte Aussagen im Bereich der erreichten Spitzenleistungen erlauben. Für den Leistungsbereich der 80 % mittleren und *schwächeren* Schüler kann man aufgrund dieser Tests keine zuverlässige Aussagen treffen. Um dies zu kaschieren, wurden die zu vergebenden Noten willkürlich angehoben. Bei der Konstruktion der externen Tests wurde versäumt, für die zentralen Bereiche der Grundkenntnisse (Kopfrechnen, Überschlagsrechnung, schriftliches Rechnen, inklusive Prozent- und Dreisatzrechnung und elementare

---

[126] Im Stanford-Gefängnisexperiment wird experimentell nachgewiesen, dass Psychologiestudenten, die mit der Rolle eines Gefängniswärters betreut werden, und dabei nicht immer sorgfältig kontrolliert werden, in steigendem Maße grausame Handlungen an anderen Gefangenen (ebenfalls Psychologiestudenten) begehen.

[127] Wenn man davon ausgeht, dass die Bildungsabschlüsse wenigstens bezüglich der „Kernfächer" Deutsch und Mathematik" vergleichbar sein sollten, müssten hier bundeseinheitliche Vereinbarungen getroffen werden.

[128] Gerade die Verkürzung der Schulzeit auf zwölf Jahre bis zum Abitur macht eine solche Entrümpelung notwendig.

Geometrie) ausreichend viele Aufgaben zu stellen, um feststellen zu können, welche Schüler in welchen Bereichen wenigstens das Mindestniveau erreicht haben.[129]

Zum Kernbereich schulischer Qualitätssicherung gehört, dass Schulbücher und Unterrichtsmaterialien in einem langjährigen Zertifizierungsprozess im Hinblick auf Lernwirksamkeit und Lernfreude entwickelt und überprüft werden, bevor sie in Schulen zum Einsatz kommen (→ Kap. 4). So ist es z. B. gerade im Bereich der Einführung neuer Inhalte in Mathematikschulbüchern nicht üblich, Möglichkeiten einer mehr oder weniger ausführlichen Lösungskontrolle anzubieten, wie dies in japanischen Schulbüchern längst Standard ist. Wir wissen, dass Schüler besonders viel von ausführlichen, sorgfältig kommentierten Lösungsbeispielen lernen können (vgl. Renkl, Schworm & Hilbert 2004). Dennoch wird von solchen ausführlichen Lösungsbeispielen in deutschen Schulbüchern nur spärlich Gebrauch gemacht. Eine wissenschaftliche Zertifizierung von Unterrichtsmaterialien ist deshalb wichtig, weil Lehrer durch gute Materialien, mit denen Schüler sich Inhalte auch selbst erarbeiten können, erheblich entlastet werden können. Da solche Unterrichtsmaterialien den Schülern ein selbstständiges Arbeiten erst ermöglichen, hätten sie den positiven Nebeneffekt, Lehrern zusätzliche Freiräume für effektive Förderarbeit zu schaffen (vgl. Wellenreuther 2010b, 2011a).

8.4 Zusammenfassung

Die bisherige Bildungsreformdiskussion war durch eine Konzentration auf einige wenige strukturelle Fragen (z. B. Beibehaltung des gegliederten Schulsystems oder integriertes Gesamtschulsystem) und die gleichzeitige Vernachlässigung anderer struktureller und inhaltlich-qualitativer Fragen geprägt. Die Konzentration auf solche „grundlegenden Systemreformen" hat wesentlich zu der bekannten Stagnation im Bildungsbereich geführt, indem sich die politischen Lager dank der Kulturhoheit der Länder gegenseitig blockiert haben. Natürlich war an der Stagnation dann immer das andere politische Lager schuld.

Wenn man nüchtern analysiert, was in Deutschland tatsächlich an Reformmaßnahmen in den einzelnen Bundesländern umgesetzt wurde, wird deutlich, dass wir mit einer ernsthaften Bildungsreform bisher noch kaum begonnen haben. Dass Deutschland mit der Durchführung einer nachhaltigen Bildungsreform Schwierigkeiten hat, liegt nicht nur an

---

[129] Dahinter steht ein noch gravierendes Problem: Bislang ist es nach meiner Kenntnis in Deutschland noch nicht gelungen, die zu erreichenden Bildungsstandards für Lehrer in einer Weise festzuhalten, die Lehrern ein ernsthaftes Berücksichtigen dieser Standards im Unterricht ermöglicht. Auch für Lehrer gelten die Begrenzungen des Arbeitsgedächtnisses. Um dem Rechnung zu tragen, müssten neben den abstrakt formulierten Standards jeweils etwa zwei operationalisierte konkrete Aufgaben für das zu erreichende Mindestniveau („Mindeststandards") und zwei weitere operationalisierte Aufgaben für das mögliche „Erweiterungsniveau" stehen. Wichtig wäre, dass alle diese Informationen nebeneinander in einer Tabelle angeordnet sind, damit der Lehrer sofort das Wesentliche erfassen kann (vgl. Sadler 1987). Wer dagegen bei externen Tests in den Aufgaben meist nur das Können der oberen 20% berücksichtigt, muss sich nicht wundern, wenn beim „Teaching to the test" gerade nicht vorrangig die Mindestkenntnisse trainiert werden, sondern die für die Mehrheit unerreichbaren Kenntnisse eingepaukt werden. Auf diese Weise würde dann verhindert, dass eine größere Anzahl wenigstens über die erforderlichen Grundkenntnisse verfügt. Möglicherweise wären diese Probleme nicht eingetreten, wenn man Bildungsstandards nicht nur von Fachdidaktikern, sondern von Teams erarbeiten ließe, in denen auch Testexperten, Schulpädagogen und Psychologen repräsentiert sind.

seiner föderalen Verfassung[130], sondern vor allem an der Verwurzelung geisteswissen-schaftlichen Denkens in der Schulpädagogik. Grundlegende Prozesse des Lehrens und Lernens sind spätestens seit Anfang der siebziger Jahre des letzten Jahrhunderts bekannt. So veröffentlichte Miller seinen Aufsatz über die Grenzen des Arbeitsgedächtnisses 1956 (vgl. Miller 1956); das Experiment von Chase und Simon zur Funktion des Langzeitge-dächtnisses stammt aus dem Jahr 1973.

Vielleicht kommt es weniger darauf an, Lehrern in der Lehrerbildung z. B. herausragende Erklärkompetenzen anzutrainieren, als professionell entwickelte Schulbücher verfügbar zu haben, weil diese dem Lehrer konkret beim Entwickeln verständlicher Erklärungen hel-fen. Zusätzlich müssten Routinen entwickelt werden, wie Schüler rechtzeitig professionell in den Bereichen gefördert werden können, in denen sie Dinge nicht hinreichend gelernt haben, statt Schüler zur Wiederholung einer Klasse zu zwingen. Leistungsmessungen wür-den in einer solchen vorbereiteten Umgebung auch zur Steuerung des nachfolgenden Unterrichtsangebots sowie zur Einleitung spezifischer Fördermaßnahmen eingesetzt.

Lehrer benötigen für diese Förderarbeit eine *vorbereitete Umgebung*. Zu dieser gehört auch der Einsatz von Hilfslehrkräften, um den Lehrer bei der Betreuung der verschiede-nen Gruppen zu unterstützen. Auch dann wird es noch Schüler geben, die den Anschluss an die Klasse verpasst haben und die zusätzlich durch Tutoren oder Speziallehrer individu-ell gefördert werden müssten (vgl. Clay's *Reading Recovery* (Clay 1993) sowie Farkas 1998).

Lehrpläne, Standards oder Rahmenrichtlinien führen nur dann zu einer Qualitätsverbes-serung an Schulen, wenn diese „Vorschriften" auch in einer Weise formuliert sind, dass sie für jeden Lehrer auf einen Blick verständlich sind. Dies ist in der Regel nicht der Fall. Kon-kret bedeutet dies: Um den *Aufmerksamkeitsteilungseffekt* zu vermeiden, müssen die abstrakten Formulierungen der Standards konkret in der danebenliegenden Spalte anhand von konkreten Aufgaben erläutert werden, und zwar anhand von Aufgaben zum Grund-niveau und zum Erweiterungsniveau. Man kann nicht von Qualitätsverbesserung sinnvoll reden, wenn die Ministerialbürokratien selbst gegen die eigenen Standards verstoßen.

Im Rahmen eines klar strukturierten Lehrplans kann eine stärkere Betonung von Selbst-ständigkeit und Adaptivität des Lehrangebots sinnvoll sein. Es kommt hier auf die Balance an von Anleitung, Wissensinput und Hilfe geben einerseits und Übertragen, Anwenden und Einübung des vermittelten Wissens andererseits (z. B. im Rahmen von Projekten). Entdeckendes Lernen im Sinne von *Übertragen und Erweitern* des vermittelten Wissens ist sicherlich wichtig (vgl. Tuovinen & Sweller 1999); entdeckendes Lernen im Rahmen der *Aneignung neuer Inhalte und Methoden* ist hingegen in der Regel reine Zeitvergeudung (vgl. Klahr & Nigam 2004). Schon die vorzeitige Lösung „echter" Aufgaben ist weniger lerneffizient als das Studieren von Lösungsbeispielen (vgl. Paas & Merrienboer 1994). Insofern macht weder ein pauschales Abwerten *direkter Instruktion* noch von *Frei- und Wochenplanarbeit* einen Sinn.

---

[130] Die föderale Verantwortlichkeit für Bildung ist in vielen Hinsichten ein ernsthaftes strukturelles Problem. Länder wie z. B. das arme Bundesland Berlin, die z. B. viel in die Ausbildung von Ingenieure investieren, subventionieren auf diese Weise in hohem Maße andere Länder wie Baden Württemberg, wo die in Berlin aus-gebildeten Ingenieure dann eine Arbeit finden.

Die bildungspolitische Diskussion hat sich bisher auf Fragen der „richtigen" Schulform konzentriert: Die Schulform stellt allerdings nur einen Rahmen dar, der mit pädagogischem Inhalt zu füllen ist. Bestimmte Elemente einer nachhaltigen Bildungsreform sind im Rahmen von Ganztagsschulen leichter realisierbar als im Rahmen von Halbtagsschulen. Gerade eine Förderung leistungsschwächerer Schüler könnte im Rahmen von Ganztagsschulen besser gelingen, sofern für eine sorgfältige Hausaufgabenbetreuung sowie für zusätzliche Förderangebote auch tatsächlich gesorgt wird. Wenn Haupt- und Realschulen sowie Gymnasien miteinander verbunden und vorrangig als Ganztagsschulen ausgebaut würden, könnte dies zu einer Aufwertung dieser neuen Schulform beitragen. Bestimmte effektive Unterrichtsmethoden wie die Gruppenrallye oder der Unterricht mit Teamunterstützung könnten hier die größere Heterogenität der Schüler als Ressource nutzen.

Stichwortregister

Personenregister

Literaturverzeichnis

Adams, M.J. (1990): *Beginning to read: Thinking and learning about print.* Cambridge, Mass.: MIT Press.

Aebli, Hans (1968³): *Psychologische Didaktik.* Stuttgart.

Albert, Hans (1968): *Traktat über kritische Vernunft.* Mohr: Tübingen.

Anand, P.G. & Ross, S.M. (1987): Using Computer-Assisted Instruction to Personalize Arithmetic Materials for Elementary School Children. *Journal of Educational Psychology,* Vol. 79, No. 1, 72–78.

Anderson, J.R. (1988): *Kognitive Psychologie. Eine Einführung.*, Heidelberg.

Aronson, E. (1978): The Jigsaw classroom. Beverly Hills, Calif. u.a: Sage Publications.

Ausubel, D.P. (1973): Entdeckendes Lernen. Aus „Psychologie in Erziehung und Unterricht", Weinheim 1973, zitiert nach Neber, H. (Hrsg.): Entdeckendes Lernen, S. 28–69.

Ausubel, D.P., Novak, J.D. & Hanesian, H. (1980, rev. ed.): *Psychologie des Unterrichts,* Band 1, 2., völlig überarbeitete Auflage, Weinheim.

Baddeley, A. (1986): *Working Memory.* Oxford University Press Inc., N.Y.

Baddeley, A. (1990, rev. ed.): *Human Memory. Theory and Practice.* Allyn & Bacon.

Baddeley, A. & Longman, D.J.A. (1978): The influence of length and frequency on training sessions on the rate of learning to type. *Ergonomics,* Vol. 21, 627–635.

Baddeley, A., Gathercole, S., Papagno, C. (1998): The phonological loop as a language learning device. *Psychological Review,* Vol. 105, Nr. 1, 158–173.

Balke, S. (2001): *Die Spielregeln im Klassenzimmer: das Trainingsraum-Programm;* ein Programm zur Lösung von Disziplinproblemen in der Schule. Bielefeld: Karoi-Verl.

Bandura, A. & Schunk, D.H. (1981): Self-Efficacy and Intrinsic Interest Through Proximal Self-Motivation. *Journal of Personality and Social Psychology,* Vol. 41, No. 3, 586–598.

Baumert, J., Lehmann, R. u.a. (1997): *TIMSS – Mathematisch-naturwissenschaftlicher Unterricht im internationalen Vergleich.* Deskriptive Befunde. Opladen.

Bellezza, Francis S. (1996²): Mnemonic Methods for Storage and Retrieval. In: Bjork, E.L. & Bjork, R.A. (Eds.): *Memory.* San Diego: Academic Press, 345–380.

Bergan, J.R., Sladeczek, I.E., Schwartz, R.D., Smith, A.N. (1991): Effects of a Measurement and Planning System on Kindergartners' Cognitive Development and Educational Programming. *American Educational Research Journal,* Vol. 28, No. 3, 683–714.

Black, Paul & Wiliam, Dylan (1998a): Assessment and Classroom Teaching. *Assessment and Education,* 5, 7–73.

Black, Paul & Wiliam, Dylan (1998b): Inside the Black Box. Raising Standards Through Classroom Assessment. *Phi delta kappan: a Journal for the promotion of leadership in education.* Vol. 80, S. 139–148.

Böer, K. (2003): *Diagnose und Förderung phonologischer Bewusstheit in Grundschulen* – diskutiert an einer praktischen Erprobung in einer ersten Klasse der Grundschule Mühlenweg, Hannover. Unveröffentlichte Examensarbeit, Universität Lüneburg.

Born, J. (2008): Interview mit M. Wellenreuther. *rpi* 23.5.2008.

Bower, G.H. (1970): Organizational factors in memory. *Journal of Cognitive Psychology,* Vol. 1, 18–46.

Britton, Bruce K. & Gülgöz, Sami (1991): Using Kintsch's Computational Model to Improve Instructional Text. Effects of Repairing Inference Calls on Recall and Cognitive Structures. *Journal of Educational Psychology,* Vol. 83, No. 3, 329–345.

Britton, Bruce K., Gülgöz, Sami & Glynn, Shawn (1993): Impact of Good and Poor Writing on Learners. Research and Theory. In: Britton, B.K., Woodward, A., Binkley, M.: *Learning from Textbooks: Theory and Practice,* Hillsdale, New Jersey.

Brophy, J. (1986): Teacher Influences on Student Achievement. *American Psychologist,* Vol. 41, No.10, 1069–1077.

Bründel, H. & Simon, E. (2003): *Die Trainingsraummethode:* Umgang mit Unterrichtsstörungen: Klare Regeln, klare Konsequenzen. Beltz, Weinheim.

Brüning, Ludger und Saum, Tobias (2007): Erfolgreich unterrichten durch Kooperatives Lernen. Bd. 1: Strategien zur Schüleraktivierung. Bd. 2: Neue Strategien zur Schüleraktivierung. Individualisierung – Leistungsbeurteilung, Schulentwicklung. Essen: Neue Deutsche Schule Verlagsgesellschaft mbH.

Bruner, J.S. (1983): Der Akt der Entdeckung. In: Neber, H. (Hrsg) *Entdeckendes Lernen.* Weinheim, 15–27 (ursprünglich 1961 im Harvard Educational Review erschienen, 21–32).

Butler, R. (1988): Enhancing and undermining intrinsic motivation: the effects of task-involving and ego-involving evaluation on interest and performance. *British Journal of Educational Psychology,* 58, 1–14.

Canter, L. & Canter, M. (1976): *Assertive Discipline: A Take-Charge Approach for today's Educator.* Santa Monica, CA, Canter and Associates.

Cardelle-Elawar, M. (1995): Effects of Metacognitive Instruction on low achievers in Mathematics Problems. *Teaching & Teacher Education,* Vol. 11, No. 1, 81–95.

Cardelle-Elawar, M.C. & Corno, L. (1985): A Factorial Experiment in Teacher's Written Feedback on Student Homework: Changing Teacher Behavior a Little rather Than a Lot. *Journal of Educational Psychology,* Vol. 77, No. 2, 162–173.

Catrambone, R. (1996): Generalizing Solution Procedures Learned from Examples. *Journal of Experimental Psychology: Learning, Memory and Cognition,* Vol. 22, No. 4, 1020–1031.

Catrambone, R. (1998): The Subgoal Learning Model: Creating Better Examples So that Student can Solve Novel Problems. *Journal of Experimental Psychology*: General. Vol. 127, No.4, 355–376.

Chase, W.G. & Simon, H.A. (1973): The mind's Eye in Chess. In: W.G. Chase (ed.): *Visual Information Processing.* New York, Academic Press.

Christmann, Ursula (1989): *Modelle der Textverarbeitung. Textbeschreibung als Textverstehen.* Aschendorf Münster.

Clark, R.C., Nguyen, F. & Sweller, J. (2006): *Efficiency in learning. Evidence based guidelines to manage cognitive load.* San Franciso, Calif.: Pfeiffer.

Clay, Marie M. (1993): *Reading recovery. A guidebook for teachers in training.* Portsmouth, NH: Heinemann.

Cohen, E.G. (1994): Restructuring the Classroom: Conditions for Productive Small Groups. *Review of Educational Research,* Vol. 64, No. 1, 1–35.

Collins, A.M. & Quillian, M.R. (1969): Retrieval time from semantic memory. *Journal of Verbal Learning and Verbal Behavior,* Vol. 8, 240–247.

Cooper, G. & Sweller, J. (1987): The effects of schema acquisition and rule automation on mathematical problem-solving transfer. *Journal of Educational Psychology,* Vol. 79, 747–362.

Cooper, G., Tindall-Ford, S., Chandler, P. & Sweller, J. (2001): Learning by Imagining. *Journal of Experimental Psychology:* Applied, Vol. 7, No. 1, 68–82.

Cooper, H.M. (1989): Synthesis of research in homework. *Educational Leadership,* Vol. 47, No. 3, 85–91.

Cordova, Diana I. & Lepper Mark R. (1996): Intrinsic Motivation and the Process of Learning. Beneficial Effects of Contextualization, Personalization, and Choice. *Journal of Educational Psychology,* Vol. 88, 715–730.

Craik, F.I.M. & Lockhart, R.S. (1972): Levels of processing: A framework for memory research. *Journal of verbal learning and verbal behavior,* Vol. 11, 671–684.

Dehn, M. (1994): *Schlüsselszenen zum Schrifterwerb. Arbeitsbuch zum Lese- und Schreibunterricht in der Grundschule.* Weinheim.

Dempster, Frank N. (1992): Using tests to promote learning. A neglected classroom resource. *Journal of Research and Development in Education,* Vol. 25, No. 4, 213–217.

Dempster, F.N. (1996[2]): Distributing and Managing the Conditions of Encoding and Practice. In: Bjork, E.L. & Bjork, R.A.: *Memory.* Academic Press, San Diego, 317–344.

Dumke, D. (1984): Die hierarchische Strukturierung von Unterrichtsinhalten als Lernhilfe in der Grundschule. *Psychologie in Erziehung und Unterricht,* Vol. 31, 43–49.

Dweck, Carol S. (1975): The Role of Expectations and Attributions in the Alleviation of Learned Helplessness. *Journal of Personality and Social Psychology*, Vol. 31, No.4, 674–685.

Ebbesen, E.B., Duncan, B., Konecni, V. (1975): Effects of Content of Verbal Aggression on Future Verbal Aggression: A Field Experiment. *Journal of Experimental Social Psychology*, Vol. 11, 192–204.

Emmer, E.T., Evertson, C.M. & Worsham, M.E. (2003[6]): *Classroom Management for Middle and High School Teachers*. Boston et al., Pearson.

Eppler, R., Winter, M. & Huber, G.L. (1986): Kooperatives Lernen als „Gruppenpuzzle". *Erziehungs-wissenschaft-Erziehungspraxis*, 4, S. 43–46.

Ericsson, A.K. (1996): The acquisition of Expert Performance. An Introduction to Some of the Issues. In: Ericsson, K. Anders (ed.): *The Road to Excellence. The Aquisition of Expert Performance in the Arts and Sciences, Sports, and Games*. Mahwah, 1–50.

Evertson, C.M., Emmer, E.T., Brophy, J.E. (1980): Predictors of effective Teaching in Junior High Mathematics Classrooms. *Journal of Research in Mathematics Education*, 167–178.

Evertson, C.M., Emmer, E.T., Sanford, J.P., & Clements, B.S. (1983): Improving Classroom Manage-ment: An Experiment in Elementary School Classrooms. *The Elementary School Journal*, Vol. 84, No. 2, 173–188.

Evertson, C.M., Emmer, E.T., Clements, B.S. & Worsham, M. E.(1994[3]): *Classroom Management for Elementary Teachers*. Boston, Allyn & Bacon.

Evertson, C. & Harris, A.H. (1999): Support for Managing Learning-Centered Classrooms: The Class-room Organization and Management Program. In: Freiberg, H.J. (ed.): *Beyond Behaviorism. Chan-ging the Classroom Management Paradigm. Allyn & Bacon, Boston et al., 59–74.*

Evertson, C.M., & Harris, A.H. (2003). COMP: Creating conditions for learning (6th ed.). Nashville, TN: Vanderbilt University.

Farkas, G. (1998). Reading One-to-One: An intensive program serving a great many students while still achieving large effects. In J. Crane (Ed.) *Social programs that work*. New York: Russell Sage Founda-tion, S. 75–109.

Fennema, E., Carpenter, T.P., Peterson, P.L., Chiang, C.-P. & Loef, M. (1989): Using Knowledge of Children's Mathematics Thinking in Classroom Teaching: An Experimental Study. *American Educatio-nal Research Journal*, Vol. 26, No.4, 499–531.

Ferritor, D.E., Burckholt, D., Hamblin, R. L. & Smith, L. (1972): The Non-effects of Contingent Rein-forcements for Attending Behavior on Work Accomplished. *Journal of Applied Behavior Analysis*, Vol. 5, No. 1, 7–17.

Festinger, L. (1957): *A Theory of Cognitive Dissonance*. Stanford.

Fleschner, F. (2011): Die YouTube Schule. Salman Khan begeistert Millionen Schüler in aller Welt mit sei-nem Unterricht via Internet. FOKUS 32, S. 58–60.

Forster, M. & Martschinke, S. (2001): *Leichter lesen und schreiben lernen mit der Hexe Susi. Übungen und Spiele zur Förderung der phonologischen Bewusstheit*. Diagnose und Förderung im Schriftsprach-erwerb, Band 2. Donauwörth.

Fuchs, L.S., Fuchs, D., Hamlett, C.L., Phillips, N.B., Karns, K. & Dutka, S. (1997): Enhancing Stu-dents' Helping Behavior during Peer-Mediated Instruction with Conceptual Mathematical Explanati-ons. *The Elementary School Journal*, Vol. 97, No. 3, 223–249.

Fürntratt, E. (1978): Aufgabenschwierigkeit, Übungsfortschritt und Arbeitsmotivation. *Psychologie in Erziehung und Unterricht*, Vol. 25., 221–230.

Gage, N.L. & Berliner, D.C. (1996[5])[1]: Pädagogische Psychologie, Weinheim.

Gathercole, S.E. (1998): The development of memory. *Journal of Child Psychology and Psychiatry*, Vol. 39, No. 1, 3–27.

Geary, David C. (2007[3]): *The origin of mind. Evolution of brain, cognition, and general intelligence*. Washington, DC : American Psychological Assoc.

---

[1] Ein hervorragendes Lehrbuch, das jedem Studierenden empfohlen werden kann!

Gersten, R., Beckmann, S., Clarke, B., Foegen, A., Marsh, L., Star, J.R., & Witzel, B.: Assisting Students struggling with mathematics: Response to Intervention (RtI) for elementary and middle schools. (NCEE 2009-4060). Washington, DC: National Center for Education Evaluation and Regional Assistence, Institute of Education Sciences, U.S. Department of Education. 2009. (Ist über das Internet frei verfügbar!)

Glowalla, Ulrich, Rinck, Mike & Fezzardi, Gilbert (1993): Integration von Wissen über ein Sachgebiet. *Zeitschrift für Pädagogische Psychologie*, Vol. 7, No. 1, 11–24.

Gölitz, D. & Roick, T. (2006). Schulbücher und Mathematikleistungen in den Normierungsuntersuchungen zu den Deutschen Mathematiktests 3+ und 4. Göttingen: Unveröffentlichtes Manuskript der Abteilung für Pädagogische Psychologie und Entwicklungspsychologie.

Good, T.L., Grouws, S.A. & Ebmeier, H. (1983): *Active mathematics teaching*. New Yorck, Longman.

Graham, S., & Harris, K.R. (2005). Writing better: Effective strategies for teaching students with learning difficulties. Baltimore: Brookes.

Griesel, H., Postel, H. & Suhr, F (Hrsg.) (2004) : *Elemente der Mathematik. 5. und 6. Schuljahr.* Schroedel, Hannover.

Grünke, M. (2007): Richtig fördern-aber wie? Zeitnah, Vol 4, No 5, 9–23.

Gudjons, H. (1992[3]): *Handlungsorientiert lehren und lernen*. Klinkhart, Bad Heilbrunn.

Haag, Ludwig, Fürst, Carl & Dann, H.- Dietrich (2000): Lehrervariablen erfolgreichen Gruppenunterrichts. *Psychologie in Erziehung und Unterricht,* Vol. 47, 266–279.

Haag, L. & Huber, A.A. (2004): Allgemeine Hinweise zum Einsatz von Partner- und Gruppenarbeitsmethoden im Unterricht. In: Huber, A.A. (Hrsg.) *Kooperatives Lernen – kein Problem. Effektive Methoden der Partner- und Gruppenarbeit* (für Schule und Erwachsenenbildung. Stuttgart, Ernst Klett, S. 16–27.

Hage, Klaus, Bischoff, Heinz, Dichanz, Horst et al. (1985): *Das Methoden-Repertoire von Lehrern. Eine Untersuchung zum Schulalltag der Sekundarstufe 1.* Opladen.

Harris, W.V. & Sherman, J.A. (1974): Homework assignments, consequences, and classroom performance in Social Studies and Mathematics. *Journal of Applied Behavior Analysis*, Vol. 7, No. 4, 505–519.

Hascher, Tina & Bischof, Franziska (2000): Integrierte und traditionelle Hausaufgaben in der Primarschule – ein Vergleich bezüglich Leistung, Belastung und Einstellung zur Schule. *Psychologie in Erziehung und Unterricht,* Vol. 47, 252–265.

Häußler, Peter (2001): *Donnerwetter Physik.* Weinheim.

Helmke, Andreas (1988): Leistungssteigerung und Ausgleich von Leistungsunterschieden in Schulklassen: unvereinbare Ziele? *Zeitschrift für Entwicklungspsychologie und Pädagogische Psychologie,* Vol. 20, Heft 1, 45–76.

Helmke, Andreas (2003): *Unterrichtsqualität – erfassen, bewerten, verbessern.* Seelze.

Helmke, A., Schrader, F.-W., Lehneis-Klepper, G. (1991): Zur Rolle des Elternverhaltens für die Schulleistungsentwicklung ihrer Kinder. *Zeitschrift für Entwicklungspsychologie und Pädagogische Psychologie,* Vol. 23, No. 1, 1–22.

Helmke, Andreas & Hesse, Hermann-Günter (2002): Kindheit und Jugend in Asien. In: Krüger, H.-H. & Grunert, C. (Hrsg.): *Handbuch der Kindheits- und Jugendforschung.* Opladen, 440–471.

Heymann, H.W. (1998): Üben und wiederholen – Neu betrachtet. *Pädagogik,* Vol. 10, 7–11.

Hidi, S. & Harackiewicz, J.M. (2000): Motivating the Academically Unmotivated. A Critical Issue for the 21st Century. *Review of Educational Research,* Vol. 70, No. 2, 151–179.

Hinrichs, Tatjana (2003): *Stationenarbeit oder direkte Instruktion – ein empirischer Vergleich zweier Lernarrangements in vierten Grundschulklassen am Beispiel der Unterrichtseinheit „Die Spinne".* Unveröffentlichte Examensarbeit, Universität Lüneburg.

Hopkins, B.L., Schutte, R.C. & Garton, K.L. (1971): The effects of access to a playroom on the rate and quality of printing and writing of first and second-grade students. *Journal of applied behavior analysis,* Vol. 4, No. 2, 77–87.

Hoven, J. & Garelick, B. (2007): Singapore Math: Simple or Complex. *Educational Leadership*, Vol. 65/3, 28–31.

Huber, G.L. [Hrsg.] (1985): 1: Lernen in Schülergruppen : A, Grundlagen. B, Organisations- modelle und Materialien. In: Rotering-Steinberg, [Bearb.]. *Pädagogisch-psychologische Grundlagen für das Lernen in Gruppen. Studienbrief.* Deutsches Institut für Fernstudien an der Universität Tübingen, Tübingen.

Huber, G.L. (1995): Lernprozesse in Kleingruppen: Wie kooperieren die Lerner? *Unterrichtswissenschaft – Zeitschrift für Lernforschung*, No. 4, 316–331.

Huber, G.L., Sorrentino, R.M., Davidson, M.A., Eppler, R. & Roth, J.W.H. (1992): Uncertainty orientation and cooperative learning: Individual differences within and across cultures. *Learning and individual differences*, Vol. 4, 1–24.

Huntsinger, Carol S.; Jose, Paul E.; Larson, Shari L.; Balsink Krieg, Dana; Shaligram, Chitra (2000): Mathematics, vocabulary, and reading development in Chinese American and European American children over the primary school years. *Journal of Educational Psychology.* Vol. 92(4), 745–760.

Ingenkamp, Karlheinz (Hrsg., 1971): *Die Fragwürdigkeit der Zensurengebung.* Weinheim.

Ingenkamp, Karlheinz (1995): Beurteilungsfehler minimieren. Lernerfolgsmessung durch Schultests. *Pädagogik*, Vol. 47, No. 3, 25–30.

Invernizzi, M., Juel, C., Rosemary, Catherine A. (1997): A community volunteer tutorial that works. *The Reading Teacher*, Vol. 50, No. 4, 304–311.

Ironsmith, Marsha & Eppler, Marion A. (2007): Mastery Learning Benefits Low-Aptitude Students. *Teaching of Psychology*, Vol. 34/1, 8–31.

Ito, T. (1997): Zwischen „Fassade" und „wirklicher Absicht". Eine Betrachtung über die dritte Erziehungsform in Japan. *Zeitschrift für Pädagogik*, Jg. 43. Nr. 3, 449–465

Iversen, S., Tunmer, William E.(1993): Phonological Processing Skills and the Reading Recovery Program. Journal of Educational Psychology, Vol. 85, No.1, 112-126.

Iversen, S., Tunmer, William E., Chapman, James W. (2005): The Effects of Varying Group Size on the Reading Recovery Approach to Preventive Early Intervention. In: Journal of Learning Disabilities, Vol. 38, No. 5, 456-472

Jank, W. & Meyer, H. (1996[3]): *Didaktische Modelle.* Frankfurt am Main, Scriptor.

Johnson, D.; Johnson, R., Stanne, M. (2000): Cooperative Learning Methods: A Meta-Analysis. Abstract, http://co-operation.org/pages/cl-methods.html

Johnson, M. & Bailey, J.S. (1974): Cross-Age Tutoring: Fifth Graders as Arithmetic Tutors for Kindergarten Children. *Journal of Applied Behavior Analysis*, Vol. 7, No. 2, 223–232.

Juel, C. (1996): What makes literacy tutoring effective? *Reading Research Quarterly*, Vol. 31, No. 3, 268–289.

Kaiser, G. (1998): TIMSS – woher und wohin? *Mathematik lehren*, Heft 90, 4–8.

Kalyuga, S., Chandler, P., Sweller, J. (2001): Learner Experience and Efficiency of Instructional Guidance. *Educational Psychology*, Vol. 21, No. 1, 5–23.

Kameenui, E.L. & Carnine, D.W. (1998): *Effective teaching strategies that accommodate diverse learners.* Upper Saddle River, NJ. Merill.

Karpicke, J., Roediger III, H. (2007): Repeated retrieval during learning is the key to long-term retention. *Journal of Memory and Language*, Bd. 57, 2, S. 151–162.

Kintsch, W. & van Dijk, T.A. (1978): Toward a Model of Text Comprehension and Production. *Psychological Review*, Vol. 85, No. 5, 363–394.

Kintsch, Eileen (1990): Macroprocesses and Microprocesses in the Development of Summarization Skill. *Cognition and instruction*, Vol. 7, No. 3, 161–195.

Kintsch, W., Britton, B.K., Fletcher, C.R., Kintsch, E., Mannes, S.M. & Nathan, M.J. (1993): A Comprehension – Based Approach to Learning and Understanding. *The Psychology of Learning and Motivation*, Vol. 30, 165–214.

Kirschner, Paul A., Sweller, J., Clark, Richard E. (2006): Why Minimal Guidance During Instruction Does not Work: An Analysis of the failure of Constructivist, Discovery, Problem-Based, Experimental, and Inquiry-Based Teaching. In: *Educational Psychologist*, Vol. 41, No. 2, 75–86.

Klahr, D., Nigam, M. (2004): The Equivalence of Learning Paths in Early Science Instruction: Effects of Direct Instruction and Discovery Learning. *Psychological Sience*, Vol. 15, No.10, 661-667.

König, P.-P. & Wiegers, H. (1992, Hrsg.): *Sprechakttheorie*. Münster.

Kounin, Jacob S. (1976): *Techniken der Klassenführung*. Stuttgart.

Krumm, V. (1993): Aggression in der Schule. Lehrer können mehr tun, als sie glauben. In: Schmälzle, U. (Hrsg.): *Mit Gewalt leben. Arbeit am Aggressionsverhalten in Familie, Kindergarten und Schule* Frankfurt/M., 153–202.

Küspert, Petra (2001): *Wie Kinder leicht lesen und schreiben lernen*. Neue Strategien gegen Legasthenie, Ratingen.

Langer, I., Schulz von Thun & Tausch, R. (1974): *Verständlichkeit in Schule, Verwaltung, Politik, Wissenschaft – mit einem Selbsttrainingsprogramm zur Darstellung von Lehr- und Informationstexten.* München.

Lepper, M.R., Greene, D. & Nisbett, R.E. (1973): Undermining Children's Intrinsic Interest With Extrinsic Reward: A Test Of The „Overjustification" Hypothesis. *Journal of Personality and Social Psychology*, Vol.28, No.1, 129–137.

Levin, Joel R./O'Donnell, Angela M.(1999): What to do about educational Research's Credibility Gaps. Issues in Education 5, H. 2, 177–229; 279–293.

Lundberg, I., Frost, J. & Petersen, O.-P. (1988): Effects of an extensive program for stimulating phonological awareness in preschool children. *Reading Research Quarterly, Vol. 23, No. 3, 263–284.*

Ma, Liping (1999): Knowing and Teaching elementary Mathematics. Teachers' Understanding of Fundamental Mathematics in China and the United States. Mahwah, New Jersey.

MacKenzie, A.A. & White, R.T. (1982): Fieldwork in Geography and Long-term Memory Structures. *American Educational Research Journal*, Vol. 19, No. 4, 623–632.

Mannes, Susanne M. & Kintsch, Walter (1987): Knowledge organization and text organization. *Cognition and Instruction*, Vol. 4, No. 2, 91–115.

Mariage, T.V. (1995): Why students learn. The nature of teacher talk during reading. *Learning disability Quarterly*, Vol. 18, 214–234.

Martinez, J.G.R. & Martinez, N.C. (1992): Re-examining repeated testing and teacher effects in a remedial mathematics course. *British Journal of Educational Psychology*, Vol. 62, 356–363.

Mastropieri, M.A. & Scruggs, T.E. (1998): Constructing More Meaningful Relationships in the Classroom: Mnemonic Research Into Practice. *Learning Disabilities Research and Practice*, Vol. 13, No. 3, 138–145.

Mathes, P.G., Torgeson, J.K. & Allor, J.H. (2001): The Effects of Peer-Assisted Literacy Strategies for First-Grade Readers With and Without Additional Computer-Assisted Instruction in Phonological Awareness. *American Educational Research Journal*, Vol. 28, No. 2, 371–410.

Mayer, R.E. (1983): Can you repeat that? Qualitative Effects of Repetition and Advance Organizers on Learning from Science Prose. *Journal of educational Psychology*, Vol. 75, No. 1, 40–49.

Mayer, R.E. (1989): Models for Understanding. *Review of Educational Research*, Vol. 59, No. 1, 43–64.

Mayer, R.E., Sims, V. & Tajika, H. (1995): A Comparison of How Textbooks Teach Mathematical Problem Solving in Japan and the United States. *American Educational Research Journal*, Vol. 32, No. 2, 443–460.

McDaniel, M., Roediger III, H., Mc Dermott, K. (2007): Generalizing test-enhanced learning from the laboratory to the classroom. *Psychonomic Bulletin & Review*, Vol. 14, No. 2, 200–206.

McNamara, D.S., Kintsch, E., Songer, N.B. & Kintsch, W. (1996): Are Good Texts Always Better? Interactions of Text Coherence, Background Knowledge, and Levels of Understanding in Learning From Text. *Cognition and Instruction*, Vol. 14, No.1, 1–43.

Mercer, C.D, Campbell, K.U., Miller, M.D., Mercer, K.D. & Lane, H.B. (2000): Effects of a Reading

Fluency Intervention for Middle Schoolers with specific Learning Disabilities. *Learning Disabilities Research & Practice*, Vol. 15, No. 4, 179–189.

Metcalfe, Janet, Kornell, Nate und Son, Lisa K. (2007): A cognitive-science based programme to enhance study efficacy in a high and low risk setting. *European Journal of Cognitive Psychology*, Vol. 19, 4/5, 743–768

Meyer, H. (1987): *Unterrichtsmethoden*. Band 1 und 2. Frankfurt am Main.

Miller, G.A. (1956): The magical number seven, plus or minus two. Some limits on our capacity for processing information. *Psychological Review*, Vol. 63, 81–97.

Mitchell, M. (1993): Situational Interest: Its Multifaceted Structure in the Secondary School Mathematics Classroom. *The Journal of Educational Psychology*, Vol. 85, No. 3, 424–436.

Moreno, Roxana & Mayer, Richard E. (2000): Engaging Students in Active Learning: The Case for Personalized Multimedia Messages. *Journal of Educational Psychology*, Vol. 92, No. 4, 724–733.

Moser, U. (1997): Unterricht, Klassengröße und Lernerfolg. In: Moser, U., Ramseier, E., Keller, E. & Huber, M.: *Schule auf dem Prüfstand*. Ruegger, Chur/Zürich, 182–214.

Nichols, S. L., Glass, G.V. & Berliner, D.C. (2005): High-Stakes Testing and Student Achievement: Problems for the No Child Left Behind Act. Forschungsbericht, über Internet abrufbar.

Nichols, S.L. & Berliner, D.C. (2007): Collateral Damage: How high-stakes Testing corrupts America's Schools. Harvard Education Press, Cambridge, Massachusetts.

Niggli, A. (2000): *Lernarrangements erfolgreich planen. Didaktische Anregungen zur Gestaltung offener Unterrichtsformen*. Aarau.

OECD 2001 (Hg.): *Lernen für das Leben. Erste Ergebnisse der Internationalen Vergleichsstudie PISA 2000*. Opladen.

Paas, F.G.W.C. & Van Merrienboer, J.G. (1994): Variability of Worked Examples and Transfer of Geometrical Problem-Solving Skills. A Cognitive Load Approach. *Journal of Educational Psychology*, Vol. 86, No. 1, 122–133.

Pashler, H., Rohrer, D., Cepeda, N., Carpenter, S. (2007): Enhancing learning and retarding forgetting: Choices and consequences. *Psychonomic Bulletin & Review*, Vol. 14, No. 2, 187–193

Pashler, H., Bain, P.M., Bottge, B.A., Graesser, A., Koedinger, K., McDaniel, M. & Metcalfe, J. (2007): Organizing Instruction and Study to Improve Student Learning (NCER 2007-2004). Washington DC: National Center for Education Research, Institute of Educational Sciences, U.S. Department of Education. Retrieved from http://ncer.ed.gov.

Pirolli, Peter L. & Anderson, John B. (1985): The Role of Practice in Fact Retrieval. *Journal of Experimental Psychology: Learning, Memory and Cognition*, Vol. 11, No. 1, 136–153.

Preuss-Lausitz, U. (1999): Mehr Gewalt in die Schule. *Pädagogik*, Vol. 51, No. 1, 25–28.

Radatz; H. & Schipper, W. (1983): *Handbuch für den Mathematikunterricht an Grundschulen*. – Hannover: Schroedel.

Reichen, J. (1994). Wie lernen Kinder lesen? *Grundschulunterricht*, 9, 69–71.

Renkl, A. & Mandl, H.: Kooperatives Lernen (1995): Die Frage nach dem Notwendigen und dem Ersetzbaren. *Unterrichtswissenschaft*. Zeitschrift für Lernforschung, Jg. 23, No. 4, 292–300.

Renkl, A., Schworm, S. & Hilbert, T.S. (2004). Lernen aus Lösungsbeispielen: Eine effektive, aber kaum genutzte Möglichkeit, Unterricht zu gestalten. In: J. Doll & M. Prenzel (Hrsg.), *Bildungsqualität von Schule. Lehrerprofessionalisierung, Unterrichtsentwicklung und Schülerförderung als Strategien der Qualitätsverbesserung*. Münster: Waxmann, S. 77–92.

Resnick, Lauren B. & Hall, Megan W. (1998): Learning Organizations for Sustainable Education reform. *Daedalus*, Vol. 127, No. 4, 89–118.

Rezat, S. (2006): The Structures of German Mathematics Textbooks. *Zeitschrift für die Didaktik der Mathematik*, Vol. 38, No. 6, 482–487.

Roeder, P.M. & Sang, F. (1991): Über die institutionelle Verarbeitung von Leistungsunterschieden. *Zeitschrift für Entwicklungspsychologie und Pädagogische Psychologie*, Band XXI-II, No. 2, 159–170.

Roediger, Henry L. & Karpicke, Jeffrey D. (2007): Test-Enhanced Learning. Taking Memory Tests Improves Long-Term Retention. *Psychological Science*, Vol. 17/3, 249–255.

Rohrer, D., Taylor, K. (2006): The Effects of Overlearning and Distributed Practise on the Retention of Mathematics Knowledge. *Applied Cognitive Psychology.* 20, 1209–1224.

Rohrer, Dough & Taylor, K. (2007): The shuffling of mathematics problems improves learning. *Instructional Science*, 35, 481–498.

Ross, L., Nisbett, R.: *The person and the situation.* McGraw-Hill 1991.

Roßbach, H.-G. & Wellenreuther, M. (2002): Empirische Forschungen zur Wirksamkeit von Methoden der Leistungsdifferenzierung in der Grundschule. In: Heinzel, F. & Prengel, A. (Hrsg.): *Heterogenität, Integration und Differenzierung in der Primarstufe.* Jahrbuch Grundschulforschung 6, Opladen, 44–57.

Salomon, G. & Globerson, T. (1989): When Teams do not Function the way they ought to. *International Journal of Educational Research,* 13, 89–99.

Scheerer-Neumann, G. (2002). [Hrsg.: Universität Potsdam, Institut für Grundschulpädagogik, *Lese-Rechtschreibschwierigkeiten: Analyse und Förderung;* (gesammelte Beiträge) – Potsdam: Univ.-Bibliothek, Publ.-Stelle, Schriftenreihe: Potsdamer Studien zur Grundschulforschung; H. 29.

Schmidt, C. (2000): Arbeitsgedächtnis und fremdsprachliches Leseverstehen. *Zeitschrift für Fremdsprachenforschung,* 11, No. 1, 83–101.

Schmidt, William H.; MacKnight, Curtis C.; Raizen, Senta A. (1997): *A splintered vision: an investigation of U.S. science and mathematics education* with the collaboration of Pamela M. Jakwerth: Dordrecht [u.a.] : Kluwer, 1997.

Schneider, W., Küspert, P., Roth, P., Visé, M. & Marx, H. (1997): Short- and Long-Term Effects of Training in Phonological Awareness in Kindergarten: Evidence from Two German Studies. *Journal of experimental child psychology,* 66, 311–340.

Schneider W., Ennemoser M., Roth E. & Küspert P. (1999): Kindergarten prevention of dyslexia: does training in phonological awareness work for everybody? Journal of Learning Disabilities, 1999, 32(5), 429–436.

Schnepf, S. V. (2002): A Sorting Hat That Fails? The transition from primary to secondary school in Germany. *Innocenti Working Papers* No. 92, UNICEF.

Schulz von Thun, F., Göbel, G., Tausch, R. (1973): Verbesserung der Verständlichkeit von Schulbuchtexten und Auswirkungen auf das Verständnis und Behalten verschiedener Schülergruppen. *Psychologie in Erziehung und Unterricht,* Jg. 20, 223–234.

Schweinhart, L.J. & Weikart, D.P. (1998): High/Scope Perry Preschool Program Effects at Age Twenty Seven. In: Crane, J. (Ed.): *Social Programs That Work.* Russel Sage Foundation, New York, 148–162.

Seyd, Christofer (2005): *Das profunde Verständnis fundamentaler Mathematik von Lehrkräften als Ausgangspunkt für eine Verbesserung der Unterrichtsqualität: eine empirische Analyse unter Einschluss eines länderübergreifenden Vergleichs.* Dissertation Universität Lüneburg.

SingaporeMath (2003): *Primary Mathematics, Textbooks* (5a; 5b; 6a; 6b). US-Edition. Marshall Cavendish Education. ISBN 9-789810-185152.

Shih, Shu-Shen & Alexander, Joyce M. (2000): Interacting Effects of Goal Setting and Self- or Other-Referenced Feedback on Children's Development of Self-Efficacy and Cognitive Skill within the Taiwanese Classroom. *Journal of Educational Psychology,* Vol. 92, No. 3,

Slavin, Robert E. (1995²): *Cooperative Learning: Theory, Research, and Practice.* Boston: Allyn and Bacon.

Slavin, R.E. (1996a): *Education for all.* Lisse: Swets & Zeitlinger.

Slavin, Robert E. (1996 b): Research for the future. Research on Cooperative Learning and Achievement: What We Know, What We Need to Know. *Contemporary Educational Psychology,* 21, 43–69.

Staats, A.W. und Butterfield, W.H. (1965): Treatment of nonreading in a cultural deprived juvenile delinquent: An application of reinforcement principles. *Child Development,* 36, 925–942.

Stanovich, K.E. (1986): Matthew Effects in reading: Some consequences of individual differences in the acquisition of literacy. *Reading Research Quarterly,* 21, No. 4, 360–407.

Stark, R. (1999): *Lernen mit Lösungsbeispielen*. Göttingen.

Stern, E. (1992): Die spontane Strategieentdeckung in der Arithmetik. In: Mandl, H. & Friedrich, H.F. (Hrsg.): *Lern- und Denkstrategien. Analyse und Intervention*. Göttingen 99–123.

Stevenson, H.W./Lee, S./Stigler, J.W. (1986): Mathematics achievement of Chinese, Japanese, and American children. *Science* 231, 693–699.

Stevenson, H.W. & Stigler, J.W. (1992): The Learning Gap. Why our schools are failing and what we can learn from Japanese and Chinese Education. New York, Summit.

Stigler, James W. & Hiebert, James (1999): *The Teaching Gap. Best Ideas from the World's Teachers for Improving Education in the Classroom*. Free Press, New York.

Stone, C.A. (1998): The metaphor of scaffolding: Its utility for the field of learning disabilities. *Journal of Learning Disabilities*, Vol. 31, No. 4, 344–364.

Study with Your Friends. Mathematics for Elementary Schools. 6. Schulj., Bd. 1, Gakkohtosho Co., LTD. Tokyo, Japan (ISBN4-7625-0923-x).

Stull, A., Mayer, R. (2007): Learning by Doing Versus Learning by Viewing: Three Experimaental Comparisons of Learner-Generated Versus Author-Provided Graphic Organizers. *Journal of Educational Psychology*, Vol. 99, No. 4, 808–820.

Sweller, J. (1999): Instructional Design in Technical Areas. *Australian Education Review* No. 43. Acer Press, Camberwell, Victoria.

Sweller, J. (2004): Instructional Design Consequences of an Analogy between Evolution by Natural Selection and Human Cognitive Architecture. *Instructional Science*, 32, 9–31.

Sweller, J., Van Merrienboer, J.J.G., Paas, F.G.W.C. (1998): Cognitive Architecture and Instructional Design. *Educational Psychology Review*, Vol. 10, No. 3, 251–296.

Tarim, K., Akdeniz, F. (2008): The effects of cooperative learning on Turkish elementary students' mathematics achievement and attitude towards mathematics using TAI and STAD methods. *Educational Studies in Mathematics*, Vol 67, 77–91.

Tausch, R., Tausch, A. (1977[8]): *Erziehungspsychologie*. Göttingen.

Thurner, F. (1981): *Lehren – Lernen – Beurteilen. Einführung in die Pädagogische Psychologie*. Königstein/Ts.

Tobias, S. (1985): Test anxiety: Interference, defective skills, and cognitive capacity. *Educational Psychologist*, 20, 135–142.

Torgesen, J.K., Wagner, R.K., Rashotte, C.A., Rose, E., Lindamood, P., Conway, T., Garvan, C. (1999): Preventing Reading Failure in Young Children With Phonological Processing Disabilities: Group and Individual Responses to Instruction. *Journal of Educational Psychology*, Vol. 91, No. 4, 579–593.

Trautwein, U. (2007): The homework – achievement relation reconsidered: Differentiating homework time, homework frequency, and homework effort. *Learning and Instruction* 17, 372–388.

Treinies, G. & Einsiedler, W. (1996): Zur Vereinbarkeit von Steigerung des Lernleistungsniveaus und Verringerung von Leistungsunterschieden im Grundschulklassen. *Unterrichtswissenschaft. Zeitschrift für Lernforschung*, Jg. 24, No. 4, 290–311.

Tuovinen, J.E. & Sweller, J. (1999): A Comparison of Cognitive Load associated with discovery learning and worked examples. *Journal of Educational Psychology*, Vol. 91, No. 2, 334–341.

Turner, J.C., Meyer, D.K., Cox, K.E., Logan, C., DiCintio, M. & Thomas, C.T. (1998): Creating contexts for involvement in mathematics. *Journal of educational psychology*, Vol. 90, No. 4, 730–745.

Van Dijk, T.A., Kintsch, W. (1983): *Strategies of discourse comprehension*. – New York, NY [u.a.] : Academic Pr..

VanLehn, K., Graesser, A.C., Jackson, G.T., Jordan, P., Olney, A., & Rose, C.P. (2007). When are tutorial dialogues more effective than reading? Cognitive Science 31(1), 3-62.

Wahl, D. (2004): Die Gruppenrallye. In: Huber, A.A. (Hrsg.) *Kooperatives Lernen – kein Problem. Effektive Methoden der Partner- und Gruppenarbeit* (für Schule und Erwachsenenbildung. Stuttgart: Ernst Klett, S. 86–95.

Wahl, D., Weinert, F.E. & Huber, G.L. (1997⁶): *Psychologie für die Schulpraxis*. München.

Wasik, B. (1998): Volunteer tutoring programs in reading: A review. *Reading Research Quarterly*, Vol. 33, No. 3, 266–292.

Wasik, B. & Slavin, R. (1993): Preventing early reading failure with one-to-one tutoring: a review of five programs. *International reading Association*, 28/2, 179–200.

Weinert, F.E. (Juli 1999): Die fünf Irrtümer der Schulreformer. *Psychologie Heute*, S. 29–34.

Weinert, F.E., Helmke, A. (1997) (Hrsg.): *Entwicklung im Grundschulalter*. Weinheim.

Weinert, F.E. & Helmke, A. (1997): Theoretischer Ertrag und praktischer Nutzen der Scholastik-Studie. In: Weinert, F.E., Helmke, A. (Hrsg.): *Entwicklung im Grundschulalter*. Weinheim, 459–473.

Wellenreuther, M. (1986): Zur Methodologie der Fehleranalyse in der mathematikdidaktischen Forschung. *Journal für Mathematikdidaktik* 7, S. 269–303.

Wellenreuther, M. (1994): Bruchrechnung 1. Grundlagen der Bruchrechnung. Aus der Reihe „*Stützpfeiler Mathematik*", herausgegeben von F. Zech und M. Wellenreuther. Berlin Cornelsen.

Wellenreuther, M. (1995): Schlußrechnung. Aus der Reihe „*Stützpfeiler Mathematik*", herausgegeben von F. Zech und M. Wellenreuther. Berlin Cornelsen.

Wellenreuther, M. (1996): Bruchrechnung 2. Rechnen mit Brüchen. Aus der Reihe „*Stützpfeiler Mathematik*", herausgegeben von F. Zech und M. Wellenreuther. Berlin Cornelsen.

Wellenreuther, M. (2000): *Quantitative Forschungsmethoden in der Erziehungswissenschaft. Eine Einführung*. Grundlagentexte Pädagogik. Juventa, Weinheim.

Wellenreuther, M. (2008⁴): Lehren und Lernen – aber wie? Empirisch-experimentelle Forschungen zum Lehren und Lernen im Unterricht. Grundlagen der Schulpädagogik, Band 50, Hohengehren: Schneider Verlag.

Wellenreuther, M. (2009a): Methoden: Quantitativ. In: Andresen, S., Casale, R., Gabriel, T., Horlacher, R., Larcher, S., und Oelkers, J. (Hrsg.): *Handwörterbuch Pädagogik der Gegenwart*.

Wellenreuther, M. (2009b): Klassenmanagement – mehr als Ermahnen und Strafen! *Friedrich Jahresheft*.

Wellenreuther, M. & Zech, F. (1990): Kenntnisstand und Verständnis in der Dezimalbruchrechnung am Ende des 6. Schuljahres. *mathematica didactica*, 13 , No. 3, No. 4, 3–30.

Wellenreuther, M. (2009b): Der Trainingsraum? Eine kritische Diskussion. Friedrich Jahresheft zum Thema „Erziehen – Klassen leiten." S. 98 – 101.

Wellenreuther, M. (2009c): Individualisieren – aber wie? Individualisiertes Lernen im Spannungsfeld zwischen offenem und lehrergeleitetem Unterricht. *SchulVerwaltung NRW* 20, 71-74.

Wellenreuther, M. (2010 a): Fördern im Mathematikunterricht – aber wie? *Lehren und Lernen*, 36. Jahrgang, No. 4, S. 20 – 24.

Wellenreuther, M. (2010 b): Schulbücher– eine Lernhilfe für Schüler und Lehrer? *SchulVerwaltung NRW*, 21. Jahrg., Heft 5, S. 144 – 146.

Wellenreuther, Martin (2010c): Modernes Bildungsmonitoring. Durch stärkere Output-Kontrolle der Schulen zu höheren Kompetenzniveaus der Schüler? Schulverwaltung NRW, 11, S. 304 – 306.

Wellenreuther, Martin (2011a): *Bildungstheater. Mit Bildungsstandards, Schulinspektionen, Vergleichsarbeiten und zentralen Prüfungen zum Erfolg?* Hohengehren: Schneider Verlag. (im Druck)

Wellenreuther, Martin (2011b): Kooperativ lernen – aber wie? Teil 1: Möglichkeiten effektiver Gruppenarbeit. Teil 2: Wirksamkeit und Grenzen kooperativer Methoden. *SchulVerwaltung NRW*. (im Druck)[2]

Weltner, K. (1970): Informationspsychologische Ansätze der Unterrichtspädagogik. In: Oppelt, W. & Vossis, G. (Hrsg.): *Der Mensch als Regler*. Berlin (Ost) 239–264.

Wilkinson, I.A.G. & Townsend, M.A.R. (2000): From Rata to Rimu: Grouping for instruction in best practice New Zealand classrooms. *The Reading Teacher*, Vol. 53, No. 6, 460–471.

---

[2] Viele der von mir verfassten Aufsätze finden Sie auch auf meiner persönlichen Homepage (einfach in Google „Martin Wellenreuther" eingeben…)

Wittwer, J., Renkl, A. (2008): Why Instructional Explanations often do not work: A Framework for Understanding the Effectiveness of Instructional Explanations. *Educational Psychologist*, Vol. 43, No. 1, 49–64.

Wygotski, L.S. (1978): *Mind in Society: The development of higher psychological processes.* Cambridge: Harvard University Press.

Xin, Y. (2007): Word Problem Solving Tasks in Textbooks and their Relation to Student Performance. *The Journal of Educational Research*, Vol. 100, No. 6, 347–359.

Zech, F. (1996): Prozentrechnung. Aus der Reihe „*Stützpfeiler Mathematik*", herausgegeben von F. Zech und M. Wellenreuther. Berlin Cornelsen.

Zeidler, Kurt (1985): *Die Wiederentdeckung der Grenze: Beiträge zur Formgebung der werdenden Schule.* (ursprünglich 1926 bei Diederich in Jena erschienen). Hildesheim, Olms.

Zhu, Xinming & Simon, Herbert A. (1987): Learning mathematics from examples and by doing. *Cognition and instruction*, 4(3), 137–166.

Ziegenspeck, Jörg W. (1999): *Handbuch Zensur und Zeugnis in der Schule.* Bad Heilbrunn/Obb.

Zimbardo, P.: The lucifer effect: Understanding how good people turn evil. New York: Random House, 2008.

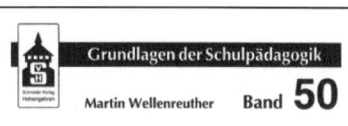

Grundlagen der Schulpädagogik

Martin Wellenreuther   Band **50**

Lehren und Lernen –
aber wie?

Empirisch-experimentelle Forschungen zum
Lehren und Lernen im Unterricht

Martin Wellenreuther

Lehren und Lernen –
aber wie?

Empirisch-experimentelle Forschungen zum
Lehren und Lernen im Unterricht
5. unveränd. Aufl., 2007. XIV, 518 Seiten. Kt.
ISBN 9783834002044. € 25,—
Grundlagen der Schulpädagogik Band 50

Was zu einem guten Unterricht gehört, ist eigentlich ganz klar. Guter Unterricht ist handlungs- und problemorientiert, nutzt alle Sinne, lässt Schülern viel Zeit, möglichst alles selbst zu entdecken. Ein solcher schülerzentrierter Unterricht ist offen strukturiert. Auch Gruppenarbeit spielt in diesem Bild von einem optimalen Unterricht eine zentrale Rolle. Durch sie lernen Schüler, sich zu verstehen und zusammen zu arbeiten, soziales Lernen wird ganz groß geschrieben. Überhaupt ist der Lehrer hauptsächlich Lernberater und nur am Rande ein Wissensvermittler. Den Schülern werden weitreichende Möglichkeiten eingeräumt, Inhalte des Unterrichts mitzubestimmen. Deshalb sind die Schüler im Unterricht hochmotiviert, ihnen macht der Unterricht Spaß.

Soziales Lernen ist im Rahmen dieser Lernvorstellung sehr wichtig. Deshalb werden Lehrernovizen dazu angehalten, bei Unterrichtsplanungen immer auch das soziale Lernen der Schüler zu berücksichtigen.

Auch das Gegenstück zu einem guten Unterricht – das Feindbild – ist klar: Es ist der Frontal- und Paukunterricht, in dem der Lehrer über die Köpfe der Schüler Wissen vermitteln will. Solches Wissen bleibt den Schülern fremd, weil Schüler in einem lehrerzentrierten Unterricht sich Wissen passiv aneignen. Drill und Auswendiglernen ist entbehrlich, denn man lernt am besten aus freien Stücken. Interessante Inhalte bedürfen keiner Wiederholung.

Leider scheinen die Dinge nicht so einfach zu sein. Die letzten internationalen Vergleichsuntersuchungen wie TIMSS, PISA und IGLU haben uns schmerzhaft bewusst gemacht, dass es nicht ausreicht, das Gute, „pädagogisch Korrekte" zu wollen. Obwohl in den letzten Jahrzehnten ständig von Chancengleichheit und sozialem Lernen geredet wurde, müssen wir feststellen, dass Deutschland bei der Förderung von Kindern aus bildungsfernen Schichten zu den Schlusslichtern gehört. Deshalb benötigen wir „Erfahrungswissen", also Wissen, das durch die Feuertaufe strenger, vor allem experimenteller Prüfung gegangen ist. Wir müssen in Deutschland die Wende von der Pädagogik zur Erziehungswissenschaft, die Heinrich Roth schon Anfang der 60er Jahre des letzten Jahrhunderts gefordert hat, endlich vollziehen. Dazu müssen auch Lehrerstudenten lernen, empirische Forschung kritisch zu lesen und zu verstehen. Pädagogik muss vom Kopf (Theorie, ohne strenge empirische Forschung) auf die Füße (Theorie, die streng experimentell geprüft wird) gestellt werden.

Schneider Verlag Hohengehren
Wilhelmstr. 13; D-73666 Baltmannsweiler